L

L Konsonant u. zwölfter Buchstabe des Alphabets. In VPom wird wie in Mecklenburg *l* nach hellen Vokalen teilweise mouilliert [*ł*], bes. davon betroffen ist das Suffix *-el*, das dabei zu *-uł* verdumpft werden kann. Vgl. hierzu HWWB 171[b]. – Rä.: *Im Himmel is eie Ding, dat is ock in dei Höll; De Meester hett dat nich, abe dei Gesell; Dei König hett dat ock nich, abe sin Saldate* = der Buchstabe l Sto/Ar [2]BRUNK 64f.

Lä' s. Litt[1].

Laasch f. Aufgeld beim Geldwechsel. Nur noch ral. bewahrt: *Dit is de Laasch!* das kommt äußerst ungelegen! vereinz. VPom. Vgl. MWB 4,790. – Zu ital. *l'agio*.

lääsch s. lœsch.

Laaspäl n. wie Klewanne (Kinderspiel) Pyr/Sa,Sl, BLFPVK 2,80.

Laatsch m., *Låtsch* vereinz. **1.** schlaksiger Mensch verstr. – **2.** liederliche Person vereinz. – **3.** *Lattsch* Pyr/Wa,Wi, weiches, wabbeliges Fleisch Gwald, Ran/Pe. – **laatschen** sw., *låtschen* vereinz., *lattsche* Cam/Do, Rum/Pr, *lottsche* Pyr/Wa, Kol/Go, Gbg/Gp, Sto/Pf, latschen. **1.** nachlässig, schlurfend gehen. *Dei låtscht so, dei Schauh sünd all ganz scheif* Gwd/Ba. – **2.** einen Schlag versetzen, ohrfeigen verstr. *Ik war di gliek weck låtschen!* Gri/Mi. – **Laatschen** m., *Låtschen* vereinz., *Laatsch* f. selt. MPom HPom, Pantoffel, bes. aus Filz. *Hei keem up Laatschen an'e Husdör* Dem/De. Auch: alter, abgetragener Schuh. – **laatschig** Adj., *låtschig, lattschig* vereinz., *lottschig* Pyr/Wa, Gbg/Gp. **1.** mit schleppendem, trägem Gang verstr. *Gåh doch nich ümmer so laatschig!* Dem/Tp. – **2.** nachlässig, liederlich verstr. *Dei har sich so laatschig a'treckt* Nau/Fg. – **3.** ermattet, entkräftet Dem/Tp, Uec/Pa, Sto/Wd, Lau/Ke. – **4.** lappig, weich (bes. auf Fleisch bezogen) vereinz. *Dat Fleisch von de Kauh is lattschig* Kol/Go.

Labammel m., *Labommel* Ghg/Gr, *Labummel* Stral, flegelhafter Junge selt. VPom MPom, Reg/Rg.

Laban m. **1.** hoch aufgeschossener, grobschlächtiger Mensch VPom, sonst vereinz. Oft in stabender Vbdg.: *Dat is 'n langen Laban* Rüg/Ae. – **2.** frecher, dreister Junge vereinz. *Des' Laband von Jung' hett mi mit'n Beddlaken verfiert* [5]BAND 64.

Laut- u. Formvar.: zumeist mit betonter Erstsilbe: *Låban* vereinz. VPom, *Labån* selt. VPom, *Labann* selt., KÜHL 41, *Lauban* Net/Hf, *Laband, Låband* vereinz., *Lauband* KÜHL 41, *Låbanner* Cam/Si.

Labbach m., *Labach* °DKr, *Labaach* Rum/Ru, *Laddach* Gbg/Gp, Flegel, Lümmel Use/Us, verstr. HPom PosWpreuß. Het. s. Flaps. – **Labbas** m., *Labbes* Sto/Gl, dass. vereinz. NOPom, [10]WIN 109.

labben sw., auch *lappen, loppe* Sto/Dö, Pf. **1.** schlecken, leckend trinken oder essen verstr. *De Katt labbt de Melk* Dra/Dr. Vgl. labbern, labbse. – **2.** refl., sich küssen vereinz. *Wat labben ji juuch ümmer?* Gri/Ti. – **Labberie** f. dauerndes Küssen vereinz. – **labberig** Adj., *lawwerig* selt. **1.** geschmacklos, fade verstr. *Dei Kaffe is to labberig* Ank/An. – **2.** von sehr weicher Konsistenz verstr. *Dat Fleisch is so labberig* Fra/Zi. Vgl. lappig. – **labbern** sw., *lawwere* vereinz. HPom. **1.** schlecken, leckend trinken oder essen vereinz. Vgl. labben, labbse. – **2.** refl., sich küssen vereinz. – **3.** labern, viel (dummes Zeug) reden vereinz. – **4.** seem., leicht im Wind flattern (von Segeln) selt. vpom. Küste. – **Labberwach** f., seem., mäßiger Wellengang selt. vpom. Küste. Vgl. MWB 4,792. – **labbse** sw. leckend verzehren selt. nordöstl. HPom, [7]KNO 174. Vgl. labben, labbern.

labeet Adj., Endsilbe betont, *klabeet* Nau/Db, ermattet, erschlafft, müde Rüg/Dm,Zi, vereinz. westl. ZPom. *Ik bün hüt ganz labeet* Nau/Rh. – Zu frz. *(faire) la bête*, vgl. MWB 4,792.

läben sw. leben. **1.** am Leben sein. *Lääft de oll Kierl noch?* Gri/Go. *Dat måk ik, wenn ik denn noch läf* Gwd/Da. Von einem lebenslustigen, quicklebendigen Mädchen: *Dat lääft un lacht alls bi ehr* Ran/Ro, ähnl. vereinz. Angesichts eines überraschenden Todes: *He har noch got künnt läwen!* Pyr/Lt. Scherzh.: *Wer lang lääft, ward olt* Gwd/Ba. Wenn ein Geizhals plötzlich spendabel wird: *Nu lääft hei nich mihr lang!* Ran/Ro, ähnl. verstr. Übertr. auf Gegenstände: *Låt dat doch läben!* mach das doch nicht kaputt! Rüg/Pu. Ausrufe der Verwunderung: *So wat lääft nich un krüppt doch!* Gwald. *So wat lääft nich up'n bœwelsten Bœn!* Dem/Tp, ähnl. verstr. VPom MPom. – Erweitert zum Sagw.: *So wat lääft nich, säd de Schinner, as em 'n dodig Perd bröcht ward* °Sch. *So wat lääft nich, sä de Buur, dunn fünn hei 'ne dodig Pogg* HUMGWD 5,6,3. *So wat lääft nich, sä' Vadder Lang, don lääft hei noch* Gwd/Ba. – **2.** Leben in einer bestimmten Weise führen, verbringen. *De Mann lääft ohn Sorge* Cam/Ca. *Dei lääft so äben wech* führt ein geruhsames Leben Dem/Tp. *Dei lääft billig* lebt auf Kosten anderer Sto/Dö. *Dei lääft so dull* tobt herum Sto/Gl. – Spruch: *Bäter gaut läben, as dat Geld nå'n Dokter un Apteiker*

drägen Fra/Ln. – In Vergleichen: *läben as de Måd in'n Speck* im Überfluß leben verbr.; *läben as Katt un Hund* in Unfrieden miteinander leben verbr. Scherzh. Gesundheitsregel: *Wist du lang läwe gesund, frett as dei Katt un sup as dei Hund* Cam/Bn. – **3.** den Lebensunterhalt bestreiten. *Dor kann ik nich von läben* Rüg/Zi. *Se läwen von ehren suren Schweet* von ihrem sauren Schweiß, ihren hart verdienten Ersparnissen Uec/Ue. Transitiv: *sien Geld läben* von seinen Ersparnissen leben vereinz., HuMGwD 10,15,5.
Lautvar.: *läwen* verstr., *lää(b)m* vereinz. VPom MPom, *lewe* vereinz. NOPom, *läiwe* Kol/Go, *laiwe* Net/Hf, DKr/Ar,La, *laiwo* Net/Sl.

Läben n. Leben. **1.** das Dasein im Gegensatz zum Tod. *Wenn mi Gott dat Läben lett* Gri/Go. *Wi müsst us Läwent rette* Saa/Le; *von't Läwen möten* sterben müssen Ank/An. *Bring di man nich von't Läwe!* schufte nicht zuviel! Cam/Rn. Ausdruck der Bekräftigung: *So wohr mi mien Läben leef is!* Ank/An. Über eine sehr lebhafte Person: *I' demm sitt Läwet drin* Neu/Ns. – **2.** Zeit, die man lebt. *In mienen ganzen Läben heff ik dat noch nich dån* Gwd/Ba. Verkürzt: *in'n Läben nich!* niemals, unter keinen Umständen! allg. – **3.** Lebensweise, die das Leben prägenden Umstände. *Dat is eie janz anne(r)t Läiwe* Kol/Go. *Dat Läben is düer* Gwd/Ba. *Nu hett dat schlicht Läben 'n Enn* Ank/An; *'n lustig Läben* Gwald. *Dat's 'n Läben as mirren in'n Sommer* ein angenehmes, unbeschwertes Leben Gwd/Ze; *hei mut uck dat Lewend kennen lihren* PoMHtStE 1924,1,2. Scherzh.: *Dat Läben is as 'ne Häuhnerlerrer, beschäten von unnen bet båben* Ank/Br. *Dat Läben is schön, un wenn 't uk blot is, dat man wat tau schimpen hett* Rüg/Ae. – Sagw.: *Schlicht Läben hett 'n End, säd de Fru, un schmeert sik Stamptüffeln up't Brot* Stral. *Wat kann dat schlichte Läben nütten, sech de Schipper, un nimmt 'n frischen Priem* Rüg/Dm. *Wat is't vör'n sûr Leben, ir man Grossmôder ward, saed' de oll Frû un härr' 'n Wesselbalg in de Wêg'* ¹HoEfE 25. – **4.** lebhaftes Treiben, Radau, Unruhe. *Måk doch nich so'n Läben!* Reg/Rg. – Sagw.: *Nu kümmt Läben in dei Baud, säd dei Voss, un brök in'n Häuhnerstall in* Fra/Br. – **5.** Herzblätter von Pflanzen Uec/Ge, Lau/GW. – **6.** mit Nerven versehene, bes. schmerzempfindliche Körperregion selt. Spez.: der bei Huftieren von den Hufen geschützte Bereich. *Dat is in't Läwen gåhn* Pyr/Lt.
Lautvar.: analog zu l ä b e n. Zudem: *Läbent, Läwent* vereinz. VPom MPom, verstr. HPom, ²Mis 67, *Läwet* verstr. °Gbg, Neu/Ns,Th, Fla/Wo, *Laiwet* Net/Hf.

låben sw. **1.** loben, preisen. *Låf dat Kind nich so sihr!* Gri/Go. *Ik möt mi man sülben låben, süss deit dat doch keiner* Gwd/Ba. *Dat Äten låft sik alleen* das Essen ist sehr gut Stett. – Phraseolog.: *ein' dörch 'n eiken Brett låben* jmd. übermäßig loben verbr. VPom, sonst vereinz. *Wecker lawt warden will, möt starwen* HuMGwD 10,48,11. *Wat anner Lüd låben, dat blifft båben* nicht Eigenlob, sondern nur das Lob von anderen zählt Ank/An. *Låben is noch nich leif hemm'* Stett. *Jeder Kopmann låft sien Wor* Gwd/Da. *Jede Fru lawt ehre Bodder* HuMGwD 12,10,11. – **2.** veralt., geloben, versprechen selt. *Ik heff em dat låft* Fra/Ln; *einem dat in'e Hand låwe* jmd. etwas fest versprechen Sto/Dö.
Lautvar.: *låwen* vereinz. VPom, verstr. MPom HPom, *lôbm* War 63, *lowe* vereinz. NOPom, LauWb 227ᵇ, *lawe* JostWb 60, *lauwe* Kol/Go, verstr. °Gbg, DKr/La, Fla/Ta, *lôuwe* °Büt ²Mis 22.

läbennig Adj. lebendig. **1.** am Leben. *Ik heff läbennig Fisch köfft* Stral. *Dat Kind is nich läbennig tau Welt kåmen* Gwd/Ba. Vgl. l ä w i g. – **2.** munter, temperamentvoll. *Se is 'n läbenniges Kind* Gwald. *De Wind ward lebindch* frisch auf Saa/So.
Lautvar.: Der Haupton lag ursprünglich auf der ersten Silbe, ist aber durch Einfluß von hd. lebendig zumeist schon auf die zweite Silbe verlagert worden: *läwendig* Fra/Ln, *labendig* selt. VPom, *lebindch* Saa/So, *lawendch* Neu/We, *läwench* Gbg/Gp (auch mit betonter Erstsilbe in Reg/Kt belegt).

Läbensbom m., PflN, Lebensbaum. **1.** Thuja vereinz. – **2.** Eibe Gwd/Ba. – **3.** Wacholder Ank/Ja, nach DWA 2, Kt.80. – **Läbensoort** f. gutes Benehmen selt. *Hei hett kein Läbensoort* Gwd/Ba. – Sagw.: *Gaude Läwensoort is œwerall wat nütt, säd de Soldåt, don bückt hei sik för dei Kanonenkugel, dei sienen Achtermann denn Kopp afrieten deed* Gwald. – **Läbenstiet** f., *Lääfstiet* selt., Lebenszeit. *Dat wi' ik ehr noch bi mien Läwenstiet jäwen* Ran/Pe. *Dat heff ik mien Läbenstiet nich seihn* das habe ich noch nie gesehen Dem/De. – **Läbenswåter** n. Lebenswasser. **1.** Krankheiten heilendes, ewige Jugend verleihendes Wasser HoMWb 121ᵃ. – **2.** scherzh., Schnaps vereinz.

Låb(e)s ON Labes (°Reg). – Im Ortsspott: *We will behullen denn Puckel heel, de höde sik vör Låbs un Stramehl* [ON] Reg/Pl, ähnl. vereinz. ZPom. – Kinderr.: *Låbs liggt im Grund, Knüggel* [Knäuel] *is rund, Hääster* [Elster] *is bunt* BLFPVk 5,13.

Laboot s. L å d b o o t.

labsalben, labsalgen s. l a p p s a l b e n.

Labskausch n., *Lepkuusch* Nau/Go (hier endbetont) ⁷Kno 175, Labskaus, Seemannsgericht aus Pökelfleisch, Stampfkartoffeln, Salzgurken u. Zwiebeln vereinz. pom. Küste.

Lach¹ f. Lache, Art u. Weise des Lachens. *Dei Diern hett so 'ne dumme / lude Lach an sik* Fra/Zi.

Lach² s. L å g.

Lachduf f., TiN, *Lachel-* vereinz. VPom, Lachtaube verstr. Übertr.: *Dei Diern is dei reine Lachduf* lacht ständig Gwd/Ba. – **lachen** sw., *lajje* LauWb 219ᵇ, *laache*

Sto/Gl, wie hd. *Hei lacht, dat em de Buk bäwert* Fra/Pe. *De lacht ümmer so dreckig* Rüg/Zi. *Mi is hüt ni taum Lache* Reg/Me. *De hett in't Läben nicks tau lachen* Ank/An. *Dat is 'n lachen Mäka* ein freundliches Mädchen Saa/Ja. *Måk di nich tau'n Lachen!* mach dich nicht lächerlich! Gri/Ti. Im Unterschied zum Hd. auch refl. gebr.: *Ik lach mi* Sch/Sl. – Sagw.: *Lachen is gesund, säd de Bur, un keddelt sien Fru mit de Messfork* Gwald. *Mit Lachen ward kein Husholt führt, säd dei Fru, don har sei denn Pott intweischmeten* ebda. *Ik möcht ôk lachen, wenn de Narr nich mîn wier! saed' den Jung sîn Môder, dôr danzt he up de Lîn* ¹HOEFE 57. – **lach(e)rig** Adj. zum Lachen aufgelegt vereinz. *Mi is gor nich lachrig tau Maud* Dem/Tp. – **lachig** Adj. dass. vereinz. *Mi is hüt so lachig* Slo/La. – **Lachknuust** m. Endstück des Brotes, das zuerst angeschnitten wird vereinz. Vgl. Kußkanten. – **Lachtrien** f. lachlustiges Mädchen vereinz.

lack¹ Adj., *leck* vereinz., leck, undicht. *Dat Boot / Emmer is lack* Fra/Zi, Ank/An. *Us Pappdack is leck wure* Nau/De.

lack² Adj. matt, müde selt. VPom ZPom. – Mnd. *lak* schlaff, locker.

Lack¹ m. Makel, Schandfleck VPom, sonst vereinz. *Dei hett sienen Lack wech* ist für immer kompromittiert Gwald. Oft in der Fügung: *ein' 'n Lack anhängen* jmd. verleumden, in Verruf bringen. – Ral.: *'n Mäten kricht so licht 'n Lack as 'ne witt Schört 'n Plack* Fra/Le, ähnl. vereinz.

Lack² m. wie hd. verstr. *Dor geiht all dei Lack af* Gwd/Ba. *Äten möt Lack un Schmack hemm'* muß gut gewürzt sein Ank/An, ähnl. vereinz. *Hei is in Lack un Frack* ist vornehm angezogen Gwald.

Lack³ s. Låken.

lackieren sw. 1. Lack auftragen. – 2. betrügen, hereinlegen vereinz. VPom. – 3. in der Fügung *ein' weck / eine lackieren* jmd. ohrfeigen, schlagen verstr. – **lackmeiern** sw. übervorteilen vereinz. *Hei hett em schön lackmeiert* Dem/Tp. Het. s. bedreigen.

Lacknåm m. Ökelname, Spitzname vereinz. MPom SPom, sonst selt. *Den ullen Mann harrn se 'n por Lacknamens anhungen* Pyr/Py.

Lackschauh m. Lackschuh. *Alls wat 'n bäten wat is, dröcht Lackschoh* Ghg/Wt.

Låd n./f., *Lår* selt. VPom, Nau/We, Reg/Rg, *Låre* Reg/Kt, *Låj* Pyr/Wa,Wi, Gelenk vereinz. *Dei Disch geiht ut'm Lår* ist schon sehr wackelig Nau/We. Vgl. Litt¹.

Låd¹ f. Lade, Truhe (zumeist mit flachem Deckel, bes. zur Aufbewahrung von Wäsche). *Dat is 'ne eiken Låd* Fra/Ln. *Se hett de ganz Låj voll Liwand* Pyr/Wa. *Wenn dei jung' Minsch in'n Deinst geiht, kricht hei 'ne Låd mit* (Knechte erhielten zumeist eine Lade mit flachem Deckel, das weibliche Gesinde aber eine mit gewölbtem) Gri/Mi. *De Låd ward inbeholln, wenn een ut'n Deenst löppt* Ghg/Ba. Scherzh., wenn man etwas vergessen hat: *Dat licht (noch) in'e Låd* Gri/Gm. Vgl. Kast, Kasten¹, Kumm.
Lautvar.: *Lå* vereinz. VPom, *Lår* vereinz. VPom, vereinz. westl. ZPom, *Låj* Ghg/Bo, Pyr/Wa,Wi, Reg/Me, Saa/Ja, *Loach* Pyr/We, *Lorch* Pyr/Dö, *Laur* Gbg/Gp,Vi,Wo, *Laud* Neu/Pn, Fla/Ta,Wo, Net/Sl, Slo/Sl.

Låd² f., veralt., Schößling, Pflanzensproß vereinz., HOEFAMSC 264. Als Bestimmungswort noch im PflN Lauwörtel erhalten. – Mnd. *lōde*.

Lådbom m. langes Rundholz, das auf dem Wagen zur Befestigung längs über das Heufuder gelegt wird Fra/Al, Gri/Jg, Use/Nh. → Wäsbom. – **Lådboot** f./n., fischerspr., *Laboot* vereinz. °Rüg, Ruderboot für den Transport u. das Entleeren gr. Reusen vereinz. vpom. Küste, ¹PEE 128, ²RUD 131. Vgl. Lådtörn.

läd-dick Adj. dick wie das Handgelenk vereinz. *Dei Knüppel wier lärdick* Gri/Mi.

Ladding s. Löddick.

låden¹ st., vereinz. sw., laden. 1. beladen, aufladen. *Dat Fäuder Heu is scheif låden* Gwd/Ba. *De Bur låd't Mess* Ran/Sr. *Ik mutt denn Wågen hüt noch låden* °Ran. – 2. Ladung aufnehmen. *Dat Schipp hett Kåhlen låden* Fra/Zi. – 3. eine Schußwaffe mit Munition versehen. *Dat Gewehr is låjt* Pyr/Lt. Auf das Verhalten gehässig tratschender Personen bezogen: *De eene låd't, de anner schütt!* Dra/Bu, ähnl. vereinz.
Lautvar.: *låre(n)* °Dem, Gbg/Ge, verstr. ZPom, *lore* Sch/Go, Lau/GW, *loden* Ran/Ro, *låjen* Ghg/Jg, °Pyr, *laure* Gbg/Gp,Wo, *laude* Kol/Go, Fla/Ta,Wo, Slo/La, *laudo* Net/Sl.
Flex.: Präs.Sg.1.: *låd* verstr., *lår* vereinz. VPom ZPom. – 3.: *lött* verbr. VPom, sonst verstr., *låd't* Reg/Rg, Saa/Nr, Dra/Dr, *låjt* Ghg/Ke, *laud't* Fla/Ta,Wo. – Prät.Sg.1. u. 3.: *lör* verbr. °Rüg, Ank/Br, Gri/Ge, *löd* Rüg/Sn, Saa/Nr, Dra/Dr, Büt/Ki, *lö'* Gwd/Wo. – Pl.1.: *löden* verstr. – Part.Prät.: es überwiegen st. flektierte Formen, die mit dem jeweiligen Inf. zusammenfallen. Daneben vereinz. auch sw. gebildete Part.Prät. belegt, dann zumeist *låd't*, in Pyr/Lt *låjt*.
Phras. zu 1. u. 2.: *scheif/ schwor låden hemm'* völlig betrunken sein verbr.; *(up ein') låden sin* (über jmd.) verärgert sein verbr.

låden² st., vereinz. sw., einladen, zu Gast bitten vereinz. *Hei hett mi to de Hochtiet låde* Lau/GW. Gebräuchlicher ist inlåden². Lautvar. u. Flex. s. låden¹.

Låden m., *Laude* Gbg/Gp, *Låre* LAUWB 221ª, *Lode* Lau/GW, Einkaufsladen, Geschäft verstr. – **Lådendeiner** m. Kaufmannsgehilfe verstr. VPom. – **Lådenschwengel** m. SpottN für den Kaufmannsgehilfen verstr.

Läder s. Läfdag.

Låder m., auch *Lårer*, Person, die Getreide oder Heu auf den Erntewagen packt vereinz. Vgl. Ståker.

lädieren sw., *-deeren* Ran/Pe, Dra/Bu, *läderieren* Ank/An, beschädigen vereinz.

lädlos Adj., *länlos* Rüg/Dm, Saa/Ja. **1.** wackelig vereinz. MPom SPom, Net/Hf. Vgl. lädweik. – **2.** ohne Anhang, völlig alleinstehend °Dra.

Lådstock m. Ladestock (eines Vorderladers). *He geht, as wenn he 'n Lådstock verschluckt hett* geht sehr aufrecht Stral, ähnl. verstr. Aufforderung, ein bestimmtes Anliegen oder die Wahrheit (endlich) zu bekennen: *Nu man rut mit'n Lådstock!* Dem/Tp, ähnl. verstr. – **Lådtörn** m., fischerspr., gesprochen *Latörn*, Transport der Fische mit dem Boot Rüg/Th ¹PEE 128. Vgl. Lådboot. – **Lådung** f., *Låding* Uec/Ue, *Lauring* Gbg/Gp, *Lårung* Sto/Mü. **1.** Ladung, Fracht verstr. – **2.** übertr., Tracht Prügel verstr. *Wenn de Jong' nich all Dåg sien Lådung kricht, is he nich to bruken* Ran/Pe.

Lädwåter n. Gelenkwasser verstr., ⁷KNO 174. – **lädweik** Adj., *lär-, lä-* verstr. VPom, sonst selt., *län-* vereinz. VPom, Cam/He, Gbg/Gp, 'gliederweich'. **1.** wackelig, sich in Einzelteile auflösend VPom, sonst vereinz. *Dei Stauhl is all so lädweik* Rum/Ru. *Dien Schaulbäuker sünd all recht lärweik* Gri/Ge. Vgl. lädlos. – **2.** körperlich schwach, gebrechlich VPom, sonst vereinz. *Hei deit so lärweik, as wenn hei krank is* Dem/Tp.

Läfdag m., *Lääfs-* selt., veraltd. verkürzt zu *Läder* verstr. VPom, *Läre* Fra/Pe, Gri/Mi, Lebtag, Lebenszeit. Nur in fester Vbdg. mit Posspron., ohne semantischen Unterschied oft auch im Pl.: *He is sien Läfdåg all krank* ist schon Zeit seines Lebens krank Stett. *Dat hett hei (all) sien Läder so måkt* Fra/Br. Häufig mit nachgestellter Negation: *(all) mien Läfdag nich niemals* Stral.

Laff n., *Laww* HOMWB 117ᵇ, *Lawe* HOEFAMSC 269ᵃ, *Låb* Gri/Mi, Lab, Enzym im Kälbermagen selt. Vgl. lawen.

Läftiet f., *Lääfs-* vereinz., Lebenszeit. *Dat vejät ik mien janz Läftiet nech* Reg/Kt. Auch im Pl.: *Tau Grotvadders Läftieden wier dat all ganz anners* Gwd/Ba.

Låg f., Pl. *-en*; *Lay* verstr. HPom, Lage. **1.** Schicht Getreide (bes. das auf der Tenne zum Dreschen ausgebreitete) oder Stroh. *Wi hewwe all ein Låg afdöscht* Reg/Kw. Vgl. Legg. – **2.** Woll- u. Garnmaß von 50 oder 100 Gramm verbr. *'ne Låg Wull / Tween* Gwd/Ze, Reg/Kt. *Ein Låg Wull hett fief Fitzen* Gri/Mi. Vgl. Dock¹, Doll, Fitz. – **3.** Anzahl alkoholischer Getränke, die jmd. (in einem Lokal o. ä.) für eine Trinkgesellschaft spendiert verstr. *'ne Låg utgäben* Rüg/Bi. In fester Vbdg.: *'ne lütt Låg* ein Bier u. ein Schnaps verstr. – **4.** ohne Pl., Lebensumstände, private Situation verstr. *Hei is in'e iernste Låg kåmen* Gwd/Ba. – **5.** Stelle (mitsamt ihrer Umgebung), an der etwas gelegen ist vereinz. *Dat Hus hett 'ne schlichte Låg* Fra/Zi. – **6.** korrekte Anordnung, Ausrichtung vereinz. *Dei Feestre sinn ut'e Låg* die Fenster hängen schief Reg/Me. – **7.** fischerspr., auch *Lach*, Pl. *Lagden*, *Lääch* ¹PEE 184, HÄN 7, Standplatz großer Fischreusen (bes. für den Heringsfang) Mönchg., ADL 63, PAR 137. Hist.: Niederlassung, an der Fischer ihre Ware zum Verkauf anboten vereinz. pom. Küste.

Lagden s. Låg.

Lägenheit f., veralt. **1.** Gelegenheit, günstiger Moment selt. Gleichbedeutend mit üblicherem Gelägenheit. – **2.** Wohnung, Quartier Ank/An, Uec/Ue. – Mnd. *lēgenhêⁱt* Liegenschaft, Sachlage.

låg(en)wies Adv. lagenweise, in einzelnen Schichten vereinz. *Dat Ruhr ward lågwies up't Dack lecht* Gwd/Ba.

Låger m., *Låje(r)* vereinz. MPom HPom, *Låye* Reg/Me,Rg, Dra/Bu,La, *Lauye* Kol/Go, Lager. **1.** Bett verstr. *Hei kann nich ut't Låger finnen* schläft sehr lange Fra/Pe. – **2.** Nachtlager, Schlafplatz vereinz. *He weet nich, wo he sien Låger upschlån sall* Stett. – **3.** Ruheplatz von Tieren, bes. Hasen. *Hier hett 'n Hås sien Låger* Gri/Mi. – **4.** Warenlager vereinz. *De Kopmann hett nich väl up Låger* Pyr/Lt. – **lågerig** Adj., *laujrig* Kol/Go, flach liegend, zu Boden gesunken (vom Getreide auf dem Halm) Ran/Pe, vereinz. ZPom. – **Lågerkuurn** n. Getreide, das sich aufgrund von Regen u. Wind oder durch das Gewicht seiner Ähren niedergelegt hat verstr. *Lågerkuurn is schlicht tau meigen* Gwd/Da. – **lågern** sw. **1.** lagern, sein Lager aufschlagen vereinz. *Wi hemm' in'n Busch lågert* Gwd/Ba. Zumeist refl.: *De Lüd hebben sich dor lågert* Ran/Pe. – **2.** refl., sich in Richtung Boden legen (vom Getreide auf dem Halm) vereinz. *Dat Kuurn hett sich lågert* °Reg.

Lahm m. Goldpapier, Rauschgold °Pyr ¹HOLS 131. Vgl. Goldlahm. – Zu lat. *lamina*.

Lähm f. zur Lähmung führende Gelenkentzündung bei Schafen u. Rindern vereinz. – **låhm** Adj., *lohm* Use/He, Lau/GW, PFA 28, *lauhm* Pyr/Wa,Wi, Gbg/Gp, *lôum* °Büt ²MIS 16, *lamm* Rum/Km, lahm. **1.** gelähmt, bewegungsunfähig. *Hei is låhm, hei hinkt so sehr* Saa/Le. Über jmd., der mehr kann, als man zuerst vermutet: *Hei is lang nich so lahm as hei hinken deit* HUMGWD 11,38,5; *låhm up dei Ogen sin* an einer Augenkrankheit leiden Gwald. – **2.** langsam, schlapp, träge. *Hei is lauhm bi de Arbeet* Gbg/Gp. – **3.** ausgeleiert, wacklig selt., ⁷KNO 174. *De Distel* [Deichsel] *is låhm* Uec/Ge. – **låhmen** sw. lahmen, hinken. *Dat Peerd låhmt* Pyr/Lt. Übertr.: *Dei Klock låhmt* die Uhr geht nach Ank/An. – **Låhmigkeit** f. Lähmung vereinz. VPom, ²BAND 13.

Lähn f. **1.** Dim. *Lähning* vereinz. VPom, Lehne, bes. an Sitzmöbeln vereinz. *Dei Lähn von'n Stauhl is afbråken* Gwd/Ba. – **2.** geneigte, schiefe Lage vereinz. VPom MPom. *Dat Kuurn licht / steiht in'e Lähn* Fra/Br. – **lähnig** Adj. biegsam, elastisch selt. VPom. *Dat Holt is lähnig* Gwald. – **Lähnkor** f. Schubkarre mit Sprossen vereinz. °Rüg, Ank/Wu, Ran/Sk, Kol/Go, Net/Hf, Slo/La. Vgl. Ledderkor. – **Lähnstauhl** m. Lehnstuhl. *Dei Ollen hemm' tau ehr gollen Hochtiet 'n niegen Lähnstauhl krägen* Gwald.

Laik, laiken s. Leik, leiken.

låk Adj., veralt., lau, mäßig warm Reg/Kt. – Zu mnd. *wlack*.

Låk f., *Lôk* Ran/Ro, verstr. NOPom, *Lauk* Pyr/Wa, Gbg/Kl,Vi, Slo/La, Fla/Ta. **1.** Lake, Salzbrühe zum Einpökeln von Fleisch oder Fisch verstr. *Dei Solthiering is in Låk lecht* Gwd/Ba. *Fleesch mit Lauk bedecke* Pyr/Wa. – **2.** wässriger Rückstand beim Auslassen bzw. Auskneten von Butter vereinz. – **3.** veralt., mit Wasser gefüllte, sumpfige Niederung selt. VPom, verstr. HPom, [7]Kno 174, [6]Teu 175. Auch: Seitenarm eines Flusses selt. – **låken** sw. **1.** in Pökellake einlegen selt. *dat Fleisch låke* Sto/Pf. – **2.** salzige Flüssigkeit absondern, Lake bilden selt. *Wenn Botter nich solt is, låkt dat uk nich* Gwd/Ba.

Låken n. **1.** Laken, großes Tuch. Zumeist auf das Bettlaken bezogen. *Sei hett väl Lauke up'e Bleik* Gbg/Gp; *'n reines Låken upleggen* Gwd/Ba. Übertr.: *witt Låken* Schneedecke Ank/Br. Prügelandrohung: *Du krichst weck in't Låken!* Gri/Bo. – **2.** veralt., *Lack* °Lau [7]Kno 174, Maßeinheit für Leinwand. Ein Laken entsprach dabei früher zumeist 24 Ellen. Vgl. MWB 4,810f. *Woväl Låken hast du œwe Winter wääft?* Nau/De. – **3.** seem., Segel vpom. Küste. *Hei hett alle Låken sett'* Rüg/Ae; *platt vör't Laken mit gutem Wind in den Segeln* [3]Seg 10.
Laut- u. Formvar.: *Låk* Fra/Ln, *Loke* Bel/Ka, Stolp, Sto/Ge, *Lauke* Gbg/Gp,Vi, Kol/Go, Slo/Sl, *Lauka* Pyr/Wa,Wi, *Lôuke* °Büt [2]Mis 16, Lau/Li,Su. – Pl.: *-s* verbr. VPom, vereinz. wie Sg., *-n* verbr. HPom.

låkensch Adj. aus Tuch gefertigt verbr. VPom. *in lakensch Jack un Bücksen* HuMGwd 14,6,1.

Låkstrick m./n. lange Leine, mit deren Hilfe man kleine Kähne am Ufer entlangzieht Rüg/Dm, vereinz. °Ran. – **Låkstütt** f. lange Stange zum Abstoßen kleiner Kähne vom Ufer Rüg/Dm, vereinz. °Ran.

lakumsch Adj. gierig nach Speisen, naschsüchtig Neu/Th, Fla/Ta,Wo. Vgl. PrWB 3,753. – Vgl. pomor. *lak[k]ômc* lüsterner, gieriger Mensch.

Lakür s. Likör.

låle sw. johlen, grölen Dra/Bu, Reg/Me.

lallig Adj. lallend, undeutlich sprechend selt. MPom HPom. *He räd't so lallig* Ghg/Wt.

Lamäng f. Hand vereinz. *Nimm dat man in'e Lameng!* Gwald. In fester Vbdg.: *Nich in'e Lameng!* niemals, ganz bestimmt nicht! vereinz. – Frz. *la main*.

Lamdierung f., *Lamdeirung* Nau/Fg,Rh, *Lamteiring* Gbg/Ge, Lärm, Krach Ran/Ro, selt. HPom. – **lamentern** sw., wie hd. *lamentieren* vereinz., *lameteire* vereinz. ZPom. **1.** jammern, klagen verstr. *Sei kann nich anners, sei möt ümmer œwer ehren Mann lamentern* Gri/Mi. – **2.** lärmen vereinz. → larmen. – **3.** wichtigtuerisch erzählen vereinz. – **Lamento** n. lautes Jammern, Wehgeschrei vereinz.

Lamm n. **1.** junges Schaf. *Dat Lamm möt noch bi dei Mudder blieben* Dem/De. *Dei is so tåhm as eie Lamm läßt sich alles gefallen* Nau/We. – **2.** zumeist im Dim., Kosewort für ein kleines Kind. *Mien säut Lämming!* Gri/Bo. – **3.** übertr., Pl. – **3.1.** Schäfchenwolken selt. *An'n Himmel sünn Lämmer, dat gifft schön Wärer* Gri/Mi. Vgl. Lämmerschåp, -wulk. – **3.2.** mit Schafwolle gefütterte Fausthandschuhe selt. – **3.3.** Kätzchen am Haselstrauch selt. HPom, vgl. DWA 10, Kt.7.
Laut- u. Formvar.: *Lom* vereinz. °Lau, *Lämmer* selt. VPom, Ran/Ke, vgl. DWA 7, Kt.2. – Pl. *Lämmer* verbr., *Lamme(r)* Neu/Th. – Dim. *Lämming* VPom, sonst *Lämmke(n)*, *Lammke* Lau/GW.
Phras. zu 1.: *De Appel füllt ne wiet von'n Stamm, so as dat Schåp is, is dat Lamm* Saa/Le, ähnl. verstr. – Im Wiegenlied: *Dat Lämmke leip in't Hult, dat stör sik an demm Steinke, don deer em weih siä Beinke, don sär dat Lämmke: bäh, bäh, bäh* Sch/Pu, ähnl. vereinz., BLFPVK 5,42.
Rsyn. zu 1.: Spez. für das weibliche Schaflamm: *Aulamm, Lämmerschåp, Mudderlamm, Mudderschåp, Ogenlamm, Schåplamm, Tulamm, Zifflamm, Zipplamm*. Männliches Schaflamm: *Bucklamm*. Einjähriges Schaflamm: *Aujohrling*. Saugendes Schaflamm: *Tittenlamm*.

lammen sw. Junge zur Welt bringen (von Schaf u. Ziege) verstr. *Dat Schåp / de Zick hett lammt* Pyr/Lt. – Sagw.: *Hart, œwer gerecht, sä' dei Buck, as hei lammen süll* Gwd/Ba. Vgl. lämmern. – **Lämmergrieper** m. **1.** gebogener Weidenstock zum Einfangen von Lämmern selt., LauWB 220[a]. – **2.** SpottN für den Schäfer vereinz. – **Lämmerhüppen** n., scherzh., Tanzveranstaltung für Jugendliche vereinz. – **Lämmerjån** m. **1.** sehr ängstliche Person Ghg/Li,Wt, Pyr/Sh. – **2.** schmächtiger Mensch Gwald, vereinz. MPom. – **Lämmerjung'** m. **1.** Hütejunge für Lämmer, Gehilfe des Schäfers verstr. Ral.: *Tauletzt kümmt't up'e Lämmerjunge* letztlich ist der Untergeordnete der Leidtragende Gbg/Vi, ähnl. verstr. – **2.** TiN, Schafstelze Gbg/Wa. – **Lämmerknecht** m., TiN, Schafstelze Gbg/Gp. – **lämmern** sw. wie lammen Gwd/Ze. – **Lämmersack** m. Sack des Schäfers, in dem neugeborene Lämmer getragen werden selt. Über eine sehr betrübte Person: *De steht dor as so'n Lämmersack*

Ran/Ro. – **Lämmerschåp** n. 1. weibliches Schaflamm selt., vgl. DWA 7, Kt.2. → Lamm. – 2. Pl. Schäfchenwolken vereinz. Vgl. Lamm, Lämmerwulk. – **Lämmerschmåtsch** f. Fell junger Lämmer verstr. HPom, sonst selt., BLFPVK 10,114. – **Lämmerschwanz** m. 1. wie hd. Häufig in Vergleichen: *Ehr geiht dat Mul as so'n Lämmerschwanz* sie redet schnell und ununterbrochen Dem/De. *Dat Hart schleit as 'n Lämmerschwanz* das Herz schlägt sehr schnell Ank/An. Vgl. Lämmerstart. – 2. SpottN für den Schäfer Reg/Kw, Neu/Th. – 3. PflN, Wiesenknöterich Büt/Wu, Sto/Kr, ²KNO 70, ⁷KNO 175. Auch: Kätzchen am Haselstrauch selt., vgl. DWA 10, Kt.7. – **Lämmerstart** m. Schwanz eines Lammes verstr. *He båwert as 'n Lämmerstart* er zittert sehr Stral. Vgl. Lämmerschwanz. – **Lämmertung'** f., PflN, 'Lämmerzunge'. 1. Wiesenknöterich Nau/Fg,Rh. – 2. Spitzwegerich Pyr/Wa. – **Lämmerwulk** f. Schäfchenwolke verstr. *Lämmerwulken düden up got Wärer hen* Gwald. Vgl. Lamm, Lämmerschåp. – **lammfromm** Adj. wie hd. verstr. – **Lämming, Lämmke(n)** s. Lamm. – **Lammtiet** f. Zeit, in der die Schafe lammen (März, April) vereinz. *Dei hett fief Johr dei Lammtiet mit dörchmåkt* ist närrisch (weil Schäfer in dieser für sie wichtigen Zeit besonders viel Arbeit haben) Ank/Br.

Lamp f. Lampe, Leuchte. *Stick dei Lamp an!* Fra/Pe. *Dei Lamp blåkt* flackert, rußt Gwald. Scherzh. zu jmd., dem die Nase läuft: *Puust dei Lamp ut!* Gwd/Da. – Phraseolog.: *(sik) ein' up'e Lamp geiten* einen oder mehrere Schnäpse trinken allg.; *ein' up'e Lamp hemm'* betrunken sein vereinz. – Rä.: *Wat frett sienen Darm un drinkt sien Blaut?* = Petroleumlampe Ank/An.

lämpern sw., seem., Ladung gleichmäßig im Schiff verteilen selt. vpom. Küste. – Nach ⁴GÜL 53,6 zu schwed. *lämpa* trimmen.

Lampreet f., TiN, Lamprete, Meeresneunauge selt., UP 12,35.

Land n. 1. nicht von Wasser bedeckter Teil der Erdoberfläche. *Dei Schipper kümmt hüt noch an Land* Gwald. *Wi möten dei Fracht / Fisch an Land bringen* Stral. Seem.: *gägen't Land* landeinwärts Gwd/Wc; *unner Land sägeln* im Schutz der Küste segeln Ank/Km. *Land måken* sich nach Ausübung der Seefahrt zur Ruhe setzen Darß. – Auch als Bez. für kl. Inseln: Die Ummanzer nannten ihre Insel früher bloß *dat Land* Rüg/Um, die Hiddenseer ihr Eiland liebevoll *dat söte Länneken*, so 1797 erstmals ZÖL 346. Später verschwand das Diminutivum aus dem Sprachusus der Einheimischen, lebte aber (über die Literatur) weiter bei Zugezogenen und Fremden. Eintrag in einem Gästebuch von 1896: *Nåh dit Länneken dor möst du bald mal wedder hen* JÜRG 26. Die Frau Gerhart Hauptmanns in einem Brief von 1943: *Wir alle freuen uns unendlich auf dat söte Länneken* GUS 98. – Phraseolog.: *Land seihn* Hoffnung auf den erfolgreichen Ausgang einer Sache schöpfen verstr.; *von Land tau Lüd lopen* alles Menschenmögliche versuchen vereinz. – In Ausrufen der Verwunderung, die aus der Seemannssprache übernommen worden sind und die zudem auch ausdrücken können, daß man von einer bestimmten Angelegenheit nichts mehr hören will: *Hein, låt mi an Land!* Fra/Br. *Minsch, låt mi an Land, ik kann an Buurd nich pissen!* Stral. Kommentar, wenn jmd. etwas Unwahrscheinliches erzählt: *Låt mi an Land, dei Himmel is hoch!* Kol/Go. – Sagw.: *Land!, säd de Buer, dor lach hei in'n Schosseegråben* °Sch. – 2. Ackerland, Feld, landw. genutzte Fläche. *Dat Land is to natt, dor kaast nich ackern* Pyr/Lt. *Dat is will Land* schlechtes, unbebautes Ackerland Reg/Rg. *Wi wille dat Land upriete* mit dem Kultivator auflockern Gbg/Gp. *Hei hett noch Land tauköfft* Gwd/Ba. Beliebt in Paarformeln mit *Sand*: *De hett nich Land un nich Sand* ist völlig besitzlos Pyr/Lt. Selbstbewußte Äußerung eines Landwirts: *Wat Land un Sand bedüden deit, weit ik* Dem/De, ähnl. vereinz. – 3. ländliche Region. *Hei wåhnt up'n Lann'n* Gwd/Nu. *Dei is æwer Land* fährt über die Dörfer Fra/Pe. Spöttisch über eine ungebildete Person: *Dei is von'n Lann'n, dei hett Stroh in'e Stäwel* Ank/An, ähnl. verstr. Ähnlich abwertend in Vbdg. mit RN, die als bes. typisch für die Vornamengebung im ländlichen Raum galten: *Johann von'n Lann'n* dummer, ungebildeter Mann verstr. *Fieken von'n Lann'n* einfältige Frau verstr. Auch: Landstrich, Gegend. Scherzh. über eine bes. arme Region: *Dat's so'n Land, dor verhungern de Lüs'* Rüg/Pu. – Scherzfr.: *Worüm is up'n Land de Luft so got?* = *Weil de Buren de Finstern nich upmåken* Rüg/Pu. – 4. Heimat, heimatliche Umgebung. Zu jmd., der lange Zeit fort war: *Büst du uk werrer in'n Lann'?* Fra/Pu. *Wenn ik dot bin, will ik im Land begråwe ware* Lau/GW; *bi uns to Lann'* in unserer Region Rüg/Dm. – 5. Staat, Provinz, politische Region. *Hei is dörch väl Länne tåge* Cam/He; *frömde Länner* Stral.

Laut- u. Formvar.: *Laint* Gbg/De, vgl. PRI/TEU 248. – Pl. (nur zu Bed.5): *Länner* verbr., *Linner* Ank/Br, verstr. °Dra, Kol/Pr, Reg/Rg, *Linder* Lau/GW, *Linge* °Rum ²MIS 49, *Lenger* °Büt (neben *Länder*) ²MIS 49, *Lêne* °Sch MAH 90, selt. °Rum. – Dim.: *Länneken* verbr. VPom, *Länning* selt. VPom.
Flex.: Die ältere dativische Form *Lann'n* hat sich neben zunehmend eindringendem *Land* im Sg. noch erhalten. Vgl. z. B. *von'n Lann'n* vs. *von't Land*; *up'n Lann'* vs. *up't Land*.

Landbotter f. im bäuerlichen Haushalt selbst hergestellte Butter vereinz. Vgl. im Gegensatz dazu Molkeriebotter. – **Landbrot** n. nach Art der Bauern gebackenes Mischbrot vereinz. – **Landdag** m. 1. Landtag. Früher die Versammlung der Landstände. – Sagw.: *Ik kann dor nicks bi don, säd de Buer, ik bün nich uns Herrgott un uk nich in'n Landdag* °Rüg, ähnl. HUMGWD 9,9,8. – 2. scherzh., Arbeitstag auf dem Land, bes. für redselige Frauen. *Wiehnachten in't Backhus fängt de Frugens ehr Landdag an, har(f)stœwers, wenn dei Tüffel rut sünd, is hei ut* Ank/An. – **landdågen** sw., unpers., lang anhaltend, gleichmäßig regnen vereinz. VPom. *Dat landdågt so* Gwald. – **Land-ein** n., scherzh., diejenigen Regionen Mecklenburgs, die von der Diphthongierung betroffen sind (z. B. *Breif* vs. *Breef, leif* vs. *leef, deip* vs. *deep*) vereinz. °Rüg, sonst selt. VPom. Von den Pommern generalisierend auch für ganz Mecklenburg gebraucht. Spöttisch: *Du büst woll ut Land-ein, wo de Tüffel so grot warn as de lütten Kinnerköpp* Rüg/Pu. – **Land-end(s)** n., fischerspr., Absperrnetz großer Reusen im Flachwasser Hidd., RAS 139, ¹PEE 203. Vgl. Landwehr². – **Landgang** m., seem. **1.** Freizeit der Seeleute, die an Land verbracht wird. – **2.** Laufplanke mit Handleiste zum leichteren Betreten bzw. Verlassen von Schiffen vereinz. – **Landhäling** f., fischerspr., in Landnähe ins Eis geschlagenes Loch zum Herausziehen der Netze bei der Eisfischerei Stral, Gri/St, RAS 177. Vgl. Inhäling, Uthäling. – **Landhauf,** f., veralt., 'Landhufe' Flächenmaß von 30 pom. Morgen (knapp 20 Hektar) vereinz., KrRum 216. – **Landherr** m. Gutsherr, -besitzer vereinz. VPom, sonst selt. Scherzh. Ausdruck des Wohlbehagens: *Wat sünd wi Landherren dick!* wie geht es uns gut! Stral. – **land-in** Adv. landeinwärts vereinz. *Sei sünd land-in treckt* Gwd/Ba. Vgl. land-ut. – **Landkoort** f. Landkarte. *Dat Dörp is so lütt, dat is up kein Landkoort tau finnen* Gwald. Übertr.: großer Fleck, bes. in Kleidung vereinz. *He hett 'ne Landkoort in't Hemd* Stral. – **Landlöper** m. Herumtreiber, Vagabund selt., HoefAMsc 266ᵃ. Vgl. Landstrieker. – **Landlüd** Pl. Landbevölkerung vereinz. – **Landmann** m. **1.** auf dem Land lebender Mensch vereinz. Pl. s. Landlüd. Vgl. Stadtmann. – **2.** den Acker bearbeitende Person, Bauer verstr. Scherzh.: *Denn Landmann sien Orgel is dei Döschkasten* Gwd/Ba. – **Landmäter** m. Landvermesser verstr. Teile der bäuerlichen Bevölkerung schätzten diesen Beruf nicht allzusehr: *To de Arbeet bist du to ful, denn müsst du as Landmäter gåhne* Büt/Bt. – **Landrägen** m. Landregen. Scherzh.: *Dat is 'n Landrägen, de Stadt / Wisch kricht nicks af* Gwd/Lo. – **Landråt** m. **1.** Landrat, Leiter der Kreisverwaltung. Scherzh. beim Kartenspiel, wenn man viele Buben aufnimmt: *Oh Gott, dei Buern denken, ik bün Landråt!* Gwd/Ze, ähnl. vereinz. – **2.** mit Zucker u. Zitrone gewürztes Heißgetränk aus Weißwein u. Cognac vereinz. VPom. – **Landrieder** m., veralt., berittener Vollstreckungsbeamter auf dem Lande. Über eine beharrlich Forderungen stellende Person: *Dei is e' richtig Landriere* Gbg/Lw. – **Landrott** f. Landratte vereinz. *Hei hett Angst up See un blifft Landrott* Gwd/Ba. – **landrüchtig** Adj. im ganzen Land berüchtigt, verrufen verstr. *Ik vertell dat alle Lüd un måk di landrüchtig* Ghg/Gr. Ebenso: *landrüchig* selt. VPom, Uec/Ue, Gbg/Gp.

Landsberger m. Saisonarbeiter aus der Region um Landsberg im Warthebruch, der sich als Schnitter oder Torfstecher verdingte selt. VPom, °Ran.

landsch Adj., gesprochen *lannsch*, ländlich, dörflich vereinz. *De treckt sich so landsch an* zieht sich altmodisch, gemäß ländlicher Sitte an Stral. Subst.: *de Landschen* Landbevölkerung vereinz. – **Landsmann** m., gesprochen *Lanns-*. **1.** Pl. *-lüd*, wie hd. – **2.** bes. kindspr., Mittelfinger selt. HPom, ¹¹KAI 112. → Middelfinger. – **Landstråt** f. Landstraße. *Dei licht ümmer up dei Landstråt* streunt ständig herum, ist immer unterwegs Fra/Ln. – Rä.: *Wat geiht hen un wedder trüch, un blifft doch ümmer up datsülwige Flach? = dei Landstråt* Gwald, ähnl. vereinz. – **Landstrieker** m. Landstreicher, Vagabund vereinz. Vgl. Landlöper. – **land-ut** Adv., nur in der Vbdg. *land-ut, land-in* überall im Land selt., LAUWB 220ᵃ. Vgl. land-in. – **landwarts** Adv. landwärts, in Richtung Festland selt. VPom. – **Landweg** m. ungepflasterter Weg, Feldweg. *Up weck Chausseen geiht näbenbi noch 'n Landweg* Gwd/Ba. – **Landwehr¹** f., veralt., wie hd. **1.** Grenzbefestigung aus Wällen u. Gräben. – **2.** militärische Reserveeinheit. Im Neckvers: *Huch, Murrer, dei Landwehr kümmt, dei uns dat Brot un Speck wegnimmt* Gri/Lo. – **Landwehr²** n./f., fischerspr., niedriges Absperrnetz großer Reusen in Ufernähe vereinz. vpom. Küste, RAS 139, ¹PEE 203. Vgl. Land-end(s).

lang 1. Adj., unflektiert u. in Zss. zumeist *lank* gesprochen, Komp. *länger, lenk* vereinz. südl. HPom, *linge(r)* NOPom, JostWB 58. – **1.1.** von großer räumlicher Ausdehnung in einer Richtung. *Dei Straut is lank* Net/Sl. *Hei höllt dei Lien lank* Kol/Pr. *Hei föl lang [der Länge nach] up'n Rüggen* Stral. Über sehr großgewachsene Personen: *De is so lank as 'ne Hoppenstang'* Stett. *Hei is so lank, hei kann binåh ut dei Dackrönn supen* Dem/De. *De is lank as Lewerenzen sien Kind* verbr. Mit Bezug auf Bed. 1.2.: *Dei is so lank as de Dag ve Johann* [Johannistag] Neu/Aa. – **1.2.** von großer Zeitdauer. *Nu warn de Dåg all länger* °Ran. *Dat ward hüt 'n langen Dag* wird ein arbeitsreicher Tag Use/Sw; *'ne lange Nacht måken* die Nacht durchfeiern Ank/An. *Mi ward dei Tiet lang* mir wird langweilig Gwd/Ba. Scherzh.: *Se geht in'n langen Deenst* sie heiratet Gri/Sv. – **2.** Adv., gesprochen *lang', langen* vereinz. VPom. – **2.1.** lange, erhebliche Zeit hindurch. *Dat duert lang'* Pyr/Lt. *De sünd all langen dot* Gwald. *Dat's all lang' her* Use/Sw. Drohend: *Du måkst dat so lang', bet mi dat œwer ward* Fra/Pe. Iron. Abweisung: *Dor kannst du langen up luren* das wird niemals geschehen Fra/Zi. *Dor hest du lang' wat an dass.* Gri/Ge. – Spruch: *Wecker lang' schlöppt un schnell löppt, kümmt uk noch trecht* Gwald, ähnl. verbr. – **2.2.** bei weitem, weitaus, durchaus. *Dat Kleed is lang' gaut för di* Gri/Mi. In der Regel aber in Vbdg. mit nachgestellter Negation

zum Ausdruck der Ungleichheit: *Mien Antog is lang' so gaut nich as dien Gwald. Nåh Stralsund is dat lang' nich so wiet as nåh Gripswold* Gri/Zf. – **2.3.** gesprochen zumeist *lank*, entlang. *an'n Tun / an'e Stråt lank* Gwald. Vgl. langs.
Phras. zu 1.1.: *Dat is lang as breit* ist völlig egal verbr.; *lang' Finger hemm' / måken* stehlen verstr. – Sprw.: *Wer 't lang hett, lett' lang hängen* wer viel besitzt, zeigt es auch verbr. Erweitert zum Sagw.: *... säd de Düwel, don har hei sik 'ne Latt an'n Start bunnen* Gwald; *... sär dei Jung', don hüng em dat Hemd ut'e Bücks* Rüg/Ae. – Sprüche: *Lang un schmall hett kein Gefall, kort un dick hett gor kein Schick* Gwd/Nu. *Lang un håger is man måger, äwer kort un dick (so as ik), dat hett Schick* Gwald. *Lang un dæsig, kort un kræsig* [munter, keck] Dem/Kt. Despektierliches Urteil über Frauen: *Lang von Hor, kort von Gedanken!* Gwd/Ba.

Läng' f., *Längd(e)* vereinz., *Ling'* verstr. SPom, Reg/Kw, Neu/Th, Sto/Gl, HoMWB 121[b], *Lingd(e)* Use/Wl, vereinz. SPom, Reg/Me, verstr. °Sto, Länge. **1.** räumliche Ausdehnung in einer Richtung. *Dei Längde hemm' wi afmäten* Fra/Bn. *De is düchtig in'e Läng' wussen* Ran/Pe; *denn Bom up Läng' schnieden* den Baum der Länge nach zersägen Gwald. – **2.** zeitliche Ausdehnung. In fester präp. Vbdg.: *up'e Läng'* auf Dauer allg. *Up dei Läng' kann dat mit uns beid nicks warn* Rüg/Dm. – Sprw.: *De Läng' hett de Last* auf die Dauer wird auch die leichteste Last oder Arbeit mühsam Rüg/Zi. – Sagw.: *Ik treck mien Arbeit in dei Längde un ward doch tau rechte Tid farig, seggt de Reeper* HuMGWD 8,16,2. – **3.** Schaft eines Strumpfes vereinz. VPom, Kol/Pr, Dra/Bu,Dr.

Langbein n. Beiname für den Storch, bes. im Kindervers. *Ådebor Langbein, sitt up'n Schostein, hett sien rode Strümp an, geiht as'n Eddelmann* Gwald. *Årebor, du Langbein, wennihr wisst du wegteihn?* Gri/Mi. – **langbeinig** Adj. wie hd. Vgl. langschächtig, -schinkig. – **langbeint** Adj. dass. vereinz. VPom, Gbg/Gp. – **Langbom** m. **1.** langer Balken, mit dem Vorder- u. Hinterteil des Ackerwagens verbunden werden. *Mit 'n Langbom ward ut'n Buwågen 'n Austwågen måkt* Gwd/Ba. Vgl. Langwågen. – **2.** lange Holzstange, die zur Befestigung über das Heufuder auf dem Wagen gelegt wird vereinz. VPom. → Wäsbom. – **längelang** Adv. in ganzer Länge ausgestreckt vereinz. *He föl längelang hen* Gwald. Vgl. lingelang. – **Lang-ell** f., fischerspr., 'lange Elle' Längenmaß für Netze u. Reusen (ca. 60 cm) Rüg/Kl [1]PEE 204. Vgl. Fischer-ell, Kort-ell. – **langen** sw. **1.** nach etwas greifen, mit ausgestreckter Hand erreichen. *Hei langt in dei Bosttasch* Gwald. *Ik kann denn Appel an'n Bom nich langen* Pyr/Lt. Übertr.: *Denn war ik mi langen!* den werde ich mir gehörig vorknöpfen! Dem/Tp. – Sagw.: *Ei is Ei, sä' dei Paster un langt nåh dat gröttste* Fra/Ln. – **2.** darreichen, geben. *Lang mi doch eis dat Dauk!* Sch/Pu. – **3.** ausreichen, genügen. *Dat Faurer langt noch nich för de Koh* Rüg/Lo. *Dat Geld langt nich hen un nich her* reicht überhaupt nicht Gri/Gm. Ausdruck der Verärgerung: *Nu langt mi dat!* meine Geduld ist zu Ende! °Ghg, ähnl. allg. – **4.** schlagen, prügeln. *Hei langt üm sik* schlägt wild um sich Gwd/Ba. Zumeist in der Fügung: *ein' eine langen* jmd. eine Ohrfeige geben. *Hei hett em düchtig eine langt* Fra/Bn. – **längen** sw. **1.** länger werden (bes. in zeitlicher Hinsicht) verstr. *Dei Dåg längen (sik) nu all* Fra/Bn. – Wetterr.: *Fangen de Dåg an tau längen, fängt de Winter an to strengen* Gwald, ähnl. vereinz. – **2.** zumeist litspr., verlangen, sich sehnen vereinz. *Du lengst nah Slap* KRKLPYR 1929,37. Subst.: *din Lengen un din Sähnen nah disse olle Heimat* HuMGWD 12,29,6. – **lang-engelsch** Adj. mit vier paarweise vorgespannten Pferden vereinz. VPom. *Uns Baron führt ümmer lang-engelsch* Rüg/Zi. – **Langenhågen** ON. Spöttisch über einen in jeder Hinsicht langsamen Menschen: *De is von Langenhågen* Stett, ähnl. vereinz.

Langett f., *Lanjett* Nau/Fg,Rh, Sch/Sd, *Longjett* vereinz. HPom, *Langschett* Sch/Pu, Langette, bogen- oder zackenförmiger Spitzenbesatz an Stoffen vereinz. *Nachthemde mit Longjette besette* Sto/Gl. – Frz. *languette*. – **Langettenrock** m. Unterrock mit Spitze vereinz. – **langettieren** sw., *langtieren* Ank/An, Rüg/Pu, *longtieren* selt., *lamtiere* Nau/Fg,Rh, mit Randstickereien verzieren vereinz. *Unnerröck warn langettiert* Gri/Go.

Langfinger m. **1.** Dieb vereinz. – **2.** Mittelfinger Ran/Pe, Dra/Bu, Kol/Go, Stolp. → Middelfinger. – **langgåhn** st., *langs-* vereinz. VPom, entlanggehen. *Nu willen wi noch eis an'n Strand langgåhn* Fra/Pe. *Ik weit, wo't langgeiht* ich weiß genau Bescheid Gwald. – **Langhals** m. **1.** TiN. – **1.1.** Gans vereinz. Beliebt als Beiname im Lied: *Langhals hitt min Gaus* Kös/Gr HTKös 1928,17,5, vgl. BLFPVK 2,165. – **1.2.** Knäkente (kleine Entenart) HTKös 1928,17,5. – **2.** bes. kindspr., Mittelfinger vereinz. HPom, sonst selt. → Middelfinger. – **3.** seem. – **3.1.** kurzes Stück Tau mit weiter Schlinge am Ende Rüg/Sn, Gwald. – **3.2.** im Pl. *Langhalsen*, Bewuchs aus Algen u. Muscheln am Schiffsboden Rüg/Sn, Gwald. – **langhalsen** sw. mit langem Hals nach etwas spähen Rüg/Vt, Uec/Pa. – **langhalst** Adj. langhalsig Neu/Lt, verstr. °Sto. Subst.: *Langhalsde* Kraniche Sto/Pf. – **Langhans** m., bes. kindspr., Mittelfinger vereinz. VPom, Dra/Bu, Sto/KP, HoEFAMsc 267[a]. → Middelfinger. – **Langheit** f. lange Zeitspanne vereinz. HPom, sonst selt., HoMWB 117[b]. – **Langholt** n. Langholz, lange Baumstämme verstr. *Dei Buer führt Langholt* Gwd/Ba. Prügelandrohung: *Du krechst jliek Langhult!* Gbg/Gp, ähnl. vereinz. – **Langhor** n., PflN, 'Langhaar' Wasserpest Sch/Ac, Rum/Tr. Vgl. MARZELL 2,810f. – **langhorig** Adj. langhaarig. Subst., dabei aus männl. Sicht zumeist pejor.: *dei Langhorigen* Mädchen u. Frauen verstr. – **Langhuwel** m. langer, großer Hobel vereinz. VPom, sonst selt. – **langkåmen** st., *langs-*

vereinz. VPom, entlangkommen. – **Langkork** m. Flasche Wein mit sehr langem Korken (als vermeintliches Qualitätsmerkmal früher bes. auf Bordeauxwein bezogen) vereinz. – **langleggen** sw., refl., sich lang ausstrecken, zu einem Schläfchen hinlegen verstr. *Ik bün so mäud, ik lech mi 'n bäten lang* Dem/Tp. Verwunderter Ausruf: *Dor lech ik mi lang!* Ank/An. Vgl. langmåken. – **langliewig** Adj. 'langleibig' von sehr langem, schlanken Körperbau Gri/Bo, Ran/Pe. – **Langluchs** m., kindspr., Mittelfinger vereinz. °Pyr °Saa. → Middelfinger. – **langmåken** sw., refl., wie langleggen verstr. – **Langmann** m., kindspr., *Langs-* BLFPVK 9,101, Mittelfinger vereinz. → Middelfinger. – **langmäudig** Adj. langmütig, sehr geduldig selt. VPom. – **Langpiepenmul** n. Person mit schiefem Mund Saa/Ja, Sch/Sl.

langs 1. Präp. längs, entlang verstr. *Ik bün ümmer langs denn Gråben gåhn* Fra/Zi. *Langs dei Dannen stünnen Pilze* Gri/Go. – 2. Adv. – 2.1. entlang verstr. VPom, sonst selt. *an'e Stråt langs* Gri/Gm. In fester Vbdg.: *bi Wech langs* unterwegs Fra/Ln. Vgl. lang. In Zss. nur mit Verben der Bewegung, s. langgåhn, -kåmen. – 2.2. lang ausgestreckt, der Länge nach vereinz. *langs up'n Buk liggen* Gri/Ti. *Dei Stuf is langs un dwass utmäten* ist in der Länge u. Breite ausgemessen Fra/Zi. Vgl. langweg. **Laut- u. Formvar.:** *längs* vereinz., *lings* °Sto, *langst* Reg/Kt, Sch/Wa, *längst* vereinz. HPom, sonst selt., *leengst* Gbg/Gp.

langsåm Adj., gesprochen zumeist *lanksåm*, *lanksaum* Gbg/Gp, Dra/Bu. 1. langsam, bedächtig. Zum gierigen Esser: *Ät langsåm, du glööfst gor nich, wat du denn låten kannst!* Gwald. Floskelhafte Antwort, wenn man zur Eile aufgefordert wird: *Ümme langsåm mit de Brut tau Berr!* Kol/Go. *Nu ma ümme lanksaum, jung' Peie* [Pferde] *koste Jild!* Dra/Bu. – 2. allmählich. *Wi wille ma so langsåm näh Hus gåhe* Neu/We. – **Langsäutscher** m. länglicher, rotbackiger Süßapfel verbr. ZPom SPom. Vgl. Jungappel. – **langschächtig** Adj. 1. langschäftig vereinz. *He drächt langschächtig Stäwel* Stral. Vgl. langschäftig. – 2. langbeinig vereinz. *Hei is 'n langschächtigen Minschen* Gwald. Vgl. langbeinig, -schinkig. – **Langschäfter** Pl. Stiefel mit langen Schäften verstr. – **langschäftig** Adj. wie hd. verstr. Scherzh.: *Du geihst jå so langschäftig, gifft dat Hochwåder?* Fra/Bn. Subst. im Pl.: *de Langschäftigen* hohe Stiefel Gwd/Ze. – **langschinkig** Adj. mit langen Schenkeln, langbeinig VPom, sonst selt. [*Hei*] *wir in'n Uemsehn verschwunn'n, denn hei wir hellschen langschinkig* HUMGWD 5,40,9. Vgl. langbeinig, -schächtig. – **Langschläper** m. Langschläfer. – **langschlieren** sw. sich vorsichtig, schleichend vorwärtsbewegen vereinz. – **Langschnur** f./n., fischerspr., lange Hauptschnur der Aal- bzw. Hechtangel verstr. VPom, RAS 148. Vgl. Kortschnur, Lopschnur.

langsgåhn, langskåmen s. langgåhn, langkåmen.

Langslien f., fischerspr., lange Schnur, die man zur Stabilisierung der Wände großer Stellnetze längs über deren Fangraum spannt verstr. vpom. Küste, ¹PEE 203. – **Langsmåt** n. dass. Rüg/Nu, RAS 143. – **langssiet** *längs-* selt., zumeist seem. 1. Präp. längsseits vereinz. *Ik gåh langssiet denn Wågen* Ank/An. – 2. Adv., *längst-* Fra/Bn, Ran/Pe, an der Längsseite vereinz. *Dat Boot möt langssiets anleggen* Fra/Zi.

langstälig Adj., vereinz. wie hd. *langstielig*. 1. langstielig, -stengelig vereinz. – 2. langweilig, eintönig vereinz. *He vertellt so langstälig* Pyr/Wa. Ebenso: *langstäälsch* Rüg/Zi, *-stäält* selt. – **langstäwelig** Adj. mit langen Stiefeln selt. – **langstiezig** Adj. 1. langweilig, öde VPom, sonst vereinz. *Up denn Geburtsdag wier dat langstiezig* Gri/Mi. – 2. umständlich, bedächtig, langsam vereinz. → sacht. – **Langstroh** n. langes, gutes Stroh vereinz. Vgl. im Unterschied dazu Kortstroh, Krummstroh. – **langtau** Adv., Endsilbe betont, bedächtig, zögerlich selt. VPom, Ran/Pe, Pyr/Dö, Gbg/Br, Dra/Bu, Sch/Pu,Rg. – **langtœgsch** Adj., *-täägsch* verbr. NOPom, sonst selt. 1. langsam, bedächtig, schwerfällig VPom NOPom, sonst vereinz. *Hei is bi de Arbeit un bi'n Vertellen so langtœgsch* Dem/Tp. *Wi Pommern sünd einmal ein bäten langtögsches* [...] *Geschlecht* HUMGWD 2,30,7. → sacht. – 2. langwierig vereinz. *Dat is 'ne langtœgsche Krankheit* Gri/Ti. – **langtömig** Adj. langsam arbeitend, ohne Elan Sto/Dö,Pf. Auch: langatmig, weitschweifig ¹MASS 121: *in langtömige Reden*. – **langtrecken** st./sw. 1. etwas in die Länge ziehen, länger machen. Drohend: *Ik war di eis dei Uhren / dat Fell langtrecken!* Ank/Br. – 2. *langs-, langst-* selt., in Längsrichtung des Feldes, parallel zur Pflugfurche eggen verstr. MPom HPom. *dat Stück Acker langtrecke* Nau/Fg. Vgl. BBWB 3,31. – 3. etwas durch Flüssigkeitszugabe verdünnen vereinz. *Dei Supp möt langtreckt warn* Ank/An. *Fleisch langtrecke* Fleisch in kl. Stücken mit viel Soße zubereiten Kol/Go. – **Langwågen** m. 1. verlängerter Erntewagen vereinz., DLP 7,270. *Mit'n Langwågen kåmen wi nich üm'e Eck* Rüg/Ae. Vgl. Austwågen, Kortwågen. – 2. langer Balken zur Verbindung von Vorder- u. Hinterteil des Ackerwagens vereinz. HPom, sonst selt. Vgl. Langbom. – **langweg** Adv., Endsilbe betont, der Länge nach, lang ausgestreckt vereinz. *Hei licht langwech up de Ierd* Saa/Ja. Übertr.: *Dat jeht immer langwech* verläuft stetig, ohne Unterbrechung Sto/Sz. Vgl. langs. – **Langwiel** f. Langeweile vereinz. – **langwielig** Adj. langweilig. 1. uninteressant, öde. – 2. langwierig, lange dauernd verstr. *De Krankheit ward langwielig* Ran/Pe. – 3. betont langsam, sehr bedächtig vereinz. *He is langwielig in sien Arbeit* Pyr/Lt. → sacht.

Lank f., Pl. *Lanken, Langen* Gri/Mi, Flanke, Körperpartie zwischen Rippen u. Lende (bes. bei Pferden u. Rindern) verbr. VPom ZPom. *Dor haut hei sin Pird mit de Spurn in de Lanken* ³NERE 1,195. *Dei Hund hett dei Kauh dei Langen upräten* Gri/Mi. *Hei is bannig dünn in'e Lanken* Rüg/Ae. Vgl. Flank.

Länk s. Lenk.

Lank(e) f., hist. **1.** Seitengewässer, Bucht, kl. Wassereinschnitt Darß, °Uec, Ran/Pe, Cam/Bn,Gs, Gbg/Ka ²EBE 14, BLFPVK 2,139f. Auch: diejenige Seite eines Gewässers, die befischt wurde Use/Pl, Cam/Pu. – **2.** morastige Niederung, sumpfige Stelle in Wiesen selt. °Rüg, Uec/Vo, °Ghg, BLFPVK 2,139. – Slaw. Reliktwort, das sich nur in FlN erhalten hat. Vgl. BBWB 3,32: ²*Lanke*.

lanken Adv. entlang vereinz. – **lanker** Adv. dass. selt. VPom, HUMGWD 2,32,7.

Lanking m., *Lankäng* Ank/An, Nanking, dichtes Baumwollgewebe vereinz. VPom, °Dra. – **lankingsch** Adj. aus Nankingstoff gefertigt ebda.

länlos s. lädlos.

Länneken s. Land.

lannen sw., *laine* Gbg/De,Vi, auch wie hd. *landen*, landen, an Land kommen vereinz. Zu jmd., der lange fort war: *Na, büst du uk werrer land't?* Ghg/Gr. – **Länner** m., *Länder* selt., *Linne* Dra/Bu, 'Länd(l)er' schneller Tanz vereinz. – **lännern** sw., *ländern* vereinz., *linnre* selt. SPom ZPom, flott tanzen verstr. – **Lanning** f./n., seem., Pl. -*s*, -*en*, Linie, an der überlappende Bootsplanken zusammengenietet werden vpom. Küste, ¹PEE 238, ²RUD 123. Wenn an dieser Stelle Wasser eindringt: *De Lanning mâkt Wâder* Gwald.

Lantern s. Latern.

läntern sw. müßig herumgehen Uec/Ue, Ran/Pe. Vgl. BBWB 3,24: ²*ländern*.

Lantücht s. Latücht.

länweik s. lädweik.

Lapatt f., Pl. -*en*, zweite Silbe betont. **1.** Schulterstück des Hasen mit den Vorderläufen Fra/Ln, Gri/Bo, °Ghg, °Pyr, Sch/Rg, HOMWB 117ᵇ. Vgl. PRWB 3,776. – **2.** kleines Stück Speck ⁷KNO 175. Auch: losgerissenes Fleischstück ebda. – **3.** Pl. Habseligkeiten, Siebensachen Uec/Pa, °Ghg, °Pyr, Saa/So, Nau/Db,Wa. *Wat wist du mit de ulle Lapatte?* Pyr/Wa. Vgl. Lapäunkes. – Zu pomor., poln. *łopatka* Schulterblatt.
Lautvar.: *Lapattk* Sto/Ku ⁷KNO 175, Net/Hf. Nur im Pl. belegt: *Labatten* Ghg/Wt, *Lebatten* Neu/Db, *Lapattchen* Uec/Pa.

Lapäunkes Pl., zweite Silbe betont, Habseligkeiten selt. MPom HPom. *Wi packe os por Lapäunkes* Nau/Fg. Vgl. Lapatt.
Lautvar.: *Lapaunkes* Kol/Go, *Lapônkes* Lau/GW, *Lapœnke* Saa/So. Mit kurzer Mittelsilbe: *Lapanje* °Ghg, *Lanpontje* Neu/Th.

Läpel m. **1.** Löffel. *Wi äten tau Hus mit'n höltern / sülwern Läpel* Gri/Go, Gwd/Ba. *Dat schmeckt bet up'n letzten Läpel gaut* schmeckt ausgezeichnet Dem/De. Von zu dickflüssigen Speisen / Getränken: *Dor kann jo de Läpel in stâhn!* Ran/Sr. – Phraseolog.: *denn Läpel schmieten* sterben verbr.; *denn Läpel an'e Wand stäken* dass. vereinz. VPom; *ein'n œwern Läpel balbieren* jmd. gehörig betrügen vereinz.; *ein'n up'n Läpel gäben* jmd. einschließlich Kost und Logis in andere Obhut geben verstr. VPom; *mit'n groten / sülwern Läpel äten* üppig essen, verschwenderisch leben VPom, sonst selt.; *kort vör'n / bi'n sülwern Läpel sin* kurz vor der endgültigen Entscheidung stehen vereinz. VPom. Völlerei verteidigend: *Mit 'n lütten Läpel lett woll nett, mit 'n groten Läpel schafft doch bett* Ank/An, ähnl. verstr. – **2.** Pl. Ohren des Hasen. Dann auch übertr. auf die Ohren des Menschen. *Wat hett dei Kierl grode Läpels an'n Kopp!* Gri/Go. – Scherzfr.: *Wecker kann an'n mihrsten fräten? = Dei Hâs, hei hett twei Läpels* Gwald. – **3.** schlechter, abgenutzter Spaten Rum/Tr, Sto/Pf,Wd, Lau/GW.
Laut- u. Formvar.: *Lœpel* Rüg/Vt, Stral, Gwald, Gwd/Da, Dem/Tp, Ank/An, Uec/Pa, Ghg/Jg,Wt, *Läbel* Gri/Mi, Reg/Kt, *Läbul* Ank/Br, *Lepel* westl. °Lau, *Läppel* Gri/Tr, *Läbbel* Rüg/Al, Bel/Ka,Rn, *Löppel* Nau/Db, *Läapel* Kol/Kw, *Laipel, Laipa* Pyr/Wa,Wi, Dra/Bu,Ga,Vi, Neu/We, °DKr ³TITA 8, *Lěʼpl* östl. °Lau STRI 15, *Läipel, Läipa* vereinz. °Saa, Kol/Go, vgl. PRI/TEU 135. – Pl.: *Läpel* neben *Läpels* VPom. Sonst zumeist -*s*. Zudem: *Læper* Ghg/Jg, *Laipan* Dra/Dr.

Läpelânt f., TiN, Löffelente vereinz., HOMWB 123ᵃ. – **Läpeläten** n. Eintopfgericht vereinz. – **Läpelblatt** n. derjenige Teil des Löffels, mit dem man die Speisen aufnimmt vereinz. *'n Läpelblatt vull Melk* Reg/Kw. – Sagw.: *Gewöhnlich kümmt dat Dick nah, säd de Jung, dunn brök hei sich dat Lepelblatt ut* HUMGWD 7,7,6. – **Läpelbrett** n. mit Löchern versehenes Wandbrett zur Aufbewahrung von Löffeln vereinz. – **Läpelbuurd** f./n. dass. Rüg/Pu, Ghg/Li. – **Läpelgard** f. 'Löffelgarde' scherzh. Bez. für eine nicht existierende militärische Einheit. Spöttisch zu jmd., der nie Soldat gewesen ist: *Du hest doch blot bi dei Läpelgard deent* Gwald. – **Läpelgret** f., TiN, Säbelschnäbler selt. VPom, KOSMS 1311. – **Läpelknief** n., vereinz. m./f., Messer mit gebogener Schneide zum Schnitzen von Löffeln vereinz., ¹⁰ROSF 168. – **Läpelkost** f. Speise, die mit dem Löffel gegessen wird VPom, sonst vereinz. Spez.: einfaches, fleischloses Eintopfgericht. *De Daglöhner kricht 'n bäten Geld un dortau Läpelkost* Rüg/Ae. – **läpeln** sw. mit dem Löffel essen verbr. *De läpelt düchdig* ißt mit großem Appetit Ran/Pe. – **Läpelstäl** m. Löffelstiel. *Ik heff noch* *keenen warmen Läpelstäl in'n Lief* habe noch nichts Warmes gegessen Rüg/Dm. – Kinderr.: *Lirum-larum Läpelstäl, wat nich väl is, is nich väl / ull' Lür, dei äten väl* Rüg/Vt, Ank/Br, ähnl. verstr. – **läpelwies** Adv. löffelweise vereinz. *Sei hett em de Druppen läpelwies ingäben* Gwd/Ba.

Lapeng n., TiN, Endsilbe betont, Kaninchen mit Hängeohren (bes. das Widderkaninchen) vereinz. Vgl. Kanienken, Karnickel, Mucker. – Frz. *lapin*.

lappen¹ sw. 1. (mit Lappen) flicken, ausbessern vereinz. Vgl. lunschen. – 2. jägerspr., lange Schnüre mit Lappen für die Treibjagd (Lappjagd) aufhängen. Auch: ebensolche Schnüre als Schutz gegen Vogelfraß anbringen vereinz. Vgl. Lappen.

lappen² s. labben.

Lappen m., *Labbe* Reg/Kt, Pl. *Lappen, Lappens* selt., *Lappes* Lau/GW, JOSTWB 59, wie hd. 1. kleines Stück Stoff. Jägerspr. im Pl.: lange Schnüre mit Lappen, die bei der Treibjagd das Ausbrechen des Wildes verhindern sollen. *Wi möten Lappen uphängen* Dem/Tp. Daher phraseolog. analog zum Hd.: *einem dörch dei Lappen gåhn*. – 2. verschlissenes Kleidungsstück. Wenn jmd. zerlumpte Kleidung trägt: *De Lappen hängen ehr / em nå* Rüg/Dm. Prügelandrohung: *Dat gifft wat up de Lappen!* Stral, ähnl. vereinz. – 3. salopp. – 3.1. Geldschein verstr. *Dat kost' 'n groten Lappen* kostet viel Geld Stett. – 3.2. Pl. Ausweispapiere selt. – 3.3. Flagge, Fahne vereinz. – 3.4. Segel selt., BRÜGG 107. *dei Lappen setten* Rüg/Sn. – 3.5. Zunge Stral, Ghg/Li, Bel/Rn, Lau/GW. – 4. dünnes, weiches Stück (Gänse-)Fleisch selt., HOEFAMSC 268ª. – **Lappenfritz** m., SpottN, Schneider selt. HPom. – **Lappenkohl** m., PflN, Weißkohl Saa/Ba, Lau/GW. – **Lappenpopp** f. aus Stoff- u. Wollresten selbst hergestellte Spielzeugpuppe vereinz.

Läppergröschen Pl. geringe Menge Kleingeld Ran/Pe, Dra/Bu. – **Läpperie** f. Kleinigkeit, unwichtige Angelegenheit vereinz. – **Läpperkråm** m., *Lapper-* Gwald, Ran/Ro, wertloses Zeug selt. VPom MPom. – **läppern** sw., *lappern* vereinz. VPom, *läbbern* Ank/An. 1. refl., sich aus mehreren kleinen Teilen allmählich zu einer großen Menge anhäufen vereinz. *De Arbeit läppert sich hüt* Saa/Ja. – 2. verschwenderisch mit etwas umgehen vereinz. *Läppe(r) nich so mit dem Gild!* Rum/Pr. – **Läpperschulden** Pl., *Läbber-* vereinz., *Lapper-* Fra/Bn,Br, Schulden, die aus vielen kleinen Posten bestehen verbr. – **läpperwies** Adv. kleckerweise, in kleinen Teilbeträgen vereinz. *De betåhlt läpperwies* Uec/Ue.

lappig Adj. 1. zerlumpt, zerrissen vereinz. *Dei Bingel löppt lappig rüm* Nau/We. Vgl. lapprig. – 2. schwammig, weich vereinz. *De Fisch is all lappig* ist nicht mehr frisch Gwald. Vgl. labberig.

Lapplänner m. Bewohner Lapplands. Scherzh. auch mit Bezug auf die Bed. von Lappen: liederlich gekleideter Mensch verstr.

Lappoorsch m. Schimpfw. für eine schwache, willenlose Person vereinz. VPom. – **lappre** sw. in zerlumpter Kleidung gehen selt. HPom. – **lapprig** Adj. zerrissen, zerlumpt verbr. *Du büst lapprig antreckt* Gwd/Ze. Vgl. lappig.

lappsalben sw., *labsalben* Hidd., *låbsalben* Fra/Zi, *labsalgen* Rüg/Nu,Vt, Gwd/Fr. 1. seem., (bes. Tauwerk) mit Holzteer einreiben (eigtl. mit Lappen bestreichen) verstr. vpom. Küste. *dei Lien lappsalben* Rüg/Sn; *dat Nett labsalgen* Rüg/Nu. – 2. übertr., jmd. schmeicheln, übertrieben loben Fra/Pe, Dem/De.

läppsch Adj. 1. albern, närrisch selt. VPom. – 2. unordentlich, liederlich Ghg/Hi, Cam/He.

Laps m. Flegel, Lümmel °Fra, Uec/Pa, Stett, Sto/Pf, LAUWB 221ª. – **lapsig** Adj. flegelhaft LAUWB 221ª. Auch: albern, überdreht ebda.

Lapümpe(l)s Pl. Lumpen, altes Zeug Rüg/Pu, Nau/Fg,Rh, Saa/Ja.

Larf f. 1. Insektenlarve, bes. die des Maikäfers verstr. Vgl. DWA 13, Kt.1. → Engerling. – 2. veralt., Gesichtsmaske vereinz. *'ne Larf uphemm'* Ank/Br. – 3. pejor., Gesicht verstr. *Ik schlå di weck in diene Larf!* Gwd/Ze.

Lark¹ f., PflN, *Lärch* Uec/Ri, Pyr/Lt, Lärche selt., MI 49.

Lark² s. Lewark.

Larm m., *Lâm* verstr., Lärm, Krach, Geschrei. *Dei möt ümmer groten Larm måken* Fra/Bn. *Ik bün nich för Striet un Larm* Fra/Ln. *Då is ümmer Larm in't Hus* dort wird immer gestritten Pyr/Lt. – Sagw.: *Wenn ik dat nu wäst wier, denn gääf't werrer Larm, säd dei Jung', as dei Fleig in dei Supp follen wier* Ank/An.

larmen sw., *lâmen* verstr., *lärme* selt. HPom, lärmen, laut rufen. *Dei larmt, dat't in't ganze Dörp to hüren is* Gri/Mi. In fester Vbdg.: *æwer ein' larmen* rufend nach jmd. verlangen °Pyr, SPom.

Rsyn.: *halloen, krakeelen, krawåken, krawallen, lamentern, spektakeln, trallaren*.

Larmståken m. lärmender Mensch, Schreihals verstr. VPom, sonst selt. Ursprünglich zur Bez. einer langen Stange, die früher als Alarmsignal diente, vgl. MWB 4,845f. – **Larmstang'** f. 1. dass. vereinz. VPom MPom. – 2. hochgewachsene Person °Gwd, Uec/Ue, verstr. NOPom. Vgl. BBWB 3,35.

Läsbauk n. Lesebuch, Fibel vereinz.

lasch Adj., *lass* Gri/Ge, Dem/Tp. **1.** schlaff, ermattet, antriebslos. *Ik föhl mi so lasch* Stett. *Hei gifft em dei Hand so lasch* Gri/Mi. → fack. – **2.** fade, ohne die richtige Würze vereinz. *Dat schmeckt allens so lasch* Ank/An. – **3.** nachgiebig, zu wenig streng Gri/Bo, Pyr/Lt, Nau/Db. – **Lasch** f. Lasche. **1.** Verbindungsstück von Bauteilen, bes. beim Bootsbau vereinz. – **2.** Zunge am Schnürschuh vereinz. – **3.** an Kleidung angesetztes Stück Stoff vereinz. – **4.** seem., Schlinge verstr. vpom. Küste. – **laschen** sw. **1.** Bauteile mit einer Lasche verbinden vereinz. – **2.** seem., festzurren verstr. vpom. Küste. *De Lådung up't Schipp ward lascht* Fra/Zi. – **Lasching** f., seem., Verbindung von Bauteilen (bes. Planken) mittels Laschen Rüg/Sn, Gwald.

läsen st./sw., *le*ⁱ*se* °Büt, *laiso* Net/Hf,Sl, lesen. **1.** Geschriebenes entziffern. *Kannst du denn Breif uk läsen?* Gri/Mi. Zu einer Leseratte: *Du läst di noch dœmlich!* Kol/Go. Spöttisch über eine völlig ungebildete Person: *Wenn dei läsen sall, is em / ehr dat Schwarte up't Popier ümmer in'n Wech* °Gwd. – Sagw.: *Ik kann nich läsen un bäden, säd de oll Fru, heff doch all Johr schöne Tüften* Ank/An. – **2.** auflesen, aufsammeln verstr. *Wi wille Hult läse* Nau/Fg. Zumeist auf das Ernten von Kartoffeln bezogen: *Tüften läsen* Uec/Uh.
Flex.: Präs.Sg.1.: *läs'*. – 3.: *lesst* verbr., *lääst* Rum/Km. – Prät.Sg.1. u. 3.: *lees'* verbr. Daneben vereinz. auch *lass*. – Part.Prät.: Hier stehen st. u. sw. Formen nebeneinander, wobei *lääst* zunehmend *läsen* verdrängt. Östl. der unteren Oder war nach PRI/TEU 157 eine Zweiteilung in ein südl. Gebiet mit sw. gebildetem Part.Prät. u. eine nördl. Region mit st. Formen festzustellen.

Läsholt n. im Wald aufgelesenes Holz Ank/An, Uec/Ue, Ran/Pe, Rum/Tr.

läsig s. lœsig.

Lass m., TiN, *Last* Rüg/Li, Stral, *Laaß* Lau/La, wie hd. *Lachs* vereinz., Lachs. *Up dei Hochtiet geef dat orig Lass* Gwd/Ba. Frühere Faustregel zur Preisbildung: *Väl Hierings måken denn Lachs billig* Ank/An. – **Lassfrell** f., TiN, Lachsforelle vereinz. pom. Küste. Auch: Bachforelle vereinz.

Last f., *Låt* °Lau MAH 96. **1.** schwere Traglast, Transportgut. *Dei hett ein schön Last up'm Puckel* Nau/De. *Up'n Hoff liggen noch väl Lasten* Gwd/Ba. – **2.** übertr. – **2.1.** Mühsal, Plage, schwere Bürde. *Sei hett mit ehrn Mann väl Last* Dem/Tp. *Hei licht mi tau Last* er ist mir lästig Gri/Bo. – Iron. im Sagw.: *Dat is 'ne Last, säd Hans, don har hei 'n låhm Gössel an't Band* Gwald. – **2.2.** finanzielle Belastung, Abgabe. – **3.** seem., Laderaum vereinz. vpom. Küste. – **4.** veralt., Hohlmaß, bes. für Getreide (daneben mit jeweils verschiedener Größe auch für Salz, Fisch, Kaffee u. Kohle). *Eene Last Kuurn sünd acht Drömt orrer 96 Schäpel* Rüg/Dm. Hist.: *de prediker schall hebben [...] eine last roggen up Martini* EKO 507^a (1537). Vgl. Drömt, Schäpel. In der Schiffahrt als Tonnagemaß. Eine Last entsprach dabei seit Mitte des 19.Jh. zumeist 2000 kg. – **Lastadie** f., veralt. **1.** Ladeplatz für Schiffe vereinz., ARN 55. – **2.** Schiffswerft vereinz., DÄHWB 268^b. – Mnd. *lastadie* Schiffsballast, Anlegeplatz, Werft (etym. zu Last). – **lasten** sw. **1.** eine Last transportieren, tragen VPom, sonst vereinz. *Dat Peerd hett hüt schwor to lasten* Ghg/Li. – **2.** übertr., etwas bewältigen, schaffen VPom, sonst vereinz. *De Arbeet kann ik nich lasten* Stett. Oft auf finanzielle Aspekte bezogen: *Ik kann dat nich up ees lasten* kann das Geld nicht auf einmal zahlen Ank/An. – **3.** als schwere körperliche oder seelische Last wirken vereinz. *Dat last' mi up dei Seel as Blie* Rüg/Ae. – **Lastengeld** n., veralt., Lohnzuschuß, den der Wirtschafter für jede verkaufte Last Getreide erhielt vereinz. VPom.

Laster n. schlechte Gewohnheit vereinz. Spruch: *Ein Laster kost't mehr as twei Kinne* Cam/Bn; *'n lang Laster* hochgewachsene Person vereinz.

Lästerallee f., scherzh., (eine Art Spalier bildende) Gruppe tratschender Frauen vereinz. Auch: Straße, in der viele Klatschbasen wohnen vereinz. Vgl. BBWB 3,40. – **lästerlich** Adj., *lästlich* °Fra, *lästeleck* Net/Hf. **1.** lästig, äußerst unangenehm vereinz. *De Besök weer em lästerlich* Pyr/Sa. Vgl. lästrig. – **2.** lasterhaft selt. VPom. – **Lästermul** n. Mensch, der häufig über andere lästert vereinz. – **lastern** sw., auch wie hd. lästern, lästern, schmähen, tadeln vereinz. *Wat sien Arbeit anlangt, so kann ick em nich lastern* HOMWB 117^b. – **lastig** Adj. sehr mit Ladung belastet verstr. VPom.

Lastink m. fester, damastartiger Stoff (bes. für Schuhe) vereinz. – Engl. *lasting*.

lästrig Adj. lästig Stett, Pyr/Wa, Dra/Bu. Vgl. lästerlich.

låt Adj., *lat* selt., *laut* Pyr/Wa,Wi, Saa/Za, verstr. im Belbucker Abteigebiet, spät. *Du kümmst so låt* Sch/Rg. *Wo laut is dat?* Gbg/Wo. *De Klock geht tau låt* die Uhr geht nach Nau/Fg. *Dat is mi väl tau låt* Gwd/Ba; *ein Johr låter* Fra/Ln. *Låt in'n Harfst* im Spätherbst Stral; *låt Tüffel* Spätkartoffeln Gwd/Da; *låten Gasten* Spätgerste Rüg/Ae. Stoßseufzer: *Man ward ümmer tau früh old un tau lat klauk* HUMGWD 8,50,8. – Sagw.: *Nu is't tau lat, säd de Wulf, don seet hei mit'n Steert int Ies fast* HUMGWD 8,18,5.

Lateibrett n., fachspr. **1.** Fensterbrett Uec/Pa. Vgl. BBWB 3,40. – **2.** Brett am Giebel, das die Dachkante vor Wind schützt Gri/Lo. – Nl. *latei* Tragbalken.

låten st. lassen. **1.** veranlassen, bewirken. Nur in Vbdg. mit einem Inf.: *Ik låt mi 'n Breif schrieben* Dem/De. *Wi låten em luren* Fra/Br. *He lett dat ümmer sacht angåhn* macht seine Arbeit sehr gemächlich Fra/Zi.

Spöttisch zu einem Schwächling: *Ik låt di an'n stieben Arm verhungern!* Gwd/Da. – **2.** belassen, unverändert bestehen lassen. *Låt dat man so, as dat is* Fra/Br. Floskelhaft, wenn eine Unterredung beendet ist: *Wi laute dat daubi, dat Oma de Öllst is!* Fla/Ta, ähnl. verstr. – **3.** unterlassen, nicht tun. *Ik kann dat don un kann dat uk låten* Pyr/Lt. *Hei kann dat Supen nich låten* Fra/Ln. *Dat låt man unnerwägens!* dieses Verhalten vermeide gefälligst! Rüg/Pu. – **4.** zulassen, gewähren, dulden. *Låt em doch sienen Willen!* Fra/Ln. Pragmatischer Rat: *Låt ståhn, wat steiht, låt gåhn, wat geiht, gåh dien Wääch!* Kol/Pr. Ausdruck fatalistischer Einstellung: *Låt dat Schåp schiete, dei Wull wasst doch!* Kös/Nk, ähnl. verbr. Verhüllend auf den Geschlechtsverkehr bezogen: *Låt man, anner Diern låten sik uk* Stral. – **5.** unterbringen, aufnehmen. *Ik kann dat Stroh / de Lüj nich mehr låten* Pyr/Lt. Auch: sich Speisen einverleiben. *De ett uk mihr, as hei låten kann* Ank/An. Scherzh. zum gierigen Esser: *Jung', ät langsåm, du glööfst gor nich, wat du denn låten kannst!* Gwald, ähnl. allg. – **6.** übriglassen. *Låt anner Lüd uk noch wat!* Fra/Zi. *Laut di no' wat bet morje!* Dra/Bu. – **7.** irgendwohin gelangen lassen. *Låt mi an Land / nå de Stadt!* Rüg/Lo. – **8.** an einem bestimmten Ort zurücklassen. *Wo hest du dat Metz låten?* Pyr/Lt. *Ik heff em tau Hus låten* Gri/Gm. – **9.** refl., sich bezähmen, sein Temperament zügeln. *Dei künn sik nich låten vör Freud* Fra/Br. – **10.** aussehen, erscheinen, einen best. Eindruck machen. *Hei lett nå dei Murrer ähnelt sehr seiner Mutter* Fra/Pe. *Dat latt so, as wenn hei flietig is* Lau/Ke. *Dat lait mi, as wenn sei 'n nieje Haut uphett* Reg/Me. – Phraseolog.: *So as de ein lett, süht dei anner ut* einer ist wie der andere, es ist alles dasselbe Ank/Br, ähnl. verstr. Wenn jmd. einen gepflegten, vornehmen Eindruck macht: *Dat lett em / ehr wurnå* verstr. – **11.** kleidsam sein, gut zum Äußeren einer Person passen. *Dat niege Kleed lett di got* Rüg/Pu. *Wie lett di dat nett* Lau/Gr. – Sagw.: *Wat Mod' is, lett gaut, säd de oll Fru, un wenn't Hinnelst nå vör bunnen is* Ank/An. – **12.** gefallen, als angenehm empfunden werden. *Dat lett di woll wedder nich* Lau/GW. – **13.** geeignet sein, die Möglichkeit bieten. *Dat lett sik äten* schmeckt ausgezeichnet Pyr/Lt. Scherzh.: *Mit dei Gåbel lett dat netter, mit denn Läpel schafft dat bäter* Ank/Br. – **14.** überlassen, abgeben. *Dat Farken hett hei mi billig låten* Gwd/Ba. *Låt mi dat doch, ik betåhl uk gaut* Saa/Le. – **15.** verlassen, aufgeben. *Hei möt dat Geschäft låten* Stral. – **16.** schwärmen (von Bienen) verstr. VPom, sonst selt. *Dat bruusd un brummd as en Immenvolk, dat laten will* ²Tri 113.

Lautvar.: *loten* Ran/Ro, *låde* Reg/Kt, *laute* Pyr/Wa,Wi, verbr. im Belbucker Abteigebiet, Slo/La, Fla/Ta, *lauta* verbr. SPom, °DKr ³Tita 12, *lōuta* verbr. NOPom, ²Mis 62, Stri 69, *lō^utə* nordwestl. °Lau Stri 20.

Flex.: Präs.Sg.1.: *låt* verbr., *lot* Ran/Ro, *laut* Pyr/Wa,Wi, verbr. im Belbucker Abteigebiet, Slo/La, Fla/Ta, *lõut* verbr. NOPom. – **2.:** *löttst* verbr. – **3.:** *lett* verbr., *lött* vereinz. VPom, verstr. MPom, Dra/Dr, °DKr, *latt* nordöstl. °Lau Stri 32. – **Prät.Sg.1. u. 3.:** *leet* verbr., *löt, løt* verstr. MPom, Saa/Le, DKr/La, Kühl 10, *lait* verstr. HPom, LauWB 221ᵇ, ⁵Tita 48, Stri 21. – **Part.Prät.:** wie Infinitiv.

Phras. zu 4.: Sagw.: *Låt em man trecken, secht de Buer, Melk gäwen deit hei nich* Stral. *Låt em lopen, secht de Jung', don pisst hei in 'e Bücks* Gri/Ge.

låterhen Adv. späterhin vereinz. VPom. *Wi mütten darut för laterhen liren* ²Tri 91.

Latern f., Endsilbe betont, *Lantern* verstr. VPom (bes. seem.), *Lateen* selt. HPom, Laterne. **1.** von einem Gehäuse geschützte Lichtquelle. *Se nemen woll Lanternen, doch was keen Licht darin* UP 1,74. Scherzh. zu einem Menschen, dem die Nase läuft: *Du hest jo all de Latern anstickt!* Gwd/Ze, ähnl. verstr. Übertr.: das Gesicht vereinz. Drohend: *Ik schlå di i't Latern!* Dra/La. – Sagw.: *Jo, wenn wi nich wiern, säd de Latern to'n Månd, dor ging se ut* Gwd/Nu. Vgl. Latücht, Lücht. – **2.** scherzh., Blesse bei Pferden u. Rindern verstr. *Dat Peerd hett 'ne jrot Latern* Gbg/Gp. – **Laternenpåhl** m. Laternenpfahl. Über eine magere Person: *Dat is 'n rein Laternenpåhl* Ghg/Wt. – **Laternenümtog** m. Laternenumzug. Umzüge dieser Art fanden in Pom. früher nur selten statt. Wenn überhaupt, dann zumeist im Spätsommer oder Herbst. Vgl. ⁶Kai 117.

Latien n. Latein. – Phraseolog.: *mit sienen Latien tau Enn' sin* nicht mehr weiterwissen verbr. – **latiensch** Adj. **1.** lateinisch. *Dei räd' latiensch* redet unverständlich Nau/De. – **2.** zumeist pejor., gebildet, studiert. *Dat is 'n latienschen Buer* ein Bauer, der nur die Theorie beherrscht Gwd/Ba.

Latörn s. Lådtörn.

låtschen, Låtschen s. laatschen, Laatschen.

Latt f. Latte. **1.** dünnes, schmales, zugeschnittenes Holzbrett. *Dei Latten an'n Tun möten stråken warn* Gwd/Ba. Übertr.: *'ne lange Latt* hochgewachsene, dürre Person allg. – Phraseolog.: *ein' dörch dei Latten gåhn* jmd. entkommen, entgehen verbr.; *wat up dei Latten kriegen* Prügel bekommen verstr. – **2.** in den Vbdg.: *'ne schöne / lange Latt*, eine große Menge, sehr viel. *Dat hett 'ne schöne Latt kost't* Dra/Bu. – **latten** sw. Dachlatten anbringen vereinz. – **Lattenjåger** m., fischerspr., Fischer, der bei der Eisfischerei das mit Latten an den Führungsleinen versehene Netz durch eine lange Rute vorantreibt °Rüg, Fra 58. – **Lattenstieger** m. 'Lattensteiger' Schlafwandler vereinz. VPom MPom, HumGwd 14,46,9. – **Lattentun** m. Lattenzaun.

lattschig s. laatschig.

Latücht f., Endsilbe betont, *Lantücht* selt. VPom, Laterne, durch ein Gehäuse geschützte Leuchte VPom, sonst vereinz. *De Latücht is inblækert* ist voller Ruß Uec/Pa. Vgl. Latern, Lücht.

Latuk m., PflN, Blattsalat, Gartenlattich HOMWB 117[b]. Vgl. MWB 4,800: *Lacktuk*. – Zu lat. *lactuca*.

Latz[1] m., selt. f., *Latsch* Saa/Te. **1.** Brustlatz, Hosenlatz verstr. *Sei hett sik gaut wat unnern Latz faudert* sie ist sehr dick geworden Gri/Bo. Prügelandrohung: *Du krichst glik ein'n an'n Latz!* Fra/Pe. – **2.** Lätzchen vereinz.

Latz[2] Pl., seem., Kameraden [3]SEG 102. – Wohl zu engl. *lot* Gruppe, Gesellschaft.

Latzschört f. Schürze mit Brustlatz verstr.

lau Adj., *lå* Ghg/Gr, *låch* Reg/Me, Dra/Bu,Dr, verstr. °Neu, Büt/Bt, Net/Hf, *lauch* Slo/La, wie hd. *Dei Kaffe is so lau* Gri/Mi. *Dat is hüt lauen Wind* milder Wind Fra/Br. Vgl. laulich.

läuchen sw., *lööchen* vereinz. HPom, *leech(n)e* NOPom, *laiche(r)n* Slo/La. **1.** lodern, hell aufflammen vereinz. *Dat Füer lööchent* Dra/Bu. – **2.** (die Grasnarbe) abbrennen selt. NOPom. *dat Maue [Moor] leeche* Lau/Lt. – **3.** übertr., "mächtig in Angst sein, vor Angst einen Wind lassen" [7]KNO 175.

Läuchen f., selt. m./n., Lohe, hoch auflodernde Flamme verstr. *De Läuchen schleet so hoch* Sch/Sd. *Dei Lööchen sach me all von wierem* Kol/Ma.
Lautvar.: *Lööchen* verstr. HPom, sonst selt., *Löjen* Kol/Pr, *Löchen* Reg/Kt, *Lööschen* selt. östl. HPom, *Laichen* Rum/Pr, *Leechen* NOPom, HOMWB 119[a], [7]KNO 175.

Läuchenback f., *Löö(s)chenback*, Brotteigrest (im Backofen gebacken) verstr. östl. HPom, PosWpreuß.

Laudån m. **1.** hochaufgeschossener junger Mann Dem/De, Ank/An. – **2.** *Laudonn* vereinz. °Nau, fauler, eigensinniger Kerl Fra/Bn, °Nau. Vgl. MWB 4,858: *Laudan*.

Lauenburg ON (°Lau). Im Ortsspott: *Stolp is 'ne Stadt, Lauenburg noch wat, Bütow is 'n Fleck, Leba is en Dreck* Stolp.

Lauf f. Laube, Gartenlaube vereinz. Vgl. Löwing.

läufig Adj. **1.** geläufig, vertraut verbr. VPom, sonst selt. *Dat plattdüütsche Schrieben is uns nich so läufig* Dem/De. *Dor bün ik läufig up* darin kenne ich mich gut aus Ank/An. – **2.** geschickt, anstellig, flink verbr. VPom, sonst selt. *De Jung' is läufig bi de Arbeit* Saa/Ja.

laulich Adj., *läulich* Gri/Go, Pyr/Wa, *löulich* Gbg/Gp, lauwarm vereinz. *Dat Wåder / dei Kaffe is so laulich* Ank/An. Vgl. lau.

läum(e)rig Adj. **1.** trübflüssig verbr. *Dat Wåter süht läumrig ut* Nau/Wn. *Dei Wien is noch so lömrig* Gri/Go. Spöttisch über einen Dummkopf: *De is mit lömig Wåter döfft* Ank/An. – **2.** schwül, feuchtwarm, dunstig vereinz. *Dat Wäder is hüt so läumerig* Gwald.
Laut- u. Formvar.: *löm(e)rig* vereinz. VPom, verstr. MPom ZPom, *lömig* selt. VPom, vereinz. MPom ZPom, DKr/La, *löimerig* Neu/Gc, *läumig* vereinz. ZPom, sonst selt., *läum(i)sch* Ghg/Hk, Nau/Fg, Neu/Pn, Sch/Sn, *loömsch* Ank/An,Kr, Cam/Ca, Neu/Nm.

läumern sw., *lömern* verstr. MPom ZPom. **1.** Flüssigkeit trüben (durch Aufrühren) verstr. MPom SPom, sonst selt. – Ral. nach dem Hd.: *De kann keen Wåter lömern* ist völlig harmlos, kann nichts Böses tun Uec/Ge. – **2.** unpers., trübe, schwül werden selt. MPom ZPom. Wenn ein Gewitter aufzieht: *Dat läumert in'e Luft* Nau/Db.

Läus n., vereinz. f., Wagenspur VPom, sonst vereinz. *De Wågens hemm' deipe Läusen utführt* Gwd/We. *De Läus gung ees nå rechts, ees nå links* Pyr/Py. Auf eine schwatzhafte Person bezogen: *Wenn dei mål in'e Läus is, höllt dei nich werrer an* Dem/Tp. Vgl. Geleis.
Laut- u. Formvar.: Das auslautende -s bis auf wenige Belege immer sth., die seltenen Abweichungen davon nur in VPom belegt. Weitere Belege: *Lös* Kol/Pr, Kolbg., Reg/Rg, *Lous* Gri/Kr, Uec/Pa. – Pl. -*en*.

läusch s. lœsch.

lauschen s. luuschen.

Läuschen n., Pl. -s; *Lööschen* selt. VPom, kleine Geschichte, Erzählung, Anekdote VPom, sonst vereinz. *[Se] vertellte de Lütten Löschen un sung en olle Leder vör* [4]HOEFE 143. Auch: Lügenmärchen. *Wat du dor vertellst, dat is woll man 'n Läuschen* Rüg/Pu.

läusen sw. spuren, in der Wagenspur laufen verstr. VPom, °Uec. *Dei Wågen läust nich orrig* Fra/Ff. Übertr.: *Dat will nich läusen* nicht gelingen, klappen Uec/Ue.

laustern sw. **1.** tratschen, schwatzen vereinz. VPom, Ran/Sr. *Sei laustert ümmer mit ehr Nåwersch* Gri/Ge. – **2.** einschmeichelnd um etwas betteln vereinz. VPom. *Låt dat Laustern sin, du krichst dat doch nich!* Gwald. Auch: wehleidig sein, viel jammern selt. VPom.

Laut f. Horde, Schar, größere Gruppe vereinz. VPom, selt. ZPom. *Ik hew 'ne ganze Laut von Bengels* PAL 195. *Von dese grote Laut [Soldaten]* HUMGWD 4,25,10. Vgl. MWB 4,861.

Lauwörtel f., PflN, Schwarzwurz, Beinwell verstr. NOPom, [2]KNO 70, [7]KNO 175. – Das Erstglied nach NDMITT 2,57ff. zu mnd. *låde* Schößling. Vgl. Låd[2].

Lawei f., Endsilbe betont, *Laweil* selt. VPom. **1.** Gesicht verbr. VPom, sonst selt. Nur in festen Fügungen: *ein' in'e Lawei kriegen* eine Ohrfeige erhalten; *ein' in'e Lawei haugen* jmd. in das Gesicht schlagen. – **2.** Ohrfeige selt. VPom, HOEFAMSc 269[a], DAL 8. *Du krichst noch 'ne Lawei!* Fra/Zi. – **laweien** sw. ohrfeigen selt. VPom.

lawen sw. gerinnen (von Milch) Rüg/Zi, Uec/Ge. Veralt.: Schafsmilch mit Lab aufkochen HOMWB 117[b]. Vgl. Laff.

Läwer f. Leber. *Hüt kannst noch fett Läwer äten heute gibt es einen Festschmaus* Gwald. Über einen Trinker: *Hei hett woll 'ne drög Läwer* Gwd/Ba. – Phraseolog.: *ein' up de Läwer gåhn* jmd. sehr (mit Worten) bedrängen verstr. Aufforderung, freimütig auszusprechen, was einen bewegt: *Nu man run(ner) von dei Läwer!* verstr.
Lautvar.: *Läber* selt., *Leewer* Ran/Ro, vereinz. NOPom, *Laiwe* Dra/Fa,Ga, Net/Sl, DKr/La, *Läiwe* Kol/Go.
Phras.: Auf Hochzeiten und anderen Festlichkeiten war es früher bes. auf Rügen Brauch, die Leber eines Hechtes zu zerteilen. Die Teilnehmer am Festmahl durften sich davon jedoch erst ein Stück nehmen, wenn sie einen noch nicht genannten Leberreim aufgesagt hatten: *De Läwer is von'n Hääkt un nich von'n Knüttelsticken. Wenn se man 'n Kierl hebben, möten se em de Bücksen flicken* °Rüg. *De Läwer de ward bråden, bi Flackerfür un Stroh. Jung Mäken, nimm kein' ollen Mann, süss warst du nümmer froh* Ank/An. Zu weiteren Leberreimen vgl. BLFPVK 2,129ff.

Läwerblaum f., PflN, Leberblümchen vereinz.

läwern sw., *lewern* vereinz., *leiwere* Neu/Gc, Sto/Bu, liefern vereinz. *Ick mutt nu de Melk lewern* Pyr/Lt. In Zss. zumeist schon in hd. Lautung. Vgl. afliefern.

Läwerplacken m. Leberfleck, Muttermal VPom. –
Läwerwust f. Leberwurst. Spöttisch zu einer eingeschnappten Person: *Jå, so'n Mul måk man, knüpp 'ne Läwerwust mit 'n Band an!* Fra/Br.

lawieren sw., *laweeren* selt., *lewiere* °Lau, lavieren. 1. seem., kreuzen, gegen den Wind segeln vpom. Küste. – 2. Widrigkeiten geschickt umgehen, sich durchschlängeln verstr. *Man möt ümmer so'n båten lawieren* man muß immer taktisch klug vorgehen Stral.

läwig Adj., *läwerig* Ghg/Li, *läwnig* MAH 30, ²MIS 72, lebendig. 1. am Leben. *De Fisch sünd noch läwig* Ank/An. *Hest du wat Läwiges in'n Büdel?* Gwd/Ba. Vgl. läbennig. – 2. munter, lebhaft. *Dat Kind is läwig as 'ne Eikkatt* Saa/KL. *Mien Jung' is hüt 'n båten läwiger as gisten* Gwd/Ba.

Lawingel m., PflN, *Leiwingel* HOMWB 119[b], Lavendel HOMWB 117[b].

läwnig s. läwig.

lawwere, lawwerig s. labbern, labberig.

Lazent f., PflN, Endsilbe betont, Hyazinthe vereinz. VPom.

Leb(a) ON Leba (°Sto). Zum mit der Stadt verbundenen Ortsspott vgl. Stolp.

Lechel n., veralt., Holzfäßchen mit Griff, spez. zum Mitnehmen von Getränken auf das Feld verstr. *Nimm dat Lechel mit Bier tau Fell'n mit!* Gwd/Ba; *'n Lechel Brammwien* Dem/Tp. Übertr.: *Dei Kierl hett Kiep un Lechel tohop* hat viel Kraft Gri/Wd. Abb. s. MWB 4,865.
Laut- u. Formvar.: *Lechle* vereinz. nördl. HPom, vgl. PRI/TEU 230f., *Leggel* Rüg/Ae,Dm, Ank/An, *Lägel* Fra/Mh,Ri, Rüg/Bi, Gri/Mi, *Leechel* Gri/Lo, *Löchel* Kolbg, HOMWB 123[a], Dim. *Lechelke* vereinz. HPom, ⁷KNO 175.

Lechelpäper m. das Gluckern von Flüssigkeiten (bes. im Lechel) vereinz. VPom, HUMGWD 76,223,3 u. 235f.,2.

leck s. lack¹.

Leck f., *Ledj* Slo/Pa. 1. Dachtraufe, Dachrinne verstr. *Du büst so natt, as wenn du unner de Leck ståhn hest* Gwd/Ba. – 2. seem. auch n., undichte Stelle, durch die Flüssigkeit dringt. *Dat Dack hett 'ne Leck* Stral. Vgl. lack¹. – 3. geringer Rest einer Flüssigkeit, Tropfen vereinz. *'ne Leck Melk* Dra/Rt. Bitte, wenn man eingeschenkt bekommt: *Giff doch noch 'ne Leck tau!* Nau/De. – **Leckåsch** f., -*sch* sth., Leckage, Leck in einem Schiff oder Flüssigkeitsbehälter vereinz. VPom. – **Leckbier** n. Bier, das beim Zapfen oder Eingießen abtropft vereinz. *Dat Leckbier krägen früher dei Schwien* Gri/Mi. – **Leckbrett** n. Gestell zum Abtropfen von Geschirr, bes. von Schüsseln u. Kannen vereinz. – **Leckbüdel** m., müllerspr., Beutel zum Auffangen von Mehl oder Korn unter dem unteren Mahlstein selt. VPom, ²REH 46. Vgl. Bussbüdel. – **Leckbütt** f. kleines Gefäß zum Auffangen übertropfender Flüssigkeiten vereinz. VPom. – **Leckdrupp** m., vereinz. f., letzter Tropfen eines Getränks verstr. östl. der Oder. – **lecken**¹ sw. 1. undicht sein. *Dei Tunn / dat Pappdack leckt* Gri/Go, Use/He. – 2. tröpfeln, tröpfchenweise niederfallen. *Dei Räje leckt vom Dack* Reg/Kt. *De Honnig is to dünn, de leckt vom Brot* Pyr/Lt. Vgl. drüppeln.

lecken² s. licken.

lecker Adj., *licke* Gbg/Gp. 1. wohlschmeckend, appetitanregend. *Ier(d)beern schmecken lecker* Gwd/Ba. – 2. verwöhnt (wie ein Feinschmecker) verstr. – Sagw.: *Lecker bün ik nich, secht dei Jung', don streugt hei sich Zucker up'n Sirup* Gri/Ti. *Lecker sünd wi nich, secht de Buer, äwer wi weiten, wat gaut schmeckt* Stral. Vgl. leckrig.

Lecker s. Licker.

Lecker- als Erstglied in Zss. selt. auch *Licker*-. – **Leckerbäcker** m. Konditor vereinz., HUMGWD 12,43,4. – **Leckerfritz** m. naschhafter Junge vereinz. – **Leckerie** f. Näscherei, Süßigkeit vereinz. Vgl. Leckerkråm. – **Leckerkatt** f. Naschkatze vereinz. Vgl. Leckerzäg. – **Leckerkråm** m. Süßigkeiten vereinz., POMHTKL 1922,75. Vgl. Leckerie. – **Leckermann** m. Feinschmecker verstr. – Kinderr.: *Bimmel,* *bammel, beier, de Köster mag kein Eier. Wat mag hei denn? Speck ut dei Pann, dat is wat för'n Leckermann!* Dem/Wg, ähnl. verstr. – **Leckermul** n., *Lick-* selt., Leckermaul, Naschkatze. Zu einem Kind, das um Süßigkeiten bettelt: *Leckermul, magst uk grön Seep?* Uec/Pa, ähnl. verstr. Übertr.: *sich dat Leckermul vullstoppen* unmäßig viel essen ²BAND 17.

leckern sw. 1. begierig sein auf Eßbares verstr. *Em leckert nå'm sure Hering* Cam/Pb. Übertr.: *Mi leckert nå'm Kuß von di* Rüg/Ae. – 2. naschen vereinz. *De Jung' leggert all wedder Bongs* [Bonbons] Dem/De.
Lautvar.: *leggern* Dem/De, *lickern* verstr. HPom, sonst selt., *lückre* Rum/Pr, *litschre* Slo/La.

Leckertähn m. 1. Zahn, der angeblich für naschhaftes Verhalten verantwortlich ist vereinz. *Dei hett 'n Leckertähn in'e Schnut* Gwald. Mahnend zum ständigen Nascher: *Ik war di dei Leckertähn noch uttrecken!* Fra/Pe. Vgl. leckrig. – 2. Feinschmecker, Naschkatze VPom, sonst verstr. *Rut ut de Spieskåmer, du Leckertähn!* Rüg/Pu. – **Leckerzäg** f. 'Leckerziege' Naschkatze vereinz. HPom, sonst selt. Vgl. Leckerkatt.

Leckhonnig m. Honig, der durch langsames Herausfließen aus den Waben gewonnen wird (im Unterschied zum Schleuderhonig) vereinz. – **Leckmelk** f. ungekochte Sauermilch, von der man die Molke ablaufen läßt verstr. VPom. *Leckmelk wurde früher oft mit süßer Milch übergossen verzehrt.* Vgl. aflecken. – **Lecknäs** f. tropfende Nase verstr. – **Leck-og** n. Triefauge verstr. *Dei Ollsch süht mit ehr Leckogen as 'ne Hex ut* Gri/Mi. – **leck-ögig** Adj. triefäugig vereinz.

leckrig Adj. 1. naschhaft. *De Jung' is so leckrig, de jeht alleweg bi* Saa/Bu; *lickrig eis 'ne Katt sin* Gbg/Gp. *Ik heff noch 'n leckrigen Tähn* habe noch Appetit auf etwas Süßes Gwald. Vgl. Leckertähn. – 2. feinschmeckerisch verstr. Übertr. auf eine stumpfe Sense: *Dei Seiss is lickrig, dei nimmt nich alls* Gwald. Vgl. lecker. – 3. wohlschmeckend vereinz. *Dat is 'ne leckrige Måhltiet* Rüg/Ae.
Laut- u. Formvar.: *leckerig* selt., *legg(e)rig* Fra/Mg, Gwd/Bg,Kü, Ank/Ko, *lick(e)rig* verstr. HPom, sonst vereinz., *litjerig* Neu/Ki.

lecksch Adj., *licksch* Lau/GW, naschhaft Uec/Ge, Ghg/Li.

Leckutscha f.(?), PflN, Schilf nordöstl. °Sto BLFPVK 7,64.

ledden s. leiden.

Ledder¹ f., *Lerrer* verstr., *Läder* Ghg/Hk, *Ladder* nordöstl. °Lau, STRI 32. 1. die Leiter. *de Lerrer hochstiegen* Ran/Pe. Über eine einfältige Person: *Dei is woll von'e Ledder fulle* Lau/GW. Scherzh.: *'ne jrot Fru spaurt* [erspart] *de Lerre im Hus* Ank/An. – 2. Seitenteil am Leiterwagen. *Wi låden vull bet an de Leddern* Ghg/Wt; *'ne Lerrer vull Menge Stroh, Getreide u. ä., die den Erntewagen bis zur Höhe der Seitenteile ausfüllt* Rüg/Ae. – 3. Sitzstange für Hühner vereinz. VPom.

Ledder² n. 1. Leder, gegerbte Tierhaut. *Ledder bruukt dei Schauster* Fra/Zi. *Dat Fleisch is tåg as Lerrer* Gwd/Ba. – Phraseolog.: *Dat is all so, as dat Ledder is, un dat Ledder is tåg* [zäh] es ist nun einmal so, daran ist nichts zu ändern VPom, sonst vereinz. – 2. derb, Haut des Menschen. Vorwiegend in festen Fügungen: *wat up't Ledder kriegen* Prügel bekommen verbr.; *ein' dat Ledder losmåken / up't Ledder kåmen* jmd. verprügeln verstr. *Ledder üm Ledder! Schleist du mi, schlah ick di wedder!* HUMGWD 10,12,5, ähnl. vereinz. *Gåh mi von't Lerrer!* behellige mich nicht! verbr.; *ein' von't Ledder låten* furzen verbr. VPom.
Lautvar.: *Lerrer* verstr. VPom, sonst vereinz., ⁵TITA 59, *Läre(r)* vereinz. MPom, Gbg/Ge,Wo,Vi, Reg/Kt,Kw,Me, Dra/Rt, *Läde(r)* Pyr/Lt, verstr. SPom, Neu/Ns, Sch/Sl, Fla/Wo, *Lädder* °Büt ²MIS 9, *Ladder* Büt/Kr, nordöstl. °Lau, ²PIRK 43, *Leide* Pyr/Wa,Wi, Net/Hf,Sl, *Läide* Neu/Gc.

Ledderappel m. Lederapfel, spät reifende Apfelsorte mit rauher Schale Sch/Ar, Rum/Br, KÜHL 38.

Ledderbom m. Leiterholm, bes. am Leiterwagen. *Dei Lerrerbom is bråken, as dat so stuukt hett* Gwd/Ba. *Dei Ledderböm möten bi't Inführa todeckt sinn* Saa/Ja. *Dei hett woll tau lang an'n Ledderbom sågen* ist sehr mager Gwald.

Ledderbrügg f. 'Lederbrücke'. 1. schwankende Rasendecke über moorigem Grund Cam/Ca, vereinz. °Reg °Dra. – 2. dünne, sich biegende Eisdecke vereinz. ZPom, Net/Hf. Syn. Ledder-ies. Vgl. BBWB 3,62f.

Ledderfäuder n. Fuder, das nur bis zur Höhe der Wagenleitern reicht Uec/Ge, Dra/Ga, Lau/GW.

Ledderfinger m. Fingerling, Fingerschutz (bes. aus Leder) Rum/Ru, Sto/Dö, Lau/Lt. – **Ledderflicken** m. Flicken aus Leder. Von zähem Fleisch: *Dat is so tåg as 'n Lärerflicke* Reg/Rg. – **Ledderhääkt** m., scherzh., 'Lederhecht' Wasserfrosch verstr. HPom, sonst selt. Vgl. DWA 13, Kt.2. *Hüt heff'k mihr Lärerhääkt fongen as Plötz un Boors* Cam/Ca. – **Ledder-ies** n. 'Ledereis' dünne, sich schon bei geringer Belastung biegende Eisdecke verstr. ZPom SPom. Syn. Ledderbrügg.

Ledd(e)ring f., fischerspr., *Lett(e)ring* vereinz. VPom, *Lät(e)ring* Gri/Lo, Ank/Km, Use/Ra,Tr, *Lottring* Gwd/Fr,Kr, äußere, großmaschige Netzwand dreiwandiger Stellnetze verstr. vpom. Küste, RAS 46. – Wohl zu mnd. *lēde*. – **Ledd(e)ringsnett** n., fischerspr., Stellnetz mit zwei großmaschigen Außenwänden u. einem engmaschigen Innenteil verstr. pom. Küste, RAS 45ff.

Ledderkees m. 'Lederkäse' minderwertiger, harter Magerkäse vereinz., ²TIB 30.

Ledderkor f. 'Leiterkarre' Schubkarre mit Sprossen verstr. VPom. Vgl. Lähnkor.

Ledderlinnen n. 'Lederleinen' grobes, steifes Leinen vereinz.

leddern Adj. **1.** aus Leder. *'ne leddern Schört* Gwald; *leddern Bücksen* Fra/Zi. – **2.** lederartig, zäh. *Dat fött sik so lädern an* Pyr/Lt. *De Kierl is lerrern* ausdauernd Stral. *Dat Heu is leddern* noch feucht Rüg/Pu. – **3.** steif, langweilig, nicht ungezwungen vereinz. – **4.** gerissen, abgebrüht vereinz. *Dat is 'n leddern Minsch* Saa/Ja.
Lautvar.: *lerrern* verstr. VPom, sonst vereinz., *lären* vereinz. MPom ZPom, *lädern* Pyr/Lt, verstr. SPom, Neu/Ns, Sch/Sl, Fla/Wo, *laddern* nordöstl. °Lau, *läjern* südl. °Ghg, *leide(r)n* Pyr/Wa,Wi.

Leddersiet f. Innenseite des Tierfells vereinz. –
Leddersinkel m. Riemen (bes. aus Aalhaut), mit dem Stiel und Schlagholz des Dreschflegels beweglich verbunden wurden vereinz.

Leddersprât f. Leitersprosse. *De Lerrerspräte sinn all entwee* Nau/Db. Vgl. Leddertråd, -tralling, -tråm.

Leddertasch f. Ledertasche, bes. für Proviant. *Dei hett sien Läben lang mit'e Lerrertasch gåhn müsst* hat immer auf dem Feld arbeiten müssen Dem/De.

Leddertråd f. Leitersprosse verstr. nördl. VPom. Vgl. Leddersprât. – **Leddertralling** f. dass. Fra/Ln, Dem/Bs, Rüg/Gr. – **Leddertråm** m. dass. verbr. VPom, vereinz. nördl. HPom.

Leddertüffel m. Lederpantoffel.

Ledderwågen m. **1.** Erntewagen mit leiterähnlichen Seitenteilen. *Dat Kuurn ward mit'n Lerrerwägen infört* Fra/Zi. Auf die Verschwendungssucht von Frauen bezogen: *Dei Mann kann nich so väl mit'n Lerrerwägen rinführen, as dei Fru mit dei Schört rutdröcht* Gri/Go. – **2.** bäuerlicher Reisewagen mit niedrigen Seitenwänden vereinz. VPom. Abb. s. MWB 6,715f.

leddig Adj. **1.** leer, ungefüllt. *Dat Fatt / de Wågen is leddig* Uec/Pa. *Dei Stuf was lerrch un düüster* Sto/Du; *dat Nett leddig måken* Fra/Bo; *de Schün leddig döschen* Ran/Pe. *Mi is so lerrig in'e Måg* ich bin hungrig Dem/De. Zum mäkeligen Kind: *Wenn man denn Töller lerrig ett, gifft't got Wärer* Rüg/Pu. *De schient nicks von'n lerrigen Darm to hollen* ist wohlbeleibt Rüg/Be. *De nimmt nüscht mit, geht leddig* geht ohne Last Ran/Pe. *He is leddig utgåhn* hat nichts bekommen Pyr/Lt. Antwort auf die Bitte um Geld: *Lang mål rin in'n Büdel, wenn he leddig is!* Ank/An. Scherzh.: *Hei is so eegen as sin Zäg, dei will nich ut'n leddigen Trog fräten* HUMGWD 8,51,8. – **2.** frei, ungebunden, unverheiratet. *Hei wier don noch lerrig* Kol/Pr. Zumeist aber in der Fügung *leddig un los*. *Ik bü' leddch u' los u' do, wat ik wi'!* Dra/Dr. *Wo büst du doch glücklich [...], dat Du leddig un los büst un nich mit de Frugenslüd din' Not hest* ⁵BAND 3. Vgl. leddiglos.
Lautvar.: *lerrig* verstr. VPom, sonst vereinz., *lerrch* verbr. ZPom, *lääch* Reg/Kt, *leddch* vereinz. MPom HPom, *lertch* Neu/Th, *lettsch* Dra/Ga, Neu/Rt, Slo/Sl, *laddig* nordöstl. °Lau ²PIRK 43, *lörch* Am/Ne. In MPom nur in der ersten Bed. vereinz. auch wie hd. *leer*. Vgl. zudem DWA 4, Kt.15.

leddiglos Adj. unverheiratet verstr. *Hei is ümmer noch lerriglos, hei kann kein Fru finnen* Dem/Tp. – Entstanden aus der Fügung *leddig un los*.

Lee f./n., seem., *Lei* verstr. vpom. Küste, die dem Wind abgewandte Seite. *Ik sitt ganz gaut in Lee* sitze sehr gemütlich Gri/Bo. Scherzh.: *Hollt Rauder in de Lee, de Schipper will pissen!* Fra/Zi.

leed Adj., *leer* Rüg/Ae. **1.** leid. Nur präd.: *De Fru kann een' dat Läben leed måken* Stett. *Sei jeht em leed af* er trauert ihr sehr nach Nau/De. *Mi is dat so leed* ich bin dessen überdrüssig °Sch. *Dat is em leed worden* er hat es sich anders überlegt Gwald. *De kleie Jung' deet mi leed, hei mutt väl uthulle* Sto/Gl. – **2.** kränkend, Verdruß bereitend verstr. *Mien Kerl hett mi noch keen leedes Wort secht* Ran/Ro. – **Leed** n., *Leer* Use/Us, *Lêit* °Lau STRI 23, Leid. *Man hett väl Leed tau drägen* Fra/Zi. *Ik heff di kein Leed dån* Gwd/Wc; *dat Leed biklågen* kondolieren Rüg/At. *Dorüm war ik mi kein Leed andaun* darum werde ich mir keine Sorgen machen Fra/Bn.

leef, Leef s. leif, Leif.

leeg Adj., *läich* °Lau ²PIRK 41. **1.** niedrig, flach, seicht. *Hüt is leeg Wåder* Fra/Zi. *De Hiering löppt leeg* der Hering bewegt sich ins Flachwasser Rüg/Gl. *Dei Twiegen hängen so leeg* Fra/Bn. *Œwer dissen leegen Tun klaspern alle rœwer* Rüg/Pu; *'n leeges Dack* Rüg/Zi. *Wi hemm' leegen Wind* Süd- oder Westwind Gwald. – **2.** krank, elend, schwach. *Du sühst nå diene Krankheit recht leeg ut* Gri/Mi. *Mi is so leeg in'e Måg* flau im Magen Gwald. – **3.** dünn, abgemagert verstr. *Mi ducht, hei ward ümmer leeger* Gri/Gm. – **4.** schlecht, schlimm, unangenehm. *Dat sünd leege Tieden* Uec/Ue. *Dat is 'ne leege Såk, dormit mag ik mi nich bifåten* Rüg/Ae. *Wi hemm' uns ümmer gaut verdrågen un noch kein leeg Wuurt secht* Gri/Ti; *leeg œwer einen räden* Dem/Tp. – Sagw.: *Dat ward ümmer leeger up dei Welt, säd dei Kreih, don würd dei Galgen afbräken* Gwald. *Dat här leeger warden künnt, säd de Buer, don har em sien eigen Wågen dat Bein afführt* Stral. – **5.** charakterlich schlecht, gemein, böse. *Dat sünd ganz leege Lür* Dem/Tp. *Dat's 'n leegen Kierl, de döcht nich* Rüg/Pu. – **6.** faul, arbeitsscheu verstr. *Man nich so leeg bi de Arbeit!* °Gri. Über einen Faulenzer: *Dei hett leeg Fleisch* Gbg/Gp.

leegierig Adj., seem., beim Segeln dazu neigend, von der dem Wind zugekehrten Seite abgedrängt zu werden vereinz. vpom. Küste. *Dat Schipp is leegierig* Gwald. Vgl. luvgierig.

Leegwåter n. Niedrigwasser vereinz. Übertr.: *in dei Armenkass' was Leegwater* war kein Geld HUMGWD 11,21,8.

leer s. leddig.

Leesägel n., seem., veralt., *Lei-* Gwd/Wc. **1.** schmales, in Windrichtung über die Rahen hinausragendes Segel, das bei schwachem Wind aufgezogen wurde verstr. vpom. Küste. – **2.** scherzh., hoher Stehkragen verstr. vpom. Küste. Im Pl. auch als Bez. für abstehende Ohren verstr. vpom. Küste. – Nach MWB 4,894f. zu nl. *lijnzeil*.

Leesch s. Leisch.

Leethardel f./m., PflN, *Leethadel* vereinz., *-harl* selt. VPom, *-hal* vereinz. °Gbg. **1.** Leinlolch selt. VPom, verstr. HPom, HOMWB 119ª. Vgl. MARZELL 2,1360f. Flachs gerät angeblich gut, *wenn Leedharl un Flaßsier* [das Unkraut Flachsseide] *dormank ruutbröcht waden* ³GIL 15. – **2.** Taumellolch selt., PRIT/JES 219ª, HTKÖS 1928,17,8. Vgl. MARZELL 2,1361ff.

leezig Adj., veralt., *läzig* Rum/Pr, unbehaglich, unwohl selt. nordöstl. HPom, HOMWB 119ª. Vgl. loesch, loesig.

Leff n./f. Schlachtfest, zu dem die Verwandten eingeladen wurden Rum/Ru. Auch: kleines Familientreffen mit gemeinsamem Essen Sch/Sd. – Eventuell zu mnd. *löfte* Verlobungsfeier.

Legerwall m., seem., Endsilbe betont, *Lägerwal* vereinz. vpom. Küste, die dem Wind zugekehrte Seite des Landes, von der aus ein Schiff die offene See nur schwer erreichen kann vpom. Küste. *Wi sitten up'n Legerwall* sind der Küste zu nahe gekommen Fra/Pe; *dat wi nich in Legewall kamen, dorför ward de Olle un Stürmann woll uppassen* ³SEG 3.

Legg f., *Lääch* vereinz. ZPom. **1.** Lage Getreide oder Stroh. *Eine Legg kann dei Miet noch höger* Rüg/Ae. *Wi hewwe all ein Lääch afdöscht* Cam/Ca. Vgl. Låg. – **2.** Legedarm bei Vögeln verstr. HPom, sonst selt. *Dei Hinn hett sich de Legg utdringt, dei mutt schlacht't ware* Kol/Pr. – **Leggelhauhn** n., *Lechel-* Fra/Fu, Gri/Bo,Ti, *Lech-* vereinz., Legehuhn. Vgl. Legghenn.

leggen sw./unr. legen. **1.** in eine waagerechte Lage bringen, an eine bestimmte Stelle tun. *Lech dat Tüüch 'n bäten glatt un schier in'n Kuffert!* Gwd/Nu. *Hei lecht dat up de Siet* legt es beiseite Ran/Sr. *Wäsch leggen* ordentlich zusammenlegen Pyr/Lt; *sik up wat leggen* sich einer Sache widmen, etwas intensiv betreiben verstr. – **2.** refl. – **2.1.** sich hinlegen, niederlegen. *Miene Dochter hett sik lecht* liegt krank im Bett Gwald. *Dat Kuurn hett sik lecht* das Getreide ist vom Regen zu Boden gedrückt worden Fra/Pe. – **2.2.** sich abschwächen, nachlassen. *Dei Wind hett sich ganz lecht* Fra/Br. Auf Unarten, Marotten bezogen: *Dat sich dat man lecht!* Gri/Ti. – **3.** Eier legen. *De Hinn hett de Woch œwer acht Ejer lecht* Saa/Le. Scherzh.: *Du sast alls hemm', wat dei Häuhner lengen, blot dei Eier nich!* Ank/Br, ähnl. verbr. – **4.** Saat auslegen verstr. *Wi willen hüt Arften lengen* Ank/An. – **5.** Hengste zum Kastrieren auf den Boden legen vereinz. *Hei möt sienen Hingst lengen låten* Gri/Gm.

Lautvar.: *lengen* verstr. VPom, *läje* verstr. HPom, *läije* Gbg/Zr, *lęɛjə* °Rum ²MIS 10, *lęəyə* Rum/Km ⁵TITA 59, *leie* Pyr/We ¹TITA 81.

Flex.: Im Prät. sind vorwiegend unregelmäßige Formen zu verzeichnen, während das Part.Prät ausschließlich sw. gebildet wird. – Prät.Sg. 1. u. 3.: *läd* verbr., *lär* verstr. VPom, *lä'* WAR 67.

Legghenn m. Legehenne verstr. MPom HPom. Vgl. Leggelhauhn. – **Leggtiet** f. Legezeit HOMWB 119ª.

Lehmann 1. FN. – Im Sagw.: *Dor föl wat, secht Lehmann, un stött sien Ollsch ut't Bett* Uec/Pa. *Sind dat Minschen, secht Lehmann to sien'n Äsel, steht mit alle vier Föt in'n Kumm* °Pyr. – **2.** m. Grog mit Rotwein (nach Rostocker Firma Lehmann) vereinz. VPom.

Lei s. Lee.

leiben s. leiwen.

Leid n. Lied. *Sei süngen väl Leider* Fra/Bn. *Leider, de von de Leif hannelln* Gwald. – Ral.: *Dat is ümme datsülwig Lied* es ist immer dasselbe Reg/Rg.

Laut- u. Formvar.: *Leed* verbr. °Rüg, sonst selt. VPom, verbr. bereits wie hd. *Lied*. – Pl.: *-er*. Nur im Pl. ist zudem eine lenierte (lehnübersetzte) Variante belegt: *Lierer* vereinz. VPom ZPom. – Dim.: *Leedschen* ¹GRAU 22.

leiden sw. leiten, führen. *'ne Koh leiden* Pyr/Lt. *Se müsst em lerren, he künn nich mihr alleen gåhn* Gwald. – Phraseolog.: *sienen Hund to leiden weeten* gerissen sein, seinen Vorteil zu wahren wissen verstr.; *sich an de Näs leiden låten* alles mit sich machen lassen, sich willfährig verhalten Stett. Vgl. MWB 4,867: *ledden*.

Lautvar.: *ledden* verstr. VPom, *lerren* Fra/Ln, Gwald, *leeren* vereinz. VPom ZPom, *läden* selt. VPom, *leede* °Nau, Bel/Sh, Dra/Dr, °Neu, *leire* Kol/Sö, Kös/Dr, *låide* °Büt ²MIS 18.

Leiden n. das Leiden. *Dat Supen is sien ollet Leiden* Gwd/Ba. *Nu is ut mit sien Leiden* er ist tot Pyr/Lt. Im Vergleich: *utseihn as dat Leiden Christi* elend aussehen allg. – Sagw.: *Dat's 'n Leiden, säd Hans, don künn em*

sien Fru nich ut'n Kraug kriegen Gwald. Vgl. lieden¹. –
Leidenschaft f. Leid, Kummer, Beschwernis vereinz., ¹TIB 44, HOMWB 119ᵇ. – Sagw.: *Dat sünd Leidenschaften, secht de Schäper, don leepen em de Schåp wech* Stral. – **leidig** Adj., *ledig* Stral, Nau/Fg. **1.** unangenehm, heikel verstr. – Sagw.: *Dat is 'ne leidige Såk, sär de Buer, don süll hei Pacht bitåhlen, un sien Büdel was lerrig* Rüg/Ae. – **2.** von vorgetäuschter Freundlichkeit verstr. *Dei is leidig in'e Ogen un falsch hinnern Rüngen* Dem/De. – **3.** leidvoll, sehr betrübt verstr. *He deed so leidig, as wenn he starwen will* Rüg/Zi; *leidig kieken* Fra/Zi. – **leidlich** Adj., *leedlich* vereinz. **1.** einigermaßen annehmbar verstr. *Dat Äten schmeckt so leidlich* Gwald. Vgl. liedig¹. – **2.** fürsorglich, mitfühlend vereinz. *He is so leedlich üm sien Fru* DKr/La. – **3.** kläglich, jammervoll vereinz.

leif Adj. lieb. **1.** geliebt, verehrt. *Dei leiwe Gott* Gwd/Ba; *mien leef Mann* Pyr/Lt; *mien leif oll Fründ* Fra/Ln. – Ral.: *So leif, so leed!* was einem zunächst lieb ist, ist man später oft leid verbr. – **2.** willkommen, angenehm. *Dat is mi leef* Dra/Dr; *dat leewe Brot* Pyr/Lt. *Dat schmeckt so leif* schmeckt vorzüglich Kol/Go. – **3.** freundlich, liebenswert. *He is leef un got* Pyr/Lt. In Aussprüchen des Bedauerns: *All dei leiwen Kinner / Minschen!* Gwald. *All dat leewe Veeh!* Rüg/Be. – **4.** brav, folgsam. *Wat sünd dat leiwe Kinner!* Gwd/Da.
Lautvar.: Zur Realisierung des Stammvokals (*leif* vs. *leef*) s. PWB 1,1,LXV, Kt.11.

Leif f. Liebe. **1.** tiefe Zuneigung. *Dor is hüt gor nich mihr 'n båten Leif mank de Lüd* Gwald. Nach einem Streit zwischen Freunden: *Dor is dat nu ut mit dei Leif* Fra/Bn. *Do mi de Leef an!* sei so gut, tu mir den Gefallen! Rüg/Pu. – Sagw.: *Allens ut Leif un Fründschaft, säd de Bur, don dreef he siene Käuh in Nåhwern sienen Kleewer* Gwald. *Dat is, as wier keen Leif mihr in dei Welt, säd dei Diern, don bleef sei bi't Danzen sitten* °Ank. – **2.** intensive emotionale Bindung an eine Person (bes. des anderen Geschlechts) aufgrund starker körperlicher u. geistiger Anziehung. *Dei is in Leef follen* hat sich verliebt Rüg/Rp. *Dei is in'e Leif verrummelt* ist blind vor Liebe Gwd/Ba. *Dei kricht dat mit dei Leif* möchte unbedingt heiraten Gri/Go. *Ierst willen sei sik vör Leef upfräten, un nåher låben sei as Katt un Hund* Fra/Pe. Wenn die finanzielle Grundlage für eine Ehe zwischen jungen Leuten noch fehlt: *Disse Leif un denn kein Bodden in'e Bücks!* Gwd/Ze, ähnl. verstr. – Sprw.: *Dei Leif treckt düller as teigen Pier* Ank/An. *Leif un Not kennt kein Gebot* HUMGWD 74,177f.,1. *Dei Leif föllt so gaut up'n Kauhflåden as up'n Rosenblatt* Gwald. *Wo dei Leif henföllt, blifft sei liggen, un wier 't uk up'n Messhümpel* Fra/Ln. – Sagw.: *Dat frischt de Leif up, säd de Bur, don prügelt he sien Fru* Gwald, ähnl. verbr. *Leif is dat säkerste Band, säd de Bur, don tüdert he siene Fru an'n Tun fast* Gri/Ti. *Wenn dei Leif afköhlt is, denn is schlicht doktern, secht dei Diern* Stral. *Leif åhn Boort hett keen Oort, secht dei Diern* Ank/An. *Wat dei Leif nich deit, säd de Schnieder, un küsst denn Buck twischen dei Hüürn* Dem/De.
Lautvar.: Zur Realisierung des Stammvokals (*Leif* vs. *Leef*) s. PWB 1,1,LXV, Kt.11.

Leifgottke n., TiN, Marienkäfer Sch/Sl, HTKLUEC 1925,45. → Sünnenkäwer. – **Leifgottschepierd** n. dass. Rum/Gr, ³HOLS 36, ⁷KAI 94. – **Leifgottskauh** f., TiN, Glühwürmchen Rüg/Rm, vgl. DWA 3, Kt.4. – **leifhebben** unr. liebhaben. *Ik heff em so leif* Sch/Pu. Scherzh.: *De hett em leif as de Hund denn Knüppel* Stett. – Sagw.: *Du kannst mi eis leifhebben, sär dei Diern tau'n Schosteinfäger, dat du mi äwer nich dei Schört swart måkst* Rüg/Ae. – **Leifke** n. Liebchen, geliebte Frau verstr. HPom. Spruch: *Tähneweidåg is kein Plåg, åwe we' e' Leifke hett u' süht dat nech all Dåg, dat is ein Plåg* Reg/Kt. Vgl. Leiwing. – **leiflich** Adj., *leeflich* verbr. °Rüg, MPom SPom, lieblich. **1.** liebenswürdig, freundlich. *Dei hett 'n leiflich Wäsen* Neu/Gc; *leifliche Wüürd tau ein' spräken* Gri/Ti. – **2.** anmutig, entzückend. *Dei lütt Diern süht leiflich ut* Fra/Br. – **3.** zärtlich, anschmiegsam verstr. *Dat Kind möckt sich leeflich* kuschelt sich an Ran/Sh. – **4.** mild im Geschmack verstr. *De Supp schmeckt so leeflich* Ghg/Gr. – **Leifslüd** Pl. Liebespaar vereinz. – Scherzfr.: *Wat sünd Leiwslüd, wenn sei sick ümarmen dohn?* = armselige Minschen HUMGWD 9,27,11.

leigen st. lügen. *Dei kann nicks as leigen un bedreigen* Gwd/Ba. *Hei lücht so lang, bet hei't sülfst glööft* Dem/Kt. *Wenn sei dat Mul upmäkt, lücht sei all* Fra/Bn. Zur Bekräftigung einer Behauptung: *Süss lücht dei Schrift!* Gri/Bo. Als Entschuldigung, wenn man etwas nicht genau weiß: *Låt mi nich leigen!* Fra/Zi. Lebenskluge Einschätzung: *Wer leigen will, möt 'n gaut Gedächtnis hemm'* Dem/De. – Auch mit Ergänzung im Akk.: *Dat is nich wohr, dat hest du wedder lågen* Gwald. *Dat mutt ik leije* Nau/Bu. *Dat will ik giern leigen* ich hoffe, dass sich meine Behauptung nicht bewahrheitet Dem/De, ähnl. verbr. – In zahlreichen Ra., die sich auf maßloses, unverschämtes Lügen beziehen: *leigen, dat sik dei Balken bœgen* verbr.; *leigen, as wenn't druckt is* verstr.; *leigen, dat't hinner ein' rookt* verstr.; *dat Blåg von'n Himmel leigen* verbr. *Dei lücht mihr, as vier / teigen Pier trecken kœnen* Gri/Mi, ähnl. verstr. – Weitere Ra.: *sik in'n eigen Geldbüdel leigen* (mit Geld) prahlen, ohne etwas zu besitzen verstr.; *leigen dat't (glieks) tau hüren is* offensichtlich, stümperhaft lügen verstr. Erwiderung auf den Vorwurf: *Du lüchst!* = *Lüchten deit dei Himmel, schieten deit dei Schimmel, leigen deist du!* Gri/Mi, ähnl. verstr. – Sagw.: *Mien Jung' sall Afkåt warden, secht de Buer, he kann von Dag to Dag bäter leigen* Stral. Vgl. Lœg.

Lautvar.: *leegen* verbr. °Rüg, verbr. MPom, *leeje* Pyr/Wa,Wi, Dra/Dr, *lääje* Ghg/Ma ²TITA 19, *laije* verbr. HPom, *lâije* °Sch MAH 55, °Rum u. °Büt ²MIS 39, *laiye* Sto/He,Kk, *laidje* Neu/Ki, *loije* LAUWB 226ᵃ, *läugen* HOMWB 117ᵇ, *löge* Starg, *lœa* KÜHL 7, *lœja* Saa/Nr.

Flex.: Präs.Sg.1.: *leich* verbr., *laij* Rum/Km ⁵TITA 67, *leech* verbr. °Rüg, verbr. MPom, *læch* Saa/Nr, *loij* LAUWB 226ᵃ. – 3.: *lücht* verbr., *löcht* Starg, Gbg/Gp, *licht* LAUWB 226ᵃ, Rum/Km ⁵TITA 67, verstr. NOPom, JOSTWB 60, *læjent* Saa/So,Te. – Prät.Sg.1. u. 3.: *leech* verstr., *lööch* verstr. VPom ZPom, *looch* JOSTWB 60, *loij* Nau/Fg, Gbg/Vi, LAUWB 226ᵃ (neben *looch* (ach-Laut)). – Part.Prät.: *lägen* verbr., *logen* südl. °Ghg, Bel/Lu, Kös/Gu, *lâye* °Sch MAH 35, Rum/Km, *lâche* (ach-Laut) neben *laije* LAUWB 226ᵃ, *laje* JOSTWB 60, *lauge* Neu/Ki, *lauje* Gbg/Gp, *lauye* Gbg/Vi.

Leigenkåter m. Lügner vereinz. Vgl. Lœgenkåter. – **Leigenkatt** f. Lügnerin vereinz. Vgl. Lœgenkatt. – **Leigenlœger** m., Fem. *-lœgersch*, völlig verlogene Person vereinz. VPom, sonst selt. *Di glöw ik keen Wuurt, du büst 'ne Leegenlœgersch* Rüg/Dm.

Leihm m., wie hd. *Lehm* Stral, verbr. °Rüg, MPom SPom, Net/Ni, Lehm. *Dei Pötter bruukt Leihm* Gwd/Ba. *Leihm stampe* einen Fußboden aus Lehm feststampfen Gbg/Wo. Übertr.: *De hett in'n Lehm gräpen* hat Glück gehabt Stral. – **Leihmåben** m. Ofen aus ungebrannten Lehmsteinen verstr. Diese für die Stube angefertigten Öfen wurden früher oft mit Rinderblut gestrichen: *Hål 'n Spann Ossenblaut to'n Leihmåben!* Gri/Mi. – **Leihmbodden** m. 1. lehmhaltiger Boden. – 2. gestampfter Fußboden aus Lehm. – **Leihmdäl** f. 1. Diele oder Tenne mit gestampftem Lehmboden verstr. *Dei is up'e Leihmdäl grot worden* stammt aus ärmlichen Verhältnissen Ank/An. – 2. gestampfter Lehmfußboden verstr. *Dei Schün hett 'ne Leihmdäl* Fra/Zi. Vgl. Leihmflur. – **leihmen** sw. mit Lehm verputzen, bestreichen vereinz. *De Åwe ward leihmt* Sch/Sl. – **Leihmflur** m., selt. n., Fußboden aus gestampftem Lehm vereinz. HPom. Vgl. Leihmdäl. – **leihmig** Adj. 1. lehmig, lehmhaltig. *De Borren is leihmig* Gwd/Ba. *De Finger sünd leihmig* mit Lehm bedeckt Rüg/Pg. – 2. trübe, unrein (von Flüssigkeiten) vereinz. *Dat Wåter is tau leihmig, dor kœnen wi nich in waschen* Dem/Tp. – **Leihmjack** f. verdreckte, schäbige Arbeitsjacke vereinz. HPom. *Du sühst ut as Johann mit de Lehmjack* bist unzuverlässig Pyr/Wa. – **Leihmkåten** m. kleines, ärmliches Haus in Lehmbauweise vereinz. – **Leihmklatsch** f. Holzschlegel mit langem Stiel zum Feststampfen der Lehmdiele Uec/Pa, °Ghg, Saa/Bu. Vgl. Leihmschlåger. – **Leihmklicker** m. Arbeiter, der beim Hausbau Wände und Decken mit Lehm 'bewirft', ausfüllt vereinz. VPom MPom. – **Leihmklut** m. luftgetrockneter, ungebrannter Lehmziegel VPom, sonst vereinz. *De oll Hüser sünd hier all mit Lehmkluten buugt* Rüg/Pu. Vgl. Leihmpatz. – **Leihmkuhl** f. Grube, in der Lehm gewonnen wird. – **Leihmlock** n. 'Lehmloch' derbe Bez. für den After Ran/Pe, Pyr/Wa, Neu/Th, vereinz. NOPom. – **Leihmpatz** f./m. ungebrannter, an der Luft getrockneter Lehmziegel verbr. HPom, sonst vereinz. *He striekt Lehmpatzen* formt Lehm zu Ziegeln Ran/Pe. Auch: nasser, mit Stroh vermischter Lehmklumpen zum Füllen des Fachwerks vereinz. Vgl. Leihmklut, Luftpatz. – **Leihmpedder** m., pejor., 'Lehmtreter' Person mit sehr großen Füßen vereinz. HPom. Im Pl. auch als Bez. für sehr große Schuhe, Stiefel Nau/Da, Sto/Dö,Wd. – **Leihmpott** m. 1. Topf aus Ton. Nur belegt in der Fügung: *in'n Leihmpott fåt't hemm'* Glück gehabt haben vereinz. VPom, Ghg/Ba, Saa/Ja. – 2. kleines, ärmliches Haus mit Lehmwänden vereinz. ZPom SPom. – **Leihmschlag** m. Fußboden aus Lehm °Gbg. – **Leihmschlåg** f. wie Leihmklatsch verstr. HPom. – **Leihmståken** m., veralt., gespaltene, mit Stroh oder Reisig umwickelte Latte, die zusammen mit anderen in den Fächern des Fachwerks verkeilt wurde oder als Füllung von Zimmerdecken diente verstr. Abb. s. HWWB 149ᵃ. Vgl. Kleimståken. – **Leihmstoff** m. Lehmstaub vereinz. *Up'm Lann' is ümme su'n Leihmstoff, wenn dat drög is* Reg/Me. – **Leihmstom** m. dass. Rüg/Zi, Ank/An. – **Leihmtråd** f. Bereich in der Ziegelei, wo Lehm vor der weiteren Bearbeitung mürbe getreten wurde vereinz. – **Leihmuurt** m. Gegend mit sehr lehmhaltigem Boden verstr. HPom, HOMWB 119ᵇ.

leihnen sw. leihen, ausleihen. *Ik möt mi Geld leihnen* Fra/Zi. *Ik heff em twei Mark leihnt, nu will hei s' mi nich werrergäben* Gri/Bo. Spruch: *Leihnt Wor möt lachend werrerkämen* geliehene Dinge müssen in gutem Zustand zurückgegeben werden Fra/Ln. – Mnd. *lēⁿnen*.

Laut- und Formvar.: *lehnen* verbr. °Rüg, Cam/Rm, *lehe* vereinz. °Cam, *låine* °Büt ²MIS 21. – Auf das früher st. konjugierte mnd. Verb *līen* gehen zurück: *liegen* Uec/Pa,Ro, Ran/Pe, *liehe* selt. °Gbg, vereinz. °Sch °Rum, verstr. NOPom, *lieje* verstr. ZPom, LAUWB 224ᵇ, MAH 55, *lieche* Kös/Ro, Neu/Gc,We, *liesche* (-sch sth.) selt. °Gbg, *lijje* Reg/Kt,Rg, Rum/Km, *ligga* DKr/Ro, *liggjo* Net/Hf,Sl, *lidsche* Gbg/Gz UP 1924,53.

leik Adj., *leek* verstr. °Rüg, in der Laichzeit befindlich vereinz. VPom. *De Hiering is leek* Rüg/Gl. – **Leik** *Leek* verbr. °Rüg, MPom SPom. 1. m. Fischlaich verbr. *Up't Wåter schwemmt väl Leek* Ran/Pe. – 2. f. Laichzeit verbr. *De Hääkt is in'e Leek* Dra/Ka. Verkürzt aus Leiktiet. – **Leikeltiet** s. Leiktiet. – **leiken** sw., *leeken* verbr. °Rüg, MPom SPom. 1. laichen. *De Hiering hett leikt* Use/Hf. – 2. veralt., sich in großer Zahl zu einer Versammlung einfinden vereinz. *De Schauster leiken* Gwald; *wur dei Schaulmeisters laiken* HuMGWD 11,9,5. – **Leikkrut** n., PflN, Laichkraut selt., UP 12,207.

Leikow ON Leikow (°Kol). – Im Ortsspott: *In Leikow, Leikow bliew ik nich, dor gifft dat keie Frühstück nich. Tau Middag gifft dat uk nich väl, un åwends gifft't mit'm Bessenstäl* Kolbg, ähnl. ²ASM/KNO 21, ³NERE 1,111.

Leiktiet f., *Leikel-* vereinz. VPom, Laichzeit verstr. *In'e Leiktiet schmeckt dei Fisch nich* Fra/Br. Vgl. Leik.

Leilåken n. Leilach, Leinentuch Rüg/Dm,Zi. – Das Erstglied zu Lien¹.

Leimjus n., seem., Zitronensaft vereinz. vpom. Küste. – Zu engl. *lemon-juice*.

Leisch n./m., PflN für verschiedene schilfähnliche, an feuchten Stellen wachsende Gräser. – **1.** Schilfrohr verstr. *Dat Leisch is gaut to Fautmatten* Gri/Mi; *'n Stohl mit Liss utflechten* Ran/Pe. – **2.** Rohrkolben selt. VPom, vereinz. HPom, ⁷KNO 175. Het. s. Bumskül. – **3.** Igelkolben vereinz. NOPom, HOMWB 119ᵇ, PRIT/JES 384ᵃ. – **4.** Segge vereinz. VPom, Pyr/We. – Zur ungesicherten Etym. vgl. MARZELL 1,827f. u. ⁶TEU 65f.
Laut- u. Formvar.: *Leisch* vereinz. VPom, verbr. ZPom, *Leisk* verstr. NOPom, HOMWB 119ᵇ, ⁷KNO 175, *Lâischk* Büt/Pm ²MIS 74, *Leesch* vereinz. °Rüg, Stral, Uec/Ge, Pyr/Lt, *Liesch* Fra/Ln, Gri/Bo, Dra/Dr, *Lisch* Ran/Sr, Cam/Al, *Liss* vereinz. °Ran, Ghg/Wt, Pyr/We, Net/Hf,Sl, *Lüsch* Saa/Te, *Leusch* Fra/Br, Dem/Kt,Tr, Gwd/Ze, Ank/An.

Leischband n./m. aus Schilf- oder Rohrkolbenblättern geflochtenes Band. Bei der Tabakernte wurden diese Bänder zum Einbinden frisch gepflückter Tabakblätter vor deren Abtransport benutzt vereinz. °Ran, HÜCKA 49. *Tubbak in Lissbänner inbinnen* Ran/Gl. – **Leischpopp** f., fischerspr., figürlicher Schwimmer aus Schilfrohr mit daran befestigter Angelschnur und Haken (bes. zum Hechtfang bei der Eisfischerei) Uec/Be, RAS 160.

leisten sw., *leesten* vereinz. MPom, wie hd. **1.** schaffen, bewältigen, verrichten vereinz. *Dat kann dat Peerd nich leisten* Pyr/Lt. – **2.** refl., sich etwas erlauben, gönnen vereinz. *Dat ka' ik mi nich leiste* Reg/Kw. Übertr.: *Dei hett sich schön wat leist't* hat eine Dummheit begangen Gwd/Ba.

Leisten m., *Leesten* verstr. MPom, *Liesten* vereinz., Schusterleisten. *Dei Schauster bruukt 'n Leisten* Fra/Ln. *Hier paßt doch wat nich up'n Leisten!* irgendetwas stimmt hier nicht! Fra/Bn. – Phraseolog. analog zum Hd.: *allens æwer einen Leisten schlån* verbr.; *väl up'n Leisten schlån* viel Geld verprassen verstr. – Mnd. *lê^{i}st*.

Leit n. **1.** Leitung, Führung vereinz. VPom. *Dei Ollsch will dat Leit nich afgäben* Rüg/Ae. – **2.** Pferdeleine vereinz. VPom. – Zu leiden. – **Leithåmel** m. **1.** Leittier einer Schafherde. – **2.** pejor. – **2.1.** Person, die eine Gruppe von Menschen leitet, anführt vereinz. – **2.2.** jmd., der von einer anderen Person geleitet wird und ihr überall hin folgt vereinz. – **leitsåm** Adj. folgsam, gehorsam vereinz. HPom, sonst selt.

leiwen sw., *leiben* vereinz. VPom, *leewen* verbr. MPom SPom. **1.** lieben. *Leifst du mi denn gor nich mihr?* Ank/Br. *Wer mi nich leeft in'n Schmutz* [Alltagskleidung], *bruukt mi nich leewen in'n Putz* [Festkleidung] °Ghg. – Phraseolog.: *Wecker leiwe will, möt uk liede* °Gbg. *Wat sik leift, dat neckt sik* Gwald. *Dei ein leift dei Dochter, dei anner dei Murrer* Fra/Pe, ähnl. verbr. – **2.** unpers., begierig auf etwas sein, Verlangen haben verstr. *Dat leift em so, dat mücht hei giern hewwe* Sch/Pu. – **leiwer** Adv., *leewer* verbr. °Rüg, MPom SPom, *leiwers(t)* vereinz. VPom, sonst selt., *leiwerscht* Sto/Gl, lieber, vorzugsweise, besser. *Ik gåh nich in't Lazarett, leiwers will ik starwen* Rüg/Rp. *Leewer wat, as gor nüscht!* Pyr/Lt. Über einen Geizhals: *He bitt sich leiwer 'n Stück von'n lütten Finger af, ihrer he de annern frihöllt* °Gwd. Scherzh.: *Leewer denn Buk verrenken, as denn Wirt wat schenken* Rüg/Pu, ähnl. verbr. Entschuldigend, wenn man Darmblähungen entweichen läßt: *Leiwer in'e wiere Welt, as in'n engen Buk!* Fra/Bn. – **leiwing** Adj. liebevoll, innig vereinz. VPom. *Hei föt mi leiwing üm* Dem/Kt. *Brut un Brutmann sitten so leiwing tosåmen* Ank/An. – **Leiwing** m. Liebling, geliebte Person VPom. Auch in der vertraulichen Anrede für Freunde, Bekannte u. Verwandte gebraucht. Vgl. Leifke.

Lemk(e) FN. Im Ausruf der Verärgerung: *Nu is't ut mit Lemke sien Middag!* nun ist aber Schluß! selt., HUMGWD 6,46,11. – Sagw.: *Dat is en Leiden, secht Lemk, hett't Güssel am Strick un kann't nich hulle* °Pyr.

Lemmel n., selt. f., *Lemmer* vereinz. VPom, Saa/Ja, Messerklinge verstr. VPom, vereinz. MPom SPom. *Dat Metz hett ein lütt un ein grot Lemmer* Fra/Zi. Vgl. MWB 4,897 u. BBWB 3,94. Vgl. aflemme(l)n.

lemplich Adj. schmächtig, schwächlich verstr. VPom, HOEFAMSC 279ᵇ. *Mit denn lemplichen Sell warst du woll noch farig* Rüg/Ae. Vgl. MWB 4,936: *limplich*.

Len(e) RN Kurzf. von Helene u. Magdalena. – Neckr.: *Lene, Lene, wat hest du mank de Beene?* Ran/Sr, ähnl. verstr. In attr. Vbdg., pejor.: *lange Len* großgewachsene, dürre Frau verstr.

lengen s. längen.

Lenk n./f., fischerspr., *Link* Stral, Gwald, Use/Ra,Üc, 'Gelenk'. **1.** Reihe miteinander verbundener Setz- oder Treibnetze verbr. vpom. Küste, RAS 56f., ¹PEE 175f., FRA 67. *Hierings- un Boorsnetten to 'ne Lenk tosåmenstellen* Gwd/Wc. Vgl. Gelenk. – **2.** Leit-, Absperrnetz der Bügelreuse Dem/De, verstr. am Stettiner Haff, vgl. RAS 121 mit Abb. 47f. – **3.** das gesamte zu einer Reuse gehörige Fanggerät Fra/Pu, Dem/De, RAS 121.

lenken sw., *linken* Ank/Br, Rum/Ru, HOMWB 121ᵇ, wie hd. vereinz. *Du möost dei Pier bäter lenken* Gwd/Ba. – **Lenker** m., auch *Linker*. **1.** Lenkrad, Lenkstange vereinz. – **2.** fachspr., Kurbelstange am Spinnrad zwischen Trittbrett u. Schwungrad vereinz. HPom, ⁴ROSF 472.

Lenn' f., Pl. -en. **1.** Lende, Lendenbereich. *De hett en scheef Linn ist hüftlahm* Pyr/Lt. Spez. auf die Gesäßbacken bezogen: *Hei künn schlecht up dei Bink sitte un rutscht von dei ein Linn up dei anner* Kolbg. Aufforderung, Platz zu nehmen: *Nu sett di up dei Linne!* Reg/Me. – **2.** Oberschenkel vereinz.
Lautvar.: *Linn* Gri/Wo, Gwd/Ze, Use/He, °Pyr, verbr. HPom, *Lend* Gwd/Lu, Use/Ze,Zt, *Leng* verstr. südl. °Ghg ²BRO 24f., *Ling* Bel/Lz, verbr. NOPom, HOMWB 121ᵇ, *Leen* Cam/Pr.

Lennendöscher m., scherzh., 'Lendendrescher' Frack °Nau, Saa/So, Net/Sl. – **lennenlåhm** Adj. lendenlahm, hüftlahm vereinz. – **Lennenwipper** m. kleine, schwächliche Person Nau/Fg, Dra/Bu,Dr, Lau/Vl, Slo/La.

lenz Adj., seem., leer, frei von Wasser verstr. pom. Küste. *Dat Schipp is lenz* Fra/Zi; *lenz pumpen* leer pumpen Uec/Ue. Übertr.: *Ik bün ganz lenz pleite* Rüg/Pu. Vgl. l e n z e n.

Lenz¹ m., *Linz* vereinz. HPom. **1.** litspr. auch *Lent* ²HENS 18, Frühling vereinz., vgl. DWA 16, Kt.12. – **2.** März vereinz. VPom, sonst selt. – Bauernr.: *Wenn dei Lenz denn Schnei weghaust', gifft't 'n rieken Aust* [Ernte] Ank/An. Vgl. Lenzing, Lenzmånd. – **3.** Sandmännchen vereinz. VPom, Reg/Kt. Zum Kleinkind, das einschlafen soll: *Lenz kümmt un streugt di Sand in de Ogen* HOEFAMSC 273ᵇ.

Lenz² s. L ü n s.

lenzen sw., seem. **1.** den Schiffsraum leer pumpen. *Dat Schipp ward lenzt* Uec/Mn. Scherzh.: *Dei Buddel warn wi lenzen* bis auf den letzten Tropfen austrinken Fra/Bn. Vgl. l e n z. – **2.** (im Sturm) mit wenig oder keiner Segelfläche vor dem Wind segeln vpom. Küste. *Dei lenzt vör Topp un Tåkel* läuft ganz ohne Segel vor dem Wind Gwald.

Lenzing m. März selt. VPom. *In'n Lenzing brögen Gaus un Kluck* Ank/Br. Vgl. L e n z¹, Lenzmånd. – **Lenzmånd** m. dass. vereinz. VPom, Nau/Db.

Lepkuusch s. L a b s k a u s c h.

Lerch s. L e w a r k.

Less n./f., fachspr., *Läs-* selt. ZPom, 'Lese' durchlöchertes Brett mit Handgriff zum Ordnen der Fäden vor dem Weben vereinz. °Gbg, Saa/Le. – **Lessbrett** n. dass. verstr. HPom, ⁴ROSF 494. – **Less-stock** m., fachspr., Stab zum Auseinanderhalten der Aufzugsfäden am Webstuhl vereinz. °Gbg °Kol, ²EBE 17.

lest s. l e t z t.

Letschner m., fischerspr., *Lätschna* Sto/Gd, Loch im Eis für das Einführen des Netzes beim Fischen vom Eis aus vereinz. °Sto, FIS 476. Dagegen bezieht JOSTWB 60 das Wort nicht auf das Einlaß-, sondern auf das Auslaßloch. – Vielleicht zu pomor. *lěcka* Seil, Strick (mit dem das Netz geführt wird) oder *lécowka* Ausgangsloch (in einer Milchzentrifuge).

lett s. l å t e n (3.Ps.Sg.Präs.).

Lett s. L i t t¹.

Lett(e)ring s. L e d d (e) r i n g.

letzt¹ Adj., *lest* selt., *latzt* Lau/Ke. **1.** das Ende einer (Reihen-)Folge oder eines Vorgangs bildend. *Is dat nu de letzt Garf?* Dem/De. *Dei wåhnt up'm letzten Enn* Neu/Aa. *Ik kåm in de letzten Dåg* am Ende der Woche oder des Monats Pyr/Lt. *Du büst de Letzte wäst un musst de Disch afrüme* Saa/St. *Du büst ümmer dei Letzt* kommst immer zu spät Gri/Mi. Über jmd., der auf Festen immer bis zum Schluß bleibt: *Dei möt ümmer seihn, wat dei Letzt för'n Rock anhett* Gwald, ähnl. verstr. Über jmd., der Wert darauf legt, bei allem dabei zu sein: *Dei möt ümmer de ierst un de letzt sin* Fra/Br. Bezogen auf letzte Ereignisse vor dem Tod: *Dat wiern sien letzten Wüür(d)* Gri/Mi, *sien letzt Will* Stral. In euphem. Fügungen, die auf todkranke Personen bezogen sind: *in'n / up'n letzten liggen* verbr.; *up'e letzten Füüt / Beinen gåhn* verstr. *Dat geiht mit ein' up't letzt* verbr. – In fester Vbdg.: *up dei letzt* schließlich, zuletzt VPom. – *Letzten (gåben)* Bez. für ein Neckspiel der Kinder, wobei man beim Auseinandergehen versuchte, einen leichten Schlag auszuteilen, der nicht mehr erwidert werden konnte verstr., ³LUCH 34. – **2.** gerade erst vergangen, kurz vor der Gegenwart liegend. *letzt Johr* voriges Jahr Sch/Wn; *in de letzt Woch* Pyr/Lt. In fester Vbdg.: *in'e Letzt* in jüngster Zeit verbr. – **3.** als Rest verblieben. *Dat is sien lestes Pierd in'n Stall* Stral. *Dat wier dat Letzt ut'n Sack* Ank/Br. *Dei nimmt dat Letzt von'n Teller* Gri/Go. Scherzh. auf den Bodensatz bezogen: *Dat Letzt hett dat meist Geld kost'* Gri/Lo. – **letzt²** Adv. **1.** letztens, vor kurzer Zeit. *Du hest mi letzt verspråken, mi tau besäuken* Fra/Zi. *Ik wier letzt in'e Stadt* Rüg/Pu. – **2.** zuletzt, schließlich selt. – **letztens** Adv., *letzten* vereinz., neulich, vor kurzem. *Letztens heff ik mi dat Kleed köfft* Cam/Kw. – **letzthen** Adv. dass. selt., LAUWB 223ᵃ. – **letzling** Adv. dass. selt. östl. HPom, VHTSTO 1930,14,7.

Leusch s. L e i s c h.

Leuwågen m., seem. **1.** Stange, auf der die Führungsblöcke der Leinen zum Einstellen der Segel entlanglaufen verstr. vpom. Küste, ¹PEE 257. *de vœrdelst / achtelst Leuwågen* Fra/Pu. Vgl. MWB 4,896f.: *Leiwagen*. – **2.** Scheuerbesen selt. vpom. Küste. Vgl. dagegen die weite Verbreitung im Nordniedersächsischen.

Leviten Pl., *Lefieten* selt. VPom, wie hd. Nur ral. belegt: *ein' dei Leviten läsen* jmd. ernste Vorhaltungen machen, heftig tadeln verbr. – Nach dem jüdischen

Stamm Levi und dem danach benannten 3. Buch Mose (Levitikus), das Verhaltensregeln für Priester enthält.

Lewark f., vereinz. m. **1.** TiN. – **1.1.** Feldlerche. *Dei Lewark singt all, 't ward Frühjohr* Gwd/Ba. *Dei Lewark hett ehr Nest an dei Ird, äwerst singen deit sei an'n Häben* HuMGwd 8,22,2. *Dei hett 'ne Stimm as 'ne Lewark* hat eine schöne, helle Singstimme Fra/Zi. *Dei hett 'n Buk as 'ne drachdig Lewark* ist dick, pummelig Dem/De, ähnl. verstr. Spöttisch über einen Bauern, der unzureichend düngt: *Dei messt uk mit de Lewark up de Hälft* Sch/Sl, ähnl. verstr. – Bauernr.: *Ein Lerch, de singt, noch keinen Sommer bringt* Nau/Na. – Sagw.: *Lat fleigen, säd Kräuger, don schmeet hei 'ne dodige Lewark in dei Luft* HuMGwd 9,28,8. – **1.2.** Haubenlerche vereinz. – **2.** *nåkde / ruge Lewarks*, Klöße aus rohen Kartoffeln verstr. NOPom, vgl. ⁷KNO 123.

Lautvar.: Hauptvar.: gesprochen häufig *Lewâk, Lewerk* Lau/Se, °DKr, *Lewalk* Rüg/Wi, Saa/Sh, *Lewääk* Dra/Rt, *Lewa(r)tch* Neu/Lt,Th, *Lewatsch* Neu/Rt, *Leweitch* Neu/Gl, *Leiwark* selt. °Rüg, *Liwark* verstr. °Cam, sonst vereinz. ZPom, *Lark* selt. VPom, *Låk* WARN 45, *Lerk* Gwd/Ba, Büt/Ds, *Lerch* verstr., *Larch* Lau/Ke, *Lürch* Dem/Gz, *Lersch* Neu/Sp. Vgl. zudem DWA 15, Kt.9.

Lewarkstüm m. Schneeschauer im April verstr.

Lewerenz RN, *Lawerenz* vereinz., Laurentius, Lorenz. Von einer sehr großgewachsenen Person: *Dei is so lang as Lewerenzen sien Kind* VPom, sonst verstr.

Lex f./m. **1.** Lektion, zu lernendes Pensum. *Hei kann sien Lex utwennig* Fra/Ln. Zu einer (jungen) Person, die sich nicht benehmen kann: *Gåh man nå'n Köster un lihr dienen Lex!* Gri/Bo. – **2.** Tadel, Zurechtweisung verstr. *Nu heww ik mien Lex weg* °Fra.

Libbelapp m., SpottN, Flickschneider HuMGwd 7,11,10. Vgl. BBWB 3,105f.: *Libber* schlecht gesponnenes Garn.

Libell f., TiN, Libelle nordöstl. HPom, sonst selt. Vgl. DWA 2, Kt.54. → Wåterpierd.

licht¹ Adj., *lecht* Reg/Kt, *liecht* vereinz. HPom, LAUWB 223ᵇ, *liascht* Neu/Rt ¹⁰TEU 246, vereinz. wie hd. *leicht*, Dim. *lichting* vereinz. VPom, leicht. **1.** von geringem Gewicht. *Dat is so licht as 'ne Fedder* Gwd/Ba; *licht gåhe* ohne Traglast gehen Reg/Me. Verhüllend: *sik lichter måken* seine Notdurft verrichten verbr. Zu jmd., der viel Geld verpraßt hat: *Nu is di dei Büdel woll lichter!* Gri/Go; *eie licht Pund* ein knappes Pfund Sto/Pf. *Dat Hus is man licht buucht* ist nicht massiv gebaut Gri/Mi. Von dünnem Stoff: *Dat Tüg is so licht* Saa/Jk. – **2.** einfach, nicht schwierig. *De Arbeit is sihr licht* Use/Zi. *Nicks lichter as dat!* Ank/An. *Dat is licht tau!* das ist (doch) ganz einfach! verbr. VPom. *De Koh melkt sich licht* Ran/Pe. Im Stoßseufzer vor einer schwierigen Aufgabe: *Dat is all nich so licht, as schlåp bi de Diern un dau ehr nicks* Rüg/Ae, ähnl. verbr. – Sagw.: *Is licht tau måken, säd Hans, wenn ik dat man nich sall* Gwald. *Dat is man nich so licht, mit'n vullen Buk in't Bedd tau liggen, secht de Jung'* Dem/Kt. – **3.** schnell, ohne weiteres. *Dei begrippt licht* hat eine gute Auffassungsgabe Cam/Ca. Auf eine Situation bezogen, die nicht ausweglos ist: *So licht starft sik dat nich!* Rüg/Lo. – Sprw.: *Wecker licht glööft, ward licht bedrågen* Stral. – **4.** flink, behende. *Dei is licht tau Faut* geht leichtfüßig Gwald; *licht Wåge* Jagdwagen Rum/Tr. – **5.** wenig ausgeprägt verstr. *Dei Mœhl geiht all bi lichten Wind* Gri/Lo. – **6.** leichtsinnig, leichtfertig verstr. *Arbeede deet he düchdig, bloß he is to licht* Saa/Te. *Dei Diern is so licht* läßt sich mit vielen Männern ein Gri/Go. – **7.** unbeschwert, sorgenfrei verstr. *Nu is mi licht üm't Hart* Ran/Ro. *Mi is hüt so licht un frie* Uec/Ge.

licht² Adj. **1.** *lecht* Reg/Kt, leuchtend hell verstr. *Dat is mit ees so licht in de Stuf* Uec/Pa. *Hüt ward't de ganze Dag ni licht* Reg/Me; *licht Tüüch* heller Stoff Neu/Aa. Subst.: *sich in'n Lichten sitten* mit dem Rücken zum Licht sitzen Ran/Ro. Vgl. lichtig. – **2.** fachspr., zwischen zwei Begrenzungsflächen gemessen (bes. von Öffnungen) vereinz. Subst.: *dei Dör in'n Lichten mäten* Rüg/Pu.

Licht n. wie hd. **1.** Helligkeit, Lichtschein. *Dat Licht is grell* Stral. *Nu ward't all Licht* die Morgendämmerung setzt ein Saa/Le. *Kumm vör't Licht!* laß dich genau betrachten! Rüg/Dm. *Gåh mi ut'm Licht!* Neu/Gc; *bi't halwe Licht* bei Halbmond Rum/Tr. Ausruf, wenn sich eine Sache (endlich) aufklärt: *Nu ward't Licht in düüstern Pott!* Uec/Ge, ähnl. verstr. Scherzh. Antwort auf die Frage nach der Entlohnung: *Frie Licht äwer Dag un frie Disch äwer Nacht!* °Rum. – Phraseolog.: *sik in't Licht ståhn* zu seinem eigenen Nachteil handeln, eine gute Gelegenheit verpassen verstr. – **2.** künstliche Lichtquelle. – **2.1.** Kerze. *'n Licht ansticken* Pyr/Lt; *witt Lichte up'm Wihnachtsbom jefalle mi* Bel/Ei; *Lichte geite* Kerzen gießen Sch/Sl. *Dei geiht as 'n Licht* geht kerzengerade Gwald. Spöttisch über eine neunmalkluge Person: *De hett uk dat Licht im Düüstern upfräten* Ank/Pu, ähnl. verstr. – Abergläubische Vorstellung: *De Lichter bi't Gräffnis dörben nich utpuust't warn, de möten runnerbrennen* Gwald, ähnl. verbr. – **2.2.** Lampe, Leuchte. *dat Licht anmåken* Gwd/Nu. – **3.** scherzh., herabhängender Nasenschleim. *Ümmer löppt dat Kind mit'n Licht unner dei Näs rüm* Gri/Gm. *Wisch di de Lichter af!* Ank/An. – **4.** Maitrieb an Nadelbäumen vereinz. VPom. *Dei Dannen setten ehre Lichter up* Rüg/Ae.

Laut- u. Formvar.: *Lecht* Reg/Kt, Gbg/Gp, *Liecht* vereinz. °Lau (dort auch mit velarem Reibelaut, vgl. STRI 45). – Pl.: *Lichter*, daneben auch *Lichten*.

Phras. zu 2.: Analog zum Hd.: *ein'n 'n Licht upståken* jmd. darüber aufklären, wie ein Sachverhalt sich wirklich darstellt verstr.; *ein'n geiht 'n Licht up* jmd. begreift plötzlich etwas allg.

– Scherzh. im Sagw.: *Nu geiht mi en Licht up, säd de Schipper, don keek hei mit sien gläuhnige Näs in'n Speigel* Gwald. – Scherzfr.: *Wecker Lichter brennen länger, dei von Talg orrer dei von Wass?* = beide (ver-)brennen kürzer Ank/An, ähnl. verstr.

Lichtbråden m., veralt., festliches Abendessen, das Handwerksmeister zu Beginn des Herbstes (wenn das Tageslicht für die Arbeit kaum mehr ausreichte) bes. für ihre Gesellen u. Lehrlinge ausrichteten °Rüg, HOEFAMSC 276, BLFPVK 3,166. – **lichten¹** sw. Tag werden, morgens dämmern selt. *Wenn dat lichten deet, möten wi upståhn* °Ghg.

lichten² sw. 1. anheben, in die Höhe heben vereinz. *Wi willen denn Stein lichten* Dem/Tp. Gebräuchlich vor allem seem.: *denn Anker lichten* Rüg/Sn. Vgl. lüchten², lüften. – 2. seem., ein Schiff leichter machen, entladen. – Sagw.: *All Frachten lichten, sär dei Schipper, don schmeet hei sien Fru œwer Buurd* Gri/Gm.

lichterläuchen Adj., *-lööchen, -löjen* vereinz. ZPom, *-leechen* Sto/Dö, Lau/GW, *lichterloh* vereinz. HPom. *Dat brennt lichterlöjen* Kol/Pr.

lichtfarig Adj. leichtfertig, -sinnig vereinz., HOMWB 121ᵃ. Vgl. lichtsinnig. – **Lichtfaut** m. leichtfertiger Mensch vereinz. Zumeist belegt in der Fügung *Brauder Lichtfaut*. – **lichtfohrig** Adj. 'leicht fahrend' mühelos, ohne Probleme vereinz. *Dei Arbeit geiht mi lichtfohrig von 'e Hand* Fra/Bn.

Lichtgeiter m., veralt., Kerzengießer vereinz.

lichtglööfsch Adj. leichtgläubig verstr. HPom, sonst selt. – **lichtglöwig** Adj. dass. vereinz., HOMWB 121ᵃ.

lichtig Adj. licht, hell Gbg/Gp: *Dat is all lichtig Dag.* Ebenso: *lichtlig* Uec/Ge, Ghg/Li; *lichtnig* selt. NOPom, ⁴ROSF 81,67. Vgl. licht². – **Lichting** f. Schneise im Wald Uec/Ge, Ran/Pe. – **lichtlig** s. lichtig.

lichtlihrig Adj. leicht lernend, von schneller Auffassungsgabe verstr. VPom, sonst selt. *Dei Jung' is so lichtlihrig, dei möt Schaulmeister warn* Gwd/Ba.

Lichtmanschett f. kleiner Glasring zum Aufstecken auf Kerzenhalter, um dadurch Wachstropfen aufzufangen vereinz. VPom.

Lichtmatros m., seem., Leichtmatrose vpom. Küste. – **lichtmelken** Adj. leicht zu melken selt. VPom. *Ik heff 'ne ganz lichtmelken Kauh köfft* Gwd/Ba. Ebenso: *lichtmelkt* Gbg/Gp, Sch/Ac; *lichtmelksch* GHg/Wt, Reg/Me. Vgl. hartmelken.

Lichtmeß f., *Lichtmiß* vereinz., vereinz. auch in den dat. Formen *-messen, -missen*, wie hd. (kath. Festtag am 02.02.). Die Bedeutung, die dieser Tag früher in den Augen der ländlichen Bevölkerung für die Landwirtschaft besaß, wird bes. durch zahlreiche Bauernr. u. Wetterr. dokumentiert: *Tau Lichtmissen müut de Buer noch dat halwe Fauder in'e Schün hebben* Fra/Bn. *Lichtmess süht dei Buer / Schäper leiwer denn Wulf in'n Stall as dei Sünn* Dem/Gp. *Wenn to Lichtmess de Mücken danzen, ward't nåher noch ees kult* Ghg/Wt. *Up Lichtmess Sommerhitt, is dat Ostern kolt un witt* Gri/Ti. *Wenn dat Lichtmess störmt un sniegt, is dat Frühjohr nich mihr wiet* Rüg/Ae. *Lichtmess hell un klor, bringt den Buern 'n gaudes Johr / is de Winter noch söss Wochen dor* Gwd/Ba, Fra/Le. *Is dat Lichtmessen hart, streu de Koh dat Heu unnern Start, is dat Lichtmessen gelinn', stäk dat up de Hilg* [Bodenraum unter dem Dach] °Rüg. Scherzh.: *'ne Diern œwer dörtig schmeckt as 'ne Steckröf nå Lichtmess* Ank/An. – **lichtmessen** sw., unpers., scherzh., kahle Stellen im Haar herausbilden vereinz. *Bi di lichtmesst dat all* Gwald.

lichtmülig Adj. 'leichtmäulig' schwatzhaft °Fra, Saa/Ja, Lau/GW. – **lichtmüült** dass. Darß, ²SEG 80.

lichtnig s. lichtig.

Lichtputzschier f. Dochtschere, bei der das abgeschnittene Stück Docht in eine kleine Vertiefung an der Schere fällt vereinz.

Lichtsinn m. Leichtsinn selt., HOMWB 121ᵃ. – **lichtsinnig** Adj. 1. leichtsinnig, leichtfertig verstr. Vgl. lichtfarig. – 2. problemlos, leicht zu bewältigen vereinz. HPom. *Dei kamm dor janz liechtsinnig tau* Sto/Gl. – 3. leicht gebaut, beweglich, behende verstr. °Pyr °Saa, sonst selt., HOMWB 121ᵃ. *Dat's 'n lichtsinnig Peerd* Pyr/Lt. – 4. leicht, dünn (bes. von Kleidung) vereinz. HPom. *Dei Jack is väl to lichtsinnig* Pyr/Wa.

Lickduurn s. Liekduurn.

licken sw., *litje* Neu/Lt,Th, *lidsche* Slo/Pa, *lükken* HOMWB 123ᵃ, *lecken* verstr. MPom, sonst selt., lecken. *De Katt lickt de Melk ut'e Schettel* Sto/Gl. Von einer zu kleinen Portion Essen: *Dat is man bloß wat tum Licken* Nau/Fg. Zu jmd. mit sehr glatt gekämmten Haaren: *Di hett woll de Bull / Katt lickt!* Gwd/Ze, ähnl. verbr. Derbe Abweisungen: *Lick mi im Noors!* Reg/Kw, ähnl. allg. *Gåh hen un leck Fett!* Uec/Ue. – Im Sprw., das auf mäklige Esser gemünzt ist: *Wer sik nich satt ett, lickt sik uk nich satt* Gwd/Ba, ähnl. verstr. – Sagw.: *Licken kannst du mi woll, secht de Buer tau sienen Ossen, œwer mit de Hüürn blief mi ut de Bücks* Gwald. – **Licker** m., *Lecker* vereinz. 1. *Lücker* Sch/Rg, Rum/Pr, HOMWB 123ᵇ, Begierde, Verlangen (bes. nach Eßbarem) verstr. *Ik heff Licker up Kauken* Cam/Kw. – Kinderr.: *Mi hungert, mi bungert, mi bitt dei grot Lus, mi steiht so dei Lecker nå'n Bäcker sien Hus* Fra/Br. Vgl. Jieper. – 2. scherzh. Bez. für die Zunge vereinz. Spruch: *De Lecker is so kort, un dat Läben so lang!* Stral.

Licker- s. Lecker-.

lickern s. leckern.

lickmulen sw., *lickmülen* verbr. HPom, sonst vereinz., *leck-* vereinz. MPom HPom, sich vor oder nach dem Genuß schmackhafter Speisen die Lippen lecken. *Dei lickmüült orntlich mit de Tung', so gaut hett dat schmeckt* Nau/De. *Sei lickmuult nå Kauken* Fra/Ff. Übertr.: *De Koh lickmuult nå'm Kalf* die Kuh will ihr Kalb nach der Geburt ablecken Dra/Dr. Vgl. lickmünnen. – **lickmülig** Adj. naschhaft, begierig auf Schmackhaftes vereinz. Vgl. lickmüülsch. – **lickmünnen** sw., *-münden* vereinz., *-müne* verstr. °Gbg, wie lickmulen VPom, sonst verstr. *Wi lickmünnten ümmer, wenn Mudder uns Bodder up't Brot upstrieken deet* °Rüg. *Dei lickmünnt dornå as dei Katt nå dei Melk* Fra/Pe. Spöttisch, wenn jmd. etwas essen soll, was ihm nicht schmeckt: *Dei lickmünnt as de Zäg nå dei suren Supptüffel* Ank/An, ähnl. vereinz. – **lickmüülsch** Adj. wie lickmülig Gri/Lo, Uec/Ge. – **Lickpott** m. 'Lecktopf' scherzh. Bez. für den Zeigefinger vereinz. – **Lick-up** m. Kostprobe, Häppchen, kleiner Bissen VPom, sonst vereinz. *Wat du mi vörsettst, dat is wierer nicks as 'n Lickup* Dem/Tp. Übertr.: *De Arbeit is blot so'n Lickup, denn sünd wi dor farig mit* Rüg/Ae. *För 'n Burmeister is 'n Schniedergesell 'n Lickup* ein Nichts Gri/Ti.

lidel Interj. Anfangswort im Bastlösereim vereinz. *Lidel, lidel, läuten, låt se gaut fläuten, låt se gaut warden, låt se uk nich in 'e Boddermelk verdarben* Gri/Ge.

liebsterwelt Adv. genauso, ebenso vereinz. VPom. *Hei süht liebsterwelt so ut as sien Vadder* Gri/Gm. – Entstellt aus lieksterwelt.

Lied s. Leid.

liedbor Adj., *lie-* Sch/Pu, gut zu leiden, sympathisch vereinz. Vgl. liedsåm, liedsch.

Liedduurn s. Liekduurn.

lieden¹ st., sw. LAUWB 224ᵇ, leiden. **1.** etwas erleiden, ertragen. *De hett väl to liejen* Pyr/Lt. Auch intr.: Schaden nehmen, schwer krank sein. *Dei Fru litt bannig* Gwd/Ba. *Dat Kuurn hett unner de Küll läden* Gwd/Da. – **2.** dulden, zulassen, hinnehmen. *Sei will dat nich liere, dat hei rookt* Bel/Ei. *Wullstrümp liej ik nich up'm Fot* Pyr/Lt. *Wenn wi nich daun, wat dei Ollen willen, denn sünd wi nich läden* dann sind wir nicht erwünscht Gri/Go. Zur Bezeichnung einer winzigen Menge: *Dat is gråd so väl, as man in't Og lieden kann* Gwald. – **3.** gern haben, sympathisch finden. *to lieden sin* angenehm im Wesen sein VPom, sonst vereinz. Abgesehen davon jedoch ausschließlich als Inf. in Vbdg. mit den Modalverben *kœnen* oder *mœgen*: *Ik kann denn Kierl nu mål nich lieden* Fra/Fr. *Dei kann sik sülfst nich lieden* hat immer schlechte Laune Gwald. *Wer mi nich lieden mag, möt wegkieken* Fra/Pe. Selbstbewußter Ausspruch von Frauen, bes. im Heiratsalter: *Wer mi nich lieden mag in'n Schmutz, sall mi uk nich lieden in'n Putz* Fra/Br, ähnl. verstr. Scherzh.: *Dei kann keie Jild liere* kann nicht sparsam mit Geld umgehen Kol/Go, ähnl. verstr. – Kinderr.: *Machst mi lieden? Kannst mi kriegen! Wist mi hemm'? Mööst mi't seggen!* Rüg/Ml.

Lautvar.: *leeden* Rüg/Ae, Dem/De, Ghg/Li, *lieren* selt. VPom, verbr. ZPom (vgl. hierzu PRI/TEU 153), *lieje* verstr. °Pyr ¹TITA 81, südl. °Saa, *lie* südl. °Ghg ²TITA 20, Pyr/Ma, *leire* °Rum ²MIS 58, Neu/Fl ⁵TITA 80, *lęirə* Rum/Km ⁵TITA 49, *lärə* nordöstl. °Neu ⁵TITA 80.

Flex.: Präs.Sg.1.: *lied* verbr., *lie*, *lier* selt. VPom, verbr. ZPom, *liej* verstr. °Pyr, südl. °Saa, *lęid* Rum/Km. – 2.: *littst* verbr. – 3.: *litt* verbr., *liedet* selt. VPom, ²GIL 81. – Prät.Sg.1. u. 3.: *leed* verbr., *leer* vereinz. VPom, Kol/Pr, *lê* Gwd/Wo WARN 35, *leej* verstr. °Pyr, *litt* LAUWB 224ᵇ. – Part.Prät.: *läden* verbr., *lärə* verbr. ZPom, *läje* verstr. °Pyr. Dagegen schwach konjugiert: *liert* LAUWB 224ᵇ.

lieden² sw. milder werden, Tauwetter geben ²GIL 81: *Dat Wäre lîdt*. Vgl. liedern, liedig¹.

liedenst Part.Adj. am meisten leidend, benachteiligt VPom, sonst selt. Nur in Vbdg. mit *Deil* belegt: *Nimmst du denn Jung' in't Hus, büst du dat liedenst Deil dorbi* Fra/Br. *Bi dissen Hannel wier ik de liedenst Deel* Stral.

Liederjån m. liederliche, leichtfertige Person verbr. *[...] hei is en Liederjahn mit sin Drinken un Spelen* ⁵BAND 202. Vgl. Lodderjån, Luderjån. – **liederlich** Adj., *lierelich* vereinz. ZPom. **1.** liedlich Saa/Le, lielich Slo/La, wie hd. verstr. *Sei is liederlich in ehr Kleedung* Gwd/Ba. Vgl. liedrig. – **2.** nebensächlich, belanglos Pyr/Wa,Wi, Kol/Go, Gbg/Ge, Dra/Ga. *Hei weer e'schnappt üm ein ganz liederlich Ursach* Gbg/Ge. – **Liederlichkeit** f. wie hd. vereinz. Spöttisch angesichts großer Unordnung: *Liederlichkeit, verlåt mi nich, ik will di uk treu deine!* Nau/Rh u. ä. vereinz.

liedern sw. weich werden, schmelzen Rüg/Ae: *Dei Snei liedert all in'e Sünn'n; dei Borrer ierst 'n båten liedern låten* ebda. Vgl. lieden².

liedig¹ Adj. einigermaßen annehmbar Stral, Uec/Ge, Lau/GW. Vgl. leidlich.

liedig² Adj. mild, gelinde (vom Wetter) Stral, HOEFAMSC 278ᵃ. – Bauernr.: *Föllt dat Lof tiedig, ward de Winter liedig* Stral.

liedrig Adj. unordentlich, nachlässig Uec/Pa, vereinz. °Ran. *Bi de Lüd süht dat liedrig ut* Ran/Sr. Vgl. liederlich.

liedsåm Adj. angenehm im Wesen, verträglich Ghg/Wt, Lau/GW. Vgl. liedbor. – **liedsch** Adj., *lidsch* vereinz. °Sto, dass. vereinz. *lidsche Lied* sympathische Leute Sto/Wd.

lief Adv., *leef* Uec/Ue, *lieb* selt. ZPom. Nur in der auf das körperliche Erscheinungsbild bezogenen Fügung: *lief un licht*, ganz und gar, leibhaftig vereinz., DLP 5,19. *He sueht liv un licht as sin Vadder ut* HOEFAMsc 279[b]. *Dat is lieb un licht ein Gesicht* Nau/Fg. – Etym. zu mnd. *līflik* leiblich, körperlich, vgl. MWB 4,924.

Lief n./m. Leib. **1.** Körper (bes. des Menschen). *De Fru hett 'n dicken Lief* Ran/Sr. *Treck di wat up't Lief!* zieh dir etwas an! Sch/Gu. *De hängt sich alls up'n Lief* gibt viel Geld für Kleidung aus Stett. *Ik bün natt bit up't Lief* bin völlig durchnäßt Saa/St. *Blief mi von'n Lief, ik will mit di nicks to don hemm'!* Rüg/Be. *De lett sich de Arbeit nich an'n Lief kåmen* ist faul Ghg/Wt. – Phraseolog. vorw. in präp. Vbdg.: *sik wat up'n / up't Lief rieten* sich große Unannehmlichkeiten bereiten verbr.; *sik an'n / an't Lief rieten* sich sehr anstrengen verstr.; *ein' up'm / up't Lief sitten* sich jmd. gegenüber sehr aufdringlich verhalten verbr.; *ein' tau Lief gåhn* jmd. attackieren, angreifen allg. – In Paarformeln: *Dat's all Lief un Läben* ist eine sehr lebhafte Person oder Stimmung verstr.; *mit Lief un Seel* ganz und gar, völlig verstr. *Dat is de Olle mit Lief un Seel* das Kind ähnelt seinem Vater sehr Dra/Ga. – Angesichts zu enger, kurzer Kleidung: *Dat treckt sich alls nå'n Lief!* das passt sich noch dem Körper an! Kol/Go, ähnl. allg.; heute aber vor allem in der Bed.: es kommt alles wieder in Ordnung. Erweitert zum Sagw.: *Dat treckt sik allens nå't Lief, säd de Schnieder, don har hei dei Ärmel up'n Rüggen anneigt / dei Rocktasch in't Armlock sett't* Gwald, Ank/An. *Dat's noch 'n båten von'n Lief af, säd dei Jung', don har hei sik in'n Finger schnäden* Ank/An. – **2.** Unterleib, Bauch, Magen. *Mi deit dat Lief weih, ik heff woll tauväl Kohl äten* Fra/Br. *Ik heff mi dat Lief vullschlågen* Gwald. *Ik heff noch nicks in'n Lief krägen* Rüg/Ae. *De hett nüscht in'n Lief un nüscht up'm Lief* ist arm, mittellos Ran/Pe. – Phraseolog.: *gaut bi Lief sin* gut genährt sein allg.; *'n åpen Lief (hebben)* eine gute Verdauung (haben) verstr.; *ein' up't Lief schlågen sin* jmd. schlecht bekommen sein verstr. – Sprw.: *Bäter dat Lief barst, as dat de Kost verdarft* Stral, ähnl. verbr. – **3.** Eileiter von Hühnern und Gänsen selt. *Dei Gaus is dat Lief utgåhn* Gri/Mi. Auch: Gebärmutter der Kuh selt. – **4.** Leibchen, Unterhemd VPom, sonst selt. *Dat is hüt kolt, treck di man 'n Lief an!* Gwald; *'n wullen Lief* Rüg/Ae. Auch: Schnürleib, Mieder selt. *dat Lief an'n Rock ansetten* Gwd/Ba. Vgl. Liefken.
Laut- u. Formvar.: *Liff* verstr. MPom PFA 28f., Sto/Dö, Lau/GW, Net/Hf, *Leif* Reg/Rg, °Rum ²MIS 51, *Leef* Lau/Vl. – Dim.: *Liewing* selt. VPom, Uec/Ge. – Pl.: *Liewer*.

Liefband n./m. **1.** (gewebtes) Schürzenband vereinz., ¹HOLS 119. – **2.** veralt., Seidenband als Teil der Brauttracht, das lang von der Taille herunterhängen mußte Kol/Zw BLFPVK 3,187. – **Liefgeding** n. Leibgedinge, Altenteil verstr. HPom, sonst selt. *Dei sitte up'm Lief-geding* Neu/Gc; *dat Liefgeding up Papeer fastsetta låta* Saa/Ja. – **Liefgedinger** m., Fem. -gedingsch, Altenteiler selt. VPom MPom, vereinz. HPom. – **Liefgericht** n. Leibgericht vereinz. – **liefhaftig** Adj., *liefhafch* Dra/Bu, leibhaftig selt. *et was de liivhaftige Düwel* HOEFAMsc 279[a]. – **Liefhemd** n. Unterhemd vereinz. – Sagw.: *Dat mütt alls sin, secht de Buer un nimmt sien Liffhemd as Schnuffdok* Uec/Ge. – **Liefholt** n., fischerspr., starkes Kantholz zur Verstärkung des Decks (bes. von Zeesbooten und Kuttern), das innen dicht bei den Spanten vom Bug zum Heck verläuft verstr. vpom. Küste, ¹PEE 256. Vgl. Liefplank. – **Liefken** n., Dim. *Liefkje* NOPom. **1.** Schnürleib, Mieder vereinz. Vgl. L i e f. – **2.** dünne, ärmellose Unterjacke (bes. für Frauen) verstr. HPom, ⁷KNO 175. *In de Trur is dat Lifken swart* ³NERE 1,185. Ebenso, aber veralt. u. nur auf die kaschubische Tracht bezogen: *Liefk* f. vereinz. NOPom, POMPBL 2,340ff. – **Liefkenschört** f. Latzschürze vereinz. nordöstl. HPom. – **lieflich** Adj., veralt. auch *lieflik*, leiblich, körperlich vereinz. *bi all sin liwliche Vülligkeit* ²BAND 14. – **Lieflus** f., TiN, Kleiderlaus vereinz. Vgl. Kleederlus. – **Liefpien** f. Bauchschmerzen vereinz. Vgl. DWA 4, Kt.3. → Bukweihdåg. – **Liefplank** f. wie Liefholt vereinz. °Rüg, Uec/Ue. – **Liefreimen** m. Leibriemen, Gürtel vereinz. – **Liefrock** m. Leibrock, Gehrock vereinz. – **Liefschnieden** n. Bauchschmerzen vereinz. Vgl. DWA 4, Kt.3. → Bukweihdåg. – **Liefschört** f. Kittelschürze vereinz. MPom, °Nau, Net/Sl. Vgl. Kleederschört. – **Liefstauhl** m. Nachtstuhl selt. VPom, ⁴HOEFE 37. – **Liefstück** n., veralt., Leibchen, Mieder. Heute nur noch gebräuchlich in der Fügung: *sich dat Liefstück vullschlågen* übermäßig viel essen verstr. – **Liefwalzer** m. 'Leibwalzer'. Nur ral.: *ein' denn Liefwalzer spälen* jmd. verprügeln verbr. NOPom, sonst selt.

liegen s. l e i h n e n.

lieje s. l e i h n e n.

liek Adj., *lick* selt. MPom SPom, *lietch* Neu/Th, Fla/Ta, *lietsch* Slo/La. **1.** (völlig oder nahezu) gleich. *Jeder kricht bi us 'n liekes Deel* Gri/Sv; *liek üm liek mauke* erzielten Gewinn gleichmäßig teilen Gbg/Gp. *Dat is doch liek slimm* Rüg/Ae. *Kumm eis her! Nee, von di nå mi is liek wiet!* Gri/Go. *De Kleeder sin liek lang* Pyr/Wa. – Sagw.: *Liek un liek hüürt tauhop, säd de Düwel, don har he 'n Afkåten, 'n Schnieder, 'n Wäwer un 'n Möller in'n Sack* Gwald. – **2.** gerade, nicht krumm. *Dei Wech is liek* °Sch. *Dei is so liek wusse* ist schlank, hochgewachsen Nau/Db; *liek Reejen* schnurgerade Reihen Pyr/Lt. *Dat Fild is liek* ist geebnet, plan Dra/Dr. *Gåh ma imme liek lank!* Saa/So. *He kann nich liek kieken* er schielt Pyr/Lt. *Hei keim liek up mi tau* er kam direkt auf mich zu Kol/Go. – **3.** gleichgültig, egal vereinz. *Dat is liek, nå de rechten orrer linken Siet* Uec/Pa. Vgl. g l i e k. – **4.** veralt., gerecht, fair vereinz. Nur in der Paarformel *liek un recht* gebräuchlich: *liek un recht don / bliewe* aufrichtig handeln, bleiben Gwd/Ze, Neu/We.

Liek[1] f., vereinz. n. **1.** Leiche, Leichnam. *An'n Strand is 'ne Liek andräben* Fra/Pe; *dei Liek inlengen* in den Sarg legen Gri/Go; *de Liek folje* am Leichenzug teilnehmen Stolp; *dei Liek in'e Ier bringen* Gri/Ti. *Dei is witt as 'ne Liek* ist leichenblaß Gwd/Ba. - Volksbr. u. Volksgl.: *Solang dei Liek båben dei Ier stünn, wür nachts in'n Hus Licht brennt* Fra/Pu. *Solang de Liek noch œwer de Ierd stünn, dörft keen Wäsch wascht warden* Rüg/Pu. *Hett dei Liek dei Ogen up, warn sei taudrückt, süss hålt sei sik bald ein' nå* Fra/Bn. Verbreitet ist bis heute die Vorstellung, daß es Unglück bringe, die Leiche zuerst mit dem Fußende aus dem Haus zu tragen. - **2.** Begräbnis Cam/Ze, Dra/Ke, nach DWA 4, Kt.4.
Laut- u. Formvar.: *Leich* verbr. MPom HPom, *Liech* Ran/Ro, Nau/Fg,Rh, Reg/Kt, Saa/Ja, *Lich* vereinz. SPom, *Lick* Rum/Km [5]TITA 49. - Pl. *-en, Leije* LAUWB 223[a].

Liek[2] n., seem. u. fischerspr., Tau, mit dem Segel zur Verstärkung eingefaßt werden. *dat ståhn Liek* meint das Tau an den Segelseiten im Unterschied zum Båbenliek bzw. Unnerliek Rüg/Sn. Vgl. lieken, Liek(en)gaut.

Liek- s. Liek(en)-.

liekdål Adv. geradewegs hinunter, bergab vereinz. Übertr.: *Dat geht allens liekdål* es geht alles schief Rüg/Pu. - **liekdörch** Adv. in gerader Linie hindurch, geradeaus vereinz. *Gåh ma liekdörch!* Pyr/Wa.

Liekduurn m. Leichdorn. **1.** Hühnerauge, kegelförmige Verdickung der Hornhaut an den Zehen VPom, sonst verstr. *Perr mi blot nich up'n Fot, ik heff 'n Liekduurn!* Rüg/Pu. Stark schmerzende Hühneraugen wurden oft als Schlechtwetterboten gedeutet: *De Liekdüürn seggen schlicht Wäder an* Rüg/Wi. Spöttisch über eine Klatschbase: *sei [...] räd sick doch noch Liekdürn an dei Tung* HUMGWD 12,25,12. - Ral.: *ein' up dei Liekdüürn pedden* jmd. beleidigen, kränken verbr. VPom. Vgl. Häuhnerog. - **2.** Warze (bes. am Finger) vereinz., vgl. DWA 5, Kt.13. *Ik heff 'n Liekdoo(r)n in'e Hand* Gbg/Gp. - Volksmed.: *De Lieddoo(r)n ward afbuune* [abgebunden] Gbg/Ge.
Laut- u. Formvar.: *Lickduurn* Use/Us, Uec/Pa, Sch/Gu, *Liech-* Fra/Ri, *Lie-* Gbg/Wo. Volksetymologisch auch angelehnt an *lieden* leiden: *Lieddurn* verstr. ZPom, Dra/Bu.

liekegål indekl. Adj., *liekjål* Uec/Ge, Nau/De, *liegål* Rüg/Zi, *liejol* Lau/Vl, gleichmäßig, ohne feststellbare Abweichungen selt. *De Wull is liekjål* ist gleichmäßig dick gesponnen Uec/Ge. *Dei beere Peer* [Pferde] *sünn liekjål* Nau/De.

lieken sw., seem., Segel zur Verstärkung mit Tauwerk einfassen. Vgl. Liek[2], Liek(en)gaut.

Liekenacker m., veralt., Friedhof Gwald. Vgl. Dodenacker. - **Liek(en)angel** f. ankerförmiges Gerät zum Suchen Ertrunkener im Flachwasser Fra/Bn, Uec/Ue. - **Liekenbidder** m., Fem. *-bidderch*, Leichenbitter. Vgl. Dodenbidder. - **Liekendräger** m. Sargträger. *Dei Liekendrägers drögen Frack, Zilinner un witte Han(d)schen* Gwald. - **Liekenfett** n., scherzh., 'Leichenfett' Margarine vereinz. - **Liekenfinger** m. 'Leichenfinger'. **1.** PflN, Stinkmorchel (Pilz) °Ghg. Vgl. Liekenpilz. - **2.** scherzh., Stangenkäse vereinz. Vgl. Dodenfinger, Fingerkees, Goldliest. - **Liekenfru** f., veralt., Leichenwäscherin (die mancherorts auch das Amt der Leichenbitterin ausübte) vereinz. Vgl. Dodenfru, -wäschersch, Liekenwäschersch.

Liek(en)gaut n., seem., Tauwerk, das für die Einfassung der Segel benutzt wird. *In Liekengaut is nich väl Drell in* Hidd. Vgl. Liek[2], lieken.

Liekenhauhn n., TiN, 'Leichenhuhn' Eule vereinz., HUMGWD 74,170f.,2. Auch: Steinkauz selt. Vgl. Dodenvågel, Liekenvågel. - **Liekenhemd** n. Leichenhemd vereinz. Vgl. Dodenhemd. - **Liek(en)hus** n. Gebäude (auf dem Friedhof), in dem Verstorbene bis zur Beerdigung aufgebahrt werden vereinz. Auch: seitlicher Kirchenvorbau, der früher u. a. als Grabstätte diente °Gbg. - **Liekenköst** f. Leichenschmaus vereinz., LAUWB 223[a]. - **Liek(en)låken** n. **1.** Tuch, in das eine Leiche eingehüllt wird vereinz. - **2.** Bahrtuch, auf dem der Sarg liegt vereinz. ZPom, [2]EBE 15. - **Liekenpilz** m., PflN, Stinkmorchel °Dra. Vgl. Liekenfinger. - **Liekenprädigt** f. Leichenpredigt. - **Liek(en)stein** m. Grabstein, Grabmal vereinz. Derb abweisend zu jmd., dem man nichts recht machen kann: *Schitt de Hund di eis up't Graff, hest du uk 'n Liekenstein!* °Gwd. - **Liekentog** m. Leichenzug. *Ut Grypswold denn dei Liekentog drög bloots dei lütte Streck em noch* MARK 45. - Volksgl.: *Man sall keenen Liekentog entjejegåhn, süss starft bald werrer eener* Uec/Ge. - **Liekentüg** n. Totenkleid Rüg/Po,Vi, [3]NERE 1,56: *Dat Likentüg dört narnich wur mit en Baukstaben teikent sin, süß ward de Dote en Nahfreter, dei nachtens ümgeiht un de Lüd ut sine Fründschaft dat Blaut ut dat Lif [...] sugen deit*. - **Liekenvågel** m., TiN, Steinkauz vereinz., NIB 191. Auch: Eule Nau/Sn; Uhu Gbg/Me. Vgl. Dodenvågel, Liekenhauhn. - **Liekenwågen** m. **1.** Leichenwagen. *Bi rieke Lü' trocken vier Pier denn Liekenwågen, bi arme Lü' bloß twee* Ank/An. Scherzh. Gruß zum Abschied: *Låt di nich von'n Liekenwågen œwerführen!* Gwald. - **2.** die Spielkarte Zehn der Farbe Pik vereinz. VPom, Cam/Rn, GRO 34. Auch: Piksieben selt. VPom, Kol/Pr. - **Liekenwågenbremser** m., scherzh., Drechsler selt., HTKös 1931,7,12. Vgl. MWB 4,933. - **Liekenwäschersch** f., veralt., Leichenwäscherin (die teilweise auch das Amt der Leichenbitterin ausübte) vereinz. Vgl.

Dodenfru, -wäschersch, Liekenfru. – **Liekenwåter** n. Wasser, mit dem eine Leiche gewaschen wurde. Spöttisch über jmd., der nach einem Zechgelage einen starken Kater hat: *Dei hett woll Liekenwårer såpen* Uec/Ue.

liekers Adv. **1.** dennoch, trotzdem, gleichwohl. *Wenn sei uk noch so hübsch is, sei kricht lieker keinen Mann* Ank/Km. *Du kinnst dat lieker moke, wenn dat uk noch e' bitzke frieh* [früh] *is* Sto/Gl. *Dat do ik liekers, wenn du dat uk nich wist!* Rüg/Pu. *Man nich so ielig, du kümmst liekerst noch hen!* Fra/Br. Spöttische Reaktion auf eine wichtigtuerische Aussage: *Dorum führt de Post liekerst!* deswegen geht trotzdem alles weiter bis bisher! Gri/Ge, ähnl. verstr. – Sagw.: *Gottvertrugen is gaut, säd de Diern, äwerst ik krempel mi liekers bi de Arbeit dei Ärmels up* Gwald. – **2.** gleichermaßen, ebenso. *Un liekers süll ok hei sien Freu' hemm'* Gwald. *Kleine Lüde köne liker so vehl arbeide as grote Lüde* HoMWB 121[b]. – **3.** ohnehin, sowieso. *Du büst lieker dick naug, ät dat nich!* Gri/Mi. *Ik nähm dei Arbeit nich an, ik heff liekers väl tau daun* Fra/Zi. – **4.** bloß, nur, ohne konkrete Absicht selt. *Oh, ick mein man likerst!* [1]BAND 4,74.
Laut- u. Formvar.: *lieker* verstr., *liekes* vereinz., HOEFAMSC 279[b], *liekerst* verstr. VPom, sonst vereinz., *licke* Sch/Gu, *lickist* DKr/Ro, *liekersten* Dem/De,Kt, *liekeste* Gbg/Wo.

liek(er)wies Adv. gleicherweise, ebenso vereinz. VPom. *dat Schipp makt de lustigsten Sprüng, dat was jo likerwies' as in ne Schockrep!* [Schaukel] KRI 144. – **liekgaut** Adv. einerlei vereinz. VPom. *Ob di dat paßt oder nich, dat is liekgaut, du möost kåmen* Fra/Zi. Vgl. liekväl. – **Liekholt** n. gerades Stabholz Kol/Zw BLFPVK 3,114. – **lieklang** Adv. der Länge nach, lang ausgestreckt vereinz. *Hei fäl lieklang hen* Neu/We. – **liekœwer** Adv. direkt gegenüber. *Dat is dat Hus liekœwe va 'ne Apteek* Dra/Dr. – **lieks** Adv., *licksen* Uec/Ge, Saa/Kl, *liekske* Rum/Gl [7]KNO 175, *liekst* selt. °Gbg, sofort, sogleich selt. *Du schast liekst kaume* Gbg/Gp. Vgl. glieks. – **lieksterwelt** Adv., -wilt selt. VPom. **1.** ebenso, genauso VPom, sonst selt. *Sei süht lieksterwelt so ut as ehr Mudder* Dem/Tp. *Dat is dor lieksterwelt as süss* Fra/Ln. *Mi is dat lieksterwelt, as wenn sich achter mi wat röögt* Rüg/Pu. Vgl. liebsterwelt. – **2.** trotzdem, dennoch vereinz. VPom, Uec/Ue. *He hett doch lieksterwelt nicks behollen* Rüg/Be. – **liektau** Adv. **1.** in gerader Richtung, geradeaus. *Hei kümmt liektau œwern Acker* Gri/Ti. *Gåh ümmer liekto!* Pyr/Lt. Vgl. liekut. – **2.** taktlos, unverblümt. *Hei säd em dat liektau* Fra/Pe. *He is 'n goden Kierl, œwer ümmer 'n båten liekto* Rüg/Dm. – **liektiedig** Adj. gleichzeitig HuMGwD 12,47,2. Ebenso: *liektieds* ebda. – **liekut** Adv. geradeaus. *Dei Wech jeht ümme liekut* Reg/Me. *Hei kann ni lietchut kieke er schielt* Fla/Ta. Übertr.: *wat wedder liekut måken* etwas wieder in Ordnung bringen, regeln vereinz. VPom; *liekut räde* geradeheraus reden Saa/Jk. Vgl. liektau. – **liekväl** Adv. einerlei, gleichgültig vereinz. *Of du dat so måkst ore so, dat is liekväl* Ghg/Hi. Vgl. liekgaut. – **liekweg** Adv. **1.** in stetiger, gleichmäßiger Art vereinz. *liekweg arbeiten* Ghg/Li. – **2.** durchweg, ausnahmslos vereinz. *in sin Wesen blew hei likweg ruhig un fründlich* [11]BAND 9. – **liekwoll** Adv. gleichwohl, dennoch vereinz., HOEFAMSC 278[b].

Liem m., wie hd. Leim vereinz. HPom, [*leIm*] °Rum [2]MIS 20, Leim. *Dat is mit kollen Liem tauhopbackt* ist ungenügend verleimt worden Gri/Gm. *De hett Liem an'e Bücksen* bleibt als Gast übermäßig lange Gwald. – Phraseolog.: *ein' up'n Liem gåhn* auf jmd. hereinfallen verstr.; *ut'n Liem gåhn* entzweigehen, zerbrechen allg., auch: erheblich an Körperfülle zulegen verbr. – **liemen** sw., *leime* vereinz. HPom. **1.** mit Leim zusammenfügen. *Dei Discher möt denn Stauhl liemen* Gwd/Ba. – **2.** kleben, haften selt. Scherzh.: *Dat deit ierst liemen, wenn dei Gesell sich rupsett* Uec/Pa. – **3.** übertr., jmd. betrügen, übertölpeln. *Se hebben em bi'm Schåpskopp liemt* Pyr/Lt.

Liemkenkrut n., PflN, Bachbungen-Ehrenpreis vereinz. nordöstl. HPom, HoMWB 121[a], PRIT/JES 432[a]. Die in Essig gekochte Pflanze wurde früher als äußeres Wundheilmittel benutzt. Het. Lünich. – Zu mnd. *lömeke*.

Liemlicker m., SpottN, 'Leimlecker' Tischler Sch/Pk. – **Liempott** m. **1.** Leimtopf. Über einen schlechten Handwerker: *De hett uk bloots 'n Liempott in'e Tasch* Stral. – **2.** SpottN, Tischler Büt/Bt. – **Liemraut** f. mit Leim bestrichene Rute für den Vogelfang vereinz.

Lien[1] n./m., *Lîə* vereinz. ZPom, Dra/Bi, *Lîa* verstr. SPom, *Lîan* Saa/So,Te, *Lẹiə* Rum/Km. **1.** PflN, Lein, Flachs verstr. *Dat Stück Acker is för Lien* Ank/An. Die gebräuchlichere Bez. für die Pflanze in den pom. Mundarten ist Flass. Zum Anbau, zur Verarbeitung u. Nutzung vgl. MWB 2,952ff. u. BBWB 2,102ff. – **2.** Leinsamen. *Lien mit'e Hand saigen* Gwd/Da. *Lien för't Veih kåken* Gri/Ti. Vgl. Liensåmen, -såt.

Lien[2] f. **1.** Leine, dünnes Tau, Schnur. – Spez.: Pferdeleine, Lenkleine für ein Pferdegespann. *Dei Kutscher hett dei Pier an'e Lien* Gwd/Ba; *tau Lien gåhn* im Gespann (vorne) links gehen Dem/Kt. – Wäscheleine. *Du möost de Lien noch trecke* spannen Nau/Rh. – Zugleine am Zugnetz. *Wi möten dei Lien anståken* an den Netzmaschen befestigen Dem/Ko. – Phraseolog.: *Lien trecken sich* davonmachen, verschwinden verbr. – **2.** seem., Äquator. *Dat Schipp hett dei Lien passiert* Gwald. Auf die Äquatortaufe bezogen: *As wi œwer dei Lien keemen, würden wi döfft* Rüg/Sn. Vgl. Sünnenlien. – **3.** fischerspr., größtes Längenmaß (ca. 54 m) der Fischer auf

Mönchg., mit dem früher beim Herausrudern die Entfernung vom Strand angegeben wurde ADL 212.
Laut- u. Formvar.: *Lîan* selt. SPom, *Linn* Ran/Ga, Neu/Th, *Liening* VPom HTKÖS 1926,2,8, *Lienink* HOEFAMSC 279[a]. Unter Einfluß von *Linie* auch: *Lienj, Liench* verbr. MPom SPom, Kol/De, Reg/Do, *Leenj* Rum/Bs, *Leinch* Saa/Za. – Pl.: seem. u. fischerspr. zumeist *-s*, sonst *-en*.

Liendodder m., PflN, Leindotter, Saatdotter Rüg/Ae, HOMWB 121[b], PRIT/JES 75[a]. Vgl. Flassdodder.

Lien(en)danzer m., *-dänzer* Ank/An, Seiltänzer verstr. nordöstl. HPom, sonst selt., HUMGWD 77,142,1. – **Lien(en)dreller** m. 'Leinendreher' Seiler vereinz. °Sto. – **Lien(en)fänger** m. Pferd, das häufig mit dem Schwanz nach der Lenkleine schlägt Ran/Pe, Gbg/Gp, Sch/Ac. – **Lien(en)håken** m. Haken zur Befestigung der Wäscheleine Dem/De, Gbg/Gp. – **Lien(en)pierd** n. Pferd, das im Gespann mit der Lenkleine verbunden ist und (vorne) links geht verstr. Ebenso: *Lienmähr* f. HUMGWD 2,39,10.

Liening s. Lien[2].

Lienkauken m. Leinkuchen, zu Tafeln gepreßter Rückstand bei der Herstellung von Leinöl als Kraftfutter. *Lienkoken mütt in Wåter upweekt warn* Ran/Pe.

Lienkop s. Littkop.

Lienkrut n., PflN, Leinkraut, Frauenflachs selt. *Lienkruht mit dei schmucke gehle Blaume, dei so uhtseihne as ein Löwemuhl* HOMWB 121[b]. – **Lienkuurn** n. einzelnes Leinsamenkorn. Von einer sehr zarten, schmächtigen Frau: *Dei hett Orschbacke, as wenn man Linköön up't Brett någelt* Kol/Pr. – **Lienland** n. Ackerfläche zum Anbau von Flachs verstr. Früher wurden oft kleine Flächen für diesen Zweck als Deputat an Gutsarbeiter vergeben: *Hei kreech uk 'e Veiet* [ein Viertel Morgen] *Lienland* Cam/He. Vgl. Linnenland. – **Lienöl** n. Leinöl. Früher wurde Leinöl bei Verbrennungen als Heilmittel aufgetragen: *Lienöl käuhlt un treckt dei Hitt rut* Ank/An. – **Liensåmen** m. Leinsamen vereinz. Vgl. Lien[1], Liensåt. – **Liensåt** f. dass. *Ik heff Liensåt för dei Käuh kåkt* Gri/Mi. Leinsamen galt als Hausmittel gegen Geschwüre: *Lîasaut ward i' söte Melk kaukt un wa(r)m uplecht* Dra/Bu.

Lienweg m. Treidelpfad Gwald [2]ADAM 87. – Zu Lien[2].

Lieper 1. RN, *Lieping* Fra/Br, Kurzf. von Gottlieb u. Christlieb. – 2. Karobube beim Schafkopfspiel vereinz. MPom HPom, GRO 31.

Lier f., *Lîə* vereinz. HPom, Leier. 1. veralt., Kithara vereinz. – 2. Drehorgel selt. – **Lierdanzer** m. 'Leiertänzer' Mann, der sich seiner dominanten Frau völlig unterordnet Rüg/Dm,Zi, Ghg/Li, Lau/GW,Vl. – **lieren** sw., wie hd. *leiern* selt. 1. auf der Drehorgel spielen vereinz. – 2. ungleichmäßig, leiernd laufen selt. *Dat Rad liert* Sch/Pk. – **Lierendreiger** m. Drehorgelspieler vereinz. VPom. Vgl. Lierkastenkierl, Lier(kasten)mann. – **Lierkasten** m., *Lür-* Uec/Pa, Gbg/Ge, Stolp, Leierkasten, Drehorgel. Scherzh. Warnung beim Abschied: *Kumm nich unnern Lierkasten!* Ran/Sr, ähnl. verstr. Abweisend, wenn jmd. anfängt zu weinen: *Nu treck ma nich de Lierkaste up!* Nau/De. Trostvers: *Lütt, lütt Lierkaste, steck dat olle Wief in'n Kaste, steck uk nich to deip, süss ward de Jung' noch scheif* Rum/Tr. Vgl. Dudelkasten. – **Lierkastengeld** n. Kleingeld vereinz. – **Lierkastenkierl** m. Drehorgelspieler verstr. MPom HPom, sonst selt. Vgl. Lierendreiger, Lier(kasten)mann. – **Lier(kasten)mann** m. dass. selt.

lies Adj., *liesen* verstr. VPom, adv. gebr. auch als Dim. *liesing* VPom, *lieske* vereinz. NOPom, JOSTWB 61. 1. leise, nicht laut. *Sech mi dat eis lies in't Uhr!* Fra/Pu. *Ik hür dat man liesen* Rüg/Rp. *Hei keem ganz liesing rin* Dem/Tp. – 2. sacht, behutsam, vorsichtig. *Hei jing lies mit mi üm* Nau/Db. *Hei fat sei lies üm un treckt sei up'n Sofa dal* UP 6,394. – 3. von geringer Intensität, nur schwach. *Dei hett 'n liesen Slåp* Fra/Pe. *Låt dat Fleisch liesing kåken!* Dem/De; *liesen Wind* Gri/Mi.

Lies[1] RN Luise, Elisabeth, Elise. Appellativisch häufig in der Bed.: einfältige(s) Mädchen, Frau. Entsprechend auch als Grundwort in Zss. zur pejor. Bezeichnung weiblicher Personen. Vgl. Babbellies, Buer(n)lies, Drecklies. – Im Neckr.: *Leiwes Liesing, weitst du wat? Kumm mit mi, in'n Gräunen is't natt! Œwer nimm di sihr in acht, dat ik di nich utlach* Ank/Br. Vgl. Lieschen, Liete(n), Lowies, Wieschen.
Laut- u. Formvar.: Es stehen nebeneinander sth. und stl. Auslaut. Mit stl. *-s: Ließ* vereinz., *Ließe* Gwd/Ze, Pyr/Dö,Lt, Kol/Go, Gbg/Gp, *Lisse* Reg/Kw, Kol/Zw, *Lissa* vereinz. °Uec, Reg/Rg. – Dim.: *Liesing* verstr. VPom, *Ließing* selt. VPom, *Lieske* verstr. MPom HPom.

Lies[2] f., zumeist im Pl. *Liesen*, Fettschicht an Bauch u. Nieren von Schweinen u. Gänsen vereinz. VPom MPom, selt. HPom, LAUWB 225[a]. *Dat Schwien hett grote Liesen, dat gifft väl Schmolt* Ran/Pe. Vgl. Flies[2]. – Nach [6]TEU 330f. zu mnl. *liesche* Bauchfett, dünne Haut.

Liesch[1] f. Stützleiste der Seitenteile am Leiterwagen LAUWB 224f.

Liesch[2] s. Leisch.

Lieschen RN, *Liesch* selt. VPom, Luise, Elisabeth, Elise verbr. VPom, sonst vereinz. – Im Tanzr.: *Lieschen kumm un danz mit mi, dusend Dåler gäw ik di!* Gwald. Vgl. Lies[1], Liete(n), Lowies, Wieschen.

Lies(en)pedder m. 'Leisetreter' undurchsichtiger, wenig vertrauenswürdiger Mensch vereinz. VPom, Stett,

HuMGwd 5,45,4. Auch: überaus ängstliche Person selt. – **Lies(en)träder** m. dass. vereinz. VPom MPom.

Liest f. Leiste. **1.** schmale Holzlatte verstr. *dei Liest annågeln* Gwd/Ba. Spez.: schmales Brett zum Aufeinanderstellen von Milchsatten im Melkschapp Rüg/Gr ⁴Win 128. – **2.** Webkante, Saum am Stoff vereinz. Vgl. Äg². – **3.** Leistengegend beim Menschen vereinz. *Ik heff Weihdåg in'e Liest* Fra/Br.

Liet f., veralt., *Liede* Rüg/Be. **1.** Uferschlucht, tiefer Einschnitt im Steilufer °Rüg, sonst selt. Nur noch in FlN erhalten, vgl. ¹⁰Hols, BlfPVk 2,112. – **2.** mit Gras bewachsene Bodensenke in sumpfiger Niederung verstr., BlfPVk 9,140. *Dei Liet ka'k dreimål meje* [mähen] Kol/Pr. Auch: zugewachsener kleiner Tümpel oder Graben vereinz., ⁷Kno 174. Vgl. Lietz. – Mnd. *lît* Abhang.

Liet(e) n. Kosew. für junge Enten Uec/Pa, Pyr/Wa, Saa/Sf, Nau/De. Vgl. liet-liet u. BBWb 3,119f.

Liete(n) RN, Kurzform von Elisabeth, Luise, Elise u. Lieselotte verstr. VPom. Dim.: *Lieting* Dem/Tp, Gri/Bo. Vgl. Lies¹, Lieschen, Lowies, Wieschen.

liet-liet Interj., *lieting-lieting* vereinz. VPom, *lietel-lietel* °Dem, Lockruf für (junge) Enten verstr. Vgl. Liet(e). – **lietsch-lietsch** Interj., *liter-liter* Bel/Ba ⁵Kno 1,10, Lockruf für Ferkel Bel/Za, Neu/Gc,We.

Lietz f. veralt., schmaler Wiesenstreifen in einer Bodensenke vereinz. VPom ZPom, Lau/Vl. Nur noch in FlN erhalten, vgl. BaltSt AF 33,57, UP 6,403f., PomMBl 1930,135f. – Nach MWb 4,919f. (*Liez¹*) im Unterschied zu Liet zu urslaw. *lěsъ* Holz, Laubwald.

liewen sw., refl., *lieben* selt. VPom, *leiwe* Dra/Rt, selt. ZPom, sich große Mengen Eßbares einverleiben verstr. VPom, sonst selt. *As sei sich in'n Kraug orrig lieft hadden, treckten sei nå Hus* Gwald; *'ne hartliche Reih (Gäus) [...] liwt sick in den Hawern* ¹¹Band 113. Vgl. Lief. – **liewern** sw. am ganzen Körper zittern selt. VPom, Uec/Ge, Ghg/Li. *Mi liewert so* Gwald. – **liewig** Adj. beleibt, wohlgenährt Ank/Br, Uec/Ge, Ghg/Li, Ran/Pe.

liff-laff Adj. weich, mürbe, mild selt. VPom. Nur im Leberreim belegt: *De Lewer is liwlaw* ⁹Haas 54, ähnl. HoefAMsc 281ᵃ.

Liggaust f./m. 'Liegeernte' Ernte, bei der es wetterbedingt immer wieder längere Pausen gibt Fra/Br. – Zu liggen.

liggen st. liegen. **1.** sich in (nahezu) waagerechter Körperlage befinden, auf einer Unterlage ruhen. *Se licht unger* [unten] Sch/Ac. *Hei licht up'e Sier* [Seite] Gbg/Wo. *Ik will nu man liggen gåhn* will zu Bett gehen Rüg/Dm. Zu einem Langschläfer: *Du lichst uk, bet di de Sünn in'n Moors schient* Gwd/Ze. *Hei möt ümmer bi ein anner Fru liggen* er kann nicht treu sein Gri/Go. *Dat måk ik noch in't Liggen!* das schaffe ich mühelos Ran/Pe. Scherzh.: *Eis leech hei båben un ik unner, denn eis leech ik unner un hei båben* Rüg/Ae, ähnl. verstr. – Phraseolog.: *tau liggen kåmen* bettlägerig werden allg.; auch: kurz vor der Entbindung stehen, ins Wochenbett kommen allg.; *scheif lägen hemm'* schlechte Laune haben vereinz. – Sagw.: *Wenn du bi mi liggen wisst, sär dei Diern tau denn Jung', denn müsst du uk 'n Kierl dornå sin* Rüg/Ae. *Wenn ik blot ierst leech, säd dei oll Fru / dei Jung', don seet sei / hei in't Berr* [Bett] Ank/An. *Wer mi im Liggen äwerkamen will, sär de Jung', dat måut all 'n groter Fulenzer sin* Cam/Bn. *Wenn ik bi de Arbeit liggen kann, will ik bi't Äten uk sitten gåhn, säd de Jung'* Gwald. – **2.** (am Boden, auf einer Unterlage) ausgebreitet sein, etwas bedecken. *Hier licht veel Schnei* Sto/Hl. – **3.** sich an einer best. Stelle befinden. *Dei Biller lingen in dei Mapp* Fra/Zi. *Ik heff dor noch wat von to liggen* habe davon noch etwas vorrätig Rüg/Pu. Scherzh., wenn jmd. etwas fallen gelassen hat: *Låt lingen, dor kann noch mihr lingen!* Ank/An. *Dat hett woll nich hoch lägen* das ist wohl gestohlen Uec/Pa. Scherzh. zu einem Jüngeren: *Don leechst du noch in'n groten Diek!* das war lange vor deiner Geburt! Fra/Br. Regel beim Kartenspiel: *Wat licht, dat licht!* Gwd/Ba. – Sagw.: *Dor licht dei Mess, sä' dei Häwamm, don leet sei dat Kind fallen* Gwd/Ba. – **4.** räumlich gelegen sein, eine best. geographische Lage haben. *Hamborg licht an de Elw'* Stral. *Dat Dörp licht wietaf* Rüg/Rp. – **5.** den Fähigkeiten und Talenten einer Person entsprechen. *Dei Arbeit licht mi nich* Fra/Bn. *Ehr licht alls* sie ist sehr geschickt Stett. – **6.** durch etwas verursacht, begründet sein. *Wor licht dat an?* Fra/Ln. Als Beteuerung, kein Hinderungsgrund sein zu wollen: *An mi sall 't nich lingen* Ank/An.

Lautvar.: *lingen* verstr. VPom, *lijje* Pyr/Wa,Wi, verstr. ZPom, verbr. °Büt, *lijja* verbr. SPom, *liye* verstr. °Lau Stri 17, *lieje* Gbg/De, westl. °Rum, °Sch, LauWb 224ᵃ, *lìǝjǝ* verbr. °Rum ²Mis 16, *lì ǝję* südöstl. °Rum u. südwestl. °Büt, ²Mis 16, *liggja* Dra/Ga, *liggjo* Net/Hf,Sl, *lidje* Neu/Rt,Th, *leege* Pyr/Bt, Nau/Na, Kol/Go, *leeä* Pyr/We ¹Tita 81, *leeje* Cam/Ni,Si, Gbg/Gp,Vi, *lejje* Reg/Kt, *leije* Kol/Gi, Neu/Ju.

Flex.: Präs.Sg.1.: *lich* verbr., *liech* LauWb 224ᵃ, *lee* Pyr/Bt,We, *leej* Gbg/Vi. – 3.: *licht* verbr., *liecht* LauWb 224ᵃ, *lecht* Gbg/Gp, Reg/Kt. – Prät.Sg.1. u. 3.: *leech* verbr., *laich* vereinz. HPom, LauWb 224ᵃ, JostWb 61, *lach* selt. VPom, vereinz. ZPom, ²Gil 81. – Part.Prät.: *lägen* VPom MPom, *läje* verbr. HPom, *låije* Neu/We.

Liggen n., *Lijjet* Kol/Go, *Lijjen* Pyr/Wa, Nau/Fg,Rh, *Lejen(t)* Reg/Me, 'Liegen' Hausstand selt. MPom, vereinz. westl. ZPom. *De hemm' nu ehr eegen Liggen* Ghg/Wt.

liggenblieben st. liegenbleiben. **1.** in ruhender Lage verharren, nicht aufstehen. – **2.** an einer best. Stelle ver-, zurückbleiben. *De Mess blifft ierst mål hier lingen*

Ank/An. *De Hund sall lingenblieben* soll zur Aufzucht bleiben, nicht verkauft werden Gri/Ti. – **3.** unerledigt bleiben. *Wat nich farig ward, blifft liggen* Stral. – **liggenlåten** st. liegenlassen. **1.** an einer best. Stelle belassen. *Dei kann nischt liggelåte* nimmt alles mit, stiehlt alles Nau/De. Erweitert: *De kann nicks liggenlåten as gläuhnig Iesen un Mœhlensteen'* Rüg/Pu, ähnl. verbr. *Junge lingenlåten* Jungtiere aufziehen Gri/Bo. – **2.** etwas nicht fortführen, unerledigt lassen. *Arbeit lingenlåten* Gri/Mi.

Ligger m., fischerspr., Pl. *-s.* **1.** kahnförmiger, schwimmender Behälter zur Aufbewahrung lebender Fische verbr. VPom, sonst selt. Vgl. ¹PEE 270f. mit Abb.155ff., ³RUD 33. *Hei hett noch Fisch in'n Ligger* Gri/Mi. *Dei Liggers liggen in Stralsund ümmer unnen an'n Håben* Rüg/Ae. Vgl. Dräwel. – **2.** durchlöcherter Fischkasten im Boot vereinz. im Odermündungsbereich, sonst selt. VPom.
Lautvar.: *Leeger* Fra/Bn, Use/Wl, Cam/Ca, *Leejer* Cam/Sc, *Lecher* Ank/An, *Legger* (neben *Lecker*) Gwald, *Lieger* Cam/Dv.

Liggstein m. einer von mehreren Pflastersteinen, die zur einseitigen Absperrung von Schotterstraßen dienten, um deren einseitiges Ausfahren zu verhindern Dem/De, Dra/Dr,Vi. – **Liggtiet** f., seem., Liegezeit für Schiffe im Hafen pom. Küste.

Lihr f., *Lehr* MPom HPom, Lehre. **1.** Belehrung, Unterweisung (bes. in religiöser Hinsicht). – **2.** Lehr-, Ausbildungszeit. *Hei is in'e Lihr bi'n Bäcker* Gwd/Ba; *de Lihr afräden* die vertraglichen Bedingungen der Lehrzeit vereinbaren Gri/Lo; *ut'e Lihr lopen* die Lehre vorzeitig abbrechen Gwald. – **Lihrbursch** m. Lehrjunge, Lehrling vereinz. Vgl. Lihrjung', Lihrling.

lihren sw. **1.** lehren, jmd. etwas beibringen. *Ik måk dat so, as du mi dat lihrt hest* Rüg/Zi. *Ik glöf, wat mi os Köste lehrt* Dra/Dr. – **2.** lernen, Kenntnisse erwerben. *Ik lihr schrieben* Gwald. *He lehrt Preester / Dokter* studiert Theologie / Medizin Pyr/Lt. *De Jung' lehrt got* ist ein guter Schüler Dra/Bu. *Man kann nich naug lihren* Gwd/Ba. Im Unterschied zum Hd. auch refl. gebräuchlich: *Hei lihrt sich dat Läsen* Gri/Bo. *Lihrt juch man lewer de Lex!* Dem/De. – Sprw.: *Nicks lihrt sich lichter as Fulheit* Fra/Ln.
Lautvar.: Zur unterschiedlichen Realisierung des Stammvokals (Hauptvar. *lihren* u. *lehren*) s. PWB 1,1,LXVI, Kt.12. Von der Kt. nicht erfaßte Belege: *līərə, lēərə* vereinz. °Lau STRI 41.

Lihrer m. Lehrer VPom, sonst vereinz. – Sagw.: *Wenn de Lihrer nich mit verbrennt is, kann 't all' nicks helpen, säd de Jung, don was dat Schoolhus dalbrennt* HUMGWD 8,46,2. – Das Wort verdrängt zunehmend älteres Köster u. Schaulmeister. – **Lihrgeld** n. Lehrgeld. Über jmd., der schlechte Arbeit abliefert: *De hett sien Lihrgeld ümsüss bëtåhlt / kann sik sien Lihrgeld uk werrergäben låten*

Stral. – **Lihrgesell** m. (ältester) Geselle, dessen Aufgabe es ist, Lehrlinge anzuleiten VPom. – **lihrig** Adj., lehrig HOMWB 119ᵇ, gelehrig selt. *Hei hett 'n lihrigen Kopp* Gwd/Ba. Vgl. gelihrig, lihrsåm. – **Lihrjohr** n. Lehrjahr. – **Lihrjung'** m. Lehrjunge, Lehrling. Scherzh., wenn im Brot ein Loch ist: *Dor is de Lihrjung' mit'n Schüwer dörchgåhn* Gwald. Vgl. Lihrbursch, Lihrling. – **Lihrling** m. Lehrling. *De Lihrling in't ierste Johr is Fru Meistern ehr Husmäten* Rüg/Pu. Spruch: *Lihrling is jeder Mann, Jesell is, wer wat kann, Meister is, dei alles kann* Sto/Dö. – Junges Wort in der Ma., älter sind früher sehr gebräuchliches *Lihrjung'* sowie *Lihrbursch*. – **Lihrmäten** n. weiblicher Lehrling selt. – **Lihrmeister** m. Lehrmeister, Lehrherr selt. – **lihrsåm** Adj. gelehrig Uec/Ge, HOEFAMSc 274ᵇ. Vgl. lihrig. – **Lihrschriewer** m. jmd., der zum landw. Inspektor ausgebildet wird verstr. VPom. – **Lihrtiet** f. Lehrzeit. – **Lihrutbiller** m. Lehrausbilder verstr. VPom. – **Lihrwark** n. Arbeit eines Lehrlings. – Sprw.: *Lihrwark is kein Meisterstück* Gwd/Ba.

Likör m., *Lakür* vereinz. VPom, *Lakör* Stral, wie hd. *'n Lakür drinken* Rüg/Ae; *rot Likör* Kirschlikör Lau/GW.

lila *lilla* vereinz. VPom. **1.** Adj. violett, fliederfarben. *lilane Strümp* Stral; *Lila måkt alle Frugens jung* Fra/Br. Vgl. lill(i)sch. – **2.** Adv., wie umgsspr., leidlich, mäßig vereinz. *Mi geiht dat hüt so lila* Rüg/Ae. – **lilablåg** Adj. lila, violett vereinz. *Dei Åben(d)himmel is lilablåg* Gri/Mi. – **lilalau** Adj., *lilalaulich* vereinz. °Sto, leidlich warm, lauwarm selt. MPom, vereinz. NOPom. *lilalau Wedder* Büt/Bt.

Liliput m., *Lilleput* Use/Us, Neu/Lt, auffallend kleiner Mensch vereinz.

Lilj f., Pl. *Liljen, Lilgen*, PflN. **1.** Lilie. *De witten Lilken rüken scharp* Rüg/Pu; *ro(d) Lilj* Feuerlilie Dem/De. Vgl. Füerlilj. – **2.** Maiglöckchen verbr. °Rüg, sonst selt. VPom. Vgl. DWA 10, Kt.9. *De Kinner plücken Liljen* Fra/Zi. – **3.** Iris, Schwertlilie vereinz.
Laut- u. Formvar.: *Lielch* Pyr/Lt, Reg/Kt, Lau/GW, *Lill* Gri/Be, *Lilk* verstr. °Rüg, *Gilj* (wohl Kontamination aus *gäl Lilj* = gelbe Lilie) Dra/La, *Nilk* (angelehnt an die Nelke) selt. °Rüg, vgl. MARZELL 2,1298.

Liljenkumfalgen Pl., PflN. **1.** Maiglöckchen verbr. VPom, sonst vereinz. Vgl. DWA 10, Kt.9. Syn. s. Maiglöckchen. – **2.** Waldhyazinthe Uec/Ro. – Aus. lat. *lilium convallium* Maiglöckchen.
Laut- u. Formvar.: *Lilgenkumfalgen* verstr. nördl. VPom, *-konfalgen* Fra/Zi, *-konfällen* Fra/Br, *Liljenkonfalgen* Rüg/Dm, *-konfalken* Fra/Ln, *-kumfolgen* Gwald, Ank/An, *Lilchenkonwalchen* Gri/Ge. *Nillenkofalgen* (beeinflußt von *Nelk* Nelke) Uec/Ro, vgl. dazu MWB 4,935.

lill(i)sch Adj., *lielisch* Saa/Ja, *lillich* Gwald, lila, violett vereinz. NOPom, sonst selt. *'n lillisch Kleed* Sto/Wd. Vgl. lila.

Limp f., veralt., Spitze, Ecke von Kleidungsstücken DähWB 279[b]: *De Limp vam Kleede.* Spez.: über die Ohren reichender Teil der Mützen der Jamunder Frauentracht Kös/Ja BENN 187. – Etym. wohl zu mhd. *glimpf* herabhängendes Gürtelende als Zierat. Vgl. DWB 4,I,5,101f.: [1]*Glimpf.*

lind Adj. **1.** angenehm mild vereinz. *Dat is hüt linne Luft* Fra/Bn. – **2.** sanft, zart vereinz. *Günn em doch 'n linnes Wuurt!* Rüg/Ae.

Lind s. Linn'.

Lindworm m. Lindwurm, drachenähnliches Fabeltier. Zu Berichten über Lindwürmer in pom. Volkssagen vgl. BLFPVK 1,3f., ALBELG 1925,62.

Lineal n., gesprochen *Lienjål, Lienjol* PFA 48, wie hd. *Dei geiht so gråd, as wenn dei 'n Lienjål verschluckt hett* geht in unnatürlich aufrechter, steifer Haltung Gwd/Ba.

lingelang 1. Adv. in ganzer Länge ausgestreckt verbr. VPom NOPom, sonst selt. *Up'n Ies bün ik lingelank henschåten* Rüg/Dm; *lingerlang up't Bedd liggen* Fra/Ln. Auch: ganz entlang, im ganzen Verlauf vereinz. VPom. *lingenlang von de Stråt Böm planten'* Rüg/Ae. *Dat Hus is ling un lang beschmäärt* Gwald. *Dat is ling un lang so ist überall so* Gri/Zf. Vgl. längelang. – **2.** Adj. sehr lang (lokal u. temporal) selt. VPom. *Dat rägent all denn ganzen lingelangen Dag* Gwd/Ba.

Laut- u. Formvar.: Entstanden aus der nur noch vereinz. in VPom erhaltenen Paarformel *ling un lang* (mit jungem Ablaut zu *lang*), vgl. MWB 4,939. *linglang* Gwd/Ze, *linklang* Neu/Gc, *lingelank* Rüg/Dm,Pu, *lingerlang* Fra/Ln, *lingen(t)lang, lingen(t)lank* Rüg/Ae, Ank/Br, vereinz. °Sto, HOEFAMSC 280[a], *lienentlanke* JOSTWB 61, *linglangs* Net/Hf,Sl, *lingelangs* Fra/Bn, *lingslangs* DäHWB 267[b].

ling(e)ling Interj., kindspr. **1.** Nachahmung des Klingeltons vereinz. Im Kinderlied: *Lingeling, lingeling, dei Post is dor, lingeling, lingeling, dei Iesenbåhn* Stral. – **2.** als Nachahmung des beim Wasserlassen entstehenden Geräusches vereinz. *lingeling måke* urinieren Stolp.

Linie f., gesprochen zumeist *Lienj, Liench, Lienich* selt. VPom. **1.** gezogener Strich vereinz. – **2.** geradlinige Reihe vereinz. *Planten schön in eine Lienich setten* Rüg/Ae. Fachspr.: reihenförmiger Abschnitt eines Feldes mit abgebauten Torfstücken °Ran HÜCKA 90.

Linjong' f., selt. n., Pl. *-s*, Erstsilbe betont, Preiselbeere (Pflanze u. Frucht) verbr. VPom. Vgl. DWA 10, Kt.6. *Linjongs gifft dat hüt as Kumpott* Rüg/Ae. *Irst en schön Middagäten, Knickbraden mit Plummen un Linjons* HUMGWD 10,15,5. → Preisselbeer. – Nach FRE 94 schwed. Lehnwort *(lingon)* in VPom.

Lautvar.: *Linjung'* vereinz. VPom (zudem auch umgebildet zu *linnene Jungs* 'leinene Jungen'), *Linjonn* verstr. VPom, *Linjunn* selt. VPom, *Lingonn* selt. VPom, SUN 1844,407, *Lignong'* Fra/Br.

link Adj. auf der linken Seite befindlich. *Dei schrifft mit de linker Hand* Fra/Zi; *dat linke Peerd* Kol/Pr; *dat linke / linken Bein* Gri/Mi, Gbg/Gp. Wenn man aus irgendeinem Grund dazu gezwungen ist, die linke Hand zum Gruß zu reichen: *Linke Hand kümmt von Harten!* Gri/Ge. Vgl. linksch.

Laut- u. Formvar.: *lintch* Slo/La. Teilweise wird der Positiv durch Formen gebildet, die aus dem Komparativ stammen: *linker* vereinz. VPom, Uec/Ge,Pa, Stett, *linke(r)n* Ghg/Wt, Pyr/Wa,Wi, Dra/Dr, Nau/Dr, Reg/Ls, vereinz. °Gbg, *linkjen* Neu/Th.

Linkepot f. **1.** Linkshänder(in). *He schrifft mit links, he is Linkepot* Gri/Ge. In Spottversen oder als Aufforderung für Kinder, die rechte Hand zu benutzen: *Linkepot schleit denn Düwel dot!* Ank/Br, ähnl. allg. *Linkspot schleet dem Buer de Hingst dot!* Reg/Kw, ähnl. verstr. ZPom. – **2.** die linke Hand vereinz.

Laut- u. Formvar.: *Linkpot* vereinz., JOSTWB 61, *Linkerpot* vereinz. VPom MPom, *Linkspot* verstr. MPom HPom, sonst selt., *Linkschpot* verstr. NOPom, *Lingepot* Gri/Mi.

linkerhand Adv. auf der linken Seite vereinz. *Up de Däl steiht linkerhand 'n Schapp* Fra/Zi; *linkerhand von dat Hus* Rüg/Ae. – **links** Adv. auf der linken Seite. *Hei geiht links von ehr* Gwd/Ba. *Dei süht nich links noch rechts* kümmert sich um nichts Dem/De. *Dei ward so links hulle* wird bewußt nicht beachtet Gbg/Gp. *Dor büst du wid links da irrst du dich gewaltig* [4]WORM 17. – Abzählr.: *Links, rechts, Stäwelknecht, morgen geiht de Schauster weg. Œwermorgen de Schnieder, un so geiht dat wieder* Gwald. – **Linksanwalt** m., scherzh., Rechtsberater ohne abgeschlossene Ausbildung, Winkeladvokat verstr. *Gåh man to'n Linksanwalt, de is nich so düer!* Rüg/Pu. – **linksch** Adj. **1.** auf der linken Seite befindlich vereinz. VPom, verbr. NOPom, JOSTWB 61. *Dei schrifft mit de linksche Hand* Sto/Gl; *dat linksch Bein* Lau/GW. In VPom auch als Adv. belegt: *linksch achter em* SPI 71. Vgl. link. – **2.** linkisch, unbeholfen vereinz. VPom, sonst selt., HOEFAMSC 280[a]. *He is bannig linksch* Uec/Pa. *Stell di doch nich so linksch an!* Stral. Vgl. linkspöötsch. – **3.** linkshändig vereinz. VPom. Nur präd. belegt: *Se is linksch* Gwald. Vgl. linkspöötsch. –
linkspöötsch Adj., *link-* Gri/Bo. **1.** linkshändig selt. Vgl. linksch. – **2.** *linkpôtsch* HAU 347, linkisch, ungeschickt selt. Vgl. linksch. – **Linkspot** s. Linkepot. –
links(r)üm Adv. linksherum, nach links. *linksüm danzen* Gwald. *Di is ôk woll an [eine] Schruw' linksüm gåen?* du bist wohl nicht recht gescheit? [4]KNO 10.

Linn' f., PflN, Linde. *Dei oll Linn' gifft gauden Schatten* Gri/Mi. *Linden planten de Buern nich jern, dat jifft keen Nüttholt* Ran/Pe. – Volksgl.: *Blö(h)end Linn' im Hus gifft Unglück* Sch/Pu. Vgl. Linnenbom.

Lautvar.: *Lind* selt., *Ling* Saa/Sf, verbr. °Rum, verbr. NOPom, HOMWB 121[b], STRI 59, [5]TITA 44, *Linge* Sch/Go, Stolp, *Lienn'* verstr. °Gbg, *Lönn* (wohl verwechselt mit *Lön* Ahorn) Ank/Br, Nau/Fg.

linnen Adj., *linnern* Sch/Ac, aus Leinen hergestellt. *'ne linnen Hos / Jack* Sch/Sk. *Bi dei Arbeit up'n Lann' drögen dei Mannslür linnen Bücksen* Rüg/Ae. Vgl. liwwandsch. – **Linnen** n. Leinen, Leinwand. Spez. für aus Leinen gefertigte Dinge, wie Bekleidung und Segel. *Dat Linnen ward up'e Wisch bleikt* Gwd/Ba. *Dat gifft fien un groff Linnen* Stral. *Dat Schipp hett noch dat ganze Linnen* hat noch alle Segel gesetzt Gwald. Prügelandrohung: *Dat gifft weck in't Linnen!* Gwald. – Sprw.: *Linnen un Frugenslüd möt man (nich) bi Licht köpen* Rüg/Dm, ähnl. vereinz. Vgl. Liwwand.

Linnenbom m., PflN, *Liene-* LAUWB 224[b], Linde vereinz. Vgl. Linn'.

Linnengoorn n. feines Garn aus Flachs Stolp, [4]ROSF 484. Vgl. Fläss(en)goorn.

Linnenholt n. Lindenholz. Auf den geringen Heizwert des Holzes bezogen: *Linnenholt bött* [heizt] *de Åwe kolt* Rum/Tr.

Linnenland n. 'Leinenland' Ackerland zum Anbau von Flachs vereinz. VPom, Sch/Pk, Sto/Dö. Vgl. Lienland. – **Linnenschapp** n. Schrank zur Aufbewahrung von Tisch- u. Bettwäsche aus Leinen VPom. *Dat Linnenschapp stünn in'e gaude Stuf* Gwd/Ba. – **Linnentüg** n. Kleidung u. Wäsche aus Leinen. *Dat Linnentüg heff ik as Utstüer krägen* Rüg/Ae. *In'n Sommer drächt hei bloß Linnentüg* Gwd/Ba. – **Linnenwäwer** m. 1. Leineweber. Auf die ärmliche Lebenssituation vieler Leineweber bezogen: *Linnewäwers Not is Hunger un keen Brot* Gri/Zf. Spöttisch in einem Volkslied: *Dei Linnewäwers schlachten alle Johr twee Schwien, dat eene, dat is stahlen, dat anner is nich sin* HuMGWD 9,48,7f. – Ra. s. Fleischer. – 2. TiN, Weberknecht Fra/Gä.

Linnernis sw. Linderung selt., HUMGWD 6,44,11. *De Salw bröcht mi gliek Linnernis* Dra/Bu.

Linnwand s. Liwwand.

linsen s. lünsen.

Lint f./n., selt. m., *Lient* vereinz. °Gbg, Dra/Dr, Dim. *Lintke* °Lau. 1. Bund von Hosen, Röcken oder Schürzen verstr. *Dei Hos is mi im Lient väl tu wiet* Gbg/Ze. *De Rock ward von de Lint bet an'n Som in schiere Fullen legt* [3]NERE 2,46. – 2. Ärmel- oder Kragenbesatz, bes. von Hemden verstr. *Du hest bi dienem Hemd de janze Linte afreete* Sto/Gl. – Nach [6]TEU 303 über mnl. *lint* gewebtes Zierband aus lat. *linteum*. – **Lintrock** m. Rock mit Webkante als Bund vereinz. In einem Tanzlied: *Ick hew mîn Mutté eéren Lintrock an, dor sünd wär Håk noch Ösen an* [3]GIL 117.

Lipp f. 1. Dim. *Lippke* BLFPVK 9,102, Lippe. *upschmäten Lippen* geschürzte Lippen Ank/Br. *Nimm dat ees up de Lipp, dat schmeckt sihr got* Rüg/Dm. *Dei lett dei Lipp hängen* ist beleidigt Fra/Ln. – 2. fischerspr., lippenförmiges Stück zur Erhöhung der Spantenoberteile beim Bootsbau °Rüg [1]PEE 240. Auch: vorspringender Teil einer Klampe vereinz. *dei Lien in'e Lipp leggen* Rüg/Sn; Nut am unteren Ende des Mastes, um diesen stabil einpassen zu können Rüg/Th.

Lippstock m., PflN, Liebstöckel HOMWB 121[b].

lirum-larum Interj. Nur als Einleitungswort in Kinderreimen: *Lirum-larum Läpelstäl, twei Por Schauh, dat sünd tauväl* Rüg/Ae. *Lirum-larum Läpelstäl, kleine Kinner hüle väl* Kol/Sö.

Lisch f., selt. n., geflochtener, rechteckiger Deckelkorb mit Tragriemen verbr. HPom, bes. östl. der Rega. *Dei Fischer stappst mit 'ne Lisch vull Hääkt un Boors dem Dörp tau* Sto/De. Het. Kaliet, Kober, Tåbel. – Nach [3]BIE 159 slaw. Lehnwort, vgl. pomor. *ləška* Zaun aus geflochtenen Ruten.
Laut- u. Formvar.: *Lischk* Rum/Ru, verbr. NOPom, *Luschk* Cam/Dv,Kc, *Leisk* Sto/Kr, *Lęsch* Kol/Zw, vereinz. °Sch, *Lęschət* Gbg/Be PRJ/TEU 229, *Lüsch* Gbg/Ki HTKLGTP 1928,42.

Liseer f., *Lisjeer* Rüg/Ae, Waldrand Fra/Bn, selt. °Rüg, Dra/Ga. – Frz. *lisière*.

Liss s. Leisch.

Lisslien f., seem., Leine, die das Gaffelsegel am Mast festhält Rüg/Gl,Zu. Vgl. KLUF 542.

List[1] f., *Liss* Reg/Kt, Liste vereinz. *Schrief dat man up de grot List* Ghg/Bn. *Mi hebben s' nich mehr up de List* um mich kümmert sich niemand mehr Uec/Pa. *Dat steiht nich up'e List* das wird nicht gemacht Gri/Ge.

List[2] f. wie hd. selt. *Mit klauge List kreech ik em nå'n Dokter* Gri/Mi. – **listig** Adj. wie hd. vereinz. *De süht so listig ut as'n Voss* Stett. *Em gåhn dei Ogen listig in'n Kopp* Gwd/Ba.

Litanei f. monotones, vorwurfsvolles Gerede vereinz. *Dat is bi em ümmer deisülwe Litanei* er erzählt immer dasselbe Gri/Go.

Liter m., *Lirer* vereinz. VPom, wie hd. vereinz. *'n groten Liter* fünf Liter Ank/An. – **Litermåt** n. Gefäß, mit dem man nach Litern mißt vereinz. *Früher hett man Åft in'n Lirermåt verköfft* Gri/Mi.

Litt[1] n., *Lett* Ran/Ro, Ghg/Hk, Dra/Dr, Saa/So, *Lied* vereinz. VPom, Stolp; Pl. *Läd, Lär, Lä', Liede* Stolp, Glied. 1. Körperglied, bes. Fingerglied. *Dei hett sich dat Litt so stött* Gri/Ti. *Mien Lä' daun mi von't Waschen weih* Fra/Pu. Über einen Geizhals: *Dei bitt sik leiwer 'n Lied von'n Finger af, as dat dei 'n Gröschen utgifft* Gwd/Ba. Vgl. Glied, Läd. – 2. Kettenglied vereinz. – 3.

Familienmitglied vereinz. [...] *Unkel un Tanten bet to dat letzte Lid* ⁴HOEFE 29. – **4.** Querholz hinter der Vorderachse, durch die der Spannagel zur Verbindung von Vorder- u. Hinterwagen geht Ank/Br, vereinz. MPom. Vgl. Kuckuck. – **5.** Reihe nebeneinander angetretener Personen vereinz. *Seih man tau, dat du in't ierste Litt tau ståhn kümmst!* Rüg/Ae.

Litt² n., selt. m. **1.** *Littk* °Lau, Butterfaßdeckel (mit einem Loch für den Butterstab) verbr. HPom, ²KNO 70, ⁷KNO 175, ⁴WIN 140. *Däuer dat Litt gink e' lang Stäl* Cam/Rm. Auch: Truhendeckel vereinz. HPom, ⁷KNO 175; Deckel auf dem Trinkgeschirr vereinz. Vgl. Botterlitt. – **2.** Pl. *Läd, Lär, Lä',* Augenlid verbr. VPom, sonst selt. *Mi daun dei Lä' weih* Fra/Br. – **3.** fischerspr., Oberteil, obere Leine des Netzes JOSTWB 61. – Zu mnd. *lit* Deckel.

Littkepanner m. Bez. für einen der Pferdejungen, die zu Pfingsten das Vieh auf die Weide trieben Kol/Zw, Lau/Vl, BLFPVK 1,119, HTKÖS 1922,7,3. Vgl. MWB 5,296: *Panner.*

Littkop m., veralt., Lei(t)kauf (zu veralt. Leit m. Obst-, Gemüsewein), Trunk zur Bekräftigung eines abgeschlossenen Handels (bes. beim Viehhandel) verstr. NOPom, ⁷KNO 175. *Littkop drinke* Sto/Wl. Ebenso: *Lienkop* (Verschmelzung aus *Littkop* und *Wienkop* Weinkauf) verstr. NOPom, ⁷KNO 175, UP 21,121.

littlåhm Adj. gliederlahm Rüg/Ae. – **littlang** Adj. so lang wie ein Fingerglied vereinz. Subst.: kleingewachsene Person. *Denn Littlang låt man bi't Gaushöde!* Saa/Ja. – **Littmåt** n./m. Gliedmaß selt. VPom. – Mnd. *ledemate.* – **Litt-og** n. Hühnerauge Reg/Kt.

Litz f. **1.** Litze, Schnur als Besatz oder als Einfassung von Kleidungsstücken VPom, sonst vereinz. – **2.** einzelner Strang eines Seils vereinz. VPom. – **3.** übertr., Vertrauensstellung, vorteilhafte Position verstr. VPom, vgl. MWB 4,949. *Hei hett 'ne gaude Litz bi em* Gwd/Ba. *De hett 'ne gode Litz treckt* hat großen Profit aus etwas gezogen Gwald. *Wat hest du up dei Litz?* was hast du vor? Dem/Kt.

litzinch Adj., *littseench* Gbg/Gp, Kol/Go, *litzeen* Cam/Ni, *litzing* Nau/Fg,Rh. **1.** schwächlich, im Wachstum zurückgeblieben vereinz. im Belbucker Abteigebiet. *Dei Bengel / dat Pee(r)d is ma so litzinch* Gbg/Vi. Vgl. schmalitzig. – **2.** problemlos, schnell Nau/Fg,Rh, Gbg/Gp: *Dat heww ik janz littseench kräje.*

Liwwand f., selt. n., Leinwand, Leinenstoff vereinz. VPom, verstr. MPom HPom. *fien / groff Liwwand* Ghg/Wt, Gbg/Gp. *Dei Linnwand müsste sich frühe dei Mäkes vo de Hochtiet sülwe wäwe* Reg/Rg. Spöttisch zu jmd., dem das Hemd aus der Hose schaut: *Wat kost d'Ell Liwwand?* Cam/Ds, ähnl. vereinz. Vgl. Linnen.

Lautvar.: *Linnwand* vereinz., *Lennwand* Lau/Ke, Lau/Ne ³MIS 62, *Lienwand* Ghg/Hk, selt. HPom, *Liewand* Nau/Db, Neu/Gc, *Liwwend* Pyr/Wi, *Lewwand* Ghg/Jg, vereinz. ZPom, *Lewand* selt. ZPom, *Lewwend* Nau/Fi, *Libband* DKr/DK, *Libbend* selt. °DKr, *Liawand* Nau/Fg, Bel/Be.

Liwwandsbom m., fachspr., drehbare Stange am Webstuhl zum Aufwickeln des fertigen Gewebes vereinz. MPom HPom.

liwwandsch Adj. aus Leinenstoff verstr. MPom HPom. *'n liwwandsch Hemd* Pyr/Lt. Vgl. linnen.

Lautvar.: *linnwandsch* vereinz. MPom ZPom, *liwwendsch* Pyr/Wi, Saa/Jk, Reg/Rg, *liwwends* Arn/Li, *lewwan(d)sch* Gbg/Gp.

Lobbe m., veralt., *Lowwe* Neu/We, Kol/Pr, grober, ungeschliffener Mensch selt. VPom ZPom, HOEFAMSC 281ᵇ. Vgl. MWB 4,950.

löben sw., überall in Pom. überwiegt **glöben**. **1.** vermuten, annehmen, meinen verstr. *Ik löf, dat kann sinn* Saa/Te. *Ji löwe nich, wo dägen ik mi verfiert heff!* °Lau. Ausruf der Verwunderung: *Schu't me löwe!* Kol/Zw. – **2.** etwas für glaubwürdig halten verstr. *Dat kast löwe, dat is wohr* Reg/Kw. *Dat lööfst du doch sülfst nich!* Gwd/Ze. – **3.** von der Existenz einer Person oder Sache (bes. von Gott) fest überzeugt sein verstr. *De lööft bald uk ne mehr an Gott* Pyr/Bt. *Löf doch nich an't Spöken!* Pyr/Lt.

Lautvar.: *löwen* vereinz., *leewe* Rum/Km ⁵TITA 55, *loiwe* Kös/Pd, Rum/Km, ⁵TITA 78, *lôiwe* um Rum/Fa ²MIS 46, *laiwə* Slo/Ei,La, ⁵TITA 79.

Lock¹ n. Loch. **1.** Öffnung. – **1.1.** offene Stelle (bes. im Gewebe). *Du hest väl Löcher in'e Strümp* Gwd/Nu. *Dei Hääkt måkt dicke Löcher in'e Netten* Use/Li; *'n Loch taustoppen* Rüg/Ae. Übertr.: *Dor lett sich all 'n lütt Loch mit taustoppen* das hilft schon etwas weiter (bes. auf Schulden bezogen) Gwd. *Dei hett 'n Lock in'e Luft schåten* hat daneben geschossen Fra/Zi. *Dei hett eie Loch im Büdel hat kein Geld mehr* Kol/Go. *Ik heff all wedder 'n Loch in'n Buk* habe schon wieder großen Hunger Gwald. Ausruf der Verwunderung: *Oh du grotes Loch, wi lütt wierst du gistern noch!* Stral. – Phraseolog.: *up't letzte Loch fläuten / piepen* kurz vor dem Tod, vor dem Ruin stehen verstr. – Sagw.: *Loch is Loch, säd de Düwel un feel in'n Schorsteen* HUMGWD 12,12,11. – Rä.: *Wat is dat? Dat ward ümmer grötter, wenn dor nicks bi dahn ward? = Lock in'n Strump* HUMGWD 10,49,11. *Ik heff wat in'e Tasch un heff doch nicks in'e Tasch? = Loch* Ank/An. *Loch an Loch un hüllt doch? = Kette* Pyr/Lt. – **1.2.** Durchlaß, Durchschlupf. *Hei finnt ümmer werrer 'n Loch* findet immer wieder einen Ausweg Dem/Tp. Energische Aufforderung, eine Räumlichkeit zu verlassen: *Dor hett dei Timmermann dat Loch låten!* Gwd/Ba, ähnl. allg. – **1.3.** Öffnung im oder am Körper. – **1.3.1.** als derbe Bez. für die menschlichen Körperöffnungen. *Dei stinkt ut alle Lechre* stinkt furchtbar Sto/Dö. Zum mäkligen Esser:

Āt man, dat ward dat Loch woll werrerfinnen Gwd/Ze. Auf die Vagina bezogen: *Dat Loch möt tau, dat Loch möt tau, süss hett dat Mäten keine Rauh* Fra/Br. – Im Sagw. auf die Kehle bezogen, durch die viel Alkohol geflossen ist: *Dat is man 'n lütt Lock, secht dei Schipper, æwer dor is dat ganze Schipp dörchgāhn mit Anker un Masten* Ank/An. – **1.3.2.** offene Wunde, äußere Verletzung. *He hett 'n grot Loch im Kopp* Pyr/Lt. *Dat Loch is so füerig hat sich entzündet* Gri/Go. – Phraseol.: *ein' 'n Loch in 'n Kopp räde* jmd. ununterbrochen etwas vorschwatzen verstr. – **2.** Vertiefung im (Erd-)Boden. *Dat Loch is sihr deip* Ank/Br; *'n Loch buddeln* Dem/Tp; *de Löcher in'e Strāt tomāken* Pyr/Lt. Im Vergleich: *supen as 'n Loch* sehr viel Alkohol trinken verbr. – **3.** Tierbau, Erdhöhle. *De Voss sitt in sien Loch* Fra/Fr. – **4.** salopp, kleine, dunkle Räumlichkeit. *Dei wauhnt e' su'm Loch* Gbg/Gp. *In dat Lock kann man sich nich rögen / ümdreigen* Fra/Br, Use/Sw. Auch: Gefängnis. *De hett dat so wiet dräben, dat he nu in 't Lock sitt* Rüg/Pu.
Lautvar.: Zumeist überwiegt bereits die hd. Lautung *Loch*. Entsprechend dominiert im Pl. *Löcher* gegenüber der nur gering belegten Var. *Löcker*. Zudem: *Leckre* vereinz. NOPom, *Lechre* Sto/Dö.

Lock² f. Haarlocke vereinz. *Wat hett dei vör lange Locken!* Fra/Br.

Lockānt f. zahme Ente, mit der man Wildenten auf der Jagd anlockt Cam/Rm, Gbg/Ka.

Lockbrett n., fachspr., durchlöchertes Brett mit Handgriff am Webstuhl, durch das die Spulenfäden laufen °Saa ⁴ROSF 494. Vgl. Lāsbrett. – **locken¹** sw., zumeist schon wie hd. *lochen*, lochen, Löcher machen verstr. *Patüffle loche* Pflanzlöcher für Kartoffeln ausheben Nau/Fg; *Iese loche* (glühendes) Eisen mit dem Schmiedehammer lochen Cam/Ca.

locken² sw. anlocken, durch Versprechungen o. ä. zu etwas veranlassen wollen verstr. *Dei Kluck lockt die* Glucke lockt die Küken Reg/Kt. *Du lockst mi dat Jild ut de Tasch* Pyr/Wa.

Lockenkopp m. Person mit sehr lockigem Haar verstr.

locker Adj., *lucker* selt. VPom MPom, vereinz. HPom, *lugge(r)* Gri/Mi, wie hd. **1.** nicht fest, lose, wackelig. *Dei Schruf is locker* Gwd/Nu. – **2.** in sich nicht fest gefügt, luftig vereinz. *Dei Kauken is so locker* Gwd/Ba. Rat für das Stopfen der Pfeife: *Unnen locker, bāben fest, is för lange Piep dat best!* Darß. – **3.** leichtfertig vereinz. *Se is 'ne locker Diern* Ank/An. *Dei hett lucker lääft* Reg/Rg.

Locker m. wie Lockmaschin Nau/Wa, Neu/Ju.

löck(e)rig s. lœk(e)rig.

lockerlāten st. nachgeben vereinz. *Ik wull mi mit siene Geschäften nich afgäwen, æwer he löt nich locker* Rüg/Dm.

Lockhāmer m. Schmiedehammer zum Einschlagen von Löchern in glühendes Eisen vereinz. – **Lockiesen** n. dornartiges Werkzeug (bes. des Schusters) zum Ausstanzen und Weiten von Löchern vereinz.

lockig Adj. wie hd. vereinz.

Lockmaschin f. Maschine zum Ausheben der Pflanzlöcher für Kartoffeln vereinz. Vgl. Locker. – **Lockplāster** n. Zugpflaster gegen rheumatische Beschwerden vereinz. *Köp di 'n Lochplāsder gägen dien Rieten!* Dem/De. – **Locks** n., nur litspr., Loch, Lücke, Freiraum. *in den Moment, dat hei Locks makt* in dem Moment, als er sich Freiraum verschafft ²SEG 74. – **Lockschwāger** m. 'Lochschwager' vulgäre Bez. für einen Nebenbuhler vereinz. – **Lockstein** m. **1.** Stein (bes. Feuerstein) mit einem Loch in der Mitte vereinz. – **2.** Hohlziegel vereinz. – **Lockstuten** m. süße Semmel mit einem Loch in der Mitte vereinz. VPom, HWWB 180ᵇ. – **Locktang'** f. Lochzange vereinz.

Lodder m. liederlicher Mensch selt. VPom. – **Lodderbass** m. Taugenichts, Faulpelz verstr. HPom, sonst selt. – **Lodderbücks** f. zerlumpte Hose vereinz. MPom HPom. – **Lodderhos** f. weite Arbeitshose aus grober Leinwand vereinz. HPom, sonst selt. – **Lodderie** f. nachlässiges Handeln, Schlamperei vereinz. MPom HPom. – **lodd(e)rig** Adj. lotterig, unordentlich, schlampig. *Hei löppt ümmer so loddrig rüm* Gwd/Ba. *De Knop is loddrig anneigt* Ank/An; *loddrig arbeete / knütte* DKr/La, Reg/Kt. – **Lodderjān** m., *Lorrer-* vereinz., liederlicher, fauler Mensch verbr. *Dat is uk so 'n Lorrerjān, dā is nicks Gaudes an* Neu/Aa. Vgl. Liederjān, Luderjān. – **Loddermichel** m. schlampig arbeitender Mann vereinz. – **loddern** sw., *lorrern* vereinz. VPom, *lottere* vereinz. HPom, lottern. **1.** nachlässig, unordentlich arbeiten verstr. *Lodder nich so bi de Arbeit!* Saa/Ja. *Wenn du ümmer so lodderst, ward dat nicks* Gri/Mi. Auch: trödeln vereinz. – **2.** in unbedachtsamer Weise schlecht über jmd. sprechen selt., HOEFAMSC 281ᵃ. – **3.** refl., "den Putz zeigen" ⁷KNO 175: *de Maekes lottere sik.* – **Lodderwirtschaft** f. schlampige Wirtschaftsführung vereinz.

Löddick m., PflN. **1.** Huflattich vereinz. *In'e Wische is väl Lörk* Gbg/Gp. Vgl. Hauflöddick. – **2.** Pestwurz selt. VPom ZPom, DÄHWB 281ᵃ, HOEFAMSC 281ᵃ. – **3.** Sauerampfer °Cam, °Gbg, °Reg. In der attr. Vbdg. *rod Löddick* auch als Bez. für den Grind-Ampfer selt. HPom, PRIT/JES 348ᵇ. – **4.** Klette vereinz. ZPom. – **5.** (wilder) Rhabarber Ghg/Hi, °Nau.

Lautvar.: *Lörk* vereinz., *Lörreck* mf. VPom, *Löttk* °Kol ²ASM/KNO 137, *Lörring* vereinz. VPom, *Lödding* Gwd/Le, *Lork* vereinz. VPom, °Cam, Nau/Fg, *Lorrick* Fra/Ln, *Loddich* Stral, wie hd. *Lattich* vereinz., *Larrick* Fra/Pe, *Ladding* Dem/Kt, *Latschk* Sto/Ru, *Leddick* verstr. NOPom, HOMWB 119ª, ²KNO 70, *Lettk* Sch/Sd.

Löddicksblatt n., PflN. **1.** Huflattich vereinz. östl. HPom, sonst selt. Zumeist im Pl. üblich: *Du hest so'n schlimme Faut, dor leech ma Leddicksbleeder up* Sto/Gl. Vgl. MWB 4,956: *Löddicksblatt* u. BBWB 3,135: *Lorkenblätter.* – **2.** Pestwurz selt. VPom ZPom. – **3.** Sauerampfer °Gbg.

loden sw., wie hd. *loten* selt., mit dem Lot die Senkrechte oder die Wassertiefe bestimmen vereinz. *mit'n Lot / dei Wåterwåg loden* Rüg/Bi. Vgl. Lot.

Lof n., *Lob* Saa/Le, Laub. *Dat Lof raschelt* Gwald. *Dat Lof föllt all, dat ward Har(f)st* Gwd/Ba. *Lof möckt de Acke(r) dof* Laub ist ein schlechter Dünger Dra/Dr. – Bauernr.: *Föllt dat Lof in'n November låt, gifft't 'ne låte Frühjohrssåt* Rüg/Dm. – **Lofblatt** n. Laubblatt. *Dat is dünn as'n Lofblatt* Fra/Ln. Im Backsegen: *Brot is im Auwe, leif Gott is unne un bauwe, rinne as 'n Lofblatt, rute as'n Korerad* [Karrenrad] Bel/Sd.

Löfdag m. Verlobungstag Gbg/Ka. Vgl. Löft.

Loferin f., TiN, Marienkäfer Sch/Wn ³HOLS 35. → Sünnenkäwer.

Loff n., m. vereinz. HPom, *Låf* vereinz., Lob, anerkennende Äußerung verstr. *He hett een Loff krägen* Pyr/Lt. *Dei steiht in'n gauden Loff* wird immer gelobt, genießt hohes Ansehen Use/Us, ähnl. verstr. – **Lofflüs'** Pl. 'Lobläuse'. Nur in Fügungen, die sich auf übertriebenes (Eigen-)Lob beziehen: *De / denn fräten noch de Lofflüs up!* Gri/Ti, ähnl. vereinz.

Loffrosch m., TiN, Laubfrosch vereinz. – **Lofkåg** f. Krankheit bei Kühen (Blutnetzen) Sto/Kr ⁷KNO 110. Vgl. Buschkåg. – **Lofkäwer** m., TiN, 'Laubkäfer' Maikäfer selt. HPom, ⁶KAI 218.

Löft n./f., veralt., Verlobung verstr. nördl. ZPom (zur dortigen räumlichen Geltung vgl. PRI/TEU 226), sonst selt. Vgl. Löfdag. – Mnd. *löfte* Gelöbnis, Versprechen. – **Löftstuten** m., veralt., Gebäck, das jeder Beteiligte beim Abschluß des Ehevertrages erhielt verstr. °Gbg, HTKLGTP 1928,7,27.

Log¹ f., *Loy* vereinz. HPom, Waschlauge verstr. *De Wäsch möt mit Log utschüert warn* Gwd/Ba. *Scharp Loog up dei Wäsch geite, is so gaud as Seep* HOMWB 123ª.

Log² s. Logg.

Lœg f. Lüge. *Dei hett uns Lœgen vertellt* Use/Sw. *Dei is va luter Läuje topbackt* ist ein notorischer Lügner Neu/We. *De steht van Löjen stief* dass. Ghg/Bn; *stinkende Läujen* schlimme, gemeine Lügen Reg/Kt. Zu einer angeberischen Person: *Nu vertell man mit Lœgen un alles!* Ghg/Bh. – Sprw.: *Lœgen hemm' korte Beinen* Gwald. *Lœgen un dreckig Wäsch, dat mehrt sich* Saa/Le, ähnl. verstr. – Rä.: *En blinnen Mann seeg en Hasen lopen, en lamen Mann greep em sik un en nackigten Mann stöök em in dei Tasch. Wat is dat? = Dat sünd Lögen* HUMGWD 75,87,3. Vgl. leigen.

Lautvar.: *Lög* Ran/Ro, Ghg/Wh, *Läg* selt. VPom, *Laeg'n* ⁷KNO 174, *Läj* Rum/Km, verbr. NOPom, *Läuj* verstr. ZPom SPom, *Leig* ⁷KNO 174, *Låidjn* Neu/Rt ¹⁰TEU 246. – Pl. *Lœgen, Lœjen* verbr., *Lögen* Ran/Ro, Ghg/Wh, *Lägen* selt. VPom, *Läjen* Rum/Km, verbr. NOPom, *Läuje(n)* verstr. ZPom SPom.

Lœgel m., fischerspr., *Lägel* Rüg/Sn, in den Segelsaum eingebundene Öse aus Metall zum Durchführen von Leinen verstr. vpom. Küste, ¹PEE 257, ³RUD 139. Vgl. MWB 4,805: *Lägel².*

Logement s. Losement.

logen s. lohen.

Lœgenbrauder m. 'Lügenbruder' Lügner vereinz. – **Lœgenbüdel** m. 'Lügenbeutel' verlogener Mensch vereinz. – **Lœg(e)ner** m., *Läuchner* Nau/Tr, Reg/Kt, Lügner vereinz. – **lœgenhaft** Adj., *-haft* Ran/Pe, lügenhaft, verlogen vereinz. VPom, sonst selt. *Dat hüürt sich lœgenhaftig an, œwer wohr is't doch* Ank/An. – **Lœgenkåter** m. Lügner vereinz. Vgl. Leigenkåter. – **Lœgenkatt** f. Lügnerin vereinz. *Op de Räd von'e Lœgenkatt is keen Verlåt* Ghg/Hk. Vgl. Leigenkatt. – **Lœgenmul** n. 'Lügenmaul' notorischer Lügner verstr. – **Lœgenpeiter** m. verlogener Mann oder Junge vereinz. – **Lœgensack** m. verlogene Person verstr. – **Lœgenstank** m. 'Lügengestank' Lügner vereinz. – **Lœgenzeddel** m., pejor., Schulzeugnis verstr. VPom, Dra/Bu.

Logg n., f. ³SEG 63, seem., Log, Gerät zum Messen der Geschwindigkeit von Schiffen. – **Loggbauk** n., seem., Logbuch. – **loggen** sw., seem., die Schiffsgeschwindigkeit mit dem Log messen vpom. Küste.

Logger m., fischerspr. **1.** kleines Küstenfahrzeug (bes. für den Heringsfang) Rüg/Sn, Gwald. – **2.** großer, durchlöcherter Behälter zur Aufbewahrung lebender Fische im Wasser Rüg/Pu. Vgl. Ligger.

löggern s. lœkern.

Loh f., *Looch* Gri/Mi, Gerberlohe vereinz. *Dat Lerrer hett nich lang nauch in dei Loh lägen* Gwd/Ba. – **lohen** sw., *logen* verbr. vpom. Küste, ²GIL 81, mit Lohe gerben, tränken VPom. Heute zumeist fischerspr. auf das Imprägnieren von Segeln und Netzen bezogen: *Sägel un Netten mit Katechu* [dunkelbrauner Gerbstoff] *logen* Gwald. – **Lohgarwer** m. **1.** Lohgerber vereinz. Zum Betrübten: *Du måkst 'n Gesicht as 'n Lohgarwer, denn dei Fell' wegschwemmt sünd* Gri/Bo, ähnl. vereinz. – **2.**

Flegel, Raufbold vereinz. östl. HPom. – **Lohkätel** m., fischerspr., großer Kessel mit Gerbstoff zum Imprägnieren von Netzen und Segeln °Rüg ¹PEE 99.

Lohn m./n., *Lo(h)e* DKr/La, Pl. *Löhn, Lehn* Rum/Km, NOPom, wie hd. **1.** Entgelt für geleistete Arbeit. *Dat Lohn wier früher man lütt* Gwd/Ba. *Wecker sall all denn Lohn betåhlen?* Use/Us. *Wi gohne up Lohn* wir arbeiten, um Geld zu verdienen Lau/GW. – Phraseolog. analog zum Hd.: *in Lohn un Brot ståhn* verstr. – **2.** Belohnung. Oft iron. auf eine Strafe bezogen: *Du wa(r)st diene Lohn uk noch krieje!* °Kol. – **Lohndeiner** m. Lohndiener vereinz. *Sei hemm' Lohndeiner bi dei Hochtiet* Gri/Mi. – **lohnen** sw. **1.** Arbeitsentgelt auszahlen. *Hei kann sien Lüd nich lohnen* Gwd/Ba. – **2.** belohnen. Dankesworte für eine gute Tat: *De leef Gott lohnt 't di* Pyr/Wi. – **3.** etwas einbringen, Ertrag bringen. *De Såk lohnt sich nich* Gwald. *Dat Kuurn lohnt dit Johr düchdig* Gwd/Nu. – **lohnig** Adj. lohnend, ertragreich selt. VPom, HOEF-AMSc 284ᵇ. Vgl. MWB 4,964: *löhnig*.

loi Adj., veralt., träge, säumig, matt Fra/Ln. – Mnd. *loi* träge, faul; nach ⁶TEU 315 früh aus dem Mnl. entlehnt.

Loitz ON (°Gri), gesprochen *Löötz*. Die Einwohner der Stadt sind bis heute beliebte Zielscheibe von Ortsneckereien: *Dat is 'n blöden Löötzer* dummer, einfältiger Mensch verbr. VPom. – Text einer Kreuzpolka: *Un de Löötzer Bull, un de stött so dull* verstr. VPom. Vgl. **Kattengericht**.

Lok m., vereinz. n., PflN, Lauch. **1.** Schnittlauch verbr., vgl. DWA 17, Kt.12. *Ik will 'n Schmultbrot mit Lok* Gbg/Gp. Ebenso in attr. Vbdg.: *kleie Lok* Nau/Fg,Rh; *fien Luck* Sto/Pf. – **2.** Porree selt. **Lautvar.:** wie hd. *Lauch* selt. VPom, vereinz. HPom, *Lauk* Dem/Tp, selt. SPom, *Looch* selt. VPom MPom, mf. ZPom, Dra/Dr, *Luck* Sto/Pf. Vgl. zudem DWA 17, Kt.12.

Lœker m., *Læger* Gri/Mi, Gier, großes Verlangen vereinz. VPom. *Ik heff so'n Lœker up 'ne Tass Kaffe* Fra/Zi. Rsyn. s. **Jieper**.

lœk(e)rig Adj. **1.** löchrig, undicht, schadhaft verstr. *Dat Dack is lœkrig* Reg/Rg. *Unner an'e Dör is dat so lœkrig, dår weecht de Wind dörch* Saa/Le. *De Stoff is so läukrig* ist sehr locker gewebt Gbg/Gp. *Dei Sack is so löchrig, dei lett sich nich mihr stoppen* Gwd/Ba. *Dat Kuurn steiht so lœkrig* ist ungleichmäßig gewachsen Ank/An. Über einen Dummkopf: *Dei is lœkrig in 'n Kopp* Gwald. – **2.** flau, unwohl verstr. *Mi is so lœkrig in 'e Måg* ich habe großen Hunger Dem/De. Vgl. **lœksch**. – **3.** wenig nahrhaft vereinz. *Dat Äten / de Supp is man lœkrig* Net/Sl, Dra/Ga. – **4.** begierig (bes. nach Speisen) vereinz. *De is so lœkrig nå dat Äten* Ran/Pe. **Lautvar.:** *läukrig* Pyr/Wa,Wi, mf. westl. ZPom, °Dra, Neu/We, *låkrig* Kol/Go, *lœkig* Net/Hf, vor allem in Bed.1 auch *löck(e)rig* u. vereinz. wie hd. *löchrig* sowie *lechrig* Lau/GW.

lœkern sw., *lökern* vereinz. VPom, *löggern* Gri/Gm, *lœgern* Gri/Mi. **1.** begierig sein verstr. VPom. *Mi lœgert nå'n Glas Bier* Gri/Mi. – **2.** herumlungern, faul umhergehen vereinz. VPom, sonst selt. *He deet nicks un lœkert denn ganzen Dag* Rüg/Dm. – **Lœkerwind** m. schwacher, unbeständiger Wind Gbg/Gp,Wo. – **lœksch** Adj., *lööksch* Ran/Ro, flau im Magen vereinz. *Mi is so lœksch* ich habe großen Hunger Ghg/Li. Vgl. **lœk(e)rig**.

Lokus m. Toilette, Abort vereinz. *Hei sitt up 'm Lokus* Gri/Mi. → **Aftritt**.

Lom f., *Laum* Neu/Th, *Loum* Net/Hf,Sl. **1.** offene Stelle in einer Eisdecke vereinz. MPom, selt. südl. HPom. Vgl. BBWB 3,154: *Lume* u. PRWB 3,800: *Laume*. – **2.** tiefer Entwässerungsgraben Uec/Ue. – Nach ⁶TEU 376 nl. Lehnwort, etym. zu *loom* matt, steif, träge, flau.

löm(e)rig, lömern s. **läum(e)rig, läumern**.

Lön f., selt. m., PflN, (Spitz-)Ahorn VPom, sonst vereinz., ⁴GIL 87. Vgl. DWA 1, Kt.5f. → **Ahuurn**. **Lautvar.:** *Læn* vereinz. VPom, *Læna* KÜHL 39, *Län* Rüg/Zi, Dem/Kt, Rum/Gl ⁷KNO 174, *Len(e)* geschl. Geb. in HPom um Bel/Be,Ba, Neu/Bä,Ns,Rt,Te, Dra/Fa,Ka, *Läun* °Cam, °Gbg, Bel/Vi, Neu/We, *Lon(e)* südöstl. °Neu, *Lorn(e)* Kol/Sl, Bel/Gr, Neu/Os,Pe,Pi. Weitere Seltenheitsbelege s. DWA 1, Kt.5f.

Lönbom m., PflN, Ahornbaum vereinz., HOMWB 119ᵃ. Vgl. DWA 1, Kt.6. → **Ahuurn**.

Longsch f. Longe, lange Laufleine zur Führung eines Pferdes vereinz.

Longschål m. langes, fast den ganzen Körper bedeckendes Umschlagetuch VPom, sonst selt. *Größing drööch in 'n Harfst un Winter 'n Longschål* Ank/An.

lööchen, Lööchen s. **läuchen, Läuchen**.

lööpsch Adj., *läupsch* Net/Hf, *leepsch* Lau/GW. **1.** läufig, brünstig (bes. von Hündinnen) VPom, sonst verstr. Auf weibl. Personen übertr.: mannstoll vereinz. *Dei Diern is woll lööpsch* Gwald. Auch: versessen, begierig Hus 1901,159: *up Galgenknäp* [Streiche] *wiren de Schäulers höllschen löpsch*. Vgl. **löpig**. – **2.** kaum zu bändigen, zum Davonstürmen neigend (bes. von Pferden) vereinz. *Seh di vör mit de Pier, de warden licht lööpsch!* Rüg/Dm. – **3.** zerlaufend, zerfließend vereinz. *De Kees / Botter is lööpsch* Ank/An. *Mien Näs is lööpsch* meine Nase läuft Uec/Pa. – **4.** geläufig, bewandert selt. *plattdüütsch schriewe sünn wi nich so lööpsch* Cam/He. – **5.** belebt, voller Menschen selt. VPom. *Dat is mit eis so lööpsch up dei Stråt* Gri/Ti.

loorsch s. **luursch**.

loorsen sw. schlurfend gehen HWWB 181ᵃ. Vgl. **lossen**.

Lööschen s. **Läuschen**.

Looschie n. Logis, Unterkunft, Quartier vereinz. *Hei hett 'n schlicht Looschie* Gwd/Ba. Seem.: Wohn- u. Schlafraum an Bord.

Loost s. Los'[1].

Loots m. Lotse. *Sien Oll wier Loots in Barhöft* [ON] Gwd/Ba. – **lootsen** sw. 1. den Lotsendienst ausüben. Übertr.: *Hei will em nå Hus lootsen* nach Hause bringen Gwd/Ba. – 2. entlocken, herausziehen selt. *Laut di nech dat Jild ut'e Tasch lootse!* Gbg/Gp.

Lop m., Pl. *Löp*, Lauf. 1. das Laufen verstr. *Hei kümmt in vullem Lop* Pyr/Lt. Fachspr.: *up'n Lop gåhn* als Jungpferd rechts neben den beiden Zugpferden gehen, um weniger belastet zu werden vereinz. HPom. Vgl. Lop-pierd. – 2. Verlauf, den etwas nimmt vereinz. *Ik låt demm Ding sien' Lop* Fra/Ln u. ä. DÄHWB 284[a]. – 3. Wasserlauf, Graben vereinz. *De Wisch hett väl Löp* Gwd/Ba. – 4. Gewehrlauf vereinz. *Dei Löp sünd utschåten* abgenutzt Ank/Br. – 5. Radfelge Kol/Pr, selt. NOPom. – 6. jägerspr., Bein des Haarwildes. Auch: vom Wild regelmäßig benutzter Weg vereinz.

Lœpel s. Läpel.

Lopeltüg n. 'Laufzeug'. Nur in der Fügung: *dat Lopeltüg kriegen* schnell weglaufen, flüchten, sich nicht aufhalten lassen HOEFAMSC 285[a], [4]GIL 1,92.

lopen st., *lobe* Reg/Kt, *loupe* Net/Hf, laufen. 1. sich schnell mit den Beinen fortbewegen, rennen. *Wur rasch dat s' lope kann!* Sch/Sl. *Dei kümmt an tau lopen* kommt angelaufen Ank/Km. *Dei löppt för dull* läuft rasend schnell Stral. Subst.: *Dei kricht dat Lopen(t)* läuft los Gwd/Nu. Spöttisch zum Eiligen: *Lop man nich so, krichst doch bloots dat Gåhn bitåhlt!* Gwald. – In Vergleichen: *lopen as 'n Bessenbinner* sehr schnell laufen Stett, Gwald, ähnl. verstr. Wildes Umherrennen kennzeichnend: *lopen as 'n Hauhn åhn Kopp / eis wenn man Wespe in'n Oorsch hett* Gri/Bo, Cam/Si. – 2. sich gehend fortbewegen. *Wi willen nå de Kirch lopen* zur Kirche gehen Pyr/Lt. *Ik bruk nich nå'm Dokter lopen* Gwd/Ba. *De Klein löppt jå all!* Neu/Aa. Diminuiert zum Kleinkind, das man zum Laufen auffordert: *Nu löping / loping!* vereinz. VPom, [2]GIL 46. Sehr langsames Gehen verspottend: *lopen as de Stubb* [Baumstumpf] *hingerm Håse / 'ne låhm Lus* Büt/Wu, Gri/No. Verhüllend auch: austreten, seine Notdurft verrichten. *Ik mutt ma lope* Saa/Mu. – 3. fischerspr., sich schwimmend bewegen. *De Fisch lopen rin in't Nett* Rüg/Th. *De Ål löppt* schwimmt im Herbst zugweise ins Meer Fra/Zi. Auch: mit dem Boot fahren vpom. Küste, RAS 48ff. – 4. in Gang, in Betrieb sein (von Geräten, Maschinen). *Nu låt 'n Motor lopen!* Fra/Pu. Müllerspr. auf den Mahlgang der Mühle bezogen: *Åbends wür upnåhmen, morgens müßt hei werrer lopen* Gwd/Wo. Auch: in gleitender Bewegung sein. *De Angelschnur löppt nu bäder* Use/Us. – 5. fließen, rinnen. *Dat Wåter löppt nich* Pyr/Lt. *Dat Blot löppt man so* Ank/An. *Dat is so warm, dat dei Botter / Kees von'n Teller löppt* Use/Sw. Vom Trinker: *Dörch sien Kähl löppt väl Schnaps* Fra/Pe. Wenn sich an Fenstern Kondenswasser bildet: *Dei Fenstre lope so* Kol/Go. Im Part.Präs.: *lopen Wåter* fließendes Wasser, Quellwasser Gri/Go. Verärgerter Ausruf, wenn etwas nicht sofort gelingt: *Dat mutt doch ut eia Loch lope!* Cam/Ca. Fachspr., wenn der Saft in die Bäume steigt: *De Böm lopen* Lau/Vl u. ä. vereinz. Auch: Flüssigkeit austreten lassen. *Dei Pott löppt* ist undicht °Gwd. – Sagw.: *Hinnen hoch un vöa löppt' alleen, secht de Möller un süppt de Buddel ut* Ran/So. *Låt man lopen, secht Luten* [Ludwig], *un pisst in'e Bücks / sien Fru up'n Buk* vereinz. VPom, [1]HOEFE 30. – 6. zeitlich ablaufen, vor sich gehen. *Wie dit woll lope ward?* Lau/GW. Fatalistisch: *Låt dat doch lopen, as dat löppt* Gwd/Ba. *Dat Jeschäft löppt jöut* ist erfolgreich Gbg/Gp. *De Tiet, de löppt œwer!* wie schnell doch die Zeit vergeht! Gwald. – 7. brennen, glühen, kribbeln vereinz. *Mi lope dei Backe so* Lau/GW. *Dat löppt mi up'm Rüjja* Saa/Te.

Flex.: Präs.Sg.1.: *lop* allg. – 3.: *löppt* verbr., *leppt* verstr. östl. HPom, JOSTWB 61, LAUWB 227[a], BLFPVK 9,35. – Prät.Sg.1.u.3: *leep* verbr. VPom MPom., *löp* mf. °Gwd, vereinz. SPom, Net/Sl, *laip* verstr. östl. HPom, JOSTWB 61, LAUWB 227[a], BLFPVK 9,35, MAH 59, [2]MIS 18, [3]MIS 34, STRI 20, [5]TITA 51. – Part.Prät.: wie Inf.

Phras. zu 1. u. 2.: *tau Striet lopen* um die Wette laufen verstr. VPom; *dorup to lopen* weiten einen Vorteil für sich herausschlagen, sich sehr gut mit etwas auskennen VPom, sonst vereinz. Iron.: *Hei weit dorup tau lopen as dei Kauh up'n Appelbom* Ank/An. Von einer verwirrten Person: *Em / ehr lopen de Lütten mank dei Groten* verstr. VPom. *De / denn låt man lopen!* trenne dich von dieser Person! Stett u. ä. verstr. – Sprüche: *Wer lang schleppt o drell leppt, kimmt uk mit / ward uk to'r Tiet fardig* Sto/Gl u. ä. verstr. *Wecker langsam löppt, kümmt uk tau Dörp* Fra/Ln. *Wat helpt all dat Lopen, wenn'n nich up'n rechten Weg is* Ank/Pu. Scherzh. von wenig nahrhaftem Essen: *Dor lihrt man sacht nå lopen un wiet nå kieken* Dem/Kt. Abweisend: *Lop mank de Höhner!* hau ab! [13]HAAS 59. Wenn große Nachfrage herrscht: *Dor is väl Lopen nå* Stett. – Sagw.: *Lop du man, worüm büst du Pierd worden, secht Jehann un schleit em vör'n Moors* Ank/An. *Loopt man nich so dull! seggt dei, dei uphungen warn sall, ihrer ik nich dor bün, geiht't nich los* Gri/No.

lopenblieben st. am Leben, unbehelligt bleiben (von jungen Tieren) vereinz. *Dei lütten Fisch / Katten möten lopenblieben* Fra/Bo.

Löper m., *Löbe(r)* Reg/Kt, Pl. -s, Läufer. 1. schnell laufende Person vereinz. – 2. junges Schwein, größeres Ferkel verstr. *Ik heff mi 'n Löper in'n Stall sett't* Pyr/Sh. Auch: junges Wildschwein vereinz., KÜHL 40. Vgl. Löperschwien. – 3. müllerspr., der obere, bewegliche Mahlstein verstr., [2]REH 4f. Syn. Båbenstein im Unterschied zum Boddenstein. – 4. in Längsrichtung vermauerter Ziegelstein vereinz. – 5. seem., durch einen oder mehrere Blöcke laufendes Tau mf. vpom. Küste. –

6. der vordere von zwei verbundenen Schlitten zum Transport von Lasten vereinz. ZPom SPom. Vereinz. auf beide Schlittenhälften bezogen: *Wi fäuhre mit Löpe(r)s Mess* Gbg/Gp. Im Pl. auch als Bez. für die Schlittenkufen Nau/Fg,Rh, Gbg/Vi. Vgl. Köter, Löperschläden. – **Löperball** m. 'Läuferball' Schlagballspiel verstr. VPom, Stett. – **Loperie** f. Lauferei, Schererei vereinz. *Dor hest du noch väl Loperie von* Gwd/Ba. Scherzh.: Durchfall Ank/Br, Uec/Pa, Sto/Gl. – **löpern** sw., kindspr., laufen, gehen vereinz. VPom MPom. – **Löperschläden** m. Schlitten aus zwei miteinander verbundenen Teilen zum Lastentransport °Reg, Gbg/Vi. Vgl. Löper. – **Löperschwien** n. junges, halbwüchsiges Schwein vereinz. Vgl. Löper.

Lopfüer n. Lauffeuer vereinz. *Dat jeht as 'n Lopfüer dörcht dat Dörp* wird blitzschnell im Dorf verbreitet Sch/Gu. – **Lopgang** m., fischerspr., Planke im Bootsboden vereinz. vpom. Küste, ²RUD 76. – **Lopgräben** m. Graben, der ständig Wasser führt vereinz. – **Lop-ies** n. 'Laufeis' dünnes Eis HWWB 181ª. – **lopig** Adj. zerlaufend, von weicher Konsistenz selt. MPom HPom. *Dei Botter / Kees is so lopig* Ghg/Li, Gbg/Ge. *De Wunn is lopig* die Wunde eitert Uec/Ge. – **löpig** Adj. läufig, brünstig (bes. von Hündinnen) Stett, Net/Hf. Vgl. lööpsch. – **Lopjung'** m. Laufjunge, -bursche VPom, sonst vereinz., ²TIB 17. *He is sien eejen Lopjung* er muß alles alleine machen Stett. – **Lopkatt** f. Laufkatze, auf Schienen laufender Flaschenzug vereinz. – **Lopkees** m. 'Laufkäse' Kochkäse Gwald, Ank/An, Lau/GW, ⁴WIN 234. – **Lopmann** m. Mensch, der viel herumläuft verstr. Vgl. Kopmann.

Lopp s. Loppen.

Lop-pass m. Laufpaß. Nur analog zum Hd. in den Fügungen: *'n Loppaß kriegen / ein' denn Loppaß gäben* verstr.

loppe s. labben.

loppen sw. **1.** Korn zusammenharken, um Garben zu binden °Gbg. – **2.** (maschinell) Löcher für das Pflanzen von Kartoffeln ausheben Uec/Ge, Ghg/Li, Saa/Ja. – **Loppen** m., *Lobben* vereinz. VPom, Bel/Gn, Reg/Kt, Fla/Ta, auch *Lopp* n. vereinz. NOPom, HOMWB 123ª, ²KNO 70, Dim. *Löppke* Gbg/Gp, *Loppke* vereinz. NOPom. **1.** Handvoll, kleine Menge, Büschel (bes. Heu, Stroh) verbr. *Giff dei Käuh noch 'n Loppen Heu!* Dem/Tp; *eie Loppe Stroh* Rum/Pr; *'n Lobben Wull* Fra/Zi; *'n ganzen Loppen Hoor* ein Haarbüschel DLP 6,19. Übertr: *'n Loppen Kinner* Gri/Ti; *'n hübschen Loppen Geld* eine ziemliche Menge Geld Dem/De. – **2.** kl. Heuhaufen (auf der Wiese) verstr. *Wi willen dat Heu in Loppen setten* Gri/Mi. Auch: frisch abgemähtes, in Reihen liegendes Gras mf. VPom, Rum/Ru, Lau/GW, Bel/Ar, vgl. DWA 3, Kt.5; kl. Garbe Getreide- oder Flachs vereinz. *Flass in Loppen binnen* Gwd/Ba. – **3.** fischerspr., Netzabschnitt aus sechs Teilen, der entsprechend gerafft nach dem Trocknen zusammengelegt wird Fra/Bo, Stral, Dem/De, RAS 75. – **Lopp(en)maschin** f., veralt., Getreidemähmaschine, die das Getreide ungebunden in Haufen ablegte vereinz. – **lopp(en)wies** Adv. in einzelnen Haufen, in handlicher Menge vereinz., HUMGWD 4,37,10, RAS 75. Vgl. loppig.

Lop-pierd n. 'Laufpferd' rechts laufendes Pferd beim Dreigespann Nau/Fi, Dra/Bu, Net/Hf.

loppig Adj. ungleichmäßig dicht bewachsen selt. *Dat Kuurn steht so loppig* Sto/Bu. Vgl. lopp(en)wies.

Lop-plank f. Laufplanke verstr. Fischerspr.: begehbares, mit einer Innenleiste versehenes Brett am Rand größerer Fischerboote, das das Hineinlaufen von Wasser verhindert mf. °Rüg. – **Lopschnur** f./n., fischerspr., lange Hauptschnur der Angel für den Aal- u. Hechtfang Fra/Pu, Dem/De, Use/Hf, RAS 148. Vgl. Langschnur. – **Lopstall** m. Stall, in dem das Vieh sich frei bewegen kann Gri/Bo,Mi. – **Loptiet** f. Zeit der Läufigkeit selt. VPom, HOMWB 123ª. *De Hunn' hemm' ehr Loptiet* Use/Sw.

Lor f. Lore vereinz. Vom Angeber: *Dei gifft an as 'ne Lor Äpen* Dem/De, ähnl. vereinz.

Lorbass m., *Lurbass* selt. östl. HPom, wie hd. **1.** Flegel, Lümmel, Taugenichts. *De Lorbass möt Schlääch hebben, de hüürt nich* Fra/Fr. → Flaps. – **2.** große, ungeschickte Person verstr. Oft in attr. Vbdg.: *Is dat 'n langen Lorbass!* Gri/Gm.

Lorch¹ s. Lurch.

Lorch² s. Lork.

Lorenz m. Kalendertag des Heiligen Laurentius (10.08.). – Wetterr.: *Sünd Lorenz un Bartel* (24.08.) *schön, is 'n gauden Harfst tau seihn* Ank/An u. ä. HUMGWD 9,32,3. Vgl. Lawerenz.

Lorgett f., *Lorjett* HTKLPYR 1927,52, *Longjett* Gri/Mi, *Sto/Gl, Lorgnette,* bügellose Brille mit Stiel vereinz.

Lork m. **1.** TiN, 'Lurch' Bez. für den Frosch u. die Kröte Rüg/Zi, Neu/Gc, Lau/Gr, HOEFAMSC 285ª, LAP 2,14. – **2.** *Lorch* vereinz. VPom ZPom, Dra/La, *Lörk* Cam/He, *Lorks* Stral, LAUWB 227ᵇ, Flegel, Taugenichts verstr. VPom ZPom, sonst selt. → Flaps.

Lörk s. Löddick.

Lorks s. Lork.

Lörreck s. Löddick.

los 1. Adj. 1.1. lose, locker, nicht befestigt. *Dat Heu / Stroh licht los* Ran/Sr. *Hei höllt dei Lien so los* Stolp. *Em sind de Tähn' all los* Sto/Rw. *Dat Kleed sitt di so los* Saa/Le. *Mak de Deig ma schön los'!* Reg/Me; *dat los' End* Ende eines Seils Rüg/Nd; *los' Holt* herausnehmbares Querholz im Fenster Stral; *'n losen Schlåp hebben* leicht aufwachen Gri/Go. Auch: geöffnet, offen verstr. VPom, sonst selt. *Dat Finster is los, nu treckt dat Fra/Ff.* – Phraseolog.: *'ne lose Hand hebben* sehr dazu neigen, Prügel auszuteilen verbr.; *los up'n Stäl sin* verrückt, einfältig sein verbr. VPom. – 1.2. frei von etwas, ungebunden. *Dat Pierd is los!* ist durchgegangen Gwald. *De Jong' is wedder los* hat den Militärdienst beendet Pyr/Lt. – In der Paarformel: *los un leddig* alleinstehend, ohne jede Bindung verstr. Vgl. l e d d i g l o s. – 1.3. unverpackt, nicht abgefüllt verstr. *los' Wor* Gri/Go; *los' Wien / Bier* Wein, Bier vom Faß Ank/An; *los' Solt* Gri/Ti. – 1.4. moralisch locker, frech, vorlaut. *'n los' Mul(wark) hemm'* respektlose Redefreudigkeit besitzen verstr. Auch: leichtfertig. *Dei Diern is 'n loses Ding* Gri/Sv. – 1.5. in Vbdg. mit *sin,* passieren, sich ereignen. *Dor wier wat los!* dort ging es hoch her! Gri/Mi. *Wat is mit di los?* was bedrückt dich? Pyr/Lt. Wenn jmd. nichts taugt, hinfällig oder langweilig ist: *Mit em / ehr is nischt (mehr) los* Pyr/Lt u. ä. vereinz. Scherzh. Antwort auf die Frage: *Wat is hier los? = Alles, wat nich fast is!* Fra/Zi u. ä. – 2. Adv. Nur in Ausrufen, bes. als Aufforderung zum schnellen Handeln: *Nu äwer nicks as los!* °Gri. Seem. Kommando zum Ablegen: *Los æwerall!* Rüg/Sn. – Sagw.: *Nu ma los! secht Bruns* [FN], *un herr de Wulf am Schwanz* Sto/Ku.

Laut- u. Formvar.: vereinz. mit sth. Auslaut *los'*, *lö^us* °Lau STRI 24. Dim.: *lösselke* Gbg/Gp, *læssing* HOEFAMSC 282ª.

Los'¹ n. 1. lose, ungebundene Getreidehalme auf dem Feld VPom, sonst vereinz. *Dat Los' willen wi för sick inführen* Gri/Mi; *dat Los anschlån* nach-, zusammenharken Gri/Bo. Zur Wortgeographie vgl. DWA 14, Kt.9 u. ⁶TEU 229f. mit Kt. – 2. locker hängende Leine, Ankerkette vereinz. VPom. – 3. Gericht aus Innereien vom Schlachtvieh vereinz. °Pyr °Saa. *Dat Looscht vam Schwien jifft't as Middag bi'm Schlachte* Pyr/Wa. Auch: abgelöstes Fleisch vom Knochen vereinz. °Pyr SPom, selt. ZPom. *Hüt kåk ik dat Loost* Pyr/Wi.

Laut- u. Formvar.: *Los* vereinz., *Lous* Gwd/Ka, *Lös* Gri/Go, *Loost* Gwd/Gr NDKBL 1942,102, °Pyr, Saa/Te, Rum/Tr, *Looscht* Pyr/Wa.

Los'² f., fischerspr., *Los* vereinz., Spielraum des inneren Teiles mehrwandiger Netze vpom. Küste, RAS 46. *Dat Goorn hett nich nog* [genug] *Los* Rüg/Sn; *in'e Längde un in'e Düüpde mihr Los gäben* Gri/Lo.

losåsen sw. 1. schnell loslaufen verstr. HPom, sonst selt. – 2. tüchtig losarbeiten verstr. HPom, sonst selt.

Losbäcker m., veralt., Bäcker von Weißbrot u. Feingebäck (im Gegensatz zum Roggenbrotbäcker) verstr., DÄHWB 284ᵇ, HTKLANK 1929,30, HTKÖS 1933,3,9. Vgl. F a s t b ä c k e r.

losballern sw. 1. heftig losschimpfen vereinz. *Hei ballert mit Grofheit up mi los* ¹³BAND 59. – 2. plötzlich anfangen zu schießen selt.

losbännig Adj. 1. nicht angebunden, angeleint, befestigt VPom, vereinz. MPom. *Dat Pierd löppt losbännig in'e Koppel rüm* Dem/Tp; *losbännige Äppel* Falläpfel Rüg/Zi. – 2. frei, ungebunden VPom, vereinz. MPom. Auch: unverheiratet vereinz. VPom. *Dei kann sik denn Dag inrichten, as hei will, hei is ja losbännig* Fra/Br. *De hett sich 'n Dag losbännig måkt* hat einen freien Tag genommen Ran/Pe. – **losbinnen** st. losbinden.

losblarren sw. 1. losheulen. – 2. losschreien. – **losblubbern** sw. aufbrausend schimpfen VPom. – **losbœdeln** sw. sich schnell in Bewegung setzen. – **losbölken** sw. losbrüllen, -schreien vereinz. – **losbören** sw. 1. fortjagen, vertreiben verstr. VPom, sonst selt. *Ik will dei Jungs ut'n Appelbom losbören* Dem/Tp. Auch: jmd. von einer Beschäftigung loseisen. *Ik möt em ut'n Kraug losbören* Gri/Ti. – 2. heftig zurechtweisen vereinz. VPom. *Denn will ick mal eis sülwst nah de Post gahn un de Beamten losbören* ¹¹BAND 83. – **losbösten** sw. 1. schnell loslaufen, davonstürzen. *De bösten los, dat se noch nå're Båhn kåmen* Gwd/Ze. – 2. losschimpfen vereinz. *As se em dat vertellten, hett he schön losböst't* Rüg/Dm. – **Losbücks** f. weite, bis zu den Knien reichende Überziehhose (im Winter von Fischern u. landw. Arbeitern getragen) verstr. NOPom, ⁷KNO 175. – **losbullern** sw. laut losschimpfen VPom, sonst selt. *Hei wull glieks losbullern, æwer hei begreep sick* Gri/Ge.

Losch s. L o s s'.

lœsch Adj. matt, abgespannt, unwohl verbr. MPom HPom. *Bi de Hitt ward man læsch* Nau/Na. *Mi is so læsch in'e Knauke* Pyr/Wa. *Ik bün so läusch, Jewitte is in'e Luft* Sch/Pu. Vgl. l œ s i g, l e e z i g.

Lautvar.: *löösch* vereinz., *låäsch* Rum/Tr, vereinz. nordöstl. HPom, *leesch* verstr. NOPom, *läsch* Rum/Ru, Sch/Sk, JOSTWB 59, *låsch* Nau/De, Gbg/Gp, Fla/Ta,Wo, *låəsch* Saa/Ja, Neu/We, *läusch* verstr. ZPom, ⁷KNO 174.

Lösch f. mit Wasser gefüllter Kasten in der Schmiede zum Abkühlen des glühenden Eisens Ank/An.

Loschak s. L o s s a k.

losche s. l o s s e.

löschen¹ sw., *lüschen* Ghg/Wt, Pyr/Sa, *lesche* Kös/Pd, Rum/Km, *lische* Slo/La. 1. Feuer bekämpfen. – 2. Durst stillen verstr. *Döst löschen* Pyr/Lt. *Hei hett düchtig löscht* hat sich betrunken Gri/Bo. – 3. schlagen, ohrfeigen verstr. Drohend: *Wenn ik di man nich eis lösch!* Ank/Br. Zumeist aber in der Fügung: *ein' eine löschen*.

löschen² sw., seem., ein Wasserfahrzeug entladen. *De Lådung ward löscht* Uec/Ue.

Loschka n. Bett selt. °Lau ²WIN 284. *Måk, dat du in't Loschka kimmst!* Lau/Lt. – Poln. *lózko*.

Löschquast m. Quast mit Griff aus Eisen zum Benetzen glühender Kohlen vereinz. – **Löschwåter** n. Löschwasser. Scherzh.: Schnaps Gri/Zf, Saa/Zg.

losdunnern sw. tüchtig losschimpfen vereinz. *Vadder dunnert wedder los* Gri/Go. – **losdüsen** sw. (verärgert) fortgehen vereinz. *Nu düüst sei los un secht kein Wuurt* Gwald.

Losement n., wie hd. Logement vereinz., *Lojement* selt. VPom, *Lojemang* Rüg/Sh, Wohnung, Bleibe verstr. VPom. *Ik heff mien Losement bi eene olle Wittfru* Rüg/Dm. – Zu frz. *logement*.

lösen sw., *lese* JOSTWB 60. **1.** etwas lockern, losmachen vereinz. *dat Halsdok lösen* Pyr/Lt. Fachspr.: *Tuback lösen* die Erde um die Tabakpflanzen lockern Ran/Pl. – Phraseolog.: *ein' dat Fell / Ledder lösen* jmd. verprügeln vereinz. Vgl. losmåken. – **2.** refl. – **2.1.** veralt., sich loskaufen selt. – Volksbr.: Der Gutsherr mußte sich zu Beginn der Ernte durch kleine Geldgeschenke an die Arbeitskräfte "lösen" Lau/Ch BLFPVK 9,8. – **2.2.** sich erleichtern, seine Notdurft verrichten selt. In dieser Bed. wohl beeinflußt von veralt. jägerspr. *losen* Kot loslassen.

losfohren sw./st. **1.** abfahren, wegfahren. – **2.** aggressiv auf jmd. zugehen vereinz. Im Vergleich: *De fohrt up em los as de Håfk up dat Küken* Stett. – **losführen** sw. abfahren, wegfahren. – **losfuhrwarken** sw. wütend gegen etwas / jmd. vorgehen, heftig losschimpfen vereinz. – **losgäben** st./unr. (aus dem Dienst) freigeben vereinz. – **losgåhn** st. **1.** fortgehen, aufbrechen. *De Knecht is bi Nacht losgåhe* Nau/Wa. *Sei geiht all wedder mit wat los* tratscht schon wieder herum Gri/Go. Ausruf der Empörung: *Nu gåh mi bloß eener los!* Gwald u. ä. vereinz. Tröstend zum Kleinkind: *Du sasst uk mit, wenn't losgeiht!* Gwd/Ze, ähnl. vereinz. – **2.** anfangen, beginnen. *Morgen geiht't los, wist ni helpen?* Stral. Scherzh. Ausruf angesichts zu leistender Arbeit: *Nu geiht't los un kein Minsch kann't hullen* Gwald. – Sagw.: *Nu geiht't los! secht de Köster un sitt denn Paster in de Perück* Gwd/Ha. *Nu jeht't los, sär de Papagei, as de Katt mit em to Bœn leep* Stett. – **3.** handgreiflich werden. *De sünd mit Füüst un Föt up em losgåhn* Ank/An. Auf draufgängerisches Verhalten bezogen: *dorup losgåhn as de Buck up'e Håwerkist* Stral, ähnl. verbr. – **4.** sich entladen, lösen vereinz. *Dat Gewehr geiht los* Pyr/Lt. – **5.** abgehen, sich ablösen vereinz. *De Schruf is losgåhn* Ank/An. – **loshebben** unr. loshaben. Nur in den Fügungen: *wat / nicks loshebben* etwas (nichts) vermögen, können vereinz. – **loshelpen** st. **1.** ein Fahrzeug wieder zum Fahren bringen vereinz. *Wi sitte fest, kast du os loshelpe?* Dra/Dr. Übertr.: *ein' loshelpe* jmd. zu einer Tätigkeit antreiben vereinz. – **2.** refl., sich zum Aufbruch entschließen vereinz. *Nu möten wi uns woll loshelpen* Ran/Ro. – **Losholt** n. 'loses Holz' Sammel-, Strauchholz vereinz. – **los-iesen** sw. loseisen. **1.** aus dem, vom Eis befreien. *dat Wåterad* [Wasserrad der Mühle] *losiese* Cam/Sp. – **2.** mit Mühe frei machen. *Ik heff em losiest krägen ut'e Kneip* Gwd/Ba. – **3.** Geld auftreiben. *Kiek di üm, wo du dat Geld losiest krichst!* Dem/Tp.

lœsig Adj. **1.** matt, schlapp, unlustig VPom, sonst vereinz. *Dei hett 'n lœsigen Gang* Gwd/Ba. *Mi is hüt so lœsig, mi steckt wat in'e Knåken* Gri/Ti. *Mi is so lösig in de Måg* ich habe großen Hunger Ghg/Wt. In der Paarformel: *lasch un lœsig* völlig ermattet, abgespannt °Rüg, HWWB 182ᵇ. Vgl. leezig, lœsch. – **2.** schwül, drückend verstr. VPom. *lœsig Wärer* Fra/Pu.

Laut- u. Formvar.: *låsig* vereinz. VPom, HOMWB 117ᵇ, *låsig* mf. VPom ZPom, °Pyr, *lösig* selt. VPom, Ghg/Wt, Neu/Gc, *läusig* Cam/Pr, Gbg/Gp.

loskåmen st. freikommen, nicht mehr gebunden sein. *He is van de Saldåte loskåmen* ist aus dem Militärdienst entlassen Pyr/Lt. – **Loskiel** m., fachspr., 'loser Kiel' unter dem Boden kleiner Boote angebrachtes kielförmiges Kantholz selt. vpom. Küste, ²RUD 73. Vgl. Lossåhl. – **losköpen** sw. loskaufen, freikaufen vereinz. – **loslåten** st. loslassen. **1.** nicht mehr fest-, zurückhalten. Zum Übermütigen: *Wecker hett di loslåten?* Gri/Ti. *Dei will nicks loslåten* ist sehr geizig Gwd/Ba. *De Botter lött nich los* löst sich nicht aus der Form Gwd/Ha. – **2.** wie umgspr., von sich geben, äußern. *He hett so'n Ding loslåten* einen derben Witz erzählt Uec/Pa. – **3.** refl., spendabel sein, viel auftischen vereinz. *Dei hett sich up'e Hochtiet loslaute* Gbg/Gp. – **losleggen** sw. loslegen, etwas mit großem Elan beginnen. *Wenn Vadder ierst (mit Schimpen) loslecht, bäwert dat ganz Hus* Gri/Gm.

löslich Adj. oberflächlich, beiläufig, ohne rechte Begeisterung vereinz. VPom. *Een por Steene würden man löslich mit Eerd besmeten* °Rüg. Vgl. MWB 4,986.

loslopen st. loslaufen, weglaufen. – **losmåken** sw. **1.** losmachen, lösen. Drohung: *Ik mauk de Hund los!* Dra/Dr. *Böm losmauke* Bäume fällen Kol/Go. – Phraseolog.: *ein' dat Fell / Ledder losmåken* jmd. verprügeln verstr. Vgl. lösen. – **2.** seem., ablegen. *De Schipper möckt los* Uec/Pa. – **3.** weggehen, sich aufmachen vereinz. *Im Frühjohr måken wi los* gehen wir auf Wanderschaft Stral. Refl.: *Nu will' wi us losmåke* Saa/Mu. – **4.** refl., sich von Verpflichtungen frei machen, Urlaub nehmen vereinz. *Ik will mi 'n Dag losmåke* Nau/Rh.

Losnacht f., veralt., Neujahrsnacht (in der man das Schicksal durch Los oder Orakel befragte) Kolbg POP 172. Im Pl. auch als Bez. für die Nächte zwischen Weihnachten und dem Dreikönigstag ALBELG 1936,2. Vgl. Loss[1].

lospeiken sw. (mit einem Stock) losgehen, loswandern verstr. VPom, sonst selt. Vgl. afpeiken. – **lospesen** sw. schnell loslaufen vereinz. VPOm, sonst selt. Vgl. afpesen. – **lospläugen** sw. zu pflügen beginnen. Zumeist aber ral.: *mit ein' lospläugen* jmd. gehörig zusammenstauchen verstr. – **lospruusten** sw. 1. laut loslachen VPom, sonst selt., BRU 4,12. *As de Lihrer rut wier, hebben wi all lospruust't* Rüg/Zi. – 2. zu niesen beginnen selt. VPom, [7]BAND 60. – **losrappeln** sw. geschwätzig drauflosreden vereinz., HUMGWD 6,42,7. – **losrieten** st. losreißen, gewaltsam ablösen. *De Storm ritt wat los* Saa/Ja. Refl.: *Dei Jung' ritt sich von ehr los* Ank/Br. – **losrögen** sw. 'losrühren' aufrühren, hervorrufen selt. *De Wind rööcht noch wat los* dem Wind folgt noch Regen Gwald.

Loss[1] n., *Los* vereinz., *Lous* Neu/Ju, Los. **1.** Lotterielos vereinz. *Dei hett 'n schlicht Los treckt* Gwd'/Ba. Vgl. Losnacht, lossen. – **2.** Schicksal selt. – Heute bis auf fischerspr. Zss. (vgl. Lottfischer, -mann) nur noch in hd. Lautung. – Mnd. *lôt, lot*.

Loss[2] m., *-ss* zumeist sth., stl. in Gri/Go, Gwald, *Losch* vereinz. °Ran, Ghg/Wt, *Lås'* Nau/We, große, träge, sehr unachtsame Person vereinz., DÄHWB 285[a]. Vgl. losse, lossig. – **Lossak** m., *-ss-* sth., *Loschak* selt. ZPom, *Losset* Kol/Go, dass. Pyr/Wa, selt. ZPom, vereinz. NOPom. Vgl. Luschak. – **Lossbor** m. **1.** Mensch mit schwerfälligem Gang Pyr/Wa, °Saa, vereinz. ZPom. Vgl. Lossmichel. – **2.** liederliche, nachlässige Person vereinz. ZPom NOPom.

losschålig Adj. nicht fest mit der Schale verbunden (bes. von Kartoffeln) vereinz. *Dei Tüften sünd noch losschålig* Gwald. – **losschechten** sw. schnell loslaufen vereinz. Vgl. afschechten. – **losscheiten** st. **1.** zu schießen beginnen. – **2.** anfangen zu reden vereinz. – **3.** jmd. attackieren, auf jmd. zustürzen vereinz. *De Hund schütt up em los* Cam/Kw. – **losschesen** sw. schnell losrennen vereinz. Vgl. afschesen. – **Losschien** m. Bescheinigung über die ordnungsgemäße Kündigung eines Dienstverhältnisses vereinz. östl. HPom, OPOMHT 1932,5. – **losschmieten** st., seem., Taue lösen pom. Küste. *Schmiet de Lienen los!* Gwd/Rd. – **losschocken** sw. losgehen, loslaufen vereinz. VPom, sonst selt. Vgl. afschocken. – **losschottschen** sw. loslaufen verstr. HPom, sonst selt. Vgl. afschottschen[1]. – **losschuben** st. 'losschieben' fort-, davongehen vereinz. Vgl. afschuben. – **losschucken** sw. gemächlich losgehen vereinz. Iterativ: *losschuckeln* vereinz. Vgl. afschucken. – **losschuffeln** sw. behäbig losgehen vereinz. – **losschüsseln** sw. langsam, ziellos losgehen vereinz. VPom, sonst selt.

losse sw., *-ss-* zumeist sth., *losche* Saa/St, Sto/Dö,Pf, *loosche* Reg/Kt, *låse* Nau/Wa, Reg/Kw,Rg, schwerfällig, schlurfend gehen verstr. ZPom SPom, [2]SCHWA 72. Vgl. loorsen, Loss[2], lossig.

lossen sw., *losen* vereinz. VPom, durch Los ermitteln vereinz. Veralt.: sich zur Auslosung der Wehrpflichtigen stellen vereinz. VPom. *Dei Jung' möt dit Johr taun Losen* Ank/An. Wenn jmd. ausgemustert wurde: *Hei hett gaut losst* Dem/De. Vgl. kåweln, Loss[1]. – Heute nur noch in junger hd. Lautung, mnd. *lôten, lotten*.

lossetten sw. 'lossetzen'. **1.** losrennen vereinz. *De Voss sett't los öwer Stock un Steen* Pyr/Wt. Vgl. afsetten. – **2.** fischerspr., ein Netz so verankern, daß ein Ende frei im Strom treibt °Rüg [1]PEE 177. Vgl. fastsetten.

lossig Adj., *-ss-* sth., *losig* Nau/Wn, träge, schwerfällig selt., DÄHWB 285[a]. Vgl. Loss[2], losse. – **Losskláben** Pl. Plattfüße Nau/Fg, Kol/Zw, °Saa. *De hett mi mit ehr Loss'kläwe up'e Fäut pedd't* Saa/Le. – **Lossmichel** m. Mensch mit schleppendem Gang Rüg/Dm, Pyr/Wa, vereinz. HPom. Vgl. Lossbor.

lossocken sw. fortlaufen, losrennen vereinz. Vgl. afsocken. – **Losstäker** m. Arbeiter, der loses Getreide oder Heu auflädt Rüg/Ls, Gwd/Da. – **losstäweln** sw. losstiefeln, losgehen vereinz. Vgl. afstäweln. – **losstöwen** sw. 'losstauben' schnell loslaufen vereinz. Vgl. afstöwen. – **losstörten** sw. losstürzen, -laufen vereinz. – **losteihn** st. losziehen, fortgehen selt. – **lostrecken** st./sw. losziehen, aufbrechen verstr. *Sei treckten Arm in Arm los* Dem/Tp. – **lostüffeln** sw. langsam losgehen vereinz. – **loswädern** sw. loswettern, losschimpfen vereinz. – **loswarden** st. loswerden. **1.** sich von etwas / jmd. befreien. Wenn Besuch zu lange bleibt: *Man ward ehr / em gor nich werrer los* Ank/An. Scherzh. zu jmd., der an Verstopfung leidet: *Kannst woll nicks loswarn!* Fra/Ff. – **2.** etwas verlieren, einbüßen vereinz. *Do kast väl Gild bi loswaren* Pyr/Lt. – **3.** etwas verkaufen, weggeben vereinz. *Ik bün dat Tüg nich loswarn* Gwald.

Lot n., Pl. *Löd, Lör* vereinz. VPom, *Lö'* selt. VPom, *Lödd* Stett. **1.** Senkblei zum Anzeigen der Senkrechten oder zum Ausmessen der Wassertiefe. Auch als Bez. für die so angezeigte Senkrechte. *Dat Hus mutt in't Lot ståhn* Pyr/Lt. Vgl. loden. – **2.** aufziehbares Gewicht einer Penderluhr VPom, sonst selt. *Wi möten dat Lot uptrecken* Fra/Zi. – **3.** veralt., kleine Gewichtseinheit (ca. 16 g, bes. für Kaffee) verbr. VPom, sonst selt. Auch: kleines Meßgefäß für Kaffee. *Kannst du mi 'n Lot Kaffebohnen gäben?* Rüg/Ae. *Dat stimmt up't Lot* stimmt ganz genau Gwald.

loten s. loden.

löten sw., *löre* Cam/Ca, Kol/Pr, Reg/Kt, *löde* Stolp, *lē'de* °Lau STRI 24, wie hd. vereinz. *De Klempner möt dat löde* Stolp. Ablehnung einer Bitte: *Dat jifft nüscht to löten an'e Holtkist* da ist nichts zu machen Ghg/Gr. — **Lötkolben** m. 1. wie hd. — 2. scherzh., dicke, gerötete Nase. *De hett 'n schönen Lötkolben in't Gesicht* Ank/An.

lotrecht Adj. wie hd. vereinz. *wat lotrecht måke* Teile eines Arbeitsstücks rechtwinklig zusammenfügen Rum/Al.

Lotschmaus m., hist., 'Losschmaus' alljährlicher Festschmaus der Stralsunder Tuchmacher am 6. Januar nach der Verlosung der Verkaufsstände SUN 1861,24, BLFPVK 9,108, KRKLGRI 1916,54f.

Lotschnur f. Richtschnur der Maurer Stral, Cam/Fr.

Lotse, lotsen s. Loots, lootsen.

Lott RN, Dim. *Lotting* verstr. VPom, *Lottchen* vereinz., Charlotte, Lotte. Appellativisch: *dumm Lott* dummes, unerfahrenes Mädchen Sto/Gl. Bestätigung der Richtigkeit: *Dat stimmt mit Lott(e)* vereinz. nordöstl. HPom, [4]KNO 21, BLFPVK 3,62. — Im Tanzlied: *Lott is dot, Lott is dot, Jule licht in'n Gråben, wat måkt sei dor, wat måkt sei dor, sei höllt denn Moors nå båben / späält sich an'e Wåden* Gwald, Gwd/Ze u. ä. verstr., [2]BIEL 63, BLFPVK 5,146, 10,112, [3]GIL 118, HUMGWD 7,11,12, 8,32,11. — Im Neckr.: *Lott schitt in'n Pott, schitt in de Luft, dat't so bufft* Pyr/Lt. *Ach Gott, secht Lott, acht Kinner un noch keenen Mann* °Rüg. *Oh Gott, secht Lott, teigen Kinner up einen Pott, un keiner will up'n Rand sitten* Gwald. — Gelegentlich als Grundwort in Zss. zur pejor. Bezeichnung weiblicher Personen. Vgl. Drecklott, Flannerlott.

lottere s. loddern.

Lottfischer m., fischerspr., Fischer, der einen Kollegen vertritt, mit dessen Geschirr fischt u. dafür einen best. Anteil des Fangerlöses erhält vereinz. °Rüg, Gwald. — Das Erstglied zu mnd. *lôt, lot* Los. Vgl. Loss[1]. — **Lottmann** m., fischerspr. 1. wie Lottfischer verstr. vpom. Küste, [1]PEE 141f. — 2. junger Fischer ohne eigenes Boot u. Netz, der für einen Anteil oder Jahreslohn mitfischt Rüg/Sc, Cam/Sp, HOEFAMSC 285.

Lötwåter n., scherzh., 'Lötwasser' Schnaps vereinz. VPom, Cam/Ca, Saa/Te.

Louis s. Lui.

Löw m., *Leew* NOPom. 1. TiN, Löwe. *Dei osst as eie Leew* arbeitet sehr tüchtig Lau/GW. — 2. das Sternbild Löwe vereinz. In dieser Zeit sollte man nach einer Bauernr. bevorzugt Gänse zum Brüten setzen: *Am Löwe, da ward de Gaas gaut* Saa/Kl.

lowe s. låben.

löwen s. löben.

Löwenmul n., PflN, Löwenmaul selt.

Lowent s. Linnwand.

Lowies RN Luise VPom, sonst vereinz. Tröstend zu einem kleinen Mädchen: *Leif Lowies, wisch af dien Gesicht, jede Kugel dröppt jå nich* °Gri. Vgl. Lies[1], Lieschen, Liete(n), Wieschen.

Laut- u. Formvar.: *Lawies, Lewies* vereinz., *Luwies* Rüg/Be, mf. MPom HPom, *Lowiesch(en)* °Fra, SUN 1844,37, *Lowieser* Uec/Ue. — **Dim.:** *Lowiesing, Lawiesing* verstr. VPom.

Löwing f., veralt., *Löwering* selt. VPom, DÄHWB 282[b]. 1. Vorlaube am Dielenhaus °Ghg, °Pyr, [1]HOLS 161, HTKLPYR 1928,191. Vgl. Lauf. — 2. dichtes Gebüsch RUN 380: *Un lepen in't Holt un de Löw'ring*. — Mnd. *löwinge*.

Lubbjack m. hinterlistiger Mensch, Schuft Bel/Lz, Büt/Bt, Lau/GW. Vgl. Nabbjack, Schubbjack.

Lübeck ON, *Libeck* verstr. NOPom, wie hd. Scherzh., wenn etwas sehr krumm ist: *Dat is so gråd as de Weg nå Libeck* Büt/Wu [4]KNO 11. Vgl. MWB 4,995f. — **lübisch** Adj., auch *lüübsch*, aus Lübeck, lübeckisch vereinz. Spruch mit scherzh. Anspielung auf Lübisches Recht im Spätmittelalter: *Dat's lübisch Recht: Holl, wat du hest, un nimm, wat du kriegen kannst* Gwald.

Luchs m., TiN, wie hd. In Vergleichen analog zum Hd.: *uppassen as 'n Luchs* Ank/An; *Ogen hebben as 'n Luchs* Uec/Pa. Vgl. Luchsog. — **luchsen** sw. 1. scharf, aufmerksam schauen verstr. *Hei luchst achter em her* Gwd/Ba. *Ik mutt eis üm t' Eck luchse* Dra/Rt. — 2. mit List an sich bringen vereinz. *Du luchst mi noch denn letzten Penning ut'e Tasch* Ank/An. — 3. mit Murmeln spielen vereinz. VPom. Auch: Schreibfedern oder Münzen auf einem Tisch mit einem leichten Schlag in eine best. Position bringen (Kinderspiel) vereinz. VPom NOPom. — **Luchser** m. große Glasmurmel verstr. VPom, sonst selt. Ausrufe vor dem Werfen der Murmel im Kinderspiel: *Luchser, Luchser, bring mi Glück!* Dem/Tp. Vgl. Lucker. — **Luchsogen** Pl. 'Luchsaugen' scharfe, gute Augen vereinz., [4]KNO 6. *Du hest uk Luchsoge* siehst auch alles Nau/Fg. — **luchsstartig** Adj., veralt., 'luchsschwänzig' widerspenstig HOEFAMSC 288[a].

lucht Adj., veralt., usuell als Komp. *luchter, luchtsch* Mönchg., SUN 1844,315, auf der linken Seite befindlich vereinz. VPom, sonst selt. *De Frugens sitten in dei Kirch an de luchter Siet* Ank/An; *de luchter Hand* Gwd/Ze. Vgl. luchterhand.

Lucht[1] f., Pl. *Lucht, Luchten*. 1. Öffnung im Mauerwerk, bes. für Fenster verbr. VPom, sonst selt. *De Stein is* *dörch de Lucht flågen* Dem/Tp. Vgl. Finsterlucht. – **2.** Fensterrahmen mitsamt dem Fensterglas verstr. VPom, sonst selt. *Dat Hus hett söss Luchten Finster* eine Front von sechs Fenstern Gwald. *Sei hett Gardinen för twei Lucht köfft* Gwd/Wi.

Lucht² f., hist., Raum hinten auf der Diele des Bauernhauses HWWB 182ᵇ.

Lucht³ s. Luft.

Lücht f., *Licht* Lau/GW, Pl. *-en*. **1.** Leuchte, Laterne VPom, sonst vereinz. *Nimm di 'ne Lücht mit, dat is buten stickendüüster* Rüg/Ae; *de Lücht ansticken / utpuusten* Rüg/Zi,Stral. – Kinderr.: *Dor kümmt de Ollsch mit de Lücht, de de Lüd bedrücht, de de Eiger hält un nich betåhlt* Fra/Zi, Gwald. *Ollsch mit dei Lücht kann't Bett nich finn', föllt mit dei Nees in't Kellerloch rin* HUMGWD 76,284f.,4. Vgl. Lantern, Latücht. – **2.** heller Schein, Wetterleuchten Dem/De, Pyr/Wi. – **3.** veralt., Leuchtfeuer, -turm vereinz. VPom, HOEFAMSc 286ᵃ, HUMGWD 3,39,10. Hist. FlN: *Luchte* Name der Südspitze von Hiddensee, weil es dort ein Leuchtfeuer gab ¹GRÜ 83. – **4.** Blesse, bes. bei Pferden Uec/Ge, Lau/GW.

Luchtbom m. Hebebaum selt. VPom, Ran/Ro. Vgl. Häfbom, Wuchtbom. – Zu lüchten².

lüchten¹ sw. leuchten. **1.** hell scheinen, strahlen, glänzen. *De Ogen lüchten ehr man so in'n Kopp* Ran/Sk. Von einer Säufernase: *De Näs lücht' richdig* Gwald. Scherzh., wenn sich jmd. gewaschen hat: *Wat lücht' dat hier!* Gri/Go. – **2.** eine Lichtquelle auf etwas / jmd. richten. *Ik war di up'e düüster Trepp lüchta* Dra/Bu. *Hüt wi' wi lüchte gåhe* mit einer Blendlaterne auf Krebsfang gehen Saa/Te. – Phraseolog.: *ein' (düchdig / schön) lüchten* jmd. (heftig) zurechtweisen, tadeln verbr. Prügelandrohung: *Di war'k lüchten!* Stett u. ä. verstr. – **3.** blitzen, wetterleuchten. *Dat lücht' all, dor kümmt 'n Gewitter rup* Ran/Pe. → blitzen. – **4.** morgens dämmern, hell werden vereinz. Auch refl.: *Dat lücht sich all* Gwald.

Lautvar.: *löchte* vereinz. °Cam °Gbg, *lichte* verstr. nordöstl. HPom, HOMWB 121ᵃ, ⁵TITA 52, *liechte* Sto/Gl, vereinz. °Lau (dort auch mit velarem Reibelaut, vgl. STRI 44), *luchte* Neu/Aa, *lüschde* Neu/Pn.

lüchten² sw., *luchten* vereinz. VPom, *lüchen* Hidd. **1.** heben, anheben VPom, sonst vereinz. *Wi möten denn Stein ierst 'n båten lüchten* Dem/Tp. *Hei künn denn Sack nich luchten* Dem/Kt. Seem.: den Anker lichten vereinz. vpom. Küste. Fischerspr.: Reusen einholen vereinz. vpom. Küste, RAS 146. Vgl. lichten², lüften. – **2.** übertr., schaffen, bewerkstelligen vereinz. VPom, HOEFAMSc 286ᵃ. *Mien Mann kann dat nich lüchten* Stral. – Mnd. *luchten*.

Lüchtenpåhl m. Laternenpfahl vereinz. VPom, ⁵BAND 36, HUMGWD 10,8,11.

luchter s. lucht.

Lüchter¹ m., *Lichter* HOMWB 121ᵃ, Leuchter, Kerzenhalter VPom, sonst vereinz. *De Lamp is ut, nu mäut wi denn Lüchter rinnerhåle* Saa/Le. *Wi willen dei sülwern Lüchters anstäken* Gwd/Ba.

Lüchter² m., seem., Leichter, kleineres Schiff, das in flacheren Gewässern bzw. in Hafennähe Teile der Ladung von Schiffen mit großem Tiefgang übernimmt Rüg/Sn, Gwald.

luchterhand Adv., veralt., linkerhand, auf der linken Seite vereinz. VPom. *Dat Hus steiht luchterhand von dei Kirch* Ank/An. Vgl. lucht. – **Luchterhand** FN ('Linkshänder'). – Im Sagw.: *Kihr di üm, Mudderken, dei anner Siet will uk noch wat hewwen, säd Luchterhand, as hei sien Fru schlög* Ank/An.

Lüchtfüer n. Leuchtfeuer vereinz. *Dat Lüchtfüer brennt all* Gwd/Ba.

Lüchting¹ f./m., *Lichting* vereinz. nordöstl. HPom, *Lüchtung* verstr. VPom. **1.** Blitz, Wetterleuchten VPom, sonst vereinz. *'n hellen Lichtschien [...], dei as 'n Lüchting dörch't Timmer güng* NIB 117. *Wat wier dat bloots 'ne Lüchtung in dei Nacht!* Gri/Ti; *'ne Lüchtung in't Wärer* ein Blitz im Unwetter Rüg/Zi. – **2.** nur m., verhüllende Bez. für den Teufel vereinz. Zumeist in Flüchen: *Di sall dei Lüchting hålen!* Gwd/Rd. *Lüchting noch ees!* Ran/Pe. Vgl. Dunnerlüchting.

Lüchting² m., *Löchtink* Gbg/Gp, Reg/Kt, *Lichting* vereinz. nordöstl. HPom, Leichtfuß, Schlingel, Taugenichts VPom, sonst verstr. *Dat is so'n Lüchting, dor is kein Verlåt up* Gri/Ti. Drohend: *Täuf, du Lüchting, ik war di!* Gwald. Anerkennend: *Dat is 'n hellschen Lüchting* ein Pfiffikus Stett. – Nach HWWB 183ᵃ etym. zu *licht* leicht.

Lüchting(s)katt f. Katze mit blitzenden Augen vereinz. HPom. Im Vergleich: *Är Ogen blänkerten as sone Lüchtingkatt* Kol/Kr BLFPVK 10,41. – **Lüchtkäwer** m., TiN, Leuchtkäfer, Glühwürmchen vereinz., vgl. DWA 3, Kt.4. *am Åwend lüchte dai Lüchtkäwes* LAUWB 227ᵇ. → Gläuhworm. – **Lüchtnis** f. Licht, Beleuchtung selt. VPom, Uec/Ge. Auf ein Wetterleuchten bezogen: *Dat wier eine grote Lüchtnis œwer Nacht* Gri/Ti. – **Lüchtpann** f., fischerspr., pfannenförmiges Drahtgestell, auf dem ein brennender Kienspan als Leuchtmittel für das Fischen bei Nacht diente vereinz. ZPom SPom. *Nimm de Lüchtpann tau'm Hääktstäken mit!* Dra/La. – **Lüchttorm** m. Leuchtturm verstr. – **Lüchtung** s. Lüchting¹. – **Lüchtwörmken** n., TiN, *Lüchtwörming* Ank/An, Leuchtkäfer, Glühwürmchen vereinz., vgl. DWA 3, Kt.4. → Gläuhworm.

Luck n.(?) "ein Teil des Pferdegeschirres, welches mit dem Aufsatzzügel beim Gebiß in einen Ring geschnallt ist und an welchem die Leine befestigt wird" ⁷Kno 176. – Zu pomor. *luki* Kreuzleine zum Fahren mit zwei Pferden. – **Luckelien** f. über Kreuz geführte, innere Pferdeleine für ein Zweiergespann Sch/Pk, Büt/Bt, Sto/Dö.

lucker s. locker.

Lucker m. große Glasmurmel vereinz. VPom. Ausruf vor dem Werfen einer Murmel auf ein Ziel: *Lucker, Lucker, Lucker, in dei Kuhl is Zucker!* Gwald, ähnl. HtKlGwGri 1930,40, HuMGwD 75,107,4. Vgl. Luchser.

Lücker s. Licker.

luckern¹ sw. mit Murmeln spielen Gwald, Gwd/Ze, Ank/Km.

luckern² sw. locken, eine Begierde erwecken ¹Seg 253: *Allein Gustav Adolf luckert dat Geld.*

lud' s. lut.

Lüd Pl. 1. Leute, Menschen. *Dees Lüd sünd nich von hier* Nau/Fg. *Up'e Strât ståhe väl Lür* Nau/De. *De kümmt nich väl unner Lüj lebt zurückgezogen* Pyr/Lt. *Dat sünd twee enzelte Lüd* kinderloses Ehepaar Gwald. *De is keenen Lüden nütt* ist ein Taugenichts Ank/An. *Wat warden de Lüj seggen?* Pyr/Lt. *Dei Lüd räden ümmer, doch ik blief, wat ik bün!* Use/Sw. *Dat is bloß fe de Lüj* ist nur zum Schein Pyr/Wi; *all de armen Lür!* Rüg/Rp; *hiersche Lied* Einheimische Rum/Ru; *anner Lüd* fremde Leute Fra/Zi; *de lütten / kleinen Lüd* einfache Leute allg. *Mit uns lütten Lüd koenen sei 't jo måken!* Fra/Zi. *De lütten Lüd* sind in der Volkssage Zwerge, die unter der Erde wohnen °Rüg, vgl. ⁹Haas 32, Burka 99. Scherzh.: *Dat sünd düchtig Lüd, dei bi'm Äte schweite un bi de Arbeit freire* °Sch u. ä. verstr. – Erstaunter Ausruf: *Lüd un Kinner!* Fra/Zi u. ä. verstr. Stoßseufzer: *Lürkes, wat is dit bloß 'ne Wilt!* Gbg/Kl. – Phraseolog.: *wat unner dei Lüd bringen* Neuigkeiten ausplaudern verstr. *Dat jifft so'n Lüd, jifft uk so'n Lüd, dat jifft Mus(i)kante, jifft uk Spällüd* die Menschen sind verschieden Dra/Dr, ähnl. vereinz. Zu einem Angeber: *Achtern Barg wåhnen uk Lü'* Gwd/Ba. Wenn jmd. hohe Preise verlangt: *De nimmt 't uk von de Lüd, von de Böm kann he 't nich plücken* Uec/Ja u. ä. verstr. – Spez. auf Eigenschaften alter Leute bezogen: *Oll Lür wassen kein Tähnen mihr* alte Leute können sich nicht mehr wehren Rüg/Ae. *Oll Lür sünd wunnerlich, wenn' rägent, denn führen s' to Heu* Rüg/Zi u. ä. vereinz. – Sprw.: *Flietig Lüd lopen sich dot, ful Lüd drågen sich dot* Stett. *Reisen Lür sall man nich uphollen* Fra/Ln u. ä. vereinz. Erweitert zum Sagw.: *..., sär dei Voss, don har hei denn Håsen nich krägen* Rüg/Ae. – Weitere Sagw.: *De Lür starwen, dat se sich schämen möten, sär de Kuhlengräber* °Rüg. Vorwurfsvoll: *Ji sin all Lür!, sär de Buer tau siene Schwiene* Dra/La. – Sprüche: *Dat gifft keen bäter Lüd as Mannslüd un Frugenslüd* Stett u. ä. vereinz., ⁴Kno 15. *Mann un Fru sind de besten Lüd, awer se mutte im Bedd sin* ³Kno 57. *Schlicht Lü' geiht't ümmer gaut* Gwd/Ba. Dagegen: *Gaude Liede geht dat immer schlecht* Büt/Wu ¹Kno 52. Vgl. lüüdsch. – 2. Dienstleute, Gesinde. *Dei Buer un sien Lür* Gri/Mi. *Dei sall sien Lü' man got behanneln* Ghg/Gr. *Lüj sünd knapp* Pyr/Lt. *De Lü' sünd up'n Fellen* bei der Feldarbeit Gwd/Ba. *Hei is mit de Lüre* versteht sich gut mit seinen Untergebenen Gbg/Gp. Bäuerlicher Wahlspruch: *Eist dat Veih un denn dei Lü'!* Gri/Go. – Sagw.: *Lidkes, rêgt juch! seggt de Dorschkowsche* [ON] *Hofmeister tau sinem eine Mann* °Lau ⁴Kno 15. – 3. Familienangehörige. Zumeist in Vbdg. mit Posspron.: *Uns Lüd kåmen all tau de Hochtiet* Gwd/Da.

Lautvar.: *Lü'* verstr. VPom MPom, vereinz. ZPom, *Lüde* Fra/Ln, Neu/Jn, ²Hoefa 387, *Lür* vereinz., *Lüe* vereinz. MPom ZPom, LauWb 227ᵇ, *Lüj* nördl. °Ghg ²Tita 20, °Pyr, Cam/Sr, Saa/Ke, *Lüje* Bel/Bs, Kös/Gu, *Lęid* Rum/Km ⁵Tita 52, *Leie* °Rum ²Mis 26, *Lied* verstr. NOPom, BLFPVk 3,106, Stri 24, *Lier(e)* Rum/Pl, Sto/Kr, *Luid* Neu/Sa ³Mis 44, *Lûie* Rum/Fa ²Mis 27, *Luir* Kös/Bb ³Mis 48. – Dim.: *-kes* verstr. MPom HPom.

Lüdbedd n. Gesindebett Fra/Ln, Pyr/Lt. – **Lüdbier** n. 'Leutebier' Dünnbier Nib 44.

luddern sw. 1. unordentlich herabhängen Gri/Ge, Stolp, HomWb 123ᵃ. *Berrn luddern* Oberbetten zum Auflockern der Federn in die Sonne legen Gri/Ge. – 2. ziellos herumlaufen HomWb 123ᵃ.

luddre s. luttern.

luden sw., *luren* Fra/Bn, vereinz. ZPom, *lujen* Ghg/Wt, Pyr/Wa,Wi, lauten. 1. einen best. Wortlaut haben, sich in best. Weise anhören vereinz. *So lud't dat Wuurt nich* Rüg/Ae. *Dat Gebot lud't* Fra/Zi. Von einem schlechten Zeugnis: *Dat luujt ne got* Ghg/Wt. – 2. Laute hervorbringen, sprechen vereinz. *Ik ka' kum lure* Reg/Kt. *Up di bü'k ni(ch) got to luje* über dich kann ich nicht gut sprechen Pyr/Wa.

lüden sw. läuten. 1. (Glocken) ertönen lassen. *De Köster fingt all an to liede* Sto/Gl. Scherzh. zu einer Person, die mit den Beinen baumelt: *Wecken lüüdst du in't Graff?* Dem/Tp. – Sagw.: *Dei Klocken lüd ik! secht dei Bur un stött 'n Köster von sien Fru* Gri/Mi. – 2. ertönen, erklingen (von Glocken). *De Glocke lüje* Pyr/Sa. Übertr.: *Dat lüd't mi so in'e Ohra* ich habe Ohrensausen Dra/Bu. – 3. durch Glockengeläut etwas kundtun. Wenn Glocken zur Kirche rufen: *Dat lüd't tau Kirch* Fra/Ln. Bei einem Brand: *Dat lüürt Füe(r)* Reg/Me. *Dat hätt all tum Frühstück lütt* HomWb 123ᵃ. *Dat lüd' Fieråwend* Saa/Te. *Nu lüürt 't vaie* nun läutet es viermal, es ist vier Uhr Reg/Kt. – Phraseolog. analog zum Hd.: *wat lüden hüürn* etwas gerüchtweise vernehmen verbr.

Lautvar.: *lüdden* mf. VPom, ³BAND 18, DAL 38, HOEFAMSC 286[b], *lürren* vereinz. VPom ZPom, Dra/La, ²GIL 87, *lüren* Dem/De, Gbg/Gp, *lüje* verstr. °Pyr, *lirre* Rum/Km, *liere* Rum/Tr, *liede* Sto/Dö,Gl, °Lau STRI 23, *lidde* Neu/Sa ³MIS 44, vereinz. NOPom.
Flex.: Formen mit gekürztem Stammvokal sind bes. im Part.Prät. sowie in der 2. u. 3.Ps.Sg. belegt.
Rsyn. zu 1. u. 2.: *bimmeln, brammen*[1]*, bummen, klingeln, klingern, klünnern*.

Luder n., *Lurer* verbr. ZPom, sonst vereinz, *Lur* LAUWB 228[b], *Luje* Saa/Ba. **1.** Schimpfw. für eine durchtriebene, hinterhältige Person. *Dat Luder lücht doch ümmer* Fra/Fr. *Du büst 'n dummes Lurer* Dem/Tp. Dagegen: *'n armet Luder* bedauernswertes Geschöpf Büt/Bt. Mit einem gewissen Grad von Anerkennung: *De is 'n fienet Luder* tut vornehm, gibt viel Geld für Extravaganzen aus Ank/An. – **2.** jägerspr., Tierkadaver, Aas (bes. als Lockspeise). Im Vergleich: *Dat stinkt as Ås un Luder* stinkt erbärmlich vereinz. – **3.** übermäßige Ansammlung von Fett oder Fleisch, bes. bei Nutztieren vereinz. *Dat Pierd hett tauväl Luder up'n Lief* Gri/Bo. Abfällig über eine fettleibige Person: *Dat's luter Luder* Gri/Go. – **lud(e)rig** Adj. liederlich, nachlässig vereinz. VPom. *Wur süht hei werrer luudrig ut!* Gri/Gm. – **Luderjån** m., *Lüderjån* vereinz., liederlicher, verkommener Mensch vereinz. VPom, sonst selt. Vgl. Liederjån, Lodderjån. – **ludern** sw., *laudern* HOMWB 117[b], *laure* Sch/Sd, *lure* LAUWB 228[a]. **1.** sich herumtreiben vereinz. HPom, sonst selt. – **2.** schlampig arbeiten selt. *Då(r)bi hest du richtig lude(r)t* Dra/Dr. – **3.** Aas fressen selt., LAUWB 228[a]. – **Luderplatz** m., jägerspr., Stelle, an der man Aas als Lockspeise für Raubwild auslegt selt.

Lüdhus n. Wohnhaus für Gutsarbeiter vereinz. VPom, DKr/La. – **Lüdkåmer** f. Gesindestube vereinz. VPom. Gebräuchlicher ist Lüdstuf. – **Lüdkauh** f. Kuh, die einem Gutsarbeiter gehört vereinz. – **Lüdkœk** f. Gesindeküche vereinz. – **Lüdkœksch** f. Köchin für die Dienstleute auf einem Gut verstr. VPom, sonst selt. *uns' Brunhild wier Kåeksch, ne einfache Lüdkåeksch* NIB 43. Vgl. im Unterschied dazu Mamsell. – **Lüdschinner** m. Leuteschinder vereinz. *Dei Gautsbesitter wier 'n richtiger Lürschinner* Gri/Mi. – **Lüdschnack** m. Gerede der Leute VPom. *Up Lü'schnack möt man nicks gäben* Gwd/Ba. – **Lüdstuf** f., *Lüden-* vereinz. MPom, Gesindestube. *Dei Knechts un Mätens sitten in'e Lü'stuf* Gwd/Ba. Vgl. Lüdkåmer.

luern sw., *luren* verstr., *lǫurə, lǫuərə* Rum/Km ⁵TITA 50, lauern. **1.** auf etwas / jmd. warten. *Lur up mi, ik bün glick dor!* Ran/Pe. *He luert ümmer up Fieråbend* Pyr/Lt. *De Buern luern up gaut Wäder* Gwald. Abweisend: *Dor lur (man) up!* darauf kannst du lange warten! allg. *Dor lur man up, bet du ult un gries warst* Nau/De. Iron. zu jmd., der unwillkommen ist: *Up di heww ik gråd luert!* Rüg/Ke. – **2.** (begierig) spähen, Ausschau halten, horchen. Zu einer neugierigen Person: *Wat hest du hier tau lure?* Lau/GW; *üm de Eck lure* Reg/Me. Im Vergleich: *De luert dorup as de Katt up de Mus / as de Hund up de Rott* Stett. Vgl. Lur.

Luft f. wie hd. **1.** gasförmiger Stoff, aus dem die Erdatmosphäre besteht. *Dei Luft is hüt so drög / stickig* Gwd/Ba, Pyr/Lt. *Luft måken* frische Luft hereinlassen Pyr/Lt; *up'e Luft gåhn* ins Freie gehen Fra/Zi. Auch: Luftraum über der Erdoberfläche. *Dei Bläder fleigen dörch dei Luft* Gwd/Nu. *De Storm [...] hülte in de Lucht* DLP 5,25. *Hier is de Luft åpen* hier ist niemand, ist alles leer Reg/Rg. – Phraseolog.: *ein' an'e Luft setten* jmd. hinauswerfen verbr. – **2.** Atemluft. *Luft haule* einatmen Gbg/Wo. Verhüllend: *dat Luft hålen vergäten* sterben allg.; *nå Luft japse* keuchend, angestrengt atmen Sch/Gu. *Em is de Luft so knapp* er hat Atemnot Dem/Tp. *De günnt mi nich de Luft* gönnt mir nichts Gwd/Ze. Zum Angeber: *Nu holl de Luft an!* Stral. *Du hest uk bloß soväl Luft as ik!* Sto/Pf. Verstärkend in der Paarformel *ut Luft un Åten* völlig atemlos verstr. – **3.** freier Zwischenraum, Spielraum. *Dat Hult mutt dichter packt ware, dor is noch väl Luft* Sto/Gl. *Wenn de grot Disch rutkümmt, gifft dat hier Luft* Pyr/Lt. Auf den Darm bezogen: *Dei Hauptsåk is, dat dat Kind Luft hett* guten Stuhlgang hat Fra/Pe. – Ral.: *sik Luft måken* sich Erleichterung verschaffen, indem man aufgestauten Ärger anspricht verstr. – Sagw.: *Dat gifft Luft, sär de Diern, dor kreeg se twee Kinner mit eenmål* Rüg/Ls. *Dat gifft Luft, säd Ulenspeigel, dunn platzte em dei Bücks* Dem/Tp. *Nu jifft' Luft, secht de Bur un leet dree dicke Fört* [Fürze] Ran/Sr. – **4.** Luftzug, leichte Brise vereinz. *Hüt jeht keen Luft* Pyr/Wi.
Lautvar.: Älteres *Lucht* wird vereinz. noch literarisch gebraucht, während in diesen Bedeutungen heute *Luft* nahezu allein gültig ist. Zudem: *Loft* Saa/Ja, Dra/Ga, vereinz. NOPom. Vgl. DSA 11, Kt.63. Besser bewahrt ist mnd. *lucht* in anderer Bed., vgl. Lucht[1], Lucht[2].

Luftbönger m. Pfefferminzbonbon vereinz. VPom. – **lüften** sw., *lüfde* Reg/Kt, *lifte* NOPom, *lüftje* Neu/Lt. **1.** frische Luft hereinlassen. *Wi möten eis (dat Timmer) lüften* Gri/Mi. – **2.** für eine gewisse Zeit der Luft aussetzen. *Berren lüften* Oberbetten lüften Gri/El. Drohend: *Ik war di lüfte!* ich werde dich an die Luft setzen, hinauswerfen! Rum/Gw, ähnl. verstr. – **3.** heben, anheben. *Wi möten denn Bomstamm lüften* Stett; *'n Sack up'e Schuller lifte* Sto/KP. Wenn eine Schwangerschaft nicht mehr zu verbergen ist: *Dor lüft't sich all wat* Ran/Ro. Refl. auch in der Bed.: sich erheben, aufstehen. *Nu måk un lift di!* Lau/GW. Fischerspr.: Reusen einholen. *de Rüs lüften* Stral. Vgl. (mit nd. *cht* für *ft*) lüchten[2] u. seem. übliches lichten[2]. – **4.** übertr., schaffen, bewerkstelligen. *Dat kann ik nich lüfte, do heww ik dat Geld nich tau* Nau/Fg; *dei A(r)beet lüfte* Nau/De. – **Luftfor** f., müllerspr., 'Luftfurche' tiefe Furche auf der Mahlbahn des Mühlsteins vereinz., ²REH 17. Syn. Hauschlag.

lüftig Adj. 1. luftig, luftdurchlässig vereinz. *Se hett 'n lüftig Kleed a'* Sch/Sl. – 2. listig, gewitzt verbr. *Dat's 'n lüftigen Sell* ein Pfiffikus Gri/Bo; *lüftig up wat sin* sich mit etwas gut auskennen Ank/An. Vgl. lüftsch. – 3. leichtfertig, unbesonnen vereinz. *Wi jammern ümmer, dat dei Lüd' hüttodag so lüftig un lichtsinnig sünd* HUMGWD 4,20,10. – 4. munter, lebhaft vereinz. *Dei Bingel is to liede, hei is so recht liftig* Sto/Gl.
Lautvar.: *lüfdig* vereinz., *lüftch* vereinz. ZPom, *luftig* selt., *liftig, lifdig* Sch/Sd, Rum/Ru, NOPom.

Lüftigkeit f. Leichtfertigkeit, Unbesonnenheit HUMGWD 4,9,8: *Sinnigkeit un Aewerleggung is sihr wat Gaudes, äwerst en Schuss Lüftigkeit hürt dor mang.* – **Luftikus** m. leichtsinniger, oberflächlicher Mensch. Ebenso: *Luftibus* vereinz. – **Lüfting** m. übermütiger, schelmischer Mensch Gri/Mi. – **Luftkutsch** f., scherzh., Flugzeug vereinz. – **Luftkutscher** m. 1. leichtsinniger Mann vereinz. – 2. scherzh., Pilot vereinz. – **Luftmusikant** m., TiN, Kranich Ghg/Hk,Li, Lau/Gr BLFPVK 9,181. Nur im Pl. belegt: *De Luftmusikanter schriegen, dat gifft Storm* Ghg/Hk. → Kraun. – **Luftpatz** f./m. ungebrannter, an der Luft getrockneter Lehmziegel verstr. HPom, sonst vereinz. Vgl. Leihmpatz, Luftstein. – **Luftquucker** m. Pferd, das beim Fressen oft in den Krippenrand beißt u. dabei viel Luft schluckt vereinz. SPom ZPom. Syn. Krübbenbieter. – **Luftrühr** f. Luftröhre. – **lüftsch** Adj. gewitzt, clever selt. MPom ZPom. Vgl. lüftig. – **Luftschinner** m. 'Luftschinder' hochprozentiger Schnaps Rüg/Pu, Saa/Ja, Büt/Bt. – **Luftschnapper** m. 1. Asthmatiker vereinz. – 2. in ländlicher Umgebung Erholung suchender Mensch vereinz., HUMGWD 13,32,8. – **Luftstein** m. wie Luftpatz selt. MPom, Saa/Ja. – **Luftverännerung** f. Luftveränderung selt. – Sagw.: *Dat gifft Luftverännerung! seed Ulenspegel, don platzten em dei Bücksen* HUMGWD 77,68,4. – **Lüftwark** n., müllerspr., Vorrichtung zur Höhenverstellung des oberen Mahlsteins vereinz. *Wenn dat Lüftwark to stramm instellt is, blifft de Mæhl ståhn* Gwald.

lugen sw. wie hd. selt. *Lug eis, up hei kümmt!* Gri/Gm.

Luggedur m., veralt., *Lujedur* selt. VPom, DLP 1,55, ⁴GIL 1,102, *Lukkedur* selt. VPom, GAHL 15, Louisdor, französische Goldmünze VPom. *as Reisgeld twei Lukkedurs, dormit hei gaud nah Hus kamen künn* DLP 3,131.

Lui m. 1. abgefeimter, wenig vertrauenswürdiger Mensch vereinz. – 2. Zuhälter vereinz. – Zum hd. RN Luis, eingedeutschte Schreibung von frz. *Louis*.

Luk f., seem. auch n., *Luck* vereinz. MPom HPom, ²MIS 26, ⁵TITA 50, Luke. 1. rechteckige, verschließbare Ladeöffnung, bes. im Giebel oder im Dachboden. *Heu dörch dei Luk ståken* Gwd/Ba. *Dörch de Luk in'e Stalldeck ward dat Fauder schmäten* Gri/No. – Phraseolog.: *'n lütten up'e Luk hemm'* verrückt, närrisch sein verbr.; *ein' up'e Luk (gåten) hemm'* betrunken sein vereinz. – Sagw.: *Nu käm ik, secht Pågels* [FN] *un föllt ut dei Luk* Gri/Ge. – 2. seem., rechteckige, verschließbare Öffnung auf dem Schiffsdeck für den Ein- bzw. Ausstieg. *Måk dei Luken dicht!* Ank/An. – 3. Fensterladen vereinz. Auch: türähnlicher Verschluß, Klappe. *Dat Best is, jede hett sien Luk fe(r) sich, de ka' me tomåke* Pyr/Wa. Übertr. auf die Augen: *Ik slåh di dei Luken intwei!* Rüg/Ae. – 4. Lücke, kleiner Zwischenraum selt.

Lukas 1. RN wie hd. Kurzf. s. Lux. – 2. Gerät auf Jahrmärkten, mit dem die Schlagkraft gemessen wird. Ruf, um Kunden anzulocken: *Haut denn Lukas, ik bün em uk nich got!* Rüg/Pu. – 3. durchtriebener, unaufrichtiger Mensch vereinz. – 4. verhüllende Bez. für den Teufel selt. MPom, Nau/De. Verwünschung: *Di sall de Lukas hålen!* Ran/Pe. Vgl. Dukas.

luken sw., *lucken* Ghg/Li, Rüben jäten, Lücken in Rübenreihen hauen vereinz. östl. HPom, sonst selt. Auch: Rüben (mit der Maschine) hacken selt. MPom HPom. – Wohl zu mnd. *lūken* zupfen, zerren.

Luk(en)klapp f. herunterklappbare Abdeckung einer Luke. – **Luk(en)lock** n. ausgesägtes Loch im Fensterladen, bes. in Form eines Herzens oder eines Sterns °Sch. – **Luk(en)stiern** m. sternförmig ausgesägtes Loch im Fensterladen vereinz.

lukrieren sw. bei jmd. auf listige Weise etwas abstauben °Use SPI 15: *bet hei einen utbaldowert harr, bi den wat tau lukrieren wir.* – Wohl zu lucker.

Lulall m. lauter Mensch, Schreihals Pyr/Sh, Reg/Me. – **lulallen** sw. laut reden, schreien Gwald, Reg/Me.

Lulatsch m., *Lulaatsch* vereinz., *Lulåtsch* selt. 1. schlaksiger (junger) Mann. Verstärkend in fester Vbdg.: *Dat is 'n langen Lulatsch* Dem/De. – 2. liederlicher, flegelhafter Bursche verstr. Auch: Faulpelz vereinz. *An denn Lulatsch hett man kein Hülp* Dem/Tp. – 3. sehniges, lappiges Fleisch vereinz. VPom, HOEFAMSC 288ᵇ. – **lulatschen** sw. müßig herumgehen, faulenzen vereinz. – **lulatschig** Adj. 1. schlaksig vereinz. – 2. unordentlich vereinz.

Lulei m. Taugenichts Stett, HOEFAMSC 288ᵃ.

lullen sw. 1. einschläfern, in den Schlaf singen selt. – 2. seem., schwächer wehen Rüg/Sn. Vgl. lunen. – **lullern** sw., bes. kindspr. 1. ein Nickerchen machen vereinz. HPom, sonst selt. – 2. urinieren Stett, Ghg/Li, Cam/Rn.

Lumm s. Lummen.

Lümmel¹ m., Pl. *-s*; *Limmel* Lau/Lt. 1. ungezogener (junger) Bursche, Flegel. *Dei Lümmels hewwe mi dei*

Blaume afräte Nau/De. *Lümmel vom Lann', foat Stadtmäkes nich an!* HtKös 1929,3,11. → Flaps. – **2.** salopp, Penis vereinz. – **3.** Mumps, Ziegenpeter Ank/An. – **4.** Verband um einen Finger Gwd/Ba, Nau/Kk.

Lümmel² m. Name, mit dem Stiere gereizt werden sollen selt. VPom, HoefAMsc 287ᵇ, BlfPVk 7,60. – Zu lümmeln².

lümmelig Adj. **1.** faul, träge Uec/Pa. – **2.** ungeschickt, tölpelhaft HoMWb 123ᵇ. – **Lümmeljohren** Pl. Flegeljahre selt., Geb 54. – **lümmeln¹** sw., refl., sich bes. nachlässig irgendwohin setzen oder legen vereinz. *He lümmelt sik up't Sofa* Pyr/Lt.

lümmeln² sw. leise brummen (von Stieren) vereinz. VPom, ⁶Gil 88, BlfPVk 7,60, ⁹Haas 21. *"Murr!" lümmeld de Bull noch ees* ¹Tri 83. Vgl. Lümmel² u. MWb 4,1012.

Lümmels n., veralt., Gericht aus klein gehacktem Fleisch u. Innereien Nau/Fg, HoefAMsc 287ᵇ. – Zu mnd. *lümmel* Eingeweide des geschlachteten Tieres.

Lummen m., vereinz. f. **1.** Stoffetzen. Nur im Pl.: alte, zerschlissene Kleidungsstücke. *Stopp dei Lummen in'n Büdel!* Dem/De. *Hei hett bloots Lummen up'n Lief* Gwd/Ba. *Treck dien Lumme ut!* Sto/Dö. Spöttisch zu einer sehr zimperlichen Person: *Du krichst noch 'n Kind ut Lummen!* Gwd/Ze, ähnl. verstr. – Phraseolog.: *wat / weck up'e Lummen kriegen* Prügel bekommen verstr. – **2.** Scheuerlappen, Wischtuch vereinz.
Laut- u. Formvar.: *Lumm* (zumeist f.) verstr. VPom, vereinz. MPom HPom, *Lumpen* vereinz., *Lump* selt. HPom, HoMWb 123ᵇ, *Lomm* vereinz. °Lau. – Pl.: *Lummen* verbr. VPom, sonst verstr., *Lummre* Slo/Sl, *Lummes* verstr. °Sto, Lau/GW, *Lommes* verbr. °Lau, ²Pirk 41, *Lumpen* vereinz. VPom, verbr. MPom, selt. HPom.

Lummenbüdel m. Beutel oder Sack für Stoffreste und zerschlissene Kleidung. *Dat Kleed un dei oll Bücks hüren in'n Lummenbüdel* Fra/Bn. Vgl. Lummensack. – **Lumm(en)enn'** n., fischerspr., *Lunn-* ¹Pee 244, (mit Stofflappen umwickeltes) oberes Ende des Schaftes langer, einteiliger Ruderriemen vereinz. östl. °Rüg, ²Rud 79. – **Lummenführer** m. fahrender Lumpensammler. *Du süühst ut as'n Lummenführer* siehst ungepflegt aus Gwald. – Sagw.: *Aller Anfang is schwor, secht de Lummenführer, œwer ik fäng mit'n lerrigen Sack an* Gri/Mi. *Mien Vadder is Lummenführer, säd de Jung', mit Snurrers räd ik nich* Gri/Ge. – **Lummenkierl** m. dass. vereinz. VPom, sonst selt. – **Lummenmatz** m. Person mit zerlumpter Kleidung Ank/An, Ran/Sr. – **Lummenpopp** f. selbst angefertigte Puppe aus Stoffresten verstr. VPom, sonst selt. – **Lummensack** m. Sack, in dem man Stoffreste u. zerschlissene Kleidung aufbewahrt. Vgl. Lummenbüdel. – **Lummentüg** n. alte, wertlose Gegenstände NOPom, sonst selt.

Lummerhåfk m. 'Lumpenhabicht' Hebamme vereinz. NOPom, ⁶Kai 150. – **Lummerhoschel** f. dass. Sto/Sd, nach DWA 5, Kt.4. – Das Grundwort zu hd. haschen. – **Lummerie** f., **Lumperie** selt. **1.** zerschlissene Kleidung vereinz. – **2.** Wirrwarr, furchtbare Unordnung vereinz. – **3.** veralt., Erntetanz in Art einer Quadrille ¹Grü 264, BlfPVk 6,99, ⁹Haas 59. – **lumm(e)rig** Adj. **1.** *lumprig* selt., locker gewebt, wenig haltbar vereinz. *Dei Stoff is so lummrig* Dem/De. Auch: zerlumpt, zerschlissen vereinz. *Hei geiht lummrig in Tüg* ist nachlässig gekleidet Rüg/Ae. – **2.** lappig, von weicher Konsistenz (bes. von Nahrungsmitteln) vereinz. VPom, sonst selt. *Dat Brot / Fleisch is so lummerig* Fra/Pe. *Dat Hei is lummrig* das Heu ist klamm Büt/Bt. – **3.** schwül selt. VPom, Saa/Jk, Sch/Rg, Lau/Vl. – **lummig** Adj., *lummisch* Slo/La, schwabbelig, sehr weich (bes. von Fleisch) vereinz. *Dat Kalffleisch is so lummig* Reg/Kw. *Dei Bein sind mi so lummig* meine Beine sind kraftlos Sto/KP.

Lump¹ m. niederträchtiger, charakterloser Mensch vereinz.

Lump² m., TiN, Seehase vereinz. °Rüg.

Lumpaten Pl. alte Sachen, Gerümpel Rüg/Pu, Nau/Fg,Rh, Saa/Jk.

lumpen¹ sw. Nur in der Fügung *sik nich lumpen låten* sich großzügig verhalten verstr.

lumpen² sw., *lumbe* Reg/Kt, hinken, humpeln verstr. *Hei lumpt up ein Bein* Fra/Fr. *Du lumpst jå so, hest du di denn Fot verperrt?* Rüg/Dm.

Lumpen s. Lummen.

Lumpenhund m. gemeiner, nichtswürdiger Mensch vereinz. – **Lumpenpack** n. verabscheuenswerte Menschen vereinz.

Lumperie s. Lummerie.

Lumpfaut m. **1.** verletzter oder steifer Fuß, mit dem man nur hinken kann selt. – **2.** hinkender Mensch selt., ²Kno 70. – Zu lumpen².

lumpig Adj. **1.** zerlumpt selt. – **2.** kümmerlich, erbärmlich wenig. *Wat he gifft, is sihr lumpig* Ank/An. – **3.** gemein, niederträchtig selt., LauWb 228ᵃ. – **lumprig** s. lumm(e)rig. – **lumpsch** Adj. zerlumpt Gbg/Gp, Reg/Kw.

Lun f., veralt. als Dim. *Lünink* DähWb 287ᵃ, Laune, Stimmung. *Gåh denn ut'n Wech, de hett hüt schlichte Lun!* Ank/An; *gaut / schlicht bi Lun sin* Fra/Bn. *Dat sall uns äwer de Lun nich verdarben* UP 6,61. Im Pl.: *Lunen hett sei as dei Hunn' Flöh* sie ist sehr launisch Fra/Hh. – **Lun-eck** f. Zimmerecke hinter dem Ofen (in die sich schmollende Kinder begeben mußten) Fra/Bn, Reg/Kt.

Syn. Lunhön, -winkel. – **lunen** sw. 1. *lünen* selt. VPom, launisch sein, schmollen vereinz. *Ik heff em utschimpt, nu luunt hei all werrer* Fra/Bn. *Dat Füer licht un luunt so* das Feuer will nicht richtig brennen Fra/Br. – **2.** seem., schwächer wehen Rüg/Sn: *Dei Wind luunt*. Vgl. lullen. – **3.** sich beim Versteckspiel an eine Wand o. ä. ('Schmollwinkel') stellen u. mit geschlossenen Augen bis zu einer best. Zahl zählen, bevor man suchen darf Gbg/Wo.

Lung' f., *Long'* Gbg/Gp, Reg/Kt, Lunge. *Lung' un Läwer sünd gesund* Stral. Über einen Schwindsüchtigen: *De spuckt sien ganz Lung' weg* Pyr/Lt. – Ral.: *sik de Lung' ut'n Hals / Lief lopen* durch schnelles Laufen in Atemnot geraten verbr.; *ein' de Lung' ut'n Lief frågen* jmd. durch ständiges Fragen belästigen vereinz. – **lungenfüülsch** Adj. lungenkrank, schwindsüchtig vereinz. MPom, sonst selt. – **Lungenpieper** m. lungenkrankes, pfeifend atmendes Pferd verstr. *De Lungepieper möt an'n Schlachter verköfft ware* Lau/Vl. Auch: Asthmatiker vereinz. – **Lungensük** f. Schwindsucht vereinz.

Lungerer m., *Lunger* Dra/Wi, Müßiggänger, Faulenzer selt. – **lung(e)rig** Adj. 1. liederlich, moralisch verwerflich vereinz. – **2.** *luungrig* Gbg/Ge, locker gebacken, wenig nahrhaft vereinz. HPom. *lungrig Brot* Kol/Pr. – **lungern** sw., *lunkern* HOEFAMSC 288[b], *lunnere* Neu/We, *longre* Reg/Kt, herumlungern vereinz. Weitaus üblicher in der Zss. rümlungern.

Lungmaus n. 'Lungenmus' Lungenhaschee Uec/Ge, Ghg/Li, Sch/Pu. – **Lungwust** f., *Lunk-* vereinz., aus gehackter Lunge, Fleisch u. Speck hergestellte Wurst. *Lungwust schmeckt an'n besten tau Gräunkohl* Gwd/Ba. *Lungwost mit A(r)fte* Pyr/Wa. *Kohl un Lungwust schmeckt denn* [im Januar] *god* HUMGWD 11,2,8. *Lungwust* wurde früher in Pom. mit Grünkohl, Erbsen oder auch einem Schweinekopf an Fastnacht gegessen, vgl. [6]KAI 84f.

Lunhön n. Schmollwinkel BUL 93: *e de Lunhön stahe*. Syn. Lun-eck, -winkel.

Lünich m., PflN, Bachbungen-Ehrenpreis WEIG 4, PRIT/JES 432[a]. Vgl. MWB 4,1017. Het. Liemkenkrut. – Zu mnd. *lümek(e)*.

lunig Adj. launisch vereinz. Vgl. luunsch.

Lüning m., TiN, auch *Lünk*, Sperling, Spatz selt. VPom, BERL 51. Vgl. MWB 4,1017. *De Lünken krupen unner't Dack* Ank/An.

lunisch s. luunsch.

Lunk[1] f., *Lu'* Gri/Ti. **1.** Bodensenke, Mulde verstr. VPom, sonst selt. *Pass up, dor is 'ne Lunk in'n Acker!* Gri/Gm. – **2.** kleiner, seitlicher Einschnitt in einem Brett [7]KNO 176.

Lunk[2] f. schlechtes, weiches Kiefernholz Saa/Ja, Rum/Gl [7]KNO 176. Vgl. lunkig.

lunkådre sw. Blut (aus der zur Lunge führenden Ader am Hals von Pferden) ablassen selt. HPom. – Zu Lung'.

lunkig Adj., *lungig* Reg/Rg, weich, zu wenig fest (von Holz) Saa/Ja, Rum/Gl [7]KNO 176. Vgl. Lunk[2].

Lünn f. Daune Uec/Ge, Ghg/Hi,Li. – Etym. unklar.

Lunn-enn' s. Lumm(en)enn'.

Lüns f., *-s* zumeist stl. **1.** Achsnagel, Splint, der durch das Ende der Wagenachse gesteckt wird, damit das Rad sich nicht lösen kann verbr. *snurrig mütt et togahn, wenn de Räder nich herümslan edder eene Lüns utspringt* ARN 28. *We ma de Lös' velaiert, jeht dat Rad af* Saa/Le. – Ral.: *ein' de Lünzen reigenmåken* jmd. gehörig zurechtstutzen verbr. VPom. Syn. Lünsnågel, -sticken. – **2.** wie Lünsståken vereinz.

Laut- u. Formvar.: *Lüns'* selt., *Lüss* verbr. ZPom, Dra/Bu, DKr/DK, *Lürs* Kös/Ro, *Lööß* Nau/Db, *Lös* (*-s* sth.) Ghg/Bh, Pyr/Sa, Reg/Kt, Saa/Le,Te, *Lins, Linz* verbr. NOPom, *Lia̯ss* Sch/Sd, *Liss* Slo/La, *Lenz* Lau/Sl. – Pl.: *-en* (Hauptvar. *Lünzen*). – Als Erstglied in nominalen Zss. vor mit *s* oder *sch* anlautenden Grundwörtern treten zudem folgende Varianten auf: *Lü(e)-* Nau/De, Bel/Ze, Dra/Wu, Neu/Lc,Ns, Sch/Pu,Rg, *Lünn-* vereinz. VPom, Ran/Gn,Pe, Nau/Db, Gbg/Wo, *Lö(a̯)-* Reg/Kt,Wa, verstr. SPom, *Læn-* Net/Hf, *Lünd-* selt. VPom, Uec/Ro, *Liss-* (*-ss* sth.) °Sch MAH 29, *Lü̃s-* Neu/Rt [10]TEU 247.

Lunsch f., Pl. -*en*; *Lunz* Dra/Dr, Sch/Pk,Sd, Rum/Tr, vereinz. NOPom, DKr/Jg, *Luunz* Kös/Gu. **1.** Stoffrest, Fetzen, Flicken verbr. MPom HPom, sonst selt. Zumeist im Pl.: zerschlissene Kleidung, Lumpen, Plunder. *Se hett bloß luter Lunschen up'm Lief* Pyr/Lt. *Dei ulle Lunze treck ik nich a' Büt*/Bt; *dat Spind vull Lunsche* Kol/Go. – **2.** Wischlappen an einer Stange zum Reinigen des Backofens Ghg/Wt, vereinz. SPom ZPom. Vgl. Lunt. – **lunschen** sw. **1.** liederlich sein, faulenzen Ank/Km, Pyr/Wa,Wi. – **2.** (mit Lappen) flicken, ausbessern selt. HPom. Auch: Fransen bilden. *De Jop luncht so* Saa/Jk. Vgl. lappen[1]. – **3.** schlummern, ein Nickerchen machen Gri/Ge, Rum/Ru. – **lunschig** Adj. **1.** zerlumpt, zerschlissen verstr. MPom ZPom, sonst selt. *eie lunschig Kleed* Gbg/Ge. *De Kinner lopen so lunschig rüm* Stett. – **2.** lappig, sehr weich selt. HPom. *Dat Fett / Hult is lunschig* Nau/Sr, Stolp.

Lünsdüll f. Tülle an der Radnabe, in der die Stütze für die Erntewagenleiter steckt Nau/Fg, Lau/Sl.

lünsen[1] sw., *linsen* verstr., *lüünsen* selt., linsen, heimlich Blicke auf etwas / jmd. richten. *üm dei Eck lünsen* Gwd/Wo; *in dei Koorten lünsen* Ank/An. *Ik heff 'n båten linst, don wüsst ik all Bescheid* Rüg/Ae. *Se linst ümmer näh de Bengels* Uec/Pa. Vgl. aflünsen[1].

lünsen² sw., *lüssen* °Gbg ²EBE 17, Stützstangen für die Leiter am Erntewagen an die Wagenräder setzen selt. Vgl. aflünsen², uplünsen, ut-. – Zu Lüns. – **Lünskäd** f. Eisenbügel mit ringförmigen Enden, auf dem der obere Leiterbaumholm des Erntewagens ruht verbr. HPom, sonst vereinz. Syn. Lünsschell. Älter sind Konstruktionen mit Bügeln aus Weidenruten, vgl. Lünswäd. Abb. s. MWB 1,503 (*Koppel*). – **Lünsnågel** m. Achsnagel vereinz. Syn. Lüns, Lünssticken. – **Lünspåhl** m. wie Lünsståken verbr. NOPom. Syn. Lüns. – **Lünsschell** f. wie Lünskäd verstr. HPom, NDKBL 35,86. – **Lünsspitt** n., vereinz. m., wie Lünsståken selt. MPom, verbr. HPom. – **Lünssplett** n. wie Lünsståken vereinz. MPom ZPom. *De Stellmåker hett veer Lünnsplett an'n Wågen måkt* Ran/Pe. – **Lünsståken** m. außen an der Wagenachse befestigte, am oberen Ende gegabelte Stützstange für die Leiter am Erntewagen VPom, sonst selt. *Dei Austwågen [Erntewagen] hett vier Lünnståkens* Gri/Mi. *Dat Fäuder is ümkippt, as dei Lünsståken bråken is* Gwd/Ba. Abb. s. MWB 1,503. Syn. Lüns, Lünspåhl, -spitt, -splett, -stang'. – **Lünsstang'** f. dass. verbr. – **Lünssticken** m. Achsnagel Gri/Mi, Gwd/Da, Cam/Ca, Gbg/Gp. Syn. Lüns, Lünsnågel. – **Lünswäd** f. Bügel aus Weidenruten, auf dem der obere Holm des Leiterbaums am Erntewagen ruht vereinz. Dann auch als Bez. für die später in gleicher Funktion aufkommenden Bügel aus Eisen (vgl. Lünskäd). – **Lünswågen** m. Erntewagen, der mit Lünsståken ausgestattet ist verstr. HPom.

Lunt f., *Luunt* Kol/Go, Pl. *-en, Luntre* vereinz. HPom, Lunte. **1.** Lappen, Stoffrest, Lumpen verstr. HPom. Im Pl.: alte, zerschlissene Kleidung. *Wat wist du mit dei Luntre?* Rum/Pr. – **2.** an einer Stange befestigter Lappen zum Reinigen des Backofens verstr. ZPom SPom. Vgl. Lunsch. – **3.** Zündschnur vereinz. Auch: Lampendocht selt. – **4.** schwammartige, faule Stelle im Holz Ank/Br, Saa/Jk,Kl, Sch/Sd. – **5.** jägerspr., Schwanz des Fuchses vereinz. – **Luntentorm** m. hochprozentiger Schnaps vereinz. HPom. – Zu Lunt3. – **lunt(e)rig** Adj., *lunderig* Fra/Bn, nachlässig gekleidet vereinz. *Dei jeht so luntrig mit* Cam/Al. – **Lunt(e)russ** m., *Luntross* °Dra. **1.** nachlässiger, unordentlicher Mensch vereinz. HPom. – **2.** Flegel, hinterlistiger Mensch °Ghg, vereinz. HPom, MAH 86. Drohung: *Wacht du Luntruss, ik war di de Ohre vom Kopp riete!* Büt/Bt.

Lunwinkel m. Schmollwinkel selt. Syn. Lun-eck, -hön.

Lunz s. Lunsch.

Lup f. Lupe. *He kickt dörch de Lup* Sch/AR. Iron., wenn beim Essen übermäßig gespart wird: *De Bodder / dat Fleesch möt man woll mit de Lup söken* Ank/An.

Lupin f., PflN, *Luppin* Gwd/Ba, *Lopin* Reg/Kt, Lupine. *jåle / witte Lupine* Reg/Rg.

Lur f., *Luə(r)* vereinz., Lauer, Hinterhalt. Analog zum Hd. nur in festen Fügungen: *up de Lur liggen / sitten* etwas oder jmd. in bestimmter Erwartung heimlich beobachten verbr.; *up de Lur ståhn* dass. vereinz. Vgl. luern.

Lurbeer m., wie hd. Lorbeer vereinz. HPom. **1.** PflN, Lorbeer. – **2.** Lorbeerkranz, -zweig. – Ral. analog zum Hd.: *(sik) up sienen Lurbeern utraugen* selt. – **Lurbeerblatt** n., *Lo(r)blatt* Gbg/Gp, Dra/Ga,La, Slo/La, *Lowes-* Ghg/Wt, Rum/Pr, Lorbeerblatt. *Lurbeerbläder kåmen an'n Surbråden, suren Hiering un an'e Lungwust* Gri/Ge.

Lurbuck m. 'Lauerbock' nicht deckfähiger Schafbock selt. VPom, vgl. MWB 4,1024. *De Lurbuck geiht ümmer von'e Haud af un luurt up anner Schœp* Ank/Br.

Lurch f., *Lorch* vereinz. HPom, sonst selt., *Lork* selt. VPom, Lau/Lt, *Lurk* selt. VPom, *Lörch(e)* Gwd/Bo,Ze, dünnes, wässeriges Getränk (bes. auf Kaffee bezogen) verbr. *Dei Lurch sett uns nich wedder vör* Dem/Tp. → Plurch.

Lur(e) f. Steckkissen für Säuglinge Rüg/Ae, °Ghg. Vgl. MWB 4,1023: *Lur¹*. – Mnd. *lûdere* Kindeswäsche, Windel.

Lüre Pl. Rückstände beim Auslassen von Butter Lau/Le. Vgl. BBWB 3,163: *Lüre* dass. u. MWB 4,1023: *Lur²* dünne Milch.

luren s. luern.

lurig Adj. lauernd. **1.** gespannt abwartend, erwartungsvoll VPom, sonst vereinz. *Hei steiht so lurig dor* Gri/Ge; *lurig utseihn* Dem/Kt. – **2.** hinterhältig, verschlagen. VPom, sonst vereinz. *Ik trug denn Kierl nich, hei is so lurig* Dem/Tp. *Dei oll Schlieker keek mi lurig an* Dem/De. *Du büst 'n lurigen Hund* bist ein heimtückischer Mensch Ank/An. Vgl. luursch. – **3.** einen (unheilvollen) Wetterumschwung ankündigend VPom, sonst vereinz. *Dat süht so lurig an'n Himmel ut* Pyr/Py. *Dat Wärer is so lurig, dat gifft woll Wind* Rüg/Gl. – **Lurland** n. 'Lauerland' wenig ertragreiche Ackerfläche Rüg/Nn,Pu, Uec/Ge, Lau/GW.

lürlütt Adj. sehr klein, winzig selt. VPom, Lau/Vl. *en lüerlütten fienen gollen Boddervagel* HUMGWD 74,53f.,2. – Kinderr.: *Hest en Daler in dei Hand! Kannst di köpen Stadt un Land, Hus un Hof un Pierd un Kauh. Un son' lüerlütte Muus dortau!* HUMGWD 11,8,8. Vgl. MWB 4,946: *lirlütt*.

Lurrendreiger m., veraltd., *Luren-* selt., Betrüger vereinz. VPom, sonst selt. *min' Hand gew' ik so 'nen*

Lurendreier un Sliker nich ⁴HOEFE 223. Seem.: schmuggelnder Schiffer vereinz. vpom. Küste. – Nach MWB 4,1025 zu nl. *lorrendraaier* Betrüger, Schmuggler.

Lurrmichel m. Junge, der oft weint Rum/Gl BLFPVK 3,152. Vgl. MWB 4,1025: *Lürrhans* weinerlicher Junge. – **Lurrtrien** f. Mädchen, das häufig weint selt. HPom, BLFPVK 3,96. Auch: nachlässiges, schläfriges Mädchen ebda.

Lu(r)wig RN, *Ludewig* selt., *Lur* Saa/Ae, Ludwig. – In einem Tanzr.: *Dat gröttste Portjuchhei hett Ludewig, hett Ludewig. Un drin is, ach herrje, kein Sechser nich, kein Sechser nich* Gri/Gm, ähnl. BLFPVK 6,131. Vgl. Luten.

Lus f. 1. TiN. – 1.1. Laus. *Dat kriwwelt em so up'm Kopp, hei ward woll Lüs' hewwe* Reg/Rg. Über einen völlig verlausten Menschen: *De hett keen Lüs', de Lüs' hewwe em!* Cam/Rn. *Dei hett mihr Lüs' as Hor up'm Kopp* Fra/Fr. Scherzh. Warnung: *Drink nich so väl Wårer, dorvon krichst du Lüs' in'n Buk!* Dem/Tp, ähnl. allg. Spöttisch zu jmd., der viel zu warm angezogen ist: *Du wist woll Lüs' (ut)bräuden!* Dem/De. Zu jmd., der seine Kopfbedeckung im Haus nicht abnimmt: *Du hest woll Angst, dat di dei Lüs' verfrieren!* Gri/Ti. – Phraseolog.: *ein' Lüs' / 'ne Lus in'n Pelz setten* jmd. große Unannehmlichkeiten bereiten allg.; *dei Lus up'n Dåler setten* verschwenderisch leben verstr.; *ein' is 'ne Lus œwer de Läwer lopen / kråpen* jmd. hat sehr schlechte Laune allg. *Dor kieken de Lüs' œwern Süll* dort herrscht große Armut Ank/An. *Nich de Lus!* nicht ein bißchen, gar nichts! vereinz., HOEFAMSC 289ª, PAL 160. – In Vergleichen: *as dei Lus in'n Schorf* äußerst angenehm, komfortabel verstr.; *as dei Lus in'n Teerlappen* sehr dürftig, ärmlich vereinz. – Sprw.: *We' de Lus ut'm Schorf krüppt, denn bitt sei* Emporkömmlinge vergessen schnell ihre Herkunft u. verhalten sich wenig dankbar Gbg/Wo, ähnl. verstr. *Je hungriger de Lus, je scharper sei bitt* je unbedeutender jmd. ist, desto maßloser sind seine Ansprüche Gri/Ti, ähnl. vereinz. – Sprüche: *Bäter 'ne Lus in'n Kohl as gor kein Fleisch / Fett!* allg. *Wat bäter / mihr is as 'ne Lus, dat nimm man mit nå Hus!* Gwald, ähnl. verbr. *En Luus up'e Schwart is noch lang kein Luus up't Hart* HuMGWD 77,6f.,1. – Traumdeutung: *Von Lüs' drömen bedüd't Glück* Fra/Fr, ähnl. verstr. – Volkstümliches rund um die Laus, bes. Mittel gegen Läusebefall bietet BLFPVK 6,10ff. – 1.2. Wanze selt., vgl. DWA 13, Kt.10. – 2. Pl. – 2.1. kleine, klettenartige Früchte eines Sumpfgrases (gemeint ist wohl Sumpf-Zweizahn) selt. °Gri SUNDTR 1939,110. Vgl. MARZELL 1,599f. – 2.2. seem., herausstehende Enden eines Drahtseils verstr. vpom. Küste. – 2.3. scherzh. – 2.3.1. Samenkörner verstr. Zumeist auf Kümmel bezogen: *Fautlummen mit Lüs'* Weißkohl mit Kümmel Gwd/Ze. Auch: Samenkerne selt. *De Lüs' in'e Bicksbeern* [Blaubeeren] Gwald. – 2.3.2. kleine, körnige Partikel vereinz. *Dor sünd noch Lüs' up'n Kaffe* Gwd/Ze.

Laut- u. Formvar.: *Lous* °Rum ²MIS 25, *Lius* Neu/Gü, *Lęs* nordöstl. °Neu (um Neu/Wc) ⁵TITA 81 mit Kt.8. – Pl. *Lüs'* verbr., *Lies'* Sch/Go, Rum/Ru, NOPom, JOSTWB 62, *Leis* °Rum ²MIS 27.

Phras. zu 1.1.: Sagw.: *Bliew man hier, lütt Luus, seggt de Schnieder, wecker Schuld hett, ritt ut* HUMGWD 11,32,8. *Mudder, Mudder, ik heff't all tau wat bröcht, reep de Jung', don har hei Lüs'* Dem/De. *Wat hett dat Beist för grote Lüs', säd de Jung', don seeg hei twee Åpen up't Kamel* Stral. *Du kannst mi eis dei Lüs' afsammeln, sär dei Diern tau denn Jung', œwer måk mi keinen Kummer!* Rüg/Ae. – Scherzfr.: *Wat geht richtiger as ne Uhr? = De Lus; sei geht up't Hoar* Lau/Fr ²BRUNK 75.

Lus-allee f., scherzh., Lauseallee. 1. glatter, gerade durchgezogener Haarscheitel. *Worüm hest du di so'ne Lusallee trecken låten?* Rüg/Pu. Syn. Lusbåhn, -glitsch, -stieg. – 2. Koteletten vereinz. *Lettst du di uk 'ne Lusallee ståhne?* Sto/KP. Syn. Lusledder. – **Lus-angel** f., vereinz. m. 1. verlauster, völlig ungepflegter Mensch. *Dat Måken hett so väl Lüs', dat is de reine Lusangel* Fra/Fr. *Ull Lusangel, Flöj hest' uk!* Neu/Lt. – 2. Lausbub, frecher Bursche, Flegel. *So'n Lusangel hett mi 'n Appel ståhlen* Uec/Ue. → Flaps. – 3. scherzh., Haarkamm vereinz. VPom. – 4. TiN. – 4.1. Mistkäfer Kol/Rü, Sch/Go, vgl. DWA 5, Kt.9. – 4.2. Gänse- oder Mittelsäger (Tauchvogel) Gwd/Wo, Rüg/Ti PAR 218. – **Lus-åp** m. 'Lauseaffe' Schimpfw. für eine verlauste, liederliche Person verstr. VPom. – **Lusbåhn** f., scherzh., 'Lausebahn' glatter, gerader Haarscheitel vereinz. Syn. Lus-allee, -glitsch, -stieg. – **Lusbeer** f., Lusevereinz. 1. Hagebutte, Frucht der Heckenrose verstr. VPom, sonst selt. Vgl. DWA 11, Kt.2. – 2. PflN, Bibernell-Rose (Zwergstrauch) WEIG 94, PRIT/JES 341ᵇ, HTKÖS 1929,10,11. – **Lusbeinen** Pl. 'Lausebeine'. – Ral. auf Nichtigkeiten bezogen: *Dor kann man Lusbeinen vör köpen!* dafür kann man gar nichts kaufen! Gwald, ähnl. vereinz. – **Lusbengel** m. Lausebengel, Flegel vereinz. → Flaps. – **Lusblaum** f., PflN, 'Lauseblume' Cinerarie, Aschenkraut (Zierpflanze, die oft von Blattläusen befallen wird) Gwald, Ank/An, Dra/Dr, Sch/Rg. – **Lusbuck** m. 1. verlauster Mensch vereinz. – 2. ungezogener Junge vereinz. – 3. TiN, Mistkäfer Gbg/Gp, Büt/Bt, Sto/Dö. Rsyn. s. Bussbunk. – **Lusbüdel** m. 'Lausebeutel'. 1. von Kopfläusen befallener Mensch vereinz., BLFPVK 6,12. – 2. flegelhafter Bursche vereinz. – **Lusbunk** m./f., TiN, Mistkäfer hpom. Küste zwischen Persante u. Wipper, sonst selt. HPom. Vgl. DWA 5, Kt.9. → Bussbunk.

Lusch s. Luusch¹,².

Luschak m., auch mit sth. -sch ⁵KNO 2,7, liederlicher, fauler Mensch vereinz. HPom. Vgl. Lossak. – Nach ¹⁰WIN 112 zu pomor. *lėžǫk* Faulenzer. – **luschaken** sw.

faulenzen, träge umhergehen vereinz. NOPom. – **luschakig** Adj., *lissakisch* Lau/Lt, schlafmützig, träge vereinz. NOPom. – **lusche** sw., *-sch* sth., faulenzen ⁵KNO 2,7.

Lusche RN, auch *Lusch, Luusch* Sch/Sd, Kurzform von Luise vereinz. östl. der Oder.

Luschke n. Kleinkind, kleines Lebewesen Sch/AR,Rg, vereinz. NOPom. *Dat Luschke kann noch nich richdig ståhne* Lau/Lt.

Lusdeckel m., scherzh., 'Lausedeckel' alte Mütze vereinz. – **lusen** sw. lausen. **1.** jmd. mit den Fingern von Kopfläusen befreien. *Sei lusen sich as dei Åpen* Gwd/Ba. Ausruf der Verwunderung: *Mi luust dei Åp!* Gwald, ähnl. verstr. Scherzh. Vertröstung, die sich auf das Vergelten einer erwiesenen Gefälligkeit bezieht: *Im Himmel wår ik di doavär luse* °Büt ¹KNO 57. – **2.** jmd. Geld abnehmen, schröpfen, bes. beim Kartenspiel. *Wi hewwe em so luust, dat he nich mehr eene rode Pennig hett* Cam/Rn. – **Lusglitsch** f., scherzh., 'Lauserutschbahn' glatter, gerader Haarscheitel Fra/Zi, Gri/Mi, Ank/An. Syn. Lus-allee, -båhn, -stieg. – **Lushark** f. Läuseharke. **1.** scherzh., Haarkamm verstr. *Von dei Lushark sünd 'n por Tingen afbråken* Gwald. – **2.** Läusekamm LAUWB 229ª. – **lusig** Adj., *lüsig* Bel/Ka. **1.** schäbig, gering, wertlos vereinz. *'n lusiger Dåler* Gri/Ti. – **2.** erbärmlich schlecht, armselig vereinz. *Dat geiht em man lusig* Dem/Tp. *Dat sünd lusige Tieden* Gri/Ti. – **3.** sehr, ungeheuer (emotional verstärkend) vereinz. *Dat is lusig düer / kult* Gwald, Kol/Go. – **Luskamm** m. Läusekamm, Staubkamm. – **Luskäwer** m., TiN. **1.** Mistkäfer verbr. VPom, sonst verstr. Vgl. DWA 5, Kt.9. *Dor wöhlt 'n Luskäwer in'n Mess* Ran/Pe. → Bussbunk. – **2.** Glühwürmchen Uec/Ha, nach DWA 3, Kt.4. – **Lusknacker** m., scherzh., Dim. *Lüske-, Luske-* vereinz. MPom HPom, Daumen (bes. im Kinderr.) vereinz. – **Lusknicker** m., scherzh., *Lusen-* Stral, Dim. *Lüske-, Luske-* vereinz. MPom HPom. **1.** Daumen vereinz., ³LUCH 13. – **2.** Geizhals selt. – **3.** veralt., Kuhhirte, der beim Viehaustrieb zu Pfingsten, wenn vorhanden, Kopfläuse seiner Kollegen entfernen mußte Kol/Kr BLFPVK 6,37f. – **Luskråm** m. Nichtigkeit, Nebensächlichkeit selt., POP 81. *Blief mi mit denn Luskråm von'n Lief!* Ank/An. – **Luskrut** n., PflN, Sumpf-Läusekraut vereinz., HOMWB 123ᵇ. *Dat Luskrut verdarft dat Heu* Gri/Mi. – **Luskuhl** f., scherzh., 'Lausekuhle' grübchenartige Vertiefung am Haaransatz im Nackenbereich vereinz. – **Luskunter** m., TiN, Mistkäfer selt. °Bel, nach DWA 5, Kt.9. Syn. s. Bussbunk. – **Lusledder** f., scherzh., 'Lauseleiter' Koteletten vereinz. Syn. Lus-allee. – **Luspeter** m. 'Lausepeter' Schimpfw. für einen verlausten Menschen selt., BLFPVK 3,153. – **Luspung'** n., *Luse-, Lüse-* selt., dass. vereinz., HOEFAMSC 264ᵇ, HUMGWD 14,6,11. Ebenso: *Luspungel* m. verstr. östl. HPom, BLFPVK 3,153.

Lüss f., pejor., Hund verstr. HPom, °DKr. Auch als Schimpfw. für einen flegelhaften Mann vereinz. ZPom. – Eventuell zu Lüns.

Lussalf f. Salbe gegen Läusebefall. *Lussalf von'n Apteiker hålen* Gwd/Ba. Von einem kümmerlichen Verdienst: *Dat reikt nich mål tu Lussalf* Sch/Sl. – Sagw.: *Dat Glück kümmt æwer Nacht, säd dei Apteiker, as hei nachts upståhn müsst un vör'n Gröschen Lussalf verköfft* Gri/Ti. – **Lusschinken** m., scherzh., 'Lauseschinken'. Nur im Sagw. belegt: *Dat is 'ne fett Mahltied, säd de Schnieder, don eeten nägen Mann von eenen Luusschinken* HUMGWD 12,36,5.

lüssen s. lünsen².

Lusstieg m., scherzh., 'Lausesteig' glatter, scharf durchgezogener Haarscheitel selt. VPom MPom. Syn. Lus-allee, -båhn, -glitsch.

Lust f. wie hd. **1.** Pl. *Lüsten* VPom, sonst vereinz., *Lussen* UP 12,1,32, Begierde, Verlangen. *De hett keen Lust, wat to don* Pyr/Lt. *Hei mach ehr lieden un hett Lust tau ehr* Gwd/Rb. In fester Vbdg.: *mit Lüsten sin* sehr heftiges Begehren verspüren. *Se is mit Lüsten up'n got Kaffe ut* Saa/Ja. – Sprw.: *Wecker Lust tau danzen hett, denn is licht upspäält* Stral. – Sagw.: *Jedwerein nå sienen Lüsten, säd de Düwel, don freet hei Törf mit Teer* Gwald. → Jieper. – **2.** Vergnügen, große Freude. *Hei hett an nicks mihr Lust* Fra/Bn. *Sei führen tau Lust machen* eine Vergnügungsfahrt Gri/Bo. – Ral.: *nich Lust an / tau sienen eegen Lief hemm'* faul sein Rüg/Pu, ähnl. verstr. – Sagw.: *Jå, is 'ne Lust, dit Koo(r)n, säd de Buer, dunn stolpert hei un lach in'e Quäk* [Quecke] Cam/He. – **lüsten** sw., *lusten* HOEFAMSC 289ᵇ, gelüsten, Verlangen haben vereinz. VPom. *Mi lüst't all up'n Pannkauken* Rüg/Ae. Vgl. lüstern².

Lüster m., *Lüsder* Dem/De, *Lister* Nau/Fg,Rh, Lau/GW,Ke, leichter, glänzender Baumwollstoff vereinz. – **Lüsterjack** f. ungefütterte, glänzende Jacke aus Baumwolle vereinz.

lüstern¹ Adj., *listern* Lau/GW, wie hd. vereinz. *Hei is lüstern nå Äppel* Stett; *lüstern utseihn* erwartungsvoll aussehen Dem/Kt. – **lüstern²** sw. gelüsten vereinz. *Mi lüstert nå dit un dat* Ank/Br. Vgl. lüsten.

lüstern³ sw., *lustern* selt. VPom, *löstern* Dra/Fa. **1.** lauschen, gebannt zuhören vereinz. *Dei Jungens [...] lüsterten woll noch ne Tiedlang up dei ungewohnten Stimmen* HTKLUEC 1930,87. – **2.** gehorchen, folgsam sein vereinz. VPom. *Dat Schipp lüstert gehorcht gut dem Steuerruder* Rüg/Sn. – **3.** lugen, vorsichtig schauen selt. *Moder löstert dörch de Ritz* Dra/Fa. – Mnd. *lüsteren, lûsteren.*

lustieren sw. sich verlustieren, etwas zu seinem Vergnügen tun verstr. *Du lustreist jå all werre!* Stolp. Auch refl.: *sech lusdeire* Reg/Kt. Zumeist mit Verben der Bewegung gebräuchlich: *lusteeren gåhn* zum Vergnügen ausgehen, spazierengehen Ghg/Wt; *lustieren führen* eine Spazierfahrt machen Gri/Ge.
Laut- u. Formvar.: *lusteeren* Ghg/Wt, HOEFAMSC 289ᵇ, *luschtieren* Gwd/Ze, *lusteire* Nau/Db, *lusdeire* Reg/Kt, *lustriere* Reg/Kw, *lustreire* Stolp.

lustig Adj., *lusdig* vereinz. **1.** wie hd. *Dei hett 'n lustig Hart* ist immer vergnügt, hat viel Humor Ank/An; *sik 'n lustigen Dag måken* Pyr/Lt; *lustig låwe* Reg/Me; *sik lustig hollen* sich vergnügen Gwald. – Sagw.: *Jung Welt is lustig, säd dei oll Fru, don leet sei dat Gössel up dei Schört danzen / dat Kind ut'e Kiep hüppen* Ank/An, Stral. *Dit is lustig, säd de Schmitt, don har een tau em secht, hei wier 'n Äsel* Gwald. – Im Tanzr.: *Wat dat för'n lustig Läben is, wenn de Knecht bi de Diern in'e Kåmer is* Fra/Gn, ähnl. vereinz. – **2.** *lüstig* Uec/Ue, Pyr/Sh, begierig (bes. auf Vergnügungen) selt. MPom. – **3.** geschwind, schnell selt. VPom, vereinz. MPom HPom. Bes. in Aufforderungen zur Eile gebräuchlich: *Nu œwe lustig!* Dra/Bu; *lustig tau Bein sin* schnell gehen, laufen können vereinz. – **Lustsük** f. 'Lustseuche' Syphilis vereinz.

Luswenzel m. **1.** verlauster Mensch HOEFAMSC 289ᵇ, HOMWB 123ᵇ. – **2.** minderwertiger Tabak ebd. – **Lusworm** m., TiN, Mistkäfer vereinz., vgl. DWA 5, Kt.9. → Bussbunk.

lut Adj. laut. *Dei hett 'ne lude Stimm* Gwd/Ba. *De räd't so luj* Pyr/Lt. *Hei is so lu', as wenn wi dat nich hüürn kœnen* Dem/De; *blot lud tau seggen, trugten sei sich nicks* ²BAND 7; *lut pråhlen* sehr stark prahlen Gwald. *Dei Wind ward lurer* frischt böig auf Gri/Ti.
Laut- u. Formvar.: *lud'* vereinz., *lur* vereinz. VPom ZPom, *lu'* vereinz. VPom, *luj* verstr. °Pyr, Saa/Jk, *löuə* Gbg/De PRI/TEU 247, *luurj* Cam/He,Pr, vereinz. °Gbg, *luich* Cam/Do,Ds.

Lut m., *Lud'* vereinz., Laut, Ton, Geräusch. *Dat is so still, kein Lut is tau hüürn* Fra/Zi. *Hei gifft keinen Lut mihr von sich* Gwd/Ba. – **lutbor** Adj. lautbar, bekannt verstr. *Dat is ihrer lutbor worden as wi dachten* Fra/Pe. *Dei meckt nuscht lutbor* plaudert nichts aus Lau/GW.

Luten RN, *Lute* vereinz., *Lude(n)* selt. VPom, *Luting* HOEFAMSC 289ᵃ, Dim. von. Ludwig VPom, sonst selt. – Neckr.: *Luten, blief buten!* Fra/Br. *Luten, Stuten, Semmelbein, låt di nich mit Kauhschiet seihn* Gwald. Vgl. Lu(r)wig.

Lüten n., *Lüken* Fra/Bn, Arrestlokal vereinz. °Fra, Gwd/Wo HUS 1900,39,134. Auch: Ort, an dem etwas sicher verwahrt wird Fra/Ve BLFPVK 3,162. Vgl. HOEFAMSC 287ᵇ: *lütjen, lütken* "ein Gefängnis zur Strafe für schlechte Leute in Stralsund".

luter¹ Adj. lauter, rein, unvermischt selt. *De Ring is va luterem Guld* Dra/Dr.

luter² Indefpron., *luder* vereinz., lauter, nichts als verstr. *Dat sünd luter Lœgen* Dem/Tp. *Wi hebbe luter Mäkes* Pyr/Lt. – **luterhand** Indefpron. allerhand vereinz. *Dat is luterhand Kråm / Wor* Rüg/Ae.

luthals Adv., *luhals* selt. VPom, lauthals. *Dei schimpt luthals* Sch/Pk. *Sei röppt luthals üm Hülp* Gri/Ge. – **Luthals** m. Mensch mit sehr lauter Stimme, Schreihals vereinz. – **luthalsen** sw. sehr laut rufen vereinz. *un luthalst dörch 't Lokal* POP 91.

Luther FN des Reformators. – Ral.: *Dit kümmt anners as mit Luthern* klappt nicht problemlos, kommt anders als erhofft Dem/Tp BLFPVK 7,120f.

lutmulig Adj. vorlaut, großsprecherisch vereinz.

lutsch Adv., veralt., links Mönchg. Vgl. lucht u. *Lutsch* (ohne Bedeutung) Mönchg. SCHÖN 41.

Lutschbüdel m., veraltd., Beutelchen aus Leinen, das zumeist mit Zucker gefüllt als Nuckel für Kleinkinder diente verstr. *Dörch denn Lutschbüdel kriegen dei Kinner Bukweihdåg* Gri/Mi. Syn. Lutscher, Lutschproppen, -pungel. – **lutschen** sw. wie hd. *an'e Titt lutsche* Sto/Kb; *an'n Dumen lutschen* Gwd/Ba; *Bongs [Bonbons] lutschen* Ran/Pe. Spöttisch über einen Geizhals: *Dei lutscht ierst up jeden Penning, wecken hei utgifft* Ank/An. – **Lutscher** m., Pl. -s. **1.** Sauger für Kleinkinder auf einer Flasche verstr., vgl. DWA 18, Kt.6. Syn. Lutschproppen. – **2.** wie Lutschbüdel vereinz. – **3.** Bonbon (am Stiel) vereinz. – **Lutschfinger** m., kindspr., kleiner Finger Kol/Go. – **Lutschproppen** m. **1.** Gummisauger verstr. *'n Lutschproppen up dei Buddel måken* Fra/Zi. Syn. Lutscher. – **2.** wie Lutschbüdel vereinz. Jünger auch als Bez. für den Schnuller vereinz. – **Lutschpungel** m. wie Lutschbüdel vereinz. MPom HPom.

lütt Adj., dominierend nur in VPom, während sonst bereits klein überwiegt. **1.** klein, nicht groß. *De Hüser an'n Mark(t) sünd recht lütt* Gri/Ti; *'n lütt Sandkuurn* Fra/Zi; *lütte Bohnen* Ank/An; *dei lütt Schaul* die unteren Jahrgänge der Volksschule Fra/Bn. *Mi warn dei Ogen lütt* mir fallen die Augen zu Gwd/Ba; *lütt måken* urinieren Dem/Tp. – Subst., m.: (kleiner) Schnaps. *Wi drinken noch 'n Lütten* Ank/An. – Phraseolog.: *'n Lütten weghemm'* leicht angetrunken oder verrückt sein VPom; *ein' kåmen dei Lütten mank dei Groten* jmd. bringt alles durcheinander, verliert die Übersicht VPom. – Sagw.: *Hier 'n Lütten, dor 'n Lütten, dat helpt bi't Bäden, secht de Köster* Gwald. *Dat's vörwôr nix Lütts! segt de Bûr, wenn de Oss in de Wêg [Wiege] ligt* ¹HOEFE 14. *Dat geiht nich mit rechten Dingen tau, säd de Jung', don har *hei dat lüttst Stück Wust krägen* Gwald. Vgl. lürlütt. – **2.** jung, noch nicht erwachsen. *Dat is wääst, as ik noch lütt wier* Gri/Mi. *Dei Jung' is bi de Lütten* ist in den unteren Schulklassen Fra/Zi. In fester Vbdg.: *von lütt up an* von Kindheit an VPom. – Subst.: Kleinkind, Neugeborenes. *Dat Lütt dörf nich so väl bekäken warn, dat gifft Unglück* Gri/Ti. – Sagw.: *Wur is mien Lüdding, säd dei Mudder, don hett sei dat Kind up'n Arm* Ank/Pu. – **3.** niedrig, flach (vom Wasserstand) VPom. *Wi hemm' hüt lütt Wårer, de Wind schüüft dat Wårer nå Schweden* Rüg/Gl. – **4.** sozial untergeordnet, unvermögend, bescheiden. *Bi de lütten Lüd warn väl Ierdtüffel äten* °Gwd. *Up'n lütten Mann geiht't ümmer dål* auf den kleinen Mann wird alles abgewälzt Gri/Gm. – Sagw.: *Jedereen mööt lütt anfängen, seed de Foß, doon har hei 'ne Fleig fungen* HuMGwD 76,63f.,4. – **5.** geringwertig, unbedeutend. *Dat is man blot 'ne lütt Hülp* Gwd/Ba. *Dei Spälkoort is tau lütt* ist keine Trumpfkarte Gwald; *'n lütt båten* eine Winzigkeit Rüg/Dm. – **6.** kleinlaut. *Nu ward hei ganz lütt* Sch/Sl; *lütt bigäben* klein beigeben Rüg/Vt. – **7.** kurz, von geringer Dauer. *'ne lütte Stunn* eine knappe Stunde °Gwd. – Mnd. *lüttik*.

Laut- u. Formvar.: *lüttk* Pyr/Ki, Nau/Fi, Saa/Le, Net/Sl, DKr/La, *lüttj* Uec/Pa, Neu/We, Slo/La, Fla/Ta, *lüttsch* verstr. °Gbg, Kol/Pr, *lück* Neu/Lt, *litt* Lau/Ke, *littsch* Bel/Dn, Kös/Pt, Sch/Sd, Neu/Ns, *lietsch* Bel/Be, Kös/Pd, LAUWB 225ᵃ. Flektiert auch in den lenierten Formen *lüdde, lüdden* verbr. VPom u. *lürre, lürren* vereinz. VPom. – Dim. *lütting, lüdding* verbr. VPom, *lürring* selt. VPom.

Lüttbåhn f. Kleinbahn vereinz. VPom, ³KAL 8. – **Lüttboot** n., fischerspr., kleines Ruderboot verstr. vpom. Küste, ADL 212, ²RUD 85, ¹PEE 206. Im Unterschied zum Grotboot. – **Lüttbur** m. Kleinbauer mit weniger als ca. 10 ha Landbesitz vereinz. VPom. – **Lüttdiern** f., veralt., jüngere, zweite Magd im bäuerlichen Haushalt vereinz. VPom, ADL 145. Vgl. Grotdiern. – **Lüttdör** f. kleine Tür innerhalb des Scheunentores vereinz. VPom. Auch: Tür an der Rückseite des Hauses ebd.

lutter Adj. locker, aufgelockert Cam/Al: *Dei Fäurem [Fäden] sünn so lutte.* – Zu luttern.

Lutter f., fachspr., Lutte, Rohrleitung NIB 60: *mit 'ne hölterne Lutter von dei Pump her.*

luttern sw., *luddre* selt. HPom. **1.** hell aufleuchten, lodernd scheinen verstr. HPom. Im Volksgl. auf (von dämonischen Mächten) verstecktes Geld oder Gold bezogen, das sich auf diese Weise 'läutert': *Dor luttert dat Gild* Rum/Se. Vgl. ³JAHN 323, BLFPVK 8,52f. – **2.** auflockern, locker lagern selt. *Heu luttern* Fra/Bn. Vgl. lutter. – Mnd. *lutteren* läutern.

Lüttfleisch n. kleinere Fleischteile vereinz. VPom. – **Lüttgeld** n. Kleingeld VPom. – **lüttglööfsch** Adj. kleingläubig Fra/Br, Gwald. – **Lüttgoorn** n., fischerspr., kleineres Zugnetz vereinz. vpom. Küste, ¹PEE 208. Vgl. Grotgoorn. – **Lüttholt** n. Kleinholz VPom. – **Lüttjedünn** n., *Lüttschedünn* Ank/An, Schwachbier (das früher im bäuerlichen Haushalt oft selbst gebraut wurde) verbr. VPom, sonst selt., HUMGWD 7,8,11. *'ne Buddel Lüttjedünn un 'n groten Kœm drinken* Fra/Zi. Vgl. Brunbier, Husbier. – **Lüttkåhl** f., fischerspr., hinterer, kleinerer Teil der Reusenöffnung Stral, Gri/St, RAS 86. Vgl. Grotkåhl. – **Lüttknecht** m. jüngerer, zweiter Knecht VPom, sonst selt. *as Lüttknecht bi'n Buern deenen* Ank/An. Vgl. Grotknecht. – **Lüttkråm** m. Kleinkram, Kleinigkeiten vereinz. VPom. *Mit Lüttkråm gäw ik mi nich af* Gwald. – **Lüttmågd** f. Gehilfin der Großmagd für untergeordnete Tätigkeiten auf dem Bauernhof vereinz. ZPom. – **Lüttmäken** n. dass. vereinz. – **Lüttmann** FN. – Im Sagw.: *Ik heff keinen Döst, säd Lüttmann, dunn har hei kein Gild mihr* Ank/An. – **lüttmäudig** Adj. kleinmütig, verzagt selt. VPom, HUS 1899,2,5. – **Lüttmäudigkeit** f. Kleinmut selt. VPom, HUMGWD 11,1,6. – **Lüttmeddag** n., zweite Silbe betont, zweites Frühstück VPom, verstr. HPom. *Bet Lüttmeddag möt ik noch väl meigen* Ank/An. *Tau Lüttmerrag gifft dat hüt Pannkauken mit Speck* Rüg/Ae. Syn. s. ⁶KAI 199ff. mit Kt.2,33. Vgl. Kleinmeddag. – **Lüttmeddagstiet** f. Zeit, zu der das zweite Frühstück eingenommen wird (im Sommer gegen neun Uhr, im Winter zwischen elf u. zwölf Uhr) VPom, verstr. HPom. – **Lüttpåt** m. Patenkind Mönchg. ADL 143. Im Unterschied zum Grotpåt. – **Lüttreimen** m., seem., kleines Ruder Use/Lo ²RUD 84. Vgl. Grotreimen. – **Lüttschmitt** n. Kleinschmied, Schlosser vereinz. – **Lüttveih** n. Kleinvieh VPom. – Sprw.: *Lüttveih måkt / gifft uk Mess* VPom.

lüüdsch Adj. in der Art, wie es bei einfachen Leuten üblich ist vereinz. *Dat süht so lüüdsch ut* sieht so ärmlich aus Gwald. – Zu Lüd.

luunsch Adj. launisch verstr. *He hett so'n lüünsch Wäsen* Uec/Ue. *Dat Wäre is so luunsch* ist unbeständig Fra/Bn. Vgl. lunig.

Lautvar.: *lüünsch* vereinz. MPom, *lünisch* Neu/We, HOEF-AMSC 287ᵃ, *lüüsch* Gbg/Te, Kösln, *lüesch* Kol/Zw, *lunisch* Dem/De.

luursch Adj., *loorsch* Rüg/Pu, Gri/Go, Ank/An, Reg/Rg, *löörsch* Ran/Ro, komisch, eigenartig vereinz. Auch: hinterhältig, gemein Rüg/Ae. Vgl. lurig.

Luusch¹ f., *Lusch* vereinz. **1.** Spielkarte, die keine Punkte einbringt verstr. *Ik heff all wedder luder Luuschen* Ank/An. – **2.** liederlicher, verkommener Mensch verstr. *De jeht as 'ne Luusch* geht sehr nachlässig gekleidet Stett. Vgl. luuschen¹. – **3.** Pl. Lumpen, Plunder selt.

Luusch² f.(?), auch *Lusch*, Kinderbettchen Stolp, Lau/Pb,Vl. – Zu luuschen².

luuschen¹ sw. liederlich umhergehen vereinz. – Zu Luusch¹.

luuschen² sw. **1.** lauschen selt. – **2.** *luschen* Rüg/Dm, schlafen (von Kindern) selt., ⁷KNO 176. Vgl. Luusch² u. PRWB 3,1024: *luschen* schlafen.

lüüschen sw., *lüsche* Pyr/Lt, Nau/Na, *luuschen* vereinz., LAUWB 229ᵃ, *lusche* selt. HPom, jmd. schlagen, ohrfeigen verstr. HPom, sonst selt. Drohende Ankündigung: *Ik lüüsch di eine!* Cam/Pr. → nüschen.

Luuschhor Pl. lange, ungepflegte Haare Ghg/Wt, Pyr/Sh. – **luuschig** Adj., *luschig* selt., liederlich, nachlässig verbr. MPom, sonst vereinz. *Du jehst so luuschig in Tüüch* trägst zerlumpte Kleidung Saa/Pa.

Luutsch f. unordentliche, nachlässige Frau Nau/Fg,Rh, Net/Sl. – Dazu: *luutschig* Adj. liederlich ebd. Vgl. BBWB 3,165: *Lūtsche*.

Lüütsche n., kindspr., *Lütsche* Gbg/Gp, kl. Schwein, Ferkel vereinz. ZPom. – **Lüütschefarken** n. dass. Nau/Db, Dra/Bu. – **Lüütscheschwien** n., *Luutsche-* Gbg/Vi, dass. selt. ZPom SPom. – **lüütsch-lüütsch** Interj., *lütsch-lütsch* vereinz. ZPom, *luutsch-luutsch* selt. °Gbg, Lockruf für Schweine, bes. Ferkel verbr. ZPom, sonst selt.

Luv f./n., seem., die dem Wind zugewandte Seite. *Dat Schipp gewinnt keen Luv* treibt quer zum Wind Gwald. Vgl. luwen, Luwert. – **luvgierig** Adj., seem., dazu tendierend, mit dem Bug zu stark in den Wind zu drehen (von Segelbooten) vereinz. vpom. Küste. Vgl. leegierig. – **luwarts** Adv., seem., luvwärts, auf der dem Wind zugekehrten Seite vereinz. vpom. Küste. – **luwen** sw., seem., luven, ein Segelschiff oder -boot in den Wind drehen vereinz. pom. Küste. – **Luwert** n./f., seem., auch *Luwart, Lowark* Uec/Ue, die dem Wind zugewandte Seite vereinz. vpom. Küste. *De Wind kümmt ut Luwert* Stral. *De Stürmann sitt tau Luwert* Darß. Vgl. Luv.

Luwies s. Lowies.

Lux RN Kurzf. von Lukas. – Phraseolog.: *So fett fiedelt Lux nich!* das ist nicht machbar, ist zuviel verlangt! verbr. VPom, sonst vereinz. Lob für eine bauernschlaue Person: *Dei wett, wo Lux dat Beier hålt!* Kös/Ja.

Luzipee s. Feluzipee.

M

M Konsonant und 13. Buchstabe des Alphabets. Im An- und Inlaut bleibt der mnd. Nasal erhalten, in NOPom auch mnd. auslautendes *m*, vgl. ²MIS 30, das sonst phonetisch als *n* realisiert wird. Durch Kontraktion und/oder Assimilierung an vorausgehendes *b* erscheint *m* z. B. in *hebbm* haben, vgl. PRI/TEU 151, oder in *Åmbrot* Abendbrot, vgl. ²MIS 30. Das *m* eines vorausgegangenen Artikels oder einer Präposition tritt an vokalischen Anlaut z. B. bei *Oors > Moors*, vgl. MWB 4,1043, BBWB 3,169, ²MIS 30. Zudem wird das *m* der Dativpräposition *im* aufgelöst in *in'n*. Das *m* der Zweifel bzw. Zustimmung signalisierenden Partikel *hm(m)* ist in der phonetischen Realisierung anlautend aspiriert.

Machangel m. **1.** PflN. – **1.1.** Wacholder verbr., ¹⁷HOLS, PRIT/JES 197. *Bring man Machangel mit ut t' Heid tum Fleeschrökern* Ran/Pe. → Knirk. – **1.2.** Holunder °Ghg, Nau/Br, vgl. DWA 3, Kt.7. – **2.** Wacholderschnaps selt. *Machandel mit'n Knüppel* Wacholderschnaps mit einem Stück Zucker Ank/An, °Ghg.
Lautvar.: *Machandel* vereinz. °Fra, Use/Le, verstr. HPom, *Machannel* Ank/An, Gwald, *Magandel* Büt/Wu ⁵KNO 1,20, *Muchangel* Nau/Sr, vgl. zu Seltenheitsbelegen DWA 2, Kt.81.

Machangelbeer f. Wacholderbeere vereinz., HOMWB 125ᵃ. *Machandelbeere in Spiritus is jaut jejen Kolik* Rum/Ru. – **Machangelbom** m., PflN, Wacholderstrauch Saa/Sc, Büt/Ja. – **Machangelbusch** m., PflN, Wacholderbusch Ran/Pe, Nau/Jr, Stolp. – **Machangelstruk** m. **1.** PflN, Wacholderstrauch °Fra, verstr. MPom HPom. – **2.** abgeschnittenes Zweigwerk des Wacholderbusches verstr. MPom, sonst selt. *Ee ma Rojj'n in't Schünfack föhrn deit, packt ma in jere Eck een' Machangelstruk jägen t' Müs'* Ghg/Wt; *jräune Machangelstruk tum Wuströkere* Nau/Fg,Rh.

mächlich Adj. gemütlich, bequem vereinz. *sich mächlich hinsetten* Ghg/Li. Syn. s. kommod.

Macholler m., PflN, *Machulle* verbr. ZPom, Dra/Wi, Saa/Nr, *Macholder* verstr. MPom ZPom, Wacholder selt. °Use, verbr. MPom SPom, ZPom, BLFPVK 4,55. *Macholler wür tau Pietschenstöck nåhme* °Reg. Syn. s. Knirk. – **Machollerbeer** f. Wacholderbeere Ran/Ro, HOEFAMSC 291ᵇ.

Machorka m. schlechter Tabak Sto/Dö, Lau/Lt, Büt/Bt. – Russ. *machorka*.

Macht f., Pl. ungebräuchlich. **1.** (körperliche) Kraft, Stärke. *Macht in'n Arm* Fra/Ln. Häufig in festen Vbdg.: *mit ganze / alle Macht* sehr, auf das äußerste verbr. *De arbeit't uk werre mit alle Macht* Pyr/Wa; *mit ha(r)de Macht* noch gerade noch so Gwald. *Dat jeht œwe mien Macht* ist mir zu schwer Kol/Go; *œwer de Macht åten* übermäßig viel essen verbr. – Scherzh. Ra.: *To t' Nacht,* *dor kriegen de Fulen ehr Macht* Uec/Pa, ähnl. verstr., BLFPVK 9,152, HUMGWD 74,129f.,4. – **2.** Einfluß, Herrschaft vereinz. *Hei hett kein Macht mihr äwer dei Gören* Gwd/Ba. – Ral.: *'ne Hand vull Macht is bäter as 'n Sack vull Recht* Ank/An. – **mächtig** Adj., *mächdig* Pyr/Lt, Reg/Kt. **1.** kräftig, groß, stark vereinz. *Dat is en mächdiget Schwien* Pyr/Lt. *Hei hett doch so'n mächtige Vörsprung* Sto/Gl. *Dei föhlt sik mächtig* fühlt sich stark, tut groß Dem/Tp, Stett, Gri/Mi. – **2.** präd., körperlich und geistig im Stande sein. *Ik bün dei Såk nich mächtig* verstr. – **3.** adv., wie umgspr., überaus, sehr verstr. *He ist mächdig riek / grot / dick* Pyr/Lt. *De ritt de Hals mächtig up* schimpft sehr °Dra. – **Machtwuurt** n. Machtwort, zwingende Anordnung vereinz. *Varre räd't 'n Machtwuurt* Gri/Mi.

Mackamenten Pl. **1.** Schwierigkeiten, Unannehmlichkeiten verstr. MPom, sonst selt. *Mit em heff ik väl Mackamenten* Uec/Ue. – **2.** Unsinn, Dummheiten vereinz. westl. VPom, Stett. *Måk mi nich so vele Mackamenten vör!* Stett. – **3.** verdächtige Machenschaften selt. *Von all sonne Makementen bün ik keen Fründ* Rüg/Dm. – **4.** Ausflüchte selt. VPom. *Måkementen måk nich, räd grådut!* Ank/Br.
Lautvar.: *Makementen* vereinz. VPom, *Måkamenten* °Gwd, *Makelmenten* vereinz. VPom, *Makomenten* Ank/An, Dem/Al, Stett, *Machamenten* Uec/Pa, Stett, *Makramenten* Cam/Pr.

Mackebone f., veralt., heute nicht mehr angebaute Kartoffelsorte östl. VPom, vereinz. MPom. *Dei Magdabone wier 'ne schöne Tüffel* Gri/Mi. – Entstellt aus lat. *magnum bonum*.
Lautvar.: *Mackerboner* Uec/Ue, *Makaboner* °Dra, °Gwd, *Machdebone* Gwd/Da, Gri/Ge, *Machdebonus* Ank/An, *Mang de Bohnen* UP 1922,269.

Macker¹ m., Pl. *-s*. **1.** Kamerad, Kollege, Helfer bei der Arbeit verbr. VPom, westl. MPom, vereinz. °Kol. *Mien Macker is 'n düchtigen Kierl* Gri/Mi. – **2.** fischerspr., Mitfischer auf einem Boot, der am Fangerlös beteiligt wird verbr. VPom, vereinz. MPom, ¹PEE 88f., ²RUD 55,85. Auch: Fischer im zweiten Bootes bei der Zeesenfischerei ³MIS 18, ¹PEE 89. – **3.** Aufseher, Vorarbeiter selt. *Ik späl hier den'n Macker* Gwd/Ze. Auch: Wortführer bei Versammlungen Use/Us.
Lautvar.: *Magger* Fra/Zi, Rüg/Vt, Gri/Mi, Stett, *Magge* °Kol, *Måker* verstr. °Rüg, Gwd/Ba, Saa/Te, *Macher* Use/Us, °Ran.

Macker² RN Koseform von Max.
Laut- u. Formvar.: *Mäcker* verstr. VPom, Cam/Ca, °Dra, *Mägger* Stett, vereinz. NOPom, *Magger* verstr. VPom, Stett, Nau/Fg,Rh, °Sto. Dim.: *Macking* Ank/An, °Gwd, *Macki* °Gwd, Ank/An, selt. ZPom, *Mäcki* °Gwd, *Maggi* °Gwd, *Mackel* Sto/Dö.

Mackerie f., fischerspr., das Fischen in Kooperation zweier Boote selt., ¹PEE 74f. *up Mackeri fischen* ²RUD 85. – **mackerieren** sw., fischerspr., in Gemeinschaft fischen (um gegenseitige Unterstützung zu garantieren) selt. vpom. Küste, ¹PEE 74. – **Mackerschaft** f., *Mackelschaft* selt., Gemeinschaft, Kameradschaft Ank/Km. Seem.: gemeinsame Fahrt mehrerer Boote, die sich im Notfall helfen können selt., ¹PEE 88. *Wi föhrn in Mackerschaft* Uec/Ue. – Zu Macker¹.

macklich Adj. bequem, gemächlich, angenehm verstr. VPom, sonst selt. *Dat's 'ne mackliche Arbeit* Fra/Pe. *Dat schmeckt so macklich* Pyr/Wa. Vgl. DÄHWB 291ᵇ: *machlich*. Syn. s. kommod.

Mackus Pl. Schläge, Prügel °Nau. *Dei hett Mackus krägen* Nau/Fg,Rh. – Zu jidd. *Mackes* Prügel, Schläge.

Måd¹ f. **1.** Made, kleiner Wurm. *Im Appel is åwe ein dick Mår* Nau/De. *Dår sünd so väl Måde e' de Kees, de ka kei Minsch äte* Saa/Le. – Ral.: *as de Måd in'n Speck läwen* gut essen und leben verbr. *Måden in'n Oorsch hemm'* in ständiger, unruhiger Bewegung sein vereinz. *Em hemm' dei Måd'n all upfräten* er ist schon lange tot Gwd/Ba, Fra/Ln, Pyr/Lt; *nackt as 'ne Måd sin* sehr arm sein Rüg/Zi. Scherzh.: *Måden in'e Strümp kriegen* sich im Sommer zu warm anziehen Gri/Go, ähnl. verstr. – **2.** Engerling, Larve des Maikäfers verbr., BLFPVK 4,31. → Engerling. – **3.** TiN, Regenwurm verbr. östl. VPom, Uec/Me. *Man nimmt de Måden tau'n Angeln* °Ank. – **4.** im Pl., scherzh., Nudeln selt. *Supp mit Måd'n* Gri/Zf.
Lautvar.: *Mår* vereinz. VPom, verstr. ZPom, *Må'* Gwd/Mu, Ghg/Li, *Måj* Pyr/Lt, Pyr/We, Ghg/Ma, Saa/Ja, *Måch* Pyr/Wi, Dra/Bi, *Maur* Gbg/Gp, *Maue* °Kol, *Maud* °Slo. Zu Seltenheitsbelegen vgl. DWA 13, Kt.1 u. 7.

Måd² f., *Made* Rüg/Be, *Mår* verstr. VPom, *Maur* Nau/Fg,Rh, Schlamm, Morast VPom, sonst selt. *Ik bün in dei Mår kåmen un heff mi dei Schauh vullfüllt* Dem/De. Auch: weicher Meeresboden selt. → Modder.

Madam f. **1.** veralt., Dienst-, Hausherrin verstr. VPom. Scherzh.: Ehefrau Gwd/Ba. – **2.** iron., eingebildete Frau vereinz. – Spruch: *Mien Murrer is 'ne piekfeine Madam, søben Kinner un keenen Mann* Stral. – Rä.: *Jeht 'ne Madam äuwere Hoff u lött 'ne jräune Teller falle* = Kuh und Kuhfladen Nau/Fg,Rh, °Dra.

maddelig Adj. **1.** in Verwesung übergehend, bei Fleisch Dem/Tp. – **2.** stümperhaft selt. *maddelige Arbeit* Fra/Ln. – **3.** erschöpft, matt selt. → fack.

maddeln s. maddern.

Madderie f., *Maddelie* verstr. VPom, *Marrerie* verstr. MPom ZPom. **1.** ungeschicktes Herumspielen mit Jungtieren, Quälerei verstr. *Dat is Marrerie, wat du mit dem Tier möckst* Gbg/Gp. Auch: schwere Arbeit. *De Maddelie holl ik nich ut* Dem/Tp. – **2.** uneffektive Arbeit vereinz. ZPom NOPom. *Wat is dit up'm Fild vör 'ne Madderie, wi kome nich ut'e Stell* Sto/Gl. – **3.** Mantscherei selt. *Låt*

doch dei Madderie mang dat Äten sin! Gwd/Ba. –
madd(e)rig Adj. **1.** weich, schleimig, klebrig selt. *De Wost is all so maddrig* Pyr/Lt. – **2.** feucht, schmuddelig, auf das Wetter bezogen selt. *maddrig Wejer* Pyr/Lt. –
maddern sw., *maddeln* vereinz. VPom, *marrern* Rüg/Zi, Sch/Sd. **1.** (ungeschickt) mit Tieren herumspielen, quälen verbr. *We du mit de Katt so madderst, de kricht s' t' Rüd* [Räude] °Dra. *He marrert sien Pierd* Rüg/Zi. – **2.** eine Arbeit langsam und oberflächlich ausführen verstr. HPom. *De maddert u maddert u kümmt nich vorwärts* Saa/Kl. – **3.** durch Unachtsamkeit verschwenden vereinz. VPom MPom, verstr. ZPom. – **4.** herumkneten, wühlen selt. VPom MPom, verstr. HPom. *Wat maddert sei mank dat Mett?* Gwd/Ba. Auch: im Schlamm manschen selt. VPom ZPom. *De Gören maddern all wedder in'n Dreck* Ank/An. – **5.** an einem eitrigen Geschwür quetschen, den Eiter ausdrücken selt.

Maddik m., Pl. *-s.* **1.** TiN, Regenwurm verbr. VPom ZPom NOPom, sonst selt. Zur geographischen Verbreitung von Heteronymen vgl. ³HOLS 6f., ¹¹ROSF 127, ²SCHWW 257, ⁶TEU 365, BLFPVK 4,30. *Marrings blüsen* Regenwürmer in der Dunkelheit mit einer Lichtquelle suchen Rüg/Dm. – Im Vergleich: *dünn as 'n Marring* sehr dünn Ank/An, °Gwd, Fra/Pu. Übertr.: kleiner, dünner Aal selt. VPom, Sto/Dö,Pf. – Ral., iron.: *de Marikken bläken / hausten hüürn* besonders klug sein verbr. VPom, sonst selt. – Volksgl.: *Wenn man 'ne Mettk dotmeckt, denn rägent dat* Sch/AR, ähnl. Uec/Ge, Lau/GW, Sto/Dö. – **2.** Engerling selt. ZPom, vgl. DWA 13, Kt.1. – **3.** Made selt. VPom, Dra/Dr BLFPVK 4,30. – **4.** übertr., scherzh., lange Nudeln selt. *Hüt äten wi Maddings* Ank/An.
Lautvar.: *Madding* verbr. VPom, °Cam, *Medding* °Rüg, sonst selt., *Meddick* verstr. ZPom NOPom, *Marrick* (Pl. *-en, -s*) verbr. VPom, *Marring* verbr. VPom, Uec/Pa, *Merrick* °Rüg BLFPVK 4,30, Sch/SB, *Merring* verstr. VPom, *Mattke* °Kol, *Mettk* f./m., (Pl. *-e(s)*) verbr. HPom, *Mettke* f./m., (Pl. *-n, -s*), verbr. ZPom NOPom. Zu Seltenheitsbelegen vgl. DWA 13, Kt.7.

Madding s. Maddik.

Mådensack m. schmutziger, übelriechender Mensch selt. MPom. – **Mådenschieter** m., TiN. **1.** Schmeißfliege verbr. *Stert* [Stürz] *ma 'n Korf ewer de Fleischpott, sost besett us de Modeschieter dat* Sto/Gl. – Übertr., ral.: *Mäkles un Mooreschietes* [unangenehme Menschen] *fine sich allewärts* Kös/Ro HTKös 1930,26,4, ähnl. Kös/Ko. – **2.** Bremse, Stechfliege selt., vgl. DWA 5, Kt.12. – **3.** Mistkäfer selt., nach DWA 5, Kt.9. – **4.** Schmetterling verstr. °Gwd u. ZPom. Spez.: Kohlweißling LAUWB 233ᵇ.

mådig Adj. **1.** wurmstichig, voller Maden verbr. *Dei Appel is maurij* Kol/Go. – **2.** in der Vbdg. *mådig måken.* – **2.1.** (heimlich) Nachteiliges über jmd. erzählen, verleumden verstr. *De hett sin besten Fründ schön modig mokt* Ran/Pe. Auch: jmd. ausschimpfen verbr. VPom, verstr. MPom ZPom. Refl.: sich blamieren selt. MPom. – **2.2.** jmd. etwas verleiden verstr. *Ik heff em dei Såk mårig måkt* Rüg/Ae.
Laut- u. Formvar.: *mårig* verstr. VPom ZPom, Saa/Kl, *mojig* Pyr/Mö, *maurich* vereinz. ZPom, *moodch* Dra/Bu, *maudj* Net/Hf,Sl, *maudsch* Slo/Pa.

Madratz f., *Matratz* verstr. VPom, Saa/Le, *Matratze* verstr. *De Matratze sünd uk schlecht, de mäute eis nå'n Sattler* Saa/Le. – Ral.: *an dei Matratz horken* schlafen Gri/Mi. Übertr., pejor.: *Se weer blos sien Madratz Geliebte,* die ausgenutzt wurde Cam/Bw, Gbg/Gp.

Mådzees f., fischerspr., Fangsack bei der Zeesenfischerei für unbewachsenen, morastigen Boden Fra/Pu, Gri/St, RAS 90,97. – Zu Måd².

Maföken Pl. **1.** sonderliche Gewohnheiten, Verhaltensweisen verbr. VPom MPom, sonst selt. *Wat hest du för Maföken an di, dat is ja gor nich mit antosehn!* Rüg/Pu. – **2.** Ausflüchte, Täuschungen verbr. VPom, sonst selt. *Spor di diene Mafäuken* Ank/An. – **3.** Dummheiten, Streiche verbr. VPom, verstr. MPom. *He hett luter Mafeken in'n Kopp* Stett.
Lautvar.: *Mafäuken(s)* verbr. VPom, *Meföken* Fra/Br, *Mafeken* verstr. MPom ZPom, selt. VPom ZPom, *Mafeten* selt. MPom, ⁷WIN 126.

Måg f./m., neben aus dem Hd. entlehnten *Mågen* m. **1.** Magen. *sich dei Måg verküllen / verrenken* verstr.; *dei Måg gnurrt / quarrt / quurkst / jœkt* verstr. In zahlreichen Vbdg. und Ra., besonders zur Bekundung von (großem) Hunger: *Mi hingt dei Måg scheif / up een Siet / bet in 'e Kneikähla / bet a' t' Eer* [Erde] u. ä. verbr. *Mi is läukrig in 'e Måg* Neu/We u. ä. verstr. *Mi löppt dei Katt / Hund mit dei Måg weg* VPom, sonst vereinz. Im Gegensatz dazu, wenn jmd. sehr satt ist: *Nu kann de Katt / Hund nich mihr mit de Måg weglopen* verstr. Nach zu schnellem, fettreichem Essen: *Dat Äten is vör de Måg ståhnblewen* verstr.; *de Måg toschleeten* die Mahlzeit mit einem guten Happen abschließen verstr. *En pommerschen Magen kann allens verdragen* HUMGWD 6,49,9, ähnl. verstr. *Leiwer den Mågen verrenken as den Wirt wat schenken* Fra/Ln, ähnl. verstr. *Wat de Mågen hett, dat hett hei!* verstr. VPom. Stoßseufzer: *Wenn doch mien Måje een Schündäl wär!* Uec/Ge. Vorwurfsvoll: *Dei Ogen wieren eis werre grötter as dei Måg* verstr. VPom. – Über eine Notlage: *'n Måg toschnüren / an'n Tun / an'e Luft hängen kœnen* nichts mehr zum Essen haben selt.; *froh sin, wenn dei Måg heil is* froh sein, wenigstens das Nötigste zum Leben zu haben vereinz. VPom, sonst selt. – Übertr.: *ein' / wat (schwor) in'n Mågen (liggen) hebben* jmd. / etwas nicht leiden können verbr.; *ein' dei Måg reinmåken* jmd. gehörig ausschimpfen verbr.; *ein' is wat in'e Måg schäten* etwas hat Erschrecken, Aufregung (und Magenschmerzen) ausgelöst verbr. – **2.** Bauch verstr. *So*

heww ik miendag nich lachen müsst, ik müsst mi den Mågen fasthollen! Rüg/Zi. – Zss. s. Måg-, Mågen-.
Lautvar.: *Måge* selt., HOEFAMSC 294, *Måj* verbr. MPom, *Måje* selt. MPom, *Måye* verbr. ZPom, SPom, *Maug* selt. ZPom, *Mauye* Gbg/Gp,Vi, °Kol, *Måga* Dra/Ga, Saa/Ja, DKr/La, *Mauge* Slo/La, Neu/Rt ¹⁰TEU 246, *Moye* verstr. NOPom, *Mōuch* ²MIS 50.

magareen Adj., Endsilbe betont, majorenn, volljährig verbr. *Sei is magareen, nu kann sei daun, wat sei will* Fra/Br. *Von miene Döchter sünd all dree magreen* Rüg/Dm. – Rä.: *Wennihr is 'n Hund magareen?* = Wenn hei bi't Pissen 'n Bein upbööwt Gri/Ti.
Lautvar.: *magreen* Rüg/Dm, vereinz. HPom, *magerenn* selt. VPom ZPom, *magrenn* Ghg/Gr, *magorenn* Reg/Kw, wie hd. *majorenn* vereinz., *majoreen* Kol/Pr, Rum/Ru, *majerenn* Saa/Zd, *majreen* Reg/Kt, *majrinn* Saa/Te.

Mågd f. 1. veralt., Dienstmädchen verstr. – Im Spottvers: *Ull Mågd, ull Mågd, ano Lintorock* [Rock mit Webkante, s. Lintrock] *hett s' a'! Keen Håk, keen Ös hett s' dra!* Net/Hf,Sl. – 2. Mädchen vereinz., vgl. DWA 4, Kt.16. *e' stramme Mocht* Sch/Sd. Auch verächtlich in den Vbdg. *oll / grot / fule Magd* Mädchen, das sich ungezogen oder nicht altersgerecht verhält. *Du olle, grote Mågd, süsst man lewer dien Strümp stoppen!* Gwald.
Lautvar.: *Maucht* Gbg/Gp, °Slo, °Fla, *Maukt* Fla/Ta, *Mocht* Sch/Sd, *Mōucht* (mit ach-Laut) °Büt ²MIS 75. Zu Seltenheitsbelegen vgl. DWA 4, Kt.16.

mågelustig Adj. übermütig °Nau, °Saa.

Mågendruppen Pl. Magentropfen. *Dei Mågendruppen helpen uk nich mihr* Gwd/Ba. Scherzh.: Schnaps vereinz. – **Mågenjœken** n. 'Magenjucken' Hunger verstr. *Gifft dat ball Mirrag? Ik heff all Mågenjœken* Gwald. – **Mågenkliester** m., scherzh., breiige Mehlspeise, zu dick geratene Mehlsuppe vereinz. – **Mågenkuhl** f. Magengrube vereinz. – **Mågenkullern** n. Magengeräusche vereinz. – **Mågenstrump** m., veralt., rundgestrickte Magenbinde verstr. – **Mågenwarmer** m. kleiner Schnaps, Grog verstr.

måger Adj. mager. 1. sehr dünn, knochig verbr. *Dei Pierd sünn åwe måge* Nau/De. In Vergleichen: *måger as 'ne Zick / 'n Pietschenstock / Gereff* u. ä. verbr. – 2. fettarm, wenig nahrhaft. *Dor gifft't man måger Äten* Gri/Mi. – 3. karg, ertragsarm verstr. *De Schåp hebba måge Weed* Saa/Ja.
Lautvar.: *måjer* selt. MPom, *måyer* verstr. ZPom, SPom, *mauyer* verstr. ZPom °Slo, *mauge* Neu/Rt ¹⁰TEU 246.

Måger n. das Magere, bes. das magere Fleisch, das nur unter der Fettschicht zu finden ist selt., vgl. MWB 4,1057: mager. Usuell in der Ra.: *ein' an't Måger gåhn* jmd. im Tiefsten, besonders schwer treffen verbr. VPom, sonst selt. – **Mågermelk** f. entrahmte Milch verstr., ⁴WIN 236.

Mågiståt m., *Måjiståt* vereinz. MPom ZPom, *Måjeståt* Ghg/Li, Büt/Bü, Behörde, Obrigkeit. *Hei schrifft up'n Mågiståt* Gwd/Ba. – Ral.: *Hier hett de Mågiståt fäächt* das Geld oder Essen ist verbraucht verstr.

Mågkniepen n. Magenschmerzen verstr. VPom. → Bukweihdåg. – **Mågweih** n. Magen-, Bauchschmerzen Fra/Ei, Gbg/Ho. → Bukweihdåg. – **Mågweihdåg** f. Magen-, Bauchschmerzen verbr. VPom, sonst selt., vgl. DWA 4, Kt.3. – Sagw.: *Gott sei Dank, secht Schauster Mank, de Mågweihdåg is œwer* der Schaden ist behoben verstr. VPom. → Bukweihdåg.

Måhd f. 1. Mahd, Heuernte verstr. VPom. *Dei ierste Måhd von't Heu wier gaut* Gwd/Ba. – 2. Grasschwade selt. VPom, vgl. DWA 3, Kt.5.

Mähl n. Mehl. *Dat Mähl is bald tau Enn'* Dem/Tp. *Dat Mähl würr in'n Åben* [Backofen vor dem Brotbacken] *up de Steen schmäte, wür et brun, wier de Åben gaut* Lau/Vl. Übertr. von sehr feinkörnigen Materialien: *Dat is 't reine Mähl* Pyr/Lt. – Ral.: *Wenn dei Müs satt sünd, schmeckt dat Mähl bitter* verstr. – Wetterregel für Februar: *Drög Fasten bringen Mähl in'n Kasten* HUMGWD 9,6,2.
Lautvar.: *Maia* Saa/Te, Net/Sl, °DKr, *mē̃l* Kol/Go, °Lau STRI 17, *Meije* Lau/Ke.

Mählbalken m., müllerspr., (stärkster, waagerecht liegender) Balken in der Mühle unmittelbar über dem Mahlgang verstr., ²REH 133.

Mählbeer¹ f. kleine, mehlige Birnensorte, die für Backobst geeignet ist verstr. – **Mählbeer**² f. 1. Frucht des Weißdorns verbr., vgl. MARZELL 4,404. – 2. Preiselbeere verbr., vgl. MARZELL 4,972, DWA 10, Kt.6. – 3. Hagebutte vereinz. VPom, sonst selt., vgl. DWA 9, Kt.2. – 4. Frucht der Eberesche selt. VPom westl. ZPom, PRIT/JES 284ª. – **Mählbeerbusch** m., PflN, Weißdornbusch Gwd/Ba, Pyr/Lt. – **Mählbœn** m. Boden in der Mühle oder Backstube zur Mehllagerung verstr., ²REH 82,130. *Dat Mähl wür mit de Holtschüpp up'n Mählbœn mischt* Rüg/Zi. – **Mählbrenn** f. in der Pfanne mit wenig Fett geröstetes Mehl, das mit Wasser zu einer Soße aufgefüllt wird vereinz. – **Mählbrot** n. mit Mehl bestreutes Brot verstr. VPom. – **Mählbüdel** m. Mehlbeutel verstr. Auch SpottN für den Bäcker Cam/Rn. – Scherzh., wenn jmd. auffällig gepudert ist: *Em hebben s' mit'm Mählbüdel üm de Uhren haugt* vereinz. VPom. – **Mählbütt** f. Behälter für Mehl vereinz. – **Mähldau** m. Mehltau, Pilzerkrankung von Pflanzen (verursacht weißen Belag auf den Blättern) verstr. *Ji döre de Rugla* [Stachelbeeren] *ne eite, de hebbe Maiedök!* DKr/La. – **Mähldrank** m. zu dick geratene Mehlsuppe vereinz., ⁴WIN 99.

måhlen sw. 1. mahlen, (in einer Mühle) zerkleinern, zerreiben verbr. *Mit Wåter måhl'n* Mahlsteine durch Wasser antreiben Reg/Gi. *Ik mutt hüt noch de Dörper* [das Korn der Dorfbewohner] *måhl'n* Gri/Gm. – Ral.: *Twee harte Steen mahlen nich goot* zwei Dickschädel passen nicht zusammen ²REH 275; *åhn Wåter måhle prahlen* vereinz. HPom; *up een Möhl måhlen* sich einig sein verstr., ²REH 275. *De Raur* [Räder] *mauhle im Sann* die Räder drehen sich im lockeren Sand (was das Vorankommen erschwert) Gbg/Vi. – Sprw.: *Wer tauierst kümmt, måhlt tauierst* verbr. – 2. kauen verstr. VPom, sonst selt. *Wenn me nich måhle kann, is et dat Letzt* Lau/GW. Auch: wiederkäuen Ank/Sp, nach DWA 2, Kt.85. – 3. übertr., strudeln, sich drehen selt. VPom. *Dat Wårer måhlt* Rüg/Sn.
Lautvar.: *mauhle* °Gbg, Fla/Ta, Slo/La, *maohle* °Bel, *måhla* verstr. SPom, *mōulə* °Büt ²MIS 14, *mō"le* °Lau STRI 14.

Mählfatt n. Mehlfaß vereinz. VPom. *Du hest di witt måkt, as wenn du in't Mählfatt foll'n büst* Gwd/Ba. – **Mählflasch** f. 'Mehlflasche' Mehlbehälter aus Steingut selt. MPom.

Måhlgang m., müllerspr., das Mahlwerk einer Mühle, bestehend aus festliegenden Bodenstein und einem beweglichen Läufer verstr., ²REH 2. *Ein Mohljang hett twee Steen, Löper un Boddensteen* Ran/Bo. Auch für den *Mählgang*, der im Gegensatz zum Schrotgang feineres Mehl produziert selt., ²REH 48. – **Måhlgast** m. Mahlkunde, der regelmäßig in derselben Mühle mahlen läßt verstr. VPom, sonst selt. – **Måhlgaut** n. 'Mahlgut' das zu mahlende Getreide. *Dat is wichtig, dat ma bi 't Instellen dat Måhlgaut sich berekent, woväl Prozent dat ma utmåhlen möt* Dem/Jr. – **Måhlgeld** n. Lohn des Müllers verstr., ²REH 232.

Måhlgrütt f. Mehlbrei. *Måhlgrütt mit Melk schmeckt gaut* Gri/Mi.

mählich Adv., parallel zum häufiger verwendeten allmählich, langsam verstr. VPom. *Hei keem mählich de Stråt hoch* Gri/Ti.

mählig Adj., *maiaj* DKr/La, mehlig, leicht zerdrückbar, bes. von gekochten Kartoffeln verbr. VPom, sonst selt. *Dei Tüften sünd schön mählig* Gwd/Ba. Auch: von feinkörniger, trockener Konsistenz selt. *Dat Land is so mählig* so sandig Lau/GW. – **Mählkauken** m. Eierkuchen verstr. VPom, sonst selt. *Mählkauken is wat för dei Frug'nslüd* Gri/Mi. – **Mählkliester** m. Kleister aus Mehl. Scherzh.: sehr dicke Mehlsuppe verstr. VPom, sonst selt., ⁴WIN 99. – **Mählklümper** Pl. Mehlklößchen in der Suppe verstr. – **Mählklut** m. Mehlkloß in der Suppe verbr. *Du sühst ut as ein utschät'n Mählklut* Fra/Bn. – **Mählmiet** f., TiN, Mehlmilbe vereinz. – **Mählmonschk** m./n. dicke Mehlsuppe vereinz. NOPom. – **Mählmott** f., TiN, Mehlmotte ²REH 93. – **Mählpamp** m. zu dick geratene Mehlsuppe verbr. *Dat is su'n Mählpamp as Tapetenkliester* Uec/Pa. Ebenso: *Mählpapp* Rüg/Nn,Dm. – **Mählpopp** f. (bunt verziertes) Pfefferkuchengebäck in Puppenform als Weihnachtsgeschenk für Kinder oder Tannenbaumschmuck verstr. – **Mählsack** m. 1. Mehlsack. Scherzh.: *De Möllers schmieten sich mit Mählsäck* es schneit Gwd/Ze. Antwort auf neugierige Fragen: *Dat is 'n Handgräp an 'n Mählsack* vereinz. Übertr.: dicker, unbeweglicher Mensch verbr. *Mählsack mit Beene* Neu/Th. – 2. SpottN für den Müller, Kürassier verbr. – **Mählsäf** n., müllerspr., Mehlsieb vereinz. *Hüt hemm' dei Buern all werrer 'n Mählsäf* Gwd/Ba.

Måhlsand m. feiner, trockener Sand, in dem Wagenräder sich drehen, ohne voranzukommen Gwald, Cam/Pr.

Mählspies f. Mehlspeise aus Mehl und Milch verstr. VPom. *Wi hier an dei Wåterkant sünd mihr för Tüften as för Mählspiesen* Gwd/Ba. Übertr., scherzh.: hoher, weißer Stehkragen vereinz. Auch: Chemisett Uec/Pa. – **Mählstäwel** Pl. 'Mehlstiefel' Lederstiefel des Müllers (mit langem Leinwandschaft), die zum Mehlmischen in der Mehlkiste getragen werden vereinz. Vgl. **Mählstrump**. – **Mählstipp** f. Mehlsoße aus einer Mehlschwitze verstr. VPom MPom. *Hüt gifft dat Pölltüften un Mählstipp* Gwd/Ba. Vgl. **Mählbrenn**.

Måhlstrom m. Meeresstrudel Rüg/Sa,Ae, Gwald, vgl. KLUF 564.

Mählstrump m., meist im Pl., leinene Überziehstrümpfe, mit denen der Müller zum Mehlmischen in die Mehlkiste steigt Gwd/Wo, Reg/Gi. – **Mählsupp** f. 1. dicke Mehlsuppe (meist zum Frühstück gegessen) verbr. *Eene Mählsupp mutt so dick sin, dat de Läpel in ehr uprecht ståhn blifft* Stett. – Sagw.: *De Mählsupp is so dick, seggt de Buer, doa kann de Snieder up danze* Reg/Kt u. ä. verstr. – Ral.: *De Klock geht nå Mählsupp* die Uhr geht falsch Cam/Ds. – 2. Mehlbrei zum Glätten und Konservieren der Webfäden Saa/Le ⁴ROSF 509.

Måhltiet f. Mahlzeit. 1. (gemeinsames) Essen, bes. mittags und abends. *De Preester is bloß to t' Måhltiet e'nööjt* [eingeladen] Pyr/Lt. Gruß zur Mittagszeit, auch vor und nach dem Essen: *Måhltiet!* verstr. – Segenswunsch vor dem Essen: *Jesejet Måhltiet!* verbr. Ausruf der Verwunderung oder Entrüstung: *Prost Måhltiet!* verstr. – 2. die zubereiteten Speisen zur Essenzeit verbr. *Ik heff 'ne got Måhltiet to mi nom', 'ne Måhltiet tau Pott krieg'n* Essen kochen Fra/Bn. – Sprw.: *Wer nich kümmt tau rechte Tiet, denn geiht de Måhltiet quitt* vereinz. VPom.

Mählul f., TiN, Motte Dem/Tp. – Aberglaube: *Wenn Mählulen üm'e brennend Lamp flattern, gifft't 'n Breif*

Dem/Tp. – **Mählworm** m. 1. Made des Mehlkäfers verstr. – 2. SpottN für Müller u. Bäcker verstr.

Mähn f., *Måhn* Fra/Br, Rüg/Ae, *Mähne* vereinz. *Du müsst bi't Pier(d)striegeln dei Måhn nich vergäten* Rüg/Ae. Übertr.: *Dei Jung' hett 'ne richtige Mähn up'n Kopp* hat unordentliche, lange Haare Fra/Bn. – Mnd. *māne.*

Måhn m. 1. PflN, Mohn, bes. Klatschmohn. – 2. Mohnsamen. *Hest du Bukweihdåg, ät Måhn!* Sto/Dö. – Mnd. *mân.*

Lautvar.: wie hd. *Mohn* vereinz., *Mauhn* Rüg/Bi, *Mōun* °Büt ²Mis 16, *Mauer* Fla/Kj.

måhnen sw., *mohne* Lau/Ke, mahnen, nachdrücklich erinnern verstr. *Em möt man ümmer måhnen, wenn man sien Geld kriegen will* Gwd/Ba.

Måhnkarn m., selt. f., Samenkapsel des Mohns vereinz. Im Vergleich: *Sei sugen em ut as dei Ameisen den Mahnkarn* sie beuten ihn finanziell völlig aus HuMGwD 14,9,11.

Mähr f., *Märr* vereinz. NOPom, *Meer* Stolp, *Mirr* Büt/Bt, Mähre. 1. altes, abgemagertes Pferd verbr. VPom NOPom, sonst selt. *Dei Mähr verköp man an'n Schinner!* Gwd/Ba; *dei Mähren an'n Wågen spannen* Dem/Tp. – Ral.: *Sone Mähren, dei den Hawer verdeinen, kriegt 'n nich* HuMGwD 10,34,8. → Zoss. – 2. Stute verstr. auf der Insel Wollin, Cam/Pu, Pri/Teu 224. – 3. fischerspr., veralt., gekrümmter Stock, der Fischern beim Heraufziehen der Netze als Stütze diente DäHWb 186ᵇ. Syn. Hingst, Pierd.

Mai m. 1. wie hd. Früher hatte der 1. Mai (vgl. Maidag) besondere Bed., an dem man mancherorts danach trachtete, andere Personen zu narren, was man *in'n Mai schicken* nannte (üblicher ist es in Pom. jedoch, jmd. in den April zu schicken). Gelungene Versuche wurden bes. von Kindern mit Neckr. gefeiert: *A Mai, a Mai, dei Katt dei lecht 'n Ei!* Gri/Ti, ähnl. vereinz. Auch für die Landw. war dieser Tag sehr wichtig: *Wenn't an iersten Mai rägent, hätt dei Ier(d) kein Frucht* Gri/Mi. *An'n iersten Mai sall sik 'ne Kreih in'n Rongen [Roggen] verstäken kœnen* Dem/Tp. – Weitere Bauernr. für den Monat: *Is de Mai käuhl un natt, füllt hei denn Buern Schün un Fatt* Gwald, ähnl. allg. *Rägen in'n Mai gifft för't Johr väl Brot un Heu* Ank/An; *'n koll Mai gifft väl Heu* Sch/Ac. *Is de Mai mihr drög as natt, denn is dei Harfst mihrst för dei Katt* Ank/Br. Vgl. Maimånd. – 2. zumeist im Pl. *Maien*, Maiengrün (bes. Birkengrün) als Laubschmuck zum Pfingstfest. *Wi willen tau Busch, Maien hålen* Gwd/Ba.

Lautvar.: *Mee* Gbg/Gp, *Meej* Kol/Zw, *Meech* Nau/Fg,Rh, *Mijj* Dra/Bu, ¹¹Rosf 136.

Maiblaum f., PflN, Maiglöckchen vereinz., vgl. DWA 10, Kt.9. Syn. s. Maiglöckchen. – **Maibom** m. zum 1. Mai oder zu Pfingsten aufgestellter, an der Spitze geschmückter Baum (bes. Birke) ohne Astwerk verstr. hpom. Küste, sonst selt., ⁶Kai 107f. Vgl. Pingstbom. – **Maibotter** f. bes. gelb aussehende, qualitativ hochwertige Butter aus Kuhmilch, die in der Zeit nach dem ersten Weidegang im Frühjahr gewonnen wird. Vgl. Grasbotter. – **Maibücks** f. Männerhose aus weißem Leinen (bes. als Festkleidung im Frühjahr) verstr. *Nu ward dat Wäder schön, de hett all de Maibücksen an* Gwald. *Dei Vadder geiht vöran, dei witte Maibüx an* APHDEM 1930,3,1. – **Maibusch** m. 1. Birkengrün als Laubschmuck, bes. zum Pfingstfest verstr. VPom, sonst selt. *'n Maibusch an'e Dör stäken* Gwd/Ba. Vgl. Maistruk, Pingststruk. – 2. PflN, Birke vereinz. VPom. – **Maibutt** m., TiN, Scholle, Goldbutt vereinz. VPom. Syn. Maischull.

Maid f., kindspr., veralt., Mutter Mönchg., Schön 41, Sun 1844,315, HoefAMsc 294ᵃ.

Maidag m. der erste Mai verstr. *Maidag hemm' wi orig fiert* Gwd/Ba. – Bauernr.: *Sünd Maidag de Böm noch nich gräun, denn krichst du väl Weiten to seihn* °Gri. – **Maifisch** m., TiN. 1. wie hd. vereinz. Syn. Goldfisch. – 2. Hornhecht vereinz. VPom. Syn. Huurnfisch.

Maigerån m., PflN, Majoran. *Maigerån kümmt in Läwer- un Blautwust* Dem/De. In einem Liedvers: *Maierån un Thymiån, dat wasst in unsern Gor(d)en, Adelheid, dat is mien Brut, dat sall nich lang mihr wohren* Fra/Br. Syn. Wustkrut.

Laut- u. Formvar.: *Maierån* verstr., *Mairån* vereinz., *Mairon* Ghg/Jd, *Maijeran* Neu/We, wie hd. *Majoran* selt., *Majeron* Stolp, Lau/Ke, *Merån* Reg/Kt, *Mej(e)rån* vereinz. östl. der Oder, *Mejraua* Dra/Ga, *Megrån* Saa/Sc BLFPVK 2,62, *Medschraue* Gbg/Gz UP 9,54, *Mijrån* Dra/Dr, *Mirahn* HomWb 129ᵇ, Prit/Jes 257ᵃ.

Maiglöckchen n., PflN, wie hd. verbr., vgl. DWA 10, Kt.9. *Maiglöckchen bläugen to Pingsten* Gri/Mi. Syn. Liljenkumfalgen, Maiblaum. – **Maigråf** m., veralt., die Hauptperson beim Umzug im Rahmen des Windelbahnfestes in Stolp BLFPVK 1,36ff. – Mnd. *meygrêve* Bürger, der den Maiausritt anführt. – **Maihääkt** m. im Mai laichender Hecht vereinz. VPom, LauWb 231ᵃ. – **Maihäuken** n. im Mai geborenes Lamm (bes. Ziegenlamm) VPom, sonst verstr., LauWb 231ᵇ. *Dei hüppt as 'n Maihöke* hüpft vor Freude Pyr/Sa. – **Maikåter** m. im Mai geborener Kater vereinz. *De hett Ogen as 'n Maikåter* hat glänzende, feurige Augen Ank/An. Scherzh.: Mann oder Junge, der im Mai geboren ist. – **Maikatt** f. im Mai geborene Katze. *Maikatten sünd dei besten Katten, dei kåmen gaut dörch 'n Winter* Gwd/Ba. Scherzh.: im Mai geborene weibliche Person. – **maikäuhl** Adj.

kühl wie gelegentlich noch im Mai vereinz. *Treck di wat œwer, dat's buten noch maikäuhl!* Dem/Tp. – **Maikäwer** m., TiN. **1.** Maikäfer. *Wi willen Maikäwer von'e Böm schüddeln* Gri/Go. – Kinderr.: *Maikäfer, fleeg, dien Vadder is in' Krieg, dien Mudder is in Pommerland, Pommerland is afgebrannt, Maikäfer fleeg* Cam/Kt. – Bauernr.: *We't väl Maikäfers jifft, ward de Winte(r) kull* Reg/Rg. – **2.** Marienkäfer selt., ⁷KAI 92. – **maikäwern** sw. **1.** Maikäfer fangen selt. – **2.** (längere Zeit) über etwas nachdenken selt. VPom, Ran/Ro. – **Maikloppen** n. Brauch am 1. Mai, bei dem man beim geselligen Zusammensein ein Mailied (an einer bestimmten Stelle) durch heftiges Klopfen mit Stöcken begleitete Gwald, HUMGWD 4,39,7, KLEIN 133f. – **Maikreschka** m., TiN, Marienkäfer Sto/Gl ³HOLS 35. – Das Grundwort zu Kruschke. – **Maimånd** m. der Monat Mai verstr. – Sagw.: *Nicks geiht œwer Maimånd, Månschien, Mannslür un Musik, sär Tanten Marieken, as sei viertig Johr olt wier* Rüg/Ae. – **Mairägen** m. Regen im Mai. – Bauernr.: *Mairägen up dei Såten, bringt dat Johr väl Dukåten* Fra/Pe. – **Maischull** f., TiN. **1.** Scholle, Goldbutt vereinz. VPom. Syn. Maibutt. – **2.** Heilbutt Gwd/Wc. – **Maistruk** m. junges Birkengrün, bes. als Laubschmuck zu Pfingsten verstr. Vielerorts wurden die getrockneten Zweige als vermeintlicher Schutz vor Blitzschlag bis zum nächsten Pfingstfest im Haus aufgehängt. Vgl. Maibusch, Pingststruk.

Majoran s. Maigerån.

majorenn s. magareen.

Majur m., wie hd. *Major* vereinz. MPom HPom, *Mejur* HUMGWD 12,1,5, Major. Im Vergleich: *Schullen as 'n Majur hemm'* hohe Schulden haben Dem/Tp, ähnl. verstr. Als Grundwort bes. in scherzh. oder spöttisch gebrauchten Zss. Vgl. Furzmajur, Håmel-.

Måk f., *Mauk* Kol/Go, Gbg/Gp,Vi, Dra/Bu, Slo/Ld, *Môk* Lau/GW. **1.** die Mache, Herstellung, Anfertigung. *Dei Schnieder hett dat all in'e Måk* arbeitet bereits daran Dem/De. Scherzh. über eine Schwangere: *Bi dei is wat in'e Måk* Kol/Mö. *Dei is in'e Mauk vedurwe* ist familiär vorbelastet Kol/Go. – Ral.: *ein' in'e Måk hemm'* jmd. in seiner Gewalt haben verbr.; *ein' in'e Måk nähmen* jmd. gehörig zurechtstutzen, scharf herannehmen verbr. – **2.** Schein, Angeberei LAUWB 231ª: *dat alles is jå bloot Måk.*

Makauze Pl. Atembeschwerden bei Pferden Gwald, Ank/An. – Vgl. jidd. *macke* asthmatisch (von Pferden).

Mäkel m., *Måkel* Stett, *Maikel* Kol/Go, Makel, Fehler vereinz. *Daue is keie Mäkel a'* daran ist nichts zu tadeln Gbg/Gp.

Mäkelborg n. Mecklenburg. *ut Mäkelborg stammen* Gwd/Ba. Spöttisch zu einer ständig mäkelnden Person: *Du büst woll ut Mäkelborg!* Fra/Pe. Vgl. Land-ein. – **Mäkelbörger** m. **1.** Einwohner Mecklenburgs. Wegen ihres Landeswappens nennt man die Mecklenburger spöttisch *Mäkelbörger Ossenköpp / Büffel(s)köpp* VPom, sonst vereinz. Daher auch ral.: *dat Mäkelbörger Wappen måken* den Kopf mit beiden Händen abstützen verstr. VPom. Dagegen werden vorgebliche charakteristische Eigenschaften der Mecklenburger durchaus anerkannt: *Dei Mäkelbörger is 'n hart Holt, hei fängt nich so licht Füer, œwer wenn hei Füer fungen hett, denn gifft hei 'ne gaut Hitt von sich* Ank/An. – **2.** scherzh., Mäkler, Nörgler verstr. – **mäkelbörgsch** Adj. mecklenburgisch. Scherzh.: *de mäkelbörgsch Sünn* der Mond verstr. VPom. – **Mäkeldörper** m., scherzh. **1.** Mecklenburger vereinz. VPom. – **2.** Mäkler, Nörgler vereinz. VPom.

Mäkelfähler m. Fehler, über den dauernd gemäkelt wird vereinz. *Dei Kauh hett 'n Mäkelfähler, dei kann ik nich verköpen* Fra/Bn. – **Mäkelfritz** m. Nörgler vereinz. Vgl. Mäkler.

måkelig Adj., *måklig* vereinz., *moklig* Ran/Ro, Lau/GW. **1.** bequem, gemütlich verstr. VPom, sonst selt. *Dat licht sich måkelig in dit Berr* Fra/Br; *måklig sitten* Rüg/Ae. → kommod. – **2.** recht erträglich, angenehm vereinz. VPom, sonst selt. *Hei is hüt gor nich måklig* hat heute sehr schlechte Laune Fra/Bn.

Måkelment n., scherzh., Medikament Nau/Mo BLFPVK 10,12. – Wohl angelehnt an *Mäkel* Makel.

mäkeln sw. wie hd. *Hei mäkelt œwer allens* Rüg/Wi. Abweisend zu einem Nörgler: *Mäkeln ka' jeder Buer, bäter måke ward em suer!* Gbg/Ge. – Vereinz. auch tr. gebraucht: *em was't egal, ob em sien Lihrer mäkeln ded* Mönchg. HTKLRÜG 1913,91. *He hett denn Anzug mäkelt* beanstandet Ran/Pe. Vgl. mäklig.
Lautvar.: *mägeln* Gri/Mi, *mekeln* Ran/Ro, *maikle* Pyr/Pe, *mē̂klə* östl. °Lau STRI 15, *mēkə* westl. °Lau STRI 15.

Mäken n. Mädchen. **1.** Kind weiblichen Geschlechts. *Dat's 'n schmuckes Mäken* Uec/Ue. *Dat lütt Mäden süht allerleifst ut* Fra/Bn. *Dat is 'n Mäke as 'ne Imm* ein sehr fleißiges Mädchen Rum/Tr. *Wat nützt mi 'n hübsch Mäken, wenn't nich riek is?* Ran/Pe. – Ral.: *to wat kåmen as dat Mäken to'n Kind* unversehens in eine bestimmte Situation geraten verbr. Angesichts einer schwierigen Aufgabe: *Dat's nich so einfach, schläp bi't Mäken / bi de Deern un do ehr nischt!* Uec/Pa, ähnl. verbr. Vgl. Diern. – **2.** (junge) unverheiratete Frau. *As ik so'n Mäten von fiefuntwintig Johr was* °Rüg. In fester Vbdg.: *olle Mäken(s)* alte Jungfer(n) verstr. – Sagw.: *Alls kümmt an'n Mann, secht dat Mäken, blot ik nich* Ank/An. *Nimm mi man, secht dat Mäken, ik will uk nich väl äten* °Ank. *Råd mi! säd dat (oll) Mäken, as de Frieger anhollen deed, äwer råd mi uk nich af* Gwald, ähnl. verstr. – **3.** veraltd., Dienstmädchen, Dienstmagd. *Sei wier Mäken* *up'n Hoff* Gwd/Ba. *Dat nie Mäten möt 'n Meitsdåler hemm'* Gri/Ti. *Se is Mäten bi't Lüttveeh* Rüg/Zi. *Määtsche, jiff de Küke wat!* Gbg/Vi. – Zss. s. Mäkens-.

Lautvar.: *Mäten* verbr. westl. VPom, *Mäden* vereinz. VPom, *Mädden* Rüg/Al,Ba,Wi, vereinz. °Gri u. °Gwd, *Määtsche* nördl. °Gbg, Kol/Zw, vgl. PRI/TEU 150, *Meetsche* Gbg/De, *Meken* Uec/Ei, Ran/Pl,Ro, *Mäke* verbr. ZPom, *Mäka* verstr. SPom, *Mäker* selt. westl. ZPom, *Maike* Pyr/We, Nau/Gc, Neu/Gc,We, verbr. °DKr, *Maika* vereinz. SPom, *Mäike* Pyr/Wa,Wi, Kol/Se,Wi, Kös/Vr, Neu/Ju, *Mēike* °Büt ²MIS 19, östl. °Lau STRI 15, *Maitche* Neu/Ki, DKr/Pl ³TITA 14, *Mäitche* Neu/Rt, *Maitsche* Gbg/Ha,La,Ro, *Määchen* Uec/Mn. Zu Seltenheitsbelegen vgl. zudem DWA 4, Kt.16. – Dim.: *Määkske* Lau/Lt, JOSTWB 62, *Meeksje* Lau/Ke. – Pl. *-s*, in HPom verstr. neben dominierendem *Mäkes* auch *Mäkis*.

Phras. zu 1.: In zahlreichen, zumeist scherzh. Sprüchen: *Mäkens, de fläuten, un Höhner, de krägen, möt man bitieden dat Gnick ümdrägen* Ran/Kr, ähnl. verbr. *Mäkens to höden sall denn Düwel sülfst verdreten* Gwd/Vo. *Mädens lihrt man nich vœr, ierst nå dei Hochtiet kennen* Ank/Br. *Wenn de (lütt) Mätens Brot schnieden / Fisch kåken kænen, denn kænen se uk bald friegen* Gwald. *Dat Mäken is tru as Wåter in de Kiep* Ran/Kr. *Is eie schlecht Mäke, dat nich denkt, gnärig Fru tau ware* Sto/Zz. – Sagw.: *Nu denn, säd dat Mäten, don wull sei nich jå seggen* Ank/Pu. – Rä.: *Wat lehrt eie Mäke åhn Mäuh?* = das Lieben Cam/Ga. *Dor geiht 'n Mäten lang un verliert 'n gräunen Teller* = Kuh Hidd. HUMGWD 4,44,10. – Anzüglicher Tanzr.: *Mäke, bör up dat linke Bein, låt mi eis dat Ding beseihn. Mäke, låt dål denn rechten Faut, ik heff seihn, dat Ding is gaut* Rum/Ha.

måken sw./unr. machen. **1.** etwas herstellen, erzeugen. *Wat hei måkt, will kein Minsch hebben* Ank/An. *De Schauh hett mien Schauster måkt* Fra/Zi. *Heu måken* Fra/Zi. *Holt måken* Holz hacken, um Brennholz zu gewinnen Gwald; *'ne Lien måken* eine Leine flechten Dem/De. Spez.: zeugen. *De hemm' twee Kinner måkt* Ran/Sk. – **2.** tun, sich mit etwas beschäftigen. *Låt se måke, wat se wille, mi is dat egål* Reg/Kw. *Dat blifft so, dor is nicks an to måke* Dra/Ga. Abweisende Antwort auf die Frage: *Wat sall ik måken?* = *Måk, wat du wist, dau, wat du schast!* Fra/Ln. *Wat måken ji?* wie geht es Euch? Pyr/Lt. *Wat måkt dat Wärer?* wie ist das Wetter? Gwd/Ba. – Ral.: *'t nich mihr lang måken* todkrank sein allg. Scherzh., wenn man sich benachteiligt fühlt: *Mit mi kast du dat jå måken, ik heff bloots een Mudder* Gwald, ähnl. verbr. – **3.** etwas erledigen, schaffen, durchführen. *Dat is in einen Dag nich to måken* Use/Us. *Wi mauka dat noch rasch, de' heff wi Fieråwend* Dra/Bu. *Sien Dochter mäuk Hochtiet* feierte ihre Hochzeit Sto/Bu. Spöttisch: *De måkt uk in drei Dåg mihr as in eenen* ist sehr faul Gwald. – Sprw.: *So as wi 't måken, ståhn uns Såken* Stett. – Sagw.: *Dat is licht to måke, sär de Jung', wenn ik 't man nich daue sall* Cam/Bn. – **4.** in einen veränderten Zustand bringen. *de Stuf måken* die Stube reinigen °Ank; *Bedden måken* Betten frisch beziehen Fra/Zi; *denn Acker måken* den Acker bearbeiten Gwd/Nu; *ein' tau Lachen måken* jmd. zum Lachen bringen Fra/Ln. *He måkt 'n Kierl ut sich* er wird zunehmend selbstbewußt Gri/Bo. *Mien Vadder will ut mi wat måken* will meine Karriere

fördern Dem/Tp. Auch: etwas bewirken, die Ursache sein. *Miene Fru kann nich danze, dat möckt dat kranke Bein* Gbg/Gp. – **5.** seinen Darm, seine Blase entleeren. *He möckt in't Bedd* Pyr/Lt. – Sagw.: *Ik kann uk all väl måken, secht de Jong', wenn ik up'm Pott sitt* Uec/Ge. *Dor har ik werre eis 'n Weg spoort, sär dei Jung', don mök hei sich in'e Bücks* Rüg/Ae. – **6.** refl. – **6.1.** sich gut entwickeln, gedeihen. *Dat Peerd möckt sich* Bel/Ei. *Dei Jung' ward sich schoonst mauke* Gbg/Gp. – **6.2.** sich zieren. *Nu mok di man nich so!* Ran/Ro. Im Vergleich: *De möckt sich eis de Zäg up' Kar* verhält sich störrisch Kös/Dr. – **6.3.** sich um etwas Gedanken machen, über etwas bekümmert sein. *Ut de Såk måk ik mi gor nicks* Dem/De. – **7.** sich beeilen. *Nu måk man, dat't uk noch wat ward!* Pyr/Py. – **8.** reisen, sich irgendwohin begeben. *De willa nå Amerika mauka* Dra/Bu. Auch refl.: *un makt sich na'n Schaulrat* ²GAHL 49; *sik up'n Weg måken* Pyr/Lt. – **9.** als Summe ausmachen, ergeben. *Woveel möckt dat?* wieviel kostet das? Pyr/Lt.

Lautvar.: Zur lautlichen Realisierung des Stammvokals s. PWB 1,1,LXV, Kt.11.

Flex.: Präs.Sg.1.: wird ausschließlich sw. gebildet. – 2.: *måkst* verstr. VPom MPom, sonst selt., *möckst* verbr. HPom, sonst vereinz., *meckst* Rum/Km, verbr. NOPom, *määkst* LAUWB 231[b]. – 3.: *måkt* verstr. VPom MPom, sonst selt., *möckt* verbr. HPom, sonst vereinz., *måkt* Ran/Sh, DKr/La, *meckt* Rum/Km, verbr. NOPom, JOSTWB 62, *määkt* LAUWB 231[b], *maukt* Lau/Gr BLFPVK 9,35. – Prät.Sg.1. u. 3.: *mök* verstr., *mek* Saa/Ke, *maik* Kol/Gi, Gbg/Vi, LAUWB 231[b], JOSTWB 62, *mauk*, *māuk* Sch/La, °Rum, °Büt, ²MIS 63, ⁵TITA 70, HOMWB 125[a], *mäuk* Neu/We, Sto/Bu, *mäutch* Neu/Rt. – Pl.1.: *maike*, *mäike* Bel/Sh, °Rum, Büt, ²MIS 63, ⁵TITA 70. – Das Part.Prät. wird ausschließlich sw. gebildet.

Mäkenskåmer f. Mädchenkammer, Schlafraum für das weibliche Gesinde. *Dei Mädenskåmer licht unnert Dack* Gri/Mi. – Im Tanzr.: *Wat dat för'n lustig Läwent is, wenn de Mäkeskåmer dicht bi'm Peerdstall is* °Saa. Syn. Diernskåmer, Mäkensstuf. – **Mäkensleif** f. die von Mädchen empfundene Liebe. Gebräuchlich bes. im gereimten Spruch, vgl. Herrengunst. – **Mäkensmütz** f. Mütze für Mädchen. Spez.: (pelzlose) Kappe für ledige Frauen in der Jamunder Tracht Kös/Ja JAHN/MEY 86. Vgl. Frugensmütz. – **Mäkensstuf** f. wie Mäkenskåmer vereinz. – **Mäkenswåter** n. Wasser, mit dem ein Mädchen getauft wurde vereinz. HPom. Vgl. Jungswåter.

Måker m., bes. seem., 'Macher' schwerer Vorschlaghammer verstr. VPom.

mäk(e)rig Adj. mäkelig (beim Essen) verstr. Vgl. mäklig. – **Mäkler** m. Mäkler, Nörgler vereinz. Vgl. Mäkelfritz.

Måkler m., *Maukle(r)* Gbg/Gp, *Mäkler* Pyr/Lt, Reg/Kt, *Maikler* Neu/We, Makler, Vermittler beim Kauf verstr. Spez.: beim Viehkauf eine vom Käufer als Preisdrücker hinzugezogene Person. *Wenn ik mi 'ne niege Koh köp, nähm ik 'n Måkler mit* Rüg/Dm. – Mnd. *mēkeler, mākeler*.

mäklig Adj., *maiklig* Pyr/Pe, Neu/We, *mäiklig* Lau/Pb. **1.** mäkelig, nörgelig verbr. *Hei is so mäklig in't Äten* Ran/Sr. Vgl. mäk(e)rig. – **2.** schrecklich LAUWB 230ᵃ: *wo sieht dat määklich uut!*

Makreel f., TiN, Makrele verstr.

Måkwark n. Machwerk, schlecht ausgeführte Arbeit verstr. VPom, sonst selt. – Ral.: *Dat ist all een Måkwark* das ist sich alles ähnlich selt.

mål Adv. mal, einmal. *Mål lat ik mi dat gefallen* Fra/Ln. *Besäuk mi bald mål* Gwd/Ba. Häufig in der Vbdg. *mål eis* einmal, hin und wieder, einstmals verbr. *Mål eis räd hei so un mål eis so* Gwd/Ze. *Ik hadd mål ees an schöan Ua* [Uhr] °Dra. – In Zss. mit Kardinalzahlen und Indefinitpronomen wie *tweimål, keinmål, männigmål* verbr.

Mål¹ n. Mal. **1.** Zeichen, Grenzstein verstr. VPom MPom. – **2.** Mån Reg/Kt, vereinbarter, neutraler Punkt und Ziel beim Spiel verstr. *Ik bün in 't Mål, du dörfst mi nicht anschlån!* Fra/Zi. *Disser Bom is dat Mål, dei tauierst ankümmt, hett wunnen* Rüg/Ae. – **3.** Muttermal, Hautfleck verstr. *Sei hett 'n Mål up'e Back* Gwd/Ba. – Aberglaube: *Kniepen dörft ma 'ne schwangere Fru nich, dat gifft ein Mål* [beim Kind] Fra/Bn.

Mål² n. wie hd. Mal, ein Zeitpunkt (unter verschiedenen), zumeist in Verbindung mit Ordnungszahlen und Indefinitpronomen verbr. *Ik sei ehr hüt tom tweit'n Mål* Gri/Mi. *Dit Mål is jenooch* Ran/Pe; *keen eenzigst Mål* Pyr/Lt. Abschiedsgruß: *Bet up anner Mål* Ghg/Li, ähnl. verstr.
Lautvar.: *Moal* Pyr/Rl HTKLPYR 1929,98, *Maul* Gbg/Gp, *Maua* Saa/Ke ³MIS 26, DKr/La, *Mōul* °Lau, vgl. STRI 20.

malåd Adj., zweite Silbe betont, malade, krank, elend. Auch: müde, kraftlos, schwindelig verbr.
Laut- u. Formvar.: *malar* Ank/Br, Nau/We, *machlat* Pyr/Sa, *malaud* Pyr/Wa, Dra/Bu,Slo/La, *malaudich* Gbg/Gp, *malaudj* Gbg/Gp, *malott* Rum/Gw, *malasch* Kol/Go, *malatsch* Lau/GW, *malatschig* Sto/Wd.

Måle RN Koseform von Amalie verbr. VPom, Saa/Ja,Te, °Dra. – Dim. *Måling* Stral, Gwald HUMGWD 7,34,3, *Malken* Ank/An, Stett HOEFAMSC 290ᵃ, *Mälken* HOEFAMSC 293ᵇ.

målen sw., *maule* Gbg/Gp, Fla/Ta, Slo/La. **1.** (ein Bild) malen verbr. *De hett ein Bild mault* Fla/Ta. Scherzh.: *Ick ward di wat malen, denn hest wat Buntes* HUMGWD 74,150f,4. – **2.** anstreichen verbr. *Ik möt denn Mast noch målen* Fra/Zi.

Malente f. Strafe Rüg/Dm, Ghg/Hi. *Du warst dien Malente noch kriegen* Rüg/Dm.

Måler m., *Mōᵘləř* °Lau STRI 20, *Mauləř* nordwestl. °Lau STRI 20, Pl. *Måles* Neu/Nh, Dra/Fa. **1.** Anstreicher verbr. Reim auf den Maler: *Der Måler mit'm Pinsel åhn Hor, is dat nich sonnebor?* verstr. VPom. – **2.** (Kunst)Maler verstr.

Maless f., Akzent auf der zweiten Silbe, Schwierigkeiten, Ärger; Unglück. *Mit ehr ward hei sein Maless noch kriegen* Ank/An. – Zu frz. *malaise*.
Lautvar.: *Måless* verbr. VPom, *Malast* Dem/Tp, Dra/Bu, *Malest* Gwald, Dem/De, °Dra, *Melast* ¹TIB 55, ²TIB 105, *Miless* Gwald, *Malesch* °Sch, *Məless* Lau/GW.

Maletsch m., Endsilbe betont, PflN. **1.** Gemeine Gänsedistel und Ackergänsedistel vereinz. NOPom, vgl. MARZELL 4,393ff. *Hest du åll Maletsch fere Kninkis* [Kaninchen] *holt?* Büt/Bt. – **2.** Löwenzahn Sto/Wl, ⁴KNO 176. – **3.** Pestwurz vereinz. NOPom. – Zu poln. *mlecz*.

Malinees Pl. Himbeeren JOSTWB 62. – Zu pomor. *måləna* Himbeere.

malkern sw., *malken* vereinz. VPom, peinigen, quälen (bes. junge Tiere durch dauerndes Anfassen) verstr. VPom MPom. *Malker nich so väl mit de Katten* Ghg/Gr.

mall Adj. **1.** verrückt, töricht verbr. VPom MPom ZPom, sonst selt. *Du büst jå mall!* Nau/De. *Ik war noch mall von'n Larm* Gwald. Wenn sich jmd. einer Situation unangemessen verhält: *Büst mall? Gehst nå de Kirch un flåutst?* verstr. VPom. Wenn sich jmd. im Alter kindisch benimmt: *Je öller, je maller!* vereinz. VPom. – **2.** unwohl, schlapp verstr. *Mi is ganz mall* Ghg/Gr.
Rsyn. zu 1.: *beschuckert, brägenklüterig, bramm(e)lig, fiefdwatsch, håmelkathoolsch, mallig, manoli, meschugge, natt, œwerkandidelt, œwerschnappt, œwerspœnig, plemplem, rammdœsig, schuckig, splienig, tickerig, trallig*.

Mall n., fachspr., Muster. **1.** Maßleine (zur Bemessung des Abstandes zwischen Reusenpfählen) Rüg/Nu,Vt, vgl. RAS 131f. – **2.** Schablone zum Übertragen von Zeichnungen auf Holz (im Bootsbau) Gwald. Auch: Spantschablone für den Bau des Schiffsrumpfes, vgl. ¹PEE 239, ²RUD 123. – Nach KLUF 564 Lehnwort aus nl. *mal*.

mallekendof Adj. verrückt verstr. → dœmlich. –
mallen sw. **1.** scherzen, herumalbern verbr. VPom, sonst selt. *Sei mallen all werrer mit dei Dierns* Gwd/Ba. – **2.** seem., ständig die Richtung ändern (vom Wind) verbr. VPom, Uec/Ue, Stett. *De Wind mallt hüt so* Ank/An, Fra/Zi. – **3.** zielgerichtet gehen vereinz. VPom. *Nu willen wi man in'e Stuf mallen* Gwd/Ze. – **Mall(en)hågen** fiktiver ON. Iron.: psychiatrische Klinik verstr. VPom. *Du büst riep vör Mallenhågen* Gri/Gr. – **Mall(en)hus** n., iron., psychiatrische Klinik selt. VPom, HUMGWD 4,10,11. – **Mallerie** f. dummes, albernes Treiben selt.

VPom, HOEFAMSC 296ª. *Låt dei Mallerie sin!* Gwd/Ba. – **mall(e)rig** Adj. albern vereinz. VPom, Uec/Ge. Vgl. mallig. – **Mallerjån** m. verrückter, alberner Mensch °Gri. – **Mallhågen** m. dümmlicher, verrückter Mensch verbr. VPom, HOEFAMSC 296ᵇ. *Wat is de Kutscher doch för 'n Mallhågen un Dämelklås!* Stral. Ebenso: *Mallhåken* verstr. VPom. – **Mallhåmel** m. einfältiger, verrückter Mensch verstr. VPom, Uec/Ue. – **mallig** Adj. **1.** verrückt verbr. VPom MPom ZPom, verstr. NOPom, sonst selt. *Büst du mallig worn?* °Rüg. – Ral.: *Wenn de Minsch mallig ward, denn kriggt hei't tauierst in'n Kopp* HUMGWD 7,13,7. → mall. – **2.** albern, kindisch verbr. VPom MPom, verstr. HPom, sonst selt. *Heff di ni so mallig!* °Nau. Vgl. mall(e)rig. – **3.** dumm, töricht verstr. → dœmlich. – **Malligkeit** f. Verrücktheit, Unsinn verbr. VPom, sonst selt. *Du hest ümmer Malligkeit'n in'n Kopp* Uec/Pa. – **Malling** f. dauernder Richtungswechsel eines meist schwachen Windes, auch: Flaute selt. VPom. *Wi liggen in'e Malling* Gwd/Ba. – **Malljohann** m. verrückter Mensch verbr. VPom, Nau/Db, Saa/Ja. – **mallpropper** Adj. schlecht, unvorteilhaft Gwald, Ank/An, Ghg/Gr.

Mallür n., *Mallör* vereinz. VPom, sonst verbr., *Maleer* JOSTWB 62, Malheur, Mißgeschick, Unglück verbr. *Dor is 'n grot Mallür passiert* Ank/An. *Dat Mäke hett Mallör ist unehelich schwanger* Pyr/Lt. – Sagw.: *Dat is 'n Mallür, säd de Klempner, don löd't hei sien Näsenspitz an'n Teekätel fast* Stral.

mallüren sw., *mallören* verbr. MPom HPom, mißraten, keinen Erfolg haben verbr. *Mit 'n Kauken is ehr dat mallüürt* Gwd/Ba. *De Arbeet is mallüürt* Ank/An. – Ral.: *Wenn't den Minschen mallüren sall, föllt em dat drög Brot up dei Boddersiet!* HUMGWD 14,21,10.
Rsyn.: begriesmulen, dornäbengåhn, scheifgåhn, vörbigåhn.

Malm m. Unsinn Ank/An, Uec/Ge, Ghg/Gr. *Malm vertellen* Uec/Ge. – Zu hd. *malmen*. – **malmig** Adj. verrückt, dumm Pyr/Wa, Ran/Ro.

malochern sw. betrügen Gri/Ti, ²REH 254. – Zu jidd. *malochen*.

Malotsch m., *Malott* Lau/GW, *Maletsch* Arn/Ar, Morast Uec/Ue, Stolp, Sto/Dö. → Modder.

Målstein m. Grenzstein verstr. VPom, vereinz. MPom HPom. *Bi't Plögen versett denn Målsteen nich!* °Fra. Auch: Gedenkstein Sto/Dö,KP.

Malter¹ m./n., veralt., *Molder* HOEFAMSC 311ᵇ, *Malde* Reg/Kt. **1.** Hohlmaß für Getreide von regional unterschiedlicher Größe verstr., ²REH 101. – **2.** Holzmaß von 4 m³ Stral, Pyr/Wa, Sto/Dö, Lau/GW.

Malter² f. glatter Holzkloben vereinz. MPom.

Malutsch n. Ferkel vereinz. NOPom.

Mama f. Mutter. *Uns Mama is nich t' Hus* Nau/De. – In gehobenem Stil mit betonter Endsilbe in ders. Bed. verstr. Wenn trotz häuslicher Armut vornehm getan wird: *Kein Brot in't Spind un doch: Mamá, Papá!* Ran/Se, ähnl. vereinz. – **mamaen** sw. nach der Mutter rufen, hinterherweinen (von Kindern) verbr. *De mamat den janz'n Dag* Ghg/Li.

Mamelottenwåter n. sehr dünner Kaffee °Reg, Kol/Pr, °Rum. Auch: Schnaps selt. – Erstglied eventuell scherzh. entstellt aus hd. Mameluck.

Mammel s. Marmel.

Mämmer f., kindspr., *Memme* Gwd/Da, Mutter vereinz. – Aus jidd. *mame*, *memme*.

Mampsche(r) m. Magenbitter, ursprüngl. von der Firma Mampe verstr. MPom, sonst selt. *Drink man 'n Mampschen, denn ward di bessa* Ran/Pe.

Mamsell f., Dim. *Mamselling* verstr. VPom, *Mamsellke* Pyr/Dö. **1.** Wirtschafterin auf dem Gutshof, Köchin für die Herrschaft verbr. *Dei Mamsell här dat Hauptwuurt in'n Hus* Gwd/Ba. – Als Dim. *Mamselling* schmeichlerisches, vertrauliches Kosew. verstr. VPom. – In fester Vbdg.: *witte Mamsell* Hebamme Lau/Ke. – **2.** pejor., Schwächling, Mann mit stark femininen Zügen verbr. VPom, sonst selt. – **mamsellig** Adj. weibisch, unmännlich verbr. VPom. *Dat is so'n mamselligen Kierl* Fra/Ba.

Mamutsch f., *Mamu(t)schka* Uec/Ge, Pyr/Wa, Rum/Pr, *Mamutschke* Ghg/Li, Kosew. für die Mutter verstr. MPom, sonst selt.

man¹ Indefpron., *ma* verbr. HPom, *me* Kol/Zw, wie hd. *Dat kann man nich weiten* Gwd/Ba. *Wat deet man nich alles!* Pyr/Lt. Ausruf der Verwunderung: *Schutt me löwe?* soll man es glauben? Kol/Zw. Syn. ein 2.2.

man² *ma* verbr. HPom, daneben selt. *me*. **1.** Adv. – **1.1.** nur, lediglich, nicht mehr als. *Ik heff man wenig Geld* Fra/Zi. *Ik bruk ma a' half Pund Kaffe* °Dra. *Dat is man half so schlimm* Pyr/Lt. – **1.2.** als Partikel bes. zur Bekräftigung einer Aussage. *Dat köp di ma!* Dra/Dr. *Låt dat ma sin!* Kol/Pr. *Man got, dat he bald kümmt!* Rüg/Rp. Floskelhaft, um sich zu vergewissern, daß Gesprächspartner verstanden haben: *Man nich?* (gesprochen endbetont *mannich*) nicht wahr? verbr. – **2.** Konjunk., veraltd., aber, jedoch. *Hei ett nich, ma hei frett* HOMWB 125ª. Die Konjunk. wird zunehmend von œwer verdrängt.

Mån s. Månd¹.

manch s. männig.

Bei Fragen zur Produktsicherheit wenden Sie sich bitte an:
If you have any questions regarding product safety,
please contact:

Walter de Gruyter GmbH
Genthiner Straße 13
10785 Berlin
productsafety@degruyterbrill.com

Månd¹ m., veralt. noch f. (nur in der Lautvar. *Mån*) vereinz. VPom. **1.** Mond. *Dei Mån schient so hell* Fra/Br. *Dei Månd geiht up* Dem/De. *De Maun is noch nich rut* ist noch nicht aufgegangen Gbg/Gp. *Dei Mån is alle veier Wochen vull* Nau/Rh. *Wi hemm' taunähmen / afnähmen Månd* Gri/Bo. *Dat is hüt annern Månd* die Mondphase wechselt Pyr/Lt; *leiw Måhning güng up* LUCIA 31. – Ral.: *in'n Månd kieken* das Nachsehen haben verstr.; *wat in'n Månd schriewen* etwas als endgültig verloren ansehen vereinz.; *von'n Månd peikt sin* verrückt, unzurechnungsfähig sein verstr.; *(drei Mielen) achtern Mån sin / wåhnen* rückständig sein verstr. – **2.** scherzh., Glatze vereinz., LAUWB 232ᵇ. → Glatz. – **3.** halbmondförmiger, weißer Bereich am Fingernagelansatz vereinz. – Mnd. *måne* m./f.

Laut- u. Formvar.: *Mån* verbr. VPom, sonst verstr., *Måan* verbr. °Dra, *Må͜* verstr. HPom, MAH 32, *Mon* Stolp, Lau/Ke, WAR 59, *Maun* Gbg/Gp, *Mau͜*, *Maua* Dra/Bu, °DKr ³TITA 12, Slo/La, Fla/Ta, *Maund* Kol/Go, Gbg/Vi. – Dim.: *Måning*, *Møning* verstr. VPom, *Mån(d)ke*, *Mån(d)ge* verstr. HPom.

Phras. zu 1.: Wetterr.: *Wenn de Månd tonimmt, blifft dat Wärer got* Ran/Pe. *Wenn de Mån up'm Rüjje licht, ward 't kult* Pyr/Sa, ähnl. verbr. *Licht dei Mån up dei Näs* [zeigt die Mondsichel nach unten], *denn gifft dat Rägen* Dem/Kt, ähnl. verbr. *Dei Mån steiht klor, denn blifft dat Wärer gaut* Gri/Mi. Im Gegensatz dazu: *Wenn de Mån 'n Hoff* [Dunstkreis um den Mond] *hett, gifft dat Rägen / schlicht Wärer* Rüg/Zi, ähnl. allg. *Dei Månd drückt dat Gewitter weg* steht der Mond am Himmel, zieht kein Gewitter herauf °Ghg, ähnl. verstr. – Rä. u. Scherzfr.: *Wat löppt rund üm't Hus un kiekt in jedes Finster?* = der Mond Ank/An. *Wur schwor is dei Mån?* = Ein Pfund, denn hei hett vier Viertel Ank/Br. – Besprf. gegen Warzen: *Dei Mån un dei Wratt lopen tau Strich, dei Mån gewünn, dei Wratt verschwünn* Fra/Br. Zur Rolle des Mondes im pom. Volksgl. vgl. zudem BLFPVK 3,145ff.

Månd² m., verstr. n., Pl. *Månd, Månde*, Monat. *Dei is 'n por Månd öller as ik* Dem/De; *in twei Johr un vier Mande* ²ADAM 62. *Dat Månd is noch nich tau Enn'* Fra/Pe. *Sei kricht dat Månd / up't Monåt drei Dåler* Gri/Bo, Cam/Ca. *Se hett all fief Månd* sie ist schon fünf Monate schwanger Gwald. – Rä.: *In weckern Maand äten dei Lüd' am wenigsten?* = *In'n Februwor, de hett man 28 Dag'* HUMGWD 8,40,8. – Mnd. *månt*.

Lautvar.: *Moond* vereinz., *Monåt* vereinz., *Monet* LAUWB 241ᵃ, *Monaut* Gbg/Gp.

Måndag m., *Maun-* Nau/De, Kol/Go, Montag. Der Montag galt in Pommern mit Ausnahme des mittelpommerschen Keils als Unglückstag, an dem man u. a. vermied, neue Dienstverhältnisse oder Arbeiten zu beginnen. Auch Hochzeiten wurden an diesem Tag nicht geschlossen. Vgl. ⁶KAI 263f., ⁹HAAS 46. *Am Maundach schall ma nist Niejes anfinge* Kol/Go. *An'n Måndag geiht man nich in'n Deinst* Fra/Pe. – In fester Vbdg.: *blågen Måndag* Montag, an dem man (aus Unlust) nicht zur Arbeit geht verstr. – Sprw. u. Wetterr.: *Rugen Måndag gifft 'ne glatte Woch* Gwd/Wo, ähnl. verbr. – **måndags** Adv. montags. *'ne Arbeit måndags anfängen hett kein Dæg* [Gedeihen] Gri/Mi. – **måndagsch** Adj. übernächtigt, verschlafen vereinz. *måndagsch utsiehn* Ank/An. – **Måndagswäder** n. das Wetter an einem Montag. – Wetterr.: *Måndagswäjer ward nich ult* hält sich nicht lange Pyr/Lt.

Måndblaum f., PflN, 'Mondblume' Seerose Sto/Dö,Wd. – **måndblind** Adj. mondblind (von Pferden) vereinz. Verursacht durch eine Augenentzündung, die wie der vierwöchige Mondzyklus auftritt. *Dat Pierd is måndblind* Gwd/Da. Vgl. måndögig.

Måndduf f., TiN, 'Monatstaube' Haustaube (weil sie in vielen Monaten brütet) selt., DÄHWB 291ᵃ, ⁴GIL 1,11.

Mandel s. Mannel.

Mandelnik m., fischerspr., Stellvertreter eines Genossenschaftsmitgliedes °Sto. – Wohl zu mnd. *mande* Gemeinschaft, Genossenschaft, erweitert mit einem slaw. Suffix. Vgl. ³HIN 336 u. ¹⁰WIN 111.

månden sw., scherzh., 'monden' kahle Stellen im Haar bekommen vereinz. *Bi denn månd't dat all* Ghg/Li. – **Måndgesicht** n. Mondgesicht, rundes Gesicht mit vollen Wangen. *Sei hett eie richtig Maundjesicht* Kol/Go. – **Måndkalf** n. Mondkalb, einfältiger Mensch verstr. – **Måndkieker** m. **1.** Dim. *Måndge-* Sto/Pf, Schimpfw. für jmd., der schielt selt. VPom NOPom. – **2.** mondsüchtiger Mensch Uec/Ge, Ghg/Li. – **måndlich** Adj. wie der Mond geformt vereinz. HPom. *Dat süht måndlich ut* Nau/Wa. – **måndögig** Adj. an 'Mondaugen' leidend (Augenentzündung bei Pferden) vereinz., DÄHWB 291ᵃ. Vgl. måndblind. – **Måndschien** m. **1.** Mondschein. *bi hellen Mandschien* GEB 57. *Dat is as in'n Måndschien* ist schlecht beleuchtet Gri/Mi. Entschiedene Abweisung: *Du kannst mi mål in'n Månschien begägen!* Fra/Pe, ähnl. allg. Scherzh., wenn die Straßenbeleuchtung nicht brennt: *Dat is woll Månschien in'n K(a)lenner* Gri/Bo. – Sagw.: *Månschien, Mannslüd un Musik, dat is dat Best up de Welt, sär Karlien, as se viertig Johr olt wier* Rüg/Zi. – **2.** scherzh., Glatze vereinz. *Hei hett uk all 'n Måndschien* Sto/Gl. → Glatz.

Måndsgeld n., seem., 'Monatsgeld' Monatslohn der Seeleute verstr. vpom. Küste.

måndsüchtig Adj. mondsüchtig vereinz. – **Måndwessel** m. Zeitraum um Neu- oder Vollmond, in dem die Mondphase wechselt. – Wetterr.: *Wenn Måndwessel is, gifft dat anner Wärer* Rüg/Dm, ähnl. vereinz.

Manewor m., seem., veralt., Kriegsschiff verstr. vpom. Küste, HUMGWD 3,25,6. – Zu engl. *man of war*.

mang s. mank.

Mangel¹ f., hist., Rundholz zum Glätten von Wäsche verstr. Syn. Mangelholt, Rull.

Mangel² m. das (teilweise) Fehlen von etwas vereinz. *An Dreck is dor kein Mangel* Gwd/Ba.

Mangelbrett n. Brett mit Handgriff zum Glätten der um die Wäscherolle gewickelten Wäsche vereinz. VPom. Abb. s. MWB 4,1091f. Syn. Mangelholt. – **Mangelbrot** n. wie ein Rundholz geformtes Brot vereinz. HPom. *Dat Mangelbrot süht ut as ei' Mangelholt* Nau/Fg. – **mangeldrög** Adj. 'mangeltrocken' nicht ganz trocken, noch etwas klamm vereinz. HPom, sonst selt. *De Wäsch / dat Heu is mangeldrög* Pyr/Wa, Rüg/Pu. – **Mangelholt** n. **1.** wie Mangel¹ verstr. – **2.** wie Mangelbrett Pyr/Lt, Sch/Ri, Sto/Sd, Fla/Ta. – **mangeln** sw. **1.** (Wäsche) mit der Mangel glätten verstr. – **2.** jmd. verprügeln vereinz. Auch: jmd. knuffen, puffen. *Mangel mi nich so dull!* Ank/An. Veralt., intr.: handgreiflich werden, miteinander kämpfen. *De Hertog [...] mangelde mit en un slog se* ARN 138. – Mnd. mangelen. – **Mangelrull** f. große Wäscherolle (mit zwei Holzwalzen, die mit einer Kurbel gedreht werden) Ghg/Rs.

Manier f., *Maneer* verstr. MPom SPom. **1.** spezifische Art und Weise verstr. *Hei måkt dat up sien Manier* Gwd/Ba. *Nu geiht't up anner Manier* Dem/De. Spruch: *All Ding hett sien Manier, tau'n Meßstreugen bruukt man 'ne Fork* Ank/Pu. – **2.** (gutes) Benehmen, Betragen verstr. *De hett keen Maneer* Saa/Ja. Häufig im Pl.: *keine / schlichte Manieren hemm'* °Gwd. – **manierlich** Adj., *maneerlich* verstr. MPom SPom, wie hd. verstr. *Dei Lütt ett all ganz manierlich* Gwd/Ba. *Heff di manierlich!* benimm dich! Nau/Db.

Mäning s. Månd¹.

mank *mang* vereinz. **1.** Präp. zwischen, inmitten von. *mit de Hand mank de Been* Dra/Dr; *wat mang de Tähnen hebben* Uec/Ue. *Dei Mus sitt mank dat Kuurn* Gri/El. *Mank de Tüften is väl Unkrut* Ank/An; *mank de Lüj gåhn* unter die Leute gehen, ausgehen Pyr/Lt. – **2.** Adv. darunter, dazwischen verstr. *Wi låte de Karns mank* entfernen die Obstkerne nicht Dem/De. Im Wortspiel mit Bed.1.: *Mank uns mank is keener mank, de nich mank uns mank hüürt* wir sind ganz unter uns Pyr/Dö, ähnl. verstr. – Als Adv. ist dormank bes. in VPom üblicher. – **mankdörch** Adv. **1.** zwischendurch. – **1.1.** manker- LUCIA 128, von Zeit zu Zeit, manchmal verstr. *Dat Johr hett mankdörch uk mål einen Dag mihr* Gwald. – **1.2.** in der Zwischenzeit, zwischen zwei Zeitpunkten verstr. *De Arbeet måk ik mankdörch* Ank/An. – **2.** durcheinander, ohne jede Ordnung vereinz. *Dei is 'n båten mankdörch* ist etwas verwirrt Ank/An. – **mankdörchfinnen** st. sich zurechtfinden, die Übersicht behalten verstr. *Nu kann ik gor nich mihr mankdörchfinnen* Fra/Zi. – **mank(ein)anner** Adv. durcheinander, völlig ungeordnet verstr. *De Wull is janz mankeenanner* Uec/Ge. *Mi geiht all mankenanner* ich bin sehr unkonzentriert Gri/Mi. – **mankher** Adv. zwischendurch, zeitlich nebenher vereinz., DLP 2,150. *Koken jifft't hüt so mankher* Ran/Ro. – **Mankkåktäten** n. Eintopfgericht verstr., HUMGWD 2,44,6. – **Mankkuurn** n. gemischtes Futtergetreide (bes. aus Hafer, Gerste und Wicken) VPom, sonst selt. *Mankkuurn is Fauderkuurn* Gwd/Ba. – **Mankmaus** n. durcheinander gekochtes Essen, Eintopf. *Wat hest du för'n Mankmaus kåkt?* Gri/Mi. Übertr.: Mischmasch, Sammelsurium verstr. *denn makt he doch keinen hochplattdütschen Mankmaus* ¹TIB XIV. – **mankmengen** sw. **1.** dazwischenmengen. *Wåter mankmengen* Stral. – **2.** refl., sich einmischen vereinz. – **mankunner** Adv. darunter, innerhalb einer Menge selt. *mankunner gawwt uk eenen [...]* DRÄ 1,17.

Mann m. **1.** erwachsene männliche Person. *Dat's 'n Mann, de noch jung / all öllerhaftig is* Stral. *Dei Manns gåhn un meigen dei Wisch* Gri/Mi. *Dei Männe(r) gåhe up Arbeet* Nau/De. – In fester Vbdg.: *de schwarte Mann* Kinderschreck allg.; *de kleine Mann* helfender Hausgeist vereinz. HPom. – Ral.: *'n lütten / kleinen Mann in't Uhr hemm'* verrückt, nicht ganz normal sein verbr. – Sprüche: *Nich wat hei hett, nich wo't em lett, wat einer deit un kann, dat måkt denn Mann!* VPom. *Mann is Mann, un wenn he bit Merrag in't Bedd licht* Stral. *Hett de arm' Mann wat, hett he keen Fatt* Sch/Ac. Auf vermeintliche Unterschiede zwischen Mann und Frau bezogen: *Wat de Mann in'e Schufkor in't Hus führt, dat führt de Fru in'n Heuwågen werrer rut* Rüg/Pu, ähnl. verstr. Aber: *Oll Mann un oll Pierd sünd nicks mihr wiert, oll Fru un oll Kauh sünd ümmer noch wurtau* Ank/An, ähnl. verstr. *Een Mann, een Wuurt, een Fru, een Würbok* Rüg/Lo. – Sagw.: *'t is uk 'n Mann, säd de Diern, don friegt sei 'n Schnieder* Stral. – **2.** Ehemann. *Ehr Mann is all dot* Reg/Me. *Mien Mann un ik hemm' ierst dit Johr friegt* Gwald. Anklagende Frage erwachsener Kinder an die Mutter wegen mangelnden Freiraums: *Hest du dienen Mann in'n Dischkasten funnen?* Gwd/Ze. – Ral.: *Dei täuwen kann, kricht uk 'n Mann* Cam/Bn, ähnl. verbr. *So as de Mann is, ward de Wust bråd't* so wie der Ehemann sich verhält, wird er auch behandelt Gwald, ähnl. verstr. Scherzh.: *Mien Mann dörf allens äten, æwer nich allens weiten* Gri/Mi. – Sagw.: *Allens kümmt an'n Mann, säd de Diern, bloots ik nich* Gwd/Nu. – **3.** ohne Kennzeichnung des Pl. (bes. bei Zahlenangaben), nicht näher bestimmte Person. *Dat sünd teigen Mann* Gri/Bo. *Woväl Mann hest du mitbröcht?* Cam/He. *Hei hett sienen Mann* [Geschäftspartner] *funnen* Gwd/Ba. Beim Kartenspiel: *Uns fählt de drüdde Mann* der dritte Mitspieler Ank/An. Fischerspr.: *de tweite Mann* aus alten Männern und Frauen bestehende Hilfsmannschaft beim Einbringen großer Fänge vereinz. °Rüg, ¹PEE 129. – Ral., analog zum Hd.: *wat an'n Mann bringen* allg. – Paarformel: *mit Mann un Mus* mit der ganzen Familie, mit allen Beteiligten allg. –

Sagw.: *Mann för Mann een' Vågel, säd de Buer, don leed hei sick dei ganze Gaus up'n Töller* Gwald.
Laut- u. Formvar.: *Mân* südöstl. °Lau STRI 27, *Mân* nordöstl. °Lau STRI 27, *Mâ* verbr. SPom, sonst vereinz. HPom, ¹⁰TEU 247. – Pl. *Manns* (neben *Mannslüd*) verstr. VPom, sonst vereinz., *Mâs* verbr. SPom, sonst vereinz. HPom, *Männ* LAUWB 233ᵃ, wie hd. *Männer* vereinz. MPom HPom, *Manner* Lau/Ne ³MIS 60. – Kosew. für den Ehemann: *Männing* verstr. VPom. – Als vertrauliche Anrede, bes. unter Männern: *Manning* verstr. VPom.
Phras. zu 1.: Kinderr.: *Dor wier mål eis 'n Mann, dei har 'ne Kaffekann; hei stellt sei up'n Disch, don wier 't 'n lütten Fisch; dei Fisch, dei leep tau Wårer, don wier 't 'n lütten Kårer; dei Kårer leep tau Bœn, don wier 't 'n lütten Sœhn; de Sœhn, de güng in 'n Himmel, don wier 't 'n groden Schimmel; de Schimmel leep tau Stall. Un nu is mien' Geschichte all!* Fra/Br, ähnl. verstr. – Rä.: *Keem 'n Mann von Hickenpicken, hett 'n Rock von dusend Flicken, hett 'n roden Boort, süh, wur dei Schelm rohrt* = Hahn Gri/Ti, ähnl. verbr. *Wat schmitt de arm Mann weg, un wat steckt de riek Mann in 'e Tasch?* = Nasenschleim.

Mannagrütt f. eßbare Samenkörner der Flutenden Schwade (Glyceria fluitans) VPom, vgl. MWB 4,1099.

mannbor Adj. heiratsfähig verstr. *Mien Dochter is all mannbår* Lau/GW. Auch: erwachsen selt.

Männe RN, *Männer* vereinz. VPom, Dim. *Männing* Gwald, Kurzform von Hermann verbr. VPom, vereinz. ZPom, sonst selt.

Männeke(n) n., Pl. -*s*, *Männke(n)* HOEFAMSC 293ᵃ, Pyr/Lt, Dra/La, *Mannke* Cam/Bn, Saa/Ja, Sto/Dö,Pf, Lau/GW. 1. kleiner Mann. Zumeist verächtl.: *Dat is doch man so'n Männke* Schwächling Pyr/Lt. Aber auch Kosewort für den (Ehe-)Mann. – Ral.: *Männken machen strammstehen* (aus militärischem Gehorsam) vereinz. Übertr., wenn jmd. nachgibt, obwohl er in seinem Tun fortfahren wollte: *Nu is't werre sowiet, he måkt Männeken* Uec/Pa, ähnl. verstr. – 2. Kobold, Hausgeist verstr. MPom HPom. *Männke mit den roden Käpsel* °Saa ³JAHN 548, vgl. auch ⁶KAI 89f. – Ral.: *'n kleen Männeken hinner de Ohre sitten hemm'* gerne scherzen und Streiche machen selt.

Mannel¹ f., häufig wie hd. *Mandel*, Mandel. 1. Steinfrucht des Mandelbaumes. – 2. Tonsille, lymphatisches Organ im Mund- und Rachenraum. *Ehr hemm' s' dei Mandeln rutnåhmen* Gwd/Ba.

Mannel² f., wie hd. *Mandel* verbr., *Manna* Dra/Dr,Bu, Saa/Ae,Ja,Te, Arn/Re, Zählmaß, 15 oder 16 Stück verbr. *Bi'n Kop von Eier räkent man nåh Mandel* Ank/An; *'ne Mandel Kneep* [Knöpfe]/*Jessle* [Gössel] Sto/Dö. Scherzh.: *Ik bün drei Mandeln* [45 Jahre] *olt* Ank/An. Auch: Getreidestand auf dem Feld (aus 15 oder 16 Garben) verbr., vgl. ⁶KAI 207ff. mit Kt.III,36.

Mannelkarn m. Mandelkern selt. Übertr.: *Hüt jifft Rosine un Mannelkarns* etwas besonders Gutes Pyr/Wa. – Zu Mannel¹.

manneln sw., refl., sich anhäufen selt. Vgl. ⁹ROS 81,91. – Zu Mannel².

mannen sw. 1. bezwingen, bewältigen selt. *Dat mann ik nich* Gwald. – 2. etwas von Mann zu Mann reichen selt. VPom. Seem.: *dat Lot mannen* ³SEG 70. – 3. bemannen (ein Boot) Gwald.

Mannheimkes Pl. (vier) aneinander gebackene Brötchen Rum/Tr, selt. NOPom. Vgl. PRWB 3,1104: *Mannheimer* 'Semmel, Brötchen'. – Keine sichere Beziehung zum Ortsnamen Mannheim nachweisbar.

männig Indefpron., *mannig* selt. VPom, *menge* HOEFAMSC 304ᵃ, *manch* Gwd/Ba, Kol/Go, Lau/GW, *mench* Uec/Pa, *manch*. 1. das eine oder andere, einiges verbr. *ick heww ok männig truliche Stun'n bi Sei verlewt* ⁷BAND 80. – 2. viel verstr. *Dat is all manch Johr olt* Ran/Pe; *dat is all männig Tiet her* lange her Gri/Go. – **männigein** Indefpron. manch einer, mancher verbr. *Bi't Heuråden is all männigein rinfollen* Ank/An. – **männigeis** Indefpron. manchmal vereinz. *Olle Jungfers sünd männigeis schnurrige Lüd* WAL 2,18. Auch: oft vereinz. °Use, vgl. DWA 16, Kt.9. – **Mannigfoll** f., *Manchfult* Rum/Ru, Blättermagen der Wiederkäuer selt. ZPom, vgl. BLFPVK 10,57. – **männigmål** Indefpron. 1. manchmal, zuweilen verbr. *Männigmål kümmt dei Tog pünktlich* Gwd/Ba. – 2. oft verstr. VPom ZPom, vgl. DWA 16, Kt.8. *He is mannigmål dor west* Stral.

Männing s. Mann.

Mannsbild n., teilweise pejor., erwachsene Person männlichen Geschlechts verstr. *Dei Jung' is jo all 'n Mannsbild worn* Gwd/Ba. – **Mannsbrauder** m., veralt., Schwager von Mannesseite verbr. *Mien Mannsbrauder kümmt tau Besäuk* Dem/De. – **Mannsbrauderdochter** f., veralt., Nichte des Ehemannes verstr. – **Mannsbraudersœhn** m., veralt., Neffe des Ehemannes verstr. – **Mannsbrut** f. 'Mannsbraut' Mädchen, das sich mit vielen Männern abgibt selt. – **Mannsbücks** f. Männerhose vereinz. VPom. Aberglaube bei der großen Wäsche: *Ierst möt 'ne Mannsbücks up'e Lien, dormit gaut Wäder blifft* °Gwd. – **Mannsdeil** m./n., fischerspr., Anteil pro Mann am Fanggewinn Hidd. *vull Mannsdeil* ¹PEE 141. – **mannsdull** Adj. mannstoll, nymphoman verbr. *De Diern is mannsdull* Ank/An. Vgl. kierlsdull. – **Mannsfuust** f. Männerfaust selt. Prügelandrohung: *Du hest woll lang nich an'e Mannsfuust roken!* Ank/Br. – **Mannshand** f. Männerhand. Zum Ausdruck, daß der (Ehe-)Mann die Oberhand haben soll: *Mannshand båben!* verbr. – Sagw.: *Mannshand båben, sä' dei Schnieder, don seet hei unnern Disch* Gwd/Ba, ähnl. verstr. – **mannshoch** Adj. wie hd. verstr. *Dat Kuurn steht œwer Johr all mannshoch* Rüg/Dm. – **Mannshööcht** f. Größe eines Mannes selt. – **Mannskierl** m. sehr tüchtige Frau (mit männlichem Habitus) verbr. – **Mannslüd** Pl. Männer verbr. – Ral.: *Mannslüd kast trugen as't Wâter in de Kiep* Männer sind untreu Uec/Pa. *Dat gifft twei Oort Mannslür: dei ein'n hebb'n 't mit dat Hart un dei annern mit dei Läwer* die einen lieben die Frauen, die anderen den Schnaps Mönchg. Auf die Rollenverteilung von Mann und Frau bezogen: *Mannslüd bi dei Pött, dat geiht nich, dor is en tau väl bi* HuMGwD 10,24,8. – DDR-bezügliche Scherzfr.: *Wennihr sünd Mannslür am wiertvollsten? = Wenn dat Ei in'e HO föfdig Penning kost'* Gwald. – **Mannsminsch** m. Person männlichen Geschlechts verbr. *Dat's doch kein Arbeit för'n Mannsminsch* Gwd/Ba. *Se is up 'n Mannsminsch ut* sucht einen (Ehe-)Mann Uec/Pa. Im Vergleich: *De kann wurachen as su'n Mannsmensch* Ran/Pe. Vgl. Frugensminsch. – **Mannsmudder** f. Schwiegermutter der Ehefrau verstr. Scherzh.: *Maasmauder is dem Düwel sin Unnerfauder!* BLFPVK 9,152. – **Mannsnâm** m. 1. Mannesname, Familienname vereinz. VPom, Ghg/Li. *Wur heit he mit Mannsnâm?* Gwald. – 2. Person männlichen Geschlechts verstr. HPom. – **Mannsöller** n. (bestes) Mannesalter (zwischen 30 und 40) vereinz. *He hett noch ni ganz 't Mannsöller* Ran/Pe. – **Mannsrecht** n. Vorrecht des Mannes (in der Ehe) vereinz. *De höllt up sien Mannsrecht!* er entscheidet allein Dra/Ga. *Du schimpst äwet Roken, ober dat is gaut Mannsrecht* Lau/GW. – **mannsriep** Adj. heiratsfähig (von Frauen) selt. MPom. – **Mannssâk** f. Sache, die (ausschließlich) von Männern erledigt werden sollte Fra/Ba, Nau/Wn. – **Mannsschwester** f., veralt., Schwägerin von Mannesseite verstr. – **Mannsschwesterdochter** f., veralt., Nichte von Mannesseite vereinz. – **Mannsschwestersœhn** m., veralt., Neffe von Mannesseite vereinz. – **Mannståkel** n., Koll., pejor., die Männer verstr. *Dat ganz ull Maståkel döcht nüscht!* Dra/Bu. – **Mannstru** n., PflN, Männertreu. 1. Gamander-Ehrenpreis Stral, Uec/Ue. – 2. Stranddistel Sch/Sl. – **Mannstüg** n. Männerkleidung selt. *Sei löppt am leifsten in Mannstüg rüm* Gwd/Ba. – **Mannsunnerbücks** f. Männerunterhose selt. – Abergl.: *Wenn man tauierst 'ne Mannsunnerbücks up'e Lien hängt, blifft dat Wärer gaut* Gwd/Ha. Ebenso: *Mannsunnerhos* selt. – **Mannsvolk** n., Koll., die Männer verstr. *Dat ganz Masvolk sitt im Krog* Dra/Bu. – **Mannswief** n., oft pejorativ, Mannweib, maskuline Frau selt. – **Manntâhl** f. Mannzahl, Anzahl der Köpfe, Personen verstr. VPom MPom. Bes. bei der Gewinnverteilung: *Dei Gewinn ward nåh dei Manntâhl verdeilt* Ank/An. – **mannwies** Adv. mannweise, nach Anzahl der Männer selt. *Dat ward mannwies verdeilt* Gbg/Gp.

manoli Adj. töricht, verrückt verstr. *Ji sünd woll all tohop manoli!* Uec/Ge. → mall. – Nach dem Namen einer Zigarettenfabrik, vgl. BBWB 3,205.

Manöver n. wie hd. verstr. *He müst Manöver mitmåken* Ran/Pe. Scherzh.: *taum Manöver intreckt warden* ins Gefängnis müssen vereinz., [5]KNO 1,26.

Mansacht m./f., Endsilbe betont, (Winter-)Mantel, Pelerine vereinz. VPom, sonst selt. – Zur Etym. s. MWB 4,1102.

Mansch m. breiige Masse, Schlamm [7]KNO 176. – **manschen**[1] sw. vermengen, mischen (von Flüssigkeiten oder breiartigen Dingen) verbr. Übertr.: *ein' tau Grus un Grütt manschen* jmd. tüchtig verprügeln Ghg/Li, ähnl. verstr. Scherzh.: *Mansch ward nich!* sagte der Vater von drei Töchtern, als der Freier um die mittlere anhielt Dem/De.

manschen[2] sw., fischerspr., entfernen der Heringe aus der Manz Gri/St, Use/Tr.

Mansherie f. unordentliches Durcheinandergerühre (von Speisen) selt.

Manchester m., *Maschester* Reg/Kw, Sto/Dö, *Məschester* Lau/GW, Kordstoff, früher bes. für Arbeitshosen verstr. *Dat ziemt sich nich, dat de Lihrling all Maschester drächt* Sto/Dö. – Eingedeutschte Schreibung für die engl. Stadt *Manchester*. – **Manchesterbücks** f. Hose aus Kordstoff vereinz. *Eie Maschesterbücks wür väl droge, dei wür morgens gliek a'treckt* Reg/Kw. Ebenso: *Manchesterhos* vereinz.

Manschett f. 1. (ursprünglich separate) Handkrause am Hemdärmelabschluß verbr. *iesern Manschetten* Handschellen Rüg/Ae. Ausdruck ständigen Bedauerns, etwas nicht getan zu haben: *Ach, här ik doch Manschetten, denn heer sei mit mi danzt* Gri/Mi, ähnl. verstr. – Ral., wie hd.: *Manschetten hemm'* vor jmd. oder etwas Respekt, Angst haben verbr. *Vör sien Ollsch har hei bannig Manschetten* °Rüg. – 2. Pulswärmer verstr. HPom, vgl. DWA 18, Kt.4. – 3. dekorative Blumentopfumhüllung (aus Seiden- oder Kreppapier) selt.

Mantel m., *Mandl* Reg/Kt, *Mintel* HoMWB 129[b], wie hd. *Ik krieg mien Mantel noch alleen antreckt* Ran/Pe. Wenn jmd. Angst hat: *Måk di ma nich wat in'n Mantel!* Nau/Fg. Auch: ärmelloser Umhang HoMWB 129[b]. – Ral.: *denn Mantel nåh'm Wind dreigen* opportunistisch sein verbr.; *denn Mantel up twei Schullern/Sieden drägen* dass. vereinz. VPom SPom, verbr. MPom ZPom. – **Manteldräger** m. jmd., der (zum eigenen Vorteil) ständig seine Meinung ändert, Schmeichler verstr. – **Manteldrägersch** f. Klatschweib Sto/Gl. – **Mant(e)lett** n. kurzer Mantel selt. *mit Hot un Mantlett* herausgeputzt Ghg/Gr. – Ital. *mantelletto*. – **Manteljop** f. lange Joppe verstr. – **Mantelschört** f. Kleiderschürze mit Ärmeln selt. HPom.

Manteng m. Mantel (Kleidungsstück) vereinz. VPom, sonst selt.

Mantilj f. leichter, kürzerer Frauenmantel, ärmelloser Umhang verstr. *Dei ollen Frugens drägen noch männigmål 'ne Mantilj* Gwd/Ba. – Frz. *mantille*.

Mantkorf m. großer Korb mit zwei Henkeln verstr. vpom. Küste, sonst selt. *ein Mantkorf vull Hiering* Fra/Zi. – Vermutlich zu Manz.

Manz f., fischerspr., *Mansch* verstr. vpom. Küste, feinmaschiges Heringsnetz verstr. vpom. Küste, RAS 51, ¹PEE 122,174. – Mnd. *manse*.

mär s. mör.

Marach f., Endsilbe betont. **1.** eine große Menge von etwas verbr. VPom, sonst selt. *Dei Kluck hett 'n schön Marach von Kük'n* Ghg/Li. *Dat's 'ne schön Marach Holt* Gwald. Auch metonymisch: sehr viel, kein Ende nehmende Arbeit selt. – **2.** Aufsehen, Lärm selt. *Se möckt nich väl Marach von sich* Uec/Ge. – **marachen** sw., *maracken* Fra/Fr, Kol/Mö, *mareye* Sto/Gl. **1.** angestrengt und schnell arbeiten, sich (lautstark) mühen verbr. *Hür mål, wur sei mit denn Bessen in de Stuf maracht* Dem/Tp. *De kann uk düchtig marachen* Ran/Pe. *Hei maracht as'n Wulf in'n Schaapstall* er arbeitet wie toll und macht viel Lärm dabei HuMGwD 75,271f.,1. – **2.** lärmend toben, wüten, rütteln verbr. VPom, sonst selt. *Wo kannst du hier so marachen, wo näbenan dat Kind schlåpen sall!* Dem/De. *Dei Schwien marachen in'n Stall* Gri/Ti. *Stormwind fegt de Straten lang un marracht an Dack un Dören* ²MÜL-GRÄ 2,18. Auch: sich schnell und geräuschvoll fortbewegen vereinz. *Motorräd' marachen dörch dat Fautvolk* HuMGwD 5,9,1. – **Maracher** m. tüchtiger Arbeiter selt. VPom. – **Maracherie** f. sehr anstrengende Arbeit selt. *Nåh de Maracherie deit 'ne lütt Verlöschung [Trank] gaut* Gri/Ge.

Maråkel, maråkeln s. Miråkel, miråkeln.

Marän f., TiN, Maräne, Bez. für verschiedene Arten von Forellenfischen, bes. die Große Maräne verbr. *In'n Madüsee hett de Düwel Muränen rinschmäten* (der Sage nach, vgl. ⁹KNO 119) °Pyr. *Marên oré Marän, dei to dei laßordigen Fisch hürt, wovon dei lütt Marän in väl Landseeen[!], dei grôt Marän in dei Madü bî Stargard in Pommern is* ⁴GIL 1,82. Im Vergleich: *de süht ut wie an Marän* ist sehr schlank Dra/Wi.
Lautvar.: *Murän* Ank/An, °Pyr ¹HOLS 184, *Mareen* Ran/Ro, °Rum, ⁴GIL 82, *Morän* °Pyr, *Magren* Lau/GW.

Maratz m., *Maratsch* Gri/Ti, Lau/GW, *Moratz* verstr. VPom, Reg/Kt, *Moratsch* °Gwd, Lau/GW, *Morast*, Schlamm verbr. VPom, sonst verstr. *Ik bün in'n Maratz follen* Ank/An. *Kamen ok glücklich dörch all de Maratz dörch und Jedwerein mit'n halwen Morgen Laim [Lehm] an de Beinen int Barackenlager* ¹BRE 105. → Modder.

Mardel¹ m., PflN für verschiedene Süßgräser. **1.** Windhalm verstr. Unangenehmes Unkraut im Kornfeld: *De Håwe is dit Jåhr schlecht, is so väl Maddel tüsche* Nau/Wn. Vgl. MARZELL 1,353. – **2.** Pfriemengras verstr. VPom, Rum/Rw. Bei DÄHWB 300ª Pfriemenkraut. – **3.** Rasenschmiele Reg/Kt.
Lautvar.: *Marl* verstr. VPom, Lau/Pb, *Maddel* Fra/Ln, verstr. ZPom, *Mattel* Reg/Kt, *Merd(e)le* Reg/Rg, Kol/Pr, °Sto, *Mertle* Sch/Ac, Rum/Tr, Sto/Ku, *Medd(e)l* verstr. HPom, HTKÖS 1928,17,8, HOM 1,32, JOSTWB 63, *Mettle* Neu/We, *Medda* Saa/Ja, *Merjel* Nau/Db, *Mäjle* Rum/Gw.

Mardel²- s. Marl-.

Mardelbessen m. langstieliger Besen aus Windhalmstengeln (zum Fegen der Scheune) verstr. VPom. *Sei här sonen Marlbessen [...] un dormit fägt sei ümmer von een Siet Schündäl nah dei anner* HuMGwD 12,17,12. –
Mardelblaum f., PflN, Gänseblümchen verbr. VPom, sonst selt., DÄHWB 300ª, vgl. MARZELL 1,550. *Kumm, wi wille uns Kränz von Marlblaumen måken* Rüg/Ae. –
Mardelgras n., PflN, Windhalm (Süßgras) selt. VPom.

mardeln¹ sw., *marteln* Gwd/Bo, DÄHWB 300ᵇ, jmd. martern, quälen selt. VPom. Auch refl.: *Nu mardelt hei sich* Rüg/Vt. Vgl. maddeln.

mardeln² s. marlen.

Marder s. Moort¹.

mären sw. **1.** etwas sehr langsam machen, trödeln selt. *Du kannst æwer mären, spau di leiwer 'n bäten* Dem/Tp. – **2.** (ununterbrochen) reden verstr. VPom, Uec/Ue, Ghg/Gr. *Hest bald naug määrt?* Gri/Ti. Vgl. marren. – Zur Wortgeschichte vgl. NDSWB 8,515f.

Marente RN, *Marenz* HOEFAMSc 298ª, KOSWB 1,334, Kurzform von Emerentia vereinz.

Margaret f., PflN, häufig wie hd. *Margerite*, Dim. *Margaretken* vereinz. HPom, Wiesen-Wucherblume, Margerite selt., PRIT/JES 95ª, vgl. DWA 4, Kt.8. – **Margaretenblaum** f. dass. verstr.

Mårgarine f., *Majarine* Ran/Pe, *Marine* verbr. HPom, scherzh. *Mariechen* verbr., Margarine verbr. *Dei oll Mårgarine schmeckt bannig dörch in'n Kauken* Gwd/Ba. – **Mårgarinebotter** f. Margarine verbr. – Ältere Bez., die noch den Bezug zu Butter als Brotaufstrich enthält.

Margel s. Mergel.

Mariåsch f. Kartenspiel 66 selt. – Von frz. *mariage*.

Mariawunnerkrut n., PflN, Johanniskraut Dra/La.

Marie f. **1.** RN, Variante von Maria. In zahlreichen Spottversen wie: *Marie, Mara, Maruschkaka, sitt up'e Pott o möckt A-a* Saa/Jk, ähnl. verbr. *Marie, Marack, wat hest in'n Sack, Äppel, Beere un Schnufftabak* Nau/Db, ähnl. verstr. – **2.** pejor., allg. Bez. für weibl. Pers. oder Ehefrau vereinz. *Jeder hett sien Marie* Stral. Scherzh.

Verabschiedung: *Na denn, gode Nacht Marie, Geld licht up'e Trepp* Net/Sl, ähnl. verstr. Auch: Köchin verbr. – **3.** scherzh., Portemonnaie verbr. *Mien Marie is lerrig* Gri/Go; *'ne dick Marie* gut gefülltes Portemonnaie verbr. → Portmonné. Auch: Geld vereinz. – **4.** Marientag, Bez. verschiedener (mit der Jungfrau Maria zusammenhängender) kirchlicher Gedenktage, in Pommern zumeist Mariä Verkündigung (25.3.). In flektierten Formen neben *Marien* auch *Marie*: *To Marie un tom Micheil täuge de Mäkes tau* wechselten die Dienstmädchen Cam/Ca; *up Marien* Gwald. – Bauernr.: *An Marie mutt a's e'sejt* [alles eingesät] *sin* Saa/Le.
Laut- u. Formvar.: *Mariechen* verstr., *Mariek(e)n* verbr. VPom, verstr. HPom, *Mariek* verbr. HPom, sonst selt., BLFPVK 3,151, *Mriek* selt. VPom, HOEFAMSC 298, *Mriedsch* Gbg/Ti,Vi, *Maring* Ank/An, *Marinka* verstr. ZPom, sonst selt. – In Zusammensetzungen neben *Marien-* u. *Marieken-* auch in den Formen: *Mari(e)(g)gen-*, *Marieje(n)-*.

Mariekenblaum f., PflN, Gänseblümchen verbr. *Mariekenblaumen plücken dei lütten Kinner un måken sich 'n Kranz dorvon* Gwd/Ba. – **Mariekenbotter** f., scherzh., Margarine verstr. MPom, sonst selt. – **Mariekenkäwer** m., TiN, Marienkäfer verbr. → Sünnenkäwer. – **Mariekenpierd** n. dass. verstr. *Mariekenpierd sall Glücksbringer sin* Ran/Pe. → Sünnenkäwer. – **Mariekenworm** m. dass. verbr. → Sünnenkäwer.

Marienbeddstroh n., PflN, *Maria-* Pyr/Lt. **1.** Johanniskraut selt., vgl. MARZELL 2,952. – **2.** Labkraut Fra/Ln, vgl. MARZELL 2,594. – **Mariendag** m. Kalendertag der Mutter Gottes verstr. Vgl. Marie. – **Marienfingerkrut** n., PflN, Gemeiner Knöterich selt. HPom. – **Marienmånd** m. März verstr. – **Marienschauh** m., PflN, Gelber Frauenschuh (Orchideenart) PRIT/JES 125[b].

Marjell f., Endsilbe betont, häufig pejor., junges (liederliches) Mädchen verbr., vgl. BLFPVK 3,151f., [2]MIS 75. *De ull Marjell drifft sich rümme* Dra/Bu. Auch: Dienstmädchen LAUWB 243[a].
Laut- u. Formvar.: *Margell* HOMWB 125[b], *Marchell* Bel/Ei. Dim. *Marjelling* Gwald, *Marjellke* Stolp, *Marjallke* Lau/Ke.

Mark[1] f. wie hd. **1.** Geldmünze mit bestimmtem Wert. Auch: die Währungseinheit. *Ik heff twei Mark un twintig Pennig utgääft* Cam/Ca. – Ral., scherzh.: *Dem fählt ein Penning an'e Mark* der ist nicht normal Lau/GW, ähnl. vereinz. Wenn jmd. geheiratet hat: *Nu is dien Mark bloß noch fuffzig Penning wert* Pyr/Wr, ähnl. verstr. – **2.** hist., Gewichtseinheit (16 Lot oder 8 Unzen) HOEFAMSC 299[a]. *Mark lödiges Sülwer* reinen Silbers HUMGWD 4,19,4f.

Mark[2] f./n. Markierung, Kennzeichen, Merkmal verbr. VPom, HOEFAMSC 298[b]. *Dei Kälwer kriegen 'ne Mark in't Uhr* Gwd/Ba. Auch: Hausmarke Hidd., °Rüg, vgl. [1]PEE 274 u. Husmark. Auf Hiddensee und zum Teil auf Rügen wurde diese Hausmarke gleichzeitig zur Kennzeichnung des privaten Fischereizubehörs u. Werkzeuges genutzt, vgl. [1]PEE 116f.

Mark[3] s. Marks.

Mark[4] s. Markt.

Markelbauk n. Notizbuch selt. VPom. – **Markel(s)** n. Merkzeichen verstr. ZPom, sonst selt. *Daue mutt ik mi eie Markels mauke* Kol/Go.

marken[1] sw., *mätje* Neu/Rt,Th, [10]TEU 245, *merke* Saa/Le, Sto/Gl. **1.** bemerken, spüren, etwas gewahr werden. *Ik heff nicks dorvon markt* Gri/Mi. *De Lehrer hett dat merkt, dat Bert schummle wull* Sto/Gl. *De por Schilling markt he jår nich* der Verlust ist für ihn marginal Uec/Ue. Auch refl.: *Hei lett sik dat nich marken* läßt sich nichts anmerken Dem/De. – Ral.: *sik wat marken låten* großzügig sein, etwas spendieren verbr. VPom, sonst selt. *Müs' marken* die richtige Vermutung haben verbr. – **2.** refl., in Erinnerung behalten verbr. *Dat war ik mi marke* Dra/Dr. *Dat markt sik licht* Pyr/Lt. – **3.** jmd. etwas spüren, entgelten lassen selt. VPom. *Hei lett sei dat œwerst marken* Dem/De.

marken[2] sw. mit einem Zeichen versehen, markieren, bes. von Tieren selt. *De Schop war'n markt* Ran/Ro.

Märken n., *Märke* Rum/Pr, häufiger wie hd. Märchen, Pl. *-s*, Märchen vereinz. Auch: Lüge vereinz. *Vertell mi man kein Märchen!* Gwd/Ba.

Marker m., scherzh., Merker vereinz. VPom, sonst selt., jmd., der schnell alles merkt. *Wer eie Merker is, dei merkt wat wech* Lau/GW.

Marketenner m., veralt., *-tinne* Reg/Kt, Fem. *-sch*, Marketender selt., HOEFAMSC 299[b].

markieren sw. **1.** kennzeichnen selt. Vgl. marken[2]. – **2.** den Schein erwecken, jmd. oder etwas zu sein, vortäuschen verbr. Häufig in den Vbdg. *'n dicken Willem/'n fienen Mann/'n Dummen markieren* vereinz.

Markmål n., *Merkmål* Pyr/Lt. **1.** besonders beachtenswerte Sache; Vorbild vereinz. *Dat nimm di tau'n Markmål* Uec/Pa. – **2.** Merkzeichen selt. *Ik heff mi 'n Merkmål måkt* Pyr/Lt. – **Markmåt** n., müllerspr., 'Merkmaß' Meßpfahl (im Mühlenteich), der verdeutlicht, wie hoch das Wasser angestaut werden darf selt., [2]REH 160.

Marks n., *Mark* verstr. **1.** Knochenmark verbr. – Ral.: *Dat geiht mi dörch Mark un Bein* Dem/Tp, ähnl. verstr. *Dei hett Marks in'e Knoken* ist recht kräftig Reg/Kw, ähnl. verstr. – **2.** weiches Gewebe in Stengeln und Wurzeln von Pflanzen, bes. von Holunder verstr. ZPom, sonst selt. – **Marksknåken** m. Markknochen verbr.

Markstein m. Grenzstein selt.

Markstück n. Münze im Wert von einer Mark verstr. *Kannst du mi 'n Markstück wesseln?* Gwd/Ba.

Markt m./n., *Mark* vereinz. VPom, *Marcht* vereinz. MPom, HoмWB 125[b]. **1.** Marktplatz. – Ral.: *Wi sitten hier bäter as up'n niegen Markt* Gwd/Ba, ähnl. verstr. – **2.** Warenverkauf zu einem bestimmten Zeitpunkt an einem festgelegten Platz. *Früher künn man up'n Markt alls köpen* Gwd/Ba. – Ral.: Wenn jmd. von etwas im Überfluß hat: *Dor kannst mit taun Markt rese* Sch/Pu, ähnl. verstr. Wenn man etwas (zu) spät bemerkt: *Nåh'm Markt is man klöker as tovör* Stral, ähnl. verstr.; *mit wat taun Markt trecken* etwas öffentlich erzählen, das geheim bleiben soll verbr. – Kinderr.: *Hest'n Dåler, gåh tau Mark, köp di 'n Quark, köp di 'ne Kauh un'n ganz lütt Kälwing dortau* Fra/Ln, ähnl. verstr. – **Marktarbeit** f. oberflächliche, schlecht ausgeführte (Handwerks)Arbeit selt. – **Marktdag** m. Markttag vereinz.

Markteiken n. Merkzeichen vereinz. *Doa steht as Markteike e Krüz an dem Weg* BAL 7.

Marktkorf m. zweihenkliger Korb mit Deckel, in dem Waren zum Markt transportiert wurden verstr. *'n Marktkorf vull Eier* Gwd/Ba. – **Marktschrieger** m. **1.** Händler, der auf dem Markt seine Ware lauthals anpreist verstr. Übertr.: Mensch, der laut und viel redet vereinz. *Bi denn ull Marktschrieer versteht man jo sien ejen Wort nich* Pyr/Sh. – **2.** TiN, Eichelhäher verbr., vgl. DWA 15, Kt.1. → Markwart. – **Markttasch** f. große Einkaufstasche verstr. *Sei här dei ganze Markttasch vull inköfft* Gwd/Ba. – **Marktwief** n. Verkäuferin auf dem Markt vereinz. Auch: Schimpfw. für eine schimpfende, tratschende Frau vereinz.

Mark-up m., scherzh., aufmerksamer Mensch, der alles sofort entdeckt selt.

Markür m., *Markör* verstr. **1.** veralt., Kellner verstr. VPom, sonst selt. *Dunn lett he sik von den Markür de Spiskort reiken* [1]GRAU 50. – **2.** Gerät (mit langen, im Abstand verstellbaren Zinken) zum Pflanzrillenziehen verstr. Vgl. MWB 4,1119f. – Von frz. *marqueur*.

Markwart m. **1.** TiN. – **1.1.** Eichelhäher verbr. *Dei Markwart is'n gauden Wächter* Gri/Mi. – **1.2.** Elster Fra/At. – **2.** scherzh., Förster selt.
Lautvar.: Seltenheitsbelege (Bed. 1.1.) s. DWA 15, Kt.1.
Rsyn. zu 1.1.: *Eckernduf, Eikelhäher, Hääster, Häher, Holtbicker, Holtschråg*[2], *Holtschrieger, Käker, Marktschrieger, Markwartsvågel, Nœtknacker*.

Markwartsvågel m., TiN, Eichelhäher vereinz. → Markwart.

markwürdig Adj. auffällig, verdächtig vereinz. – Sagw.: *Dat is markwürdig, secht Meiws, will Fiegen verköpen un hett Hacksel im Sack* prahlt mit guten Sachen und kann nur Minderwertiges bieten Ran/Sr.

marlen sw., seem., etwas mit einer Leine vermittels Marlschlag befestigen vereinz. VPom. Auch fischerspr.: zwei Ösen an Netzstücken oder Leinen durch Garn miteinander verbinden Rüg/Sc. – Aus dem Nl., vgl. KLUF 568.

Marlfauder n. Tierfutter aus Windhalmgras Gri/Ti, Uec/Ue. – Zu Mardel[1].

Marllien f., seem., dünne, geteerte Leine verstr. vpom. Küste, vgl. KLUF 568f. u. Hüsing[2]. – **Marlschlag** m., *Mardel-* vereinz. VPom, um ein Seil oder Holzstück geknüpfter Überhandknoten (von bes. Festigkeit) selt. VPom. – **Marlspieker** m., *Mardel-* vereinz. VPom, spitzer eiserner Dorn zum Spleißen der Taue verbr. VPom. Vgl. Els, Fitt[1].

Marmel[1] m. Marmor Reg/Kt, °Sch MAH 27, DÄHWB 300[a]. Vgl. Marmelstein[1].

Marmel[2] f. Murmel (ursprünglich aus Marmor, später aus Ton oder Glas) verbr. *Kumm, späl mit mi Marma* Ghg/Wt. Vgl. Marmelkugel, -stein[2].
Laut- u. Formvar.: *Marma* verstr. MPom, *Mammel* Stolp. – Pl. wie Sg., daneben *-n* vereinz., *-e* vereinz. HPom, *Märmel* Nau/Db.

Marmelåd f., *Marmolår* Ank/Br, *Marmelår* Dem/Tp, meist ohne -r- gesprochen, Marmelade verstr. Vgl. Marmelutsch.

Marmelkugel f. (ursprünglich marmorne) Spielkugel, Murmel verbr. – **Marmelstein**[1] m. Marmor verstr. Vgl. Marmel[1].

Marmelstein[2] m. Murmel vereinz. VPom. Vgl. Marmel[2].

Marmelutsch f. Marmelade selt. VPom.

marod Adj., Endsilbe betont, *maror* verstr. VPom, kraftlos, elend; abgearbeitet. *Dei Arbeit wier nich licht, ik bün ganz marod* Dem/Tp. *Dick, dumm, marod, ful, bequem, kommod* sagt man, wenn sich jmd. faul rekelt Gwald, ähnl. vereinz.; ähnl. aber auch im Stabreim der Kinder beim Ballspiel: *mäud, matt, marod* verstr. VPom, vgl. HWWB 191[a]. → fack. – **marodieren** sw., *maredieren* vereinz. VPom, unruhig herumwirtschaften, etwas (heimlich) suchen verstr. VPom, MPom. *Hei marediert up'n Bœn* Gri/Mi. – Zu frz. *marauder*.

Marotsch f., zweite Silbe betont, raffgierige Frau vereinz. HPom.

Marott f., zumeist im Pl. *-en*, Marotte, Schrulle vereinz.

marren sw., *maren* Gbg/Gp, jämmerlich weinen vereinz. *Dat Kind maart ümmertau, demm mäut wat fähle* Gbg/Gp. Auch: miauen der Katze selt. *Dei Katt maart so väl, sei wi' rut* Gbg/Gp. Vgl. mären.

Marretsch m., PflN, Meerrettich. Vgl. MARZELL 1,396f. *Marretsch is mi tau scharp* Gwd/Ba. *Dei Marretzig wasst wild an de Wääg* Rüg/Dm. Als Gewürz findet die Meerrettichwurzel vielfältige Verwendung: *Marretzig in Wörpel ward twischen rode Beit lecht* Fra/Ba; *tau kåkten Hääkt hüürt räben Marretsch* Gwd/Ba. Aber auch als volksmed. Hausmittel: *Kåkt Marritsch sall vör Frost helpen* (an Händen und Füßen) Ank/Br. *Jejen Dörchfall sall man jedröchte Merreddich ete* Lau/GW.
Laut- u. Formvar.: *Meerreddich* verbr. VPom, verstr. MPom ZPom, sonst selt., *Marrettich*, *Marredich* verstr., *Meerreddick/Meerrettick* vereinz. entlang der zpom. Küste, *Mar(r)etzig* verstr. östl. VPom, bes. °Rüg, selt. MPom (zweite Silbe betont), *Marressig* verstr. VPom (zweite Silbe betont), *Ma-etzig* °Rüg, Stral (zweite Silbe betont), *Mar(r)itsch* verbr. VPom, *Marritz* verstr. VPom, *Marretk* verstr. ZPom SPom, *Meerretk* verbr. ZPom, *Morętk* Rum/Km [5]TITA 57, *Mar(r)atsch* verstr. VPom, *Mar(r)eck(s)* verbr. MPom ZPom, verstr. SPom, *Mar(r)ick* verstr. MPom SPom, sonst selt., *Mer(r)eck* verstr. nordwestl. ZPom, *Maaje* Pyr/Pe. Zu weiteren Seltenheitsbelegen vgl. DWA 17, Kt.5.

Marretschstipp f. Meerrettichsoße °Pyr, °Saa, [1]HOLS 188. – **Marretschwörtel** f. Meerrettichwurzel vereinz.

Marrik s. Maddik.

Mars f., seem., Mastkorb, hölzerne (gesicherte) Plattform am Schiffsmast, die sowohl zur Befestigung der Wanten als auch dem Ausguck dient selt. VPom, KLUF 569f. Vgl. Mastkorf.

Marsch m. 1. längeres Gehen zu Fuß. Aufforderung: *Marsch! los, aber schnell!* vereinz. VPom. – 2. Kurzf. von *Dörchmarsch*, Durchfall vereinz. *Hei hett denn Marsch* Büt/Bt.

Marschall m. Brautführer Gri/Mi, Rüg/Lo.

marschieren sw., *meschieren* HUMGWD 12,1,5, *mascheeren* Pyr/Lt, forschen Schrittes gehen. *Dei Oll kann noch düchtig marschiern* Gwd/Ba.

Mart m., meist jedoch wie hd. *März*, März. – In zahlreichen Wetter- und Bauernr.: *Dezember hart, so is uk de Mart* Fra/Po. *A natt März bringt dem Buro Schmerz* Net/Hf,Sl. *Dei März kricht denn Plauch an'n Sterz, dei April hüllt em werrer still* Ank/Br, ähnl. verbr. – Zss. s. März –.

Marta RN, *Mare* selt. VPom, *Marer* selt. VPom, Dim. *Marting* vereinz. VPom, *Martha*. Auch scherzh. Bez. für Stiefelknecht und Dienstmädchen selt.

Marten 1. RN Martin verbr. In der Vbdg. *iesern Martin* robuster Mensch, der viel aushält verstr. HPom. Vgl. Martini. – 2. Bez. für den Hasen, bes. in der Fabel vereinz.
Lautvar.: *Matten* verbr. VPom, Neu/Pn, *Merten* Ank/An, *Marter* Gbg/Vi, Nau/Go, Slo/La, *Marte* Lau/Lb BLFPVK 9,24, *Marer* Nau/Go BLFPVK 7,107, *Martin* verstr.

Martini m., häufig *Martin* mit betonter zweiter Silbe, Martinstag, Festtag des Heiligen Martin von Tours (11.11.), verbunden mit vielen Bräuchen. In Teilen Pommerns einer von verschiedenen Terminen des Dienstbotenwechsels, vgl. [6]KAI 131ff. u. Kt.III,14f. *Dei Peerdknecht treckt üm up Martin* Neu/Th. *Martini måke am Martinstag die Anstellung wechseln* verstr. HPom. Vgl. Micheil. – **Martinsdag** m. dass. – **Martinsgaus** f. Martinsgans, traditionell zu Martini geschlachtete und gebratene Gans verbr. – **Martinsmånd** m. November vereinz. – **Martinsmarkt** m. Jahrmarkt am Martinstag verstr. – **Martinsvågel** m., TiN, Gans verbr. Traditionell wird am Martinstag (bzw. um diesen Tag herum) Gänsebraten gegessen.

Maruschka RN Koseform für Maria verstr. HPom, sonst selt.

März s. Mart.

Märzånt f., TiN, Märzente, Stockente verstr. VPom, sonst selt. – **Märzenschnei** m. Schnee im März verstr. Ausschließlich in Wetterr.: *Märzenschnei deit dei Såten weih* Gwald, ähnl. verstr. – **Märzenstoff** m. 'Märzstaub' Trockenheit im März. Ausschließlich in Wetterr.: *Märzenstoff is 'n Dukåten wert* Cam/Ca, ähnl. verbr. – **Märzfarken** n. im März geborenes Ferkel verstr. HPom.

Marzipån n. Marzipan verbr. *Dei süht ja ut as Marzipån* sieht sehr wohlig und gesund aus Rüg/Ae, ähnl. verstr.

Märzkåter m. 1. im März geborener Kater verbr. Vor allem im Vergleich: *Dei hett 'n por Ogen as'n Märzkater* sehr klare, glitzernde Augen, einen aufgeweckten Blick Dem/De, ähnl. verbr. – 2. scherzh., ein im März geborener Junge vereinz. – **Märzkatt** f. 1. im März geborene Katze selt. – 2. scherzh., ein im März geborenes Mädchen selt.

Masch[1] f. Masche, Garn- oder Drahtschlinge (u. der freie Raum dazwischen), z. B. bei Strickwaren und Fischernetzen verstr. VPom MPom, sonst selt. *Maschen knütten* stricken Ran/Pe; *dicke Masch* feste Randmasche am Fischernetz Fra/Zi. – Ral.: *ein' dörch de Maschen gåhn* entschlüpfen Ank/Br. Scherzh., wenn etwas sehr sauer ist: *Dat treckt einen de Maschen in'e Strümp tausåm* Gwd/Ze.

Masch[2] f. (sumpfige) Wiese selt.

maschant s. meschant.

Mascheken Pl., zweite Silbe betont, *Maschekel* Sch/Sk, Späße, ulkige Gewohnheiten selt. ZPom.

Maschenwiet f. Maschenweite (bes. bei Fischernetzen) selt.

Maschin f. Maschine. **1.** mechanisch, später elektrisch betriebenes Gerät. *Hei schrifft denn Breif mit de Maschin* Schreibmaschine Stral. *Mudders sitt an'e Maschin un neicht för de Lütt 'n nieges Kleid* Gwald; *dat Hor mit de Maschin schniede* Nau/Fi. Scherzh.: *Maschine o' de Fru voborjt ma nech* Gbg/Gp. – **2.** mit Motor angetriebenes Fahrzeug vereinz. Spez.: Motorrad. Vgl. Muckepick(e), Nuckelpinn, Putt-Putt, Töff-Töff. – **3.** Kurzf. von *Kåkmaschin*, Kochherd mit einer Eisenplatte verbr. *Sett ees denn Kaffe up'e Maschin, dat he warm blifft!* Gwald. – **4.** übertr., scherzh., dicke Person verstr. *Wat is se bloß för 'ne Maschin!* Gwald. – **maschinen** sw. mit einer Maschine arbeiten (bes. dreschen, mähen) vereinz. – **Maschinenfaut** m. Gestell, auf dem die Nähmaschine steht vereinz. – **Maschinengoorn** n. dünnes Garn für den Gebrauch an der Nähmaschine vereinz. – **Maschinenholt** n. Brennholz für den Kohlenherd selt. – **Maschinenkapp** n., seem., Maschinenraum auf dem (Fischer-)Boot selt. vpom. Küste. – **Maschinenmetz** n. Messer der Mähmaschine selt. HPom. – **Maschinenplatt** f. eiserne Platte des Kochherdes verbr. HPom. – **Maschinerie** f. Vielzahl von Maschinen selt. *He versteht sik up Maschinerie* Pyr/Lt.

Maschorjus m. Abdecker selt. MPom. → Schinner. – Aus jidd. *meschores*.

maschrecht Adj., fischerspr., in einer Linie von Masche zu Masche verstr. vpom. Küste, RAS 34. *maschrecht snieden* an den Knoten des Netzes entlang schneiden Rüg/Vt. Ebenso: *maschgråd* Gwd/Wc, Use/Ra,Tr, Ran/Pe.

maschugge s. meschugge.

Maschüken m., meist im Pl., *Meschüken* verstr. VPom, *Moschüken* verbr. VPom, *Muschüken* verbr. VPom, runder Zwieback aus zwei Teilen (einem flachen und einem gewölbten) verbr. VPom. *Sei [...] let sick ehr Taß Kaffee mit'n lütt Muschüken gaud schmecken* SPI 37. – Aus dem nl. *beschuit*, das auf frz. *biscuit* zurückgeht und einen Anlautwechsel von *b-* zu *m-* erfährt, vgl. MWB 1,774 u. 4,1172.

Måser f. **1.** ein Stück verwachsenes, knorriges Holz verstr. – **2.** Maserung, Zeichnung im Holz Pyr/Lt. – **rnås(e)rig** Adj., *mausrig* Gbg/Gp, mit starker Maserung gezeichnet (von Holz) verstr. Auch: fleckig (von Kartoffeln) Ghg/Gr.

Måsern Pl., *Måsun* Gri/Mi, *Måsen* Ghg/Ke, Masern. *Us Bälg hebbe alltop de Måsern, se sind ganz un gor vull Placke* Sto/Gl. Vgl. Masseln.

måsig Adj. weich, in Gärung übergehend (von Käse) verbr. VPom. *hei handelt mit Sep un masigen Kes'* [11]BAND 12.

Mask f. Maske selt.

Mass f. **1.** (große) Menge verstr. *Dat hett en Mass Gild kost't* Pyr/Lt. – **2.** unförmiger, teigiger Stoff selt.

Massel n., *-ss-* sth., (unerwartetes) Glück verbr. VPom MPom, sonst selt. *Bi so wat heff ik kein Massel* Gwd/Ba. – Aus dem Jidd.

Masselkopp m., scherzh., Quatschkopf, Nörgler Ran/Pe. – **masseln** sw., *-ss-* sth. **1.** schwatzen, viel (unnützes Zeug) reden selt. MPom. *De masselt alles dot un kort* Ran/Pe. – **2.** in etwas lustlos herumstochern Slo/La: *Massel man ni so väl mank denn Eten*.

Masseln Pl., *Massel* vereinz. VPom, *Måsel* Gri/Go, *Masla* Pyr/Wi, Masern, hochansteckende Kinderkrankheit verbr. Durch ähnl. Krankheitsbild vereinz. auch als Bez. für Röteln. Vgl. Måsern.

Masser s. Metz.

massig Adj. **1.** außerordenlich viel verstr. Zumeist adv. gebr.: *Von dei Nägel heff ik massig* Gwd/Ba. *De Bom hett massig Äppel* Pyr/Lt. – **2.** von großer Körperfülle, dick, plump selt. *'n massigen Kierl* Ghg/Li.

Massow ON Stadt im Kreis Naugard, Dorf im Kreis Lauenburg. – Im Ortsspott: *Dat Massow, dat was so, dat is so, dat blifft so* BLFPVK 7,147, ähnl. verstr.

Mast[1] m., vereinz. f., senkrecht stehendes Rundholz (jünger Metallstange) zur Befestigung der Segel verbr. VPom, sonst selt. *Dei Mast is bråken* Gwd/Ba; *vörn Mast führen* als Teil der niederen Mannschaft, die grundsätzlich vor dem Mast logierte, zur See fahren Rüg/Pu. Scherzh., wenn jmd. stets bestens informiert ist: *De is man immer an 'n Mast* Ghg/Li. Syn. Mastbom.

Mast[2] f. ausgiebige Fütterung von Schlachtvieh zum besseren Ansatz von Fleisch oder Fett verstr. VPom, sonst selt. *Hei hett't Schwien up Mast sett't* Gwd/Ba. Auch: das Futter selbst (z. B. Eicheln) selt.

Mastbom m. Mastbaum verstr. VPom, sonst selt. *Dei Gränen [Fichten] gäben gaude Mastböm af* Gwd/Ba. Im Vergleich: *'n Kierl as 'n Mastbom* großer, kräftiger Mann Dem/Tp. – Rä.: *Steiht en Boom in Wind un Wäder, hett keen Telgen [Äste] un keen Bläder* = Mastbaum HUMGWD 8,11,2. Syn. Mast[1].

mästen sw. wie hd. *de Jäns/Schwien mästen* Ghg/Li. Auch refl.: sich ausgiebig satt essen vereinz. *Ik heff mi aber mål mäst'* Lau/GW.

Mast(en)spor f., seem., auf dem Schiffsboden befestigter Holzklotz mit Vertiefung, in den der Mast eingesetzt wird verstr. vpom. Küste, vgl. [2]RUD 27. Ebenso: *Mastschauh* vereinz. °Rüg. Zu den Mastbefestigungen vgl. auch Maststauhl.

Mastfauder n. besonders reichhaltiges Futter für die Tiermast vereinz. VPom. *Dei Schwien möten Mastfauder kriegen* Gwd/Ba.

Mastholt n. schlanke, gerade Baumstämme (als Schiffsmasten genutzt) selt. VPom.

mastig Adj., *mastrig* vereinz. MPom. **1.** wohlgenährt, dick, robust verbr. VPom MPom, sonst selt. *Dat Schwien is mastig* Ran/Sr. *Hei is 'n mastigen Kierl* Dem/Kt. Auch: gut gewachsen, kräftig (von Pflanzen) selt. *Dei Planten wier'n ierst so mastig un nu sünd s' dei reinen Pirten* [dürre Pflänzchen] Gwald. – Ral.: *Dick lett mastig wer dick ist, ist auch reich* Ran/Pe, ähnl. verstr. MPom. – **2.** überheblich, prahlerisch verbr. VPom MPom, sonst selt. *mastig räden* verstr. VPom. *Dau man nich so mastig!* Gri/Mi. – **3.** adv., sehr, überaus verstr. MPom. *De hett mastig väl* Uec/Ge.

Mastschwien n. Mastschwein verbr. *Em is dat Mastschwien dotbläben* Gwd/Ba. Übertr., derb für einen dicken Menschen verstr.

Maststauhl m., seem., Halterung des Mastes zwischen zwei Balken am Schiffsboden verstr. vpom. Küste. Vgl. Mast(en)spor.

Mastveih n. Mastvieh selt.

Måt¹ n., vereinz. f., *Maut* Pyr/Wa,Wi, Gbg/Gp, Kol/Go, verstr. SPom KÜHL 52, verstr. PosWpreuß., *Maot* Neu/Na, *Mot* Saa/Zg, Lau/GW; Pl. *-en*, Maß. **1.** (genormtes) Instrument oder Gefäß zum Bestimmen von Größe und Menge. *Do mi mål dat Måt her!* Pyr/Lt. *Woväl Måt* [Fünflitermaß für Obst] *Äppel wiss du hewwe?* Nau/De. – Ral.: *Mit dat Måt, wur ji mit mäten, ward man juch werrer mäten* Ank/Br, ähnl. verstr. *Nu is 't Måt vull* die Geduld am Ende verbr. *Wenn 't Måt vull is, löppt 't öwa* wenn die Geduld am Ende ist, wehrt man sich Ran/Sr, ähnl. verstr. *Dei war'n nich nåh dat sülwige Måt mäten* werden nicht gleich behandelt Gwald. – **2.** durch Messung festgestellte Größe, Menge verbr. *Måt nähmen* (beim Schneider) Fra/Ln; *sträken Måt* gestrichenes Maß Fra/Pe; *a' Schwien nåh Maut verköpe* Dra/Bu. *Dei Maihes* [Mäher] *krieje tom Frihstick ehr Mot Schnaps* Lau/GW. – Ral., übertr.: *ein' Måt nähmen* jmd. gehörig verprügeln verbr. Derb: *He hett se Måt nohm' tum nie Kleed* hat sie geschwängert Saa/Zg, ähnl. verstr. – **3.** der angemessene, richtige Grad verbr. *Hei hüllt dat Måt in* Dem/De. *Dei hett dat Måt noch nich* ist noch nicht ausgewachsen Sto/Bu. Scherzh., wenn jmd. sehr groß ist: *Bi dem hett de Herrgott 't Maut verjeite* Pyr/Wa. In den Vbdg.: *æwer 't Måt* übermäßig verstr.; *mit Måten* mäßig, mit dem rechten Maß verbr.; *to Måt(en) kåmen* gerade rechtzeitig kommen verstr.; *dat Måt (nich) kennen/hollen* (beim Essen, Trinken usw.) verbr. – Ral.: *He hett sin Måt vull is* betrunken verbr. – Sagw.: *Allens mit Maten, säd de Schnieder, don verschacht he sin' Fru mit de Ell!* HUMGWD 11,49,5. – **4.** Musterung verbr. HPom. *De beide Junges mete to Mot* Sto/Gl.

Måt² f. Blechtasse zum Trinken vereinz. VPom, sonst selt. *Du drinkst ut dei Måt, dei Tass schmittst du bloß intwei* Gri/Mi.

Måt³ m., seem., *Måts* verbr. VPom MPom, Pl. *-s, -en,* Maat. **1.** Arbeitskollege, Gehilfe auf dem Boot verbr., ¹PEE 89, ²RUD 85. *Hei hett sienen Måt funnen* Gwd/Ze. Auch allg.: Genosse, Kamerad verstr. – **2.** Dienstgrad (Unteroffizier) in der Marine. Auch: dessen Träger vereinz. *Hei's Måt wäst* Gwd/Ba.

Matadur m. Matador. **1.** höchster Trumpf beim Kartenspiel verstr. VPom, Pyr/Wi. *[...] mit all de Matteduren so miserabel eb'n verlurn?* ¹WEN 106. Übertr.: Sieger; Hauptperson selt. *He will ümmer Matadur sin* Ank/An. – **2.** Draufgänger, waghalsiger Artist selt.
Laut- u. Formvar.: *Mattedur* ¹WEN 106, HUMGWD 4,34,5, *Mattedor* Ank/An, *Matador* Fra/Ln, entstellt: *Makedor* Reg/Kt. – Pl. *-(e)n, -s.*

Måtband n. Maßband, Zentimetermaß vereinz.

Mätbreif m., seem., Vermessungsurkunde des Schiffes (die ständig mitzuführen ist) selt. VPom.

mäten st. messen. **1.** (mit Instrumenten, Geräten) das Maß (Gewicht, Größe usw.) bestimmen. *Wenn du nich orig mettst, köp ik nich werrer bi di* Gwd/Ba. *Dei mett mit Schäpeln* reichlich Ank/An; *knapp mäten* kaum die ausreichende Menge abmessen Pyr/Lt. – Ral.: *Bäter tweimål mäten as einmål versnäden* Rüg/Ae, ähnl. verstr. Wenn ungenau gemessen wurde: *Dat hett woll de Voss mit'n Schwanz mäten* Rüg/Zi, ähnl. verstr. Scherzh., wenn jmd. durch tiefen Morast läuft und sich dabei schmutzig macht: *Mößt du denn Dreck mäten?* Gwald, ähnl. verbr. Übertr.: *ein' (de Ribben/lang æwer) mäten* jmd. verprügeln verbr. – **2.** refl., mit jmd. in Konkurrenz treten, Kräfte erproben verbr. *Will wi uns ma beid mäten?* Ran/Sr. Auch übertr.: jmd. (im Niveau) gleichkommen verstr. *Mit dei kannst du di nich mäten* Gwald. – **3.** zumeist subst., mustern (beim Militär) verbr. *He mutt taum Mäten zur Musterung* Reg/Me. – **4.** refl., zunehmen, länger werden (in zeitlicher Hinsicht) verstr. *De Dag mäten sich all* Gwd/Ze. Vgl. längen.
Lautvar.: *meite* Kol/Go, Neu/We, °Rum ²MIS 61, Lau/Gr BLFPVK 9,103, *maita* Pyr/Wi, Saa/Ja, DKr/La, °Dra, *mäta* Pyr/Wi, Kösln, Saa/Te, °Dra.
Flex.: Präs.Sg.1.: *määt* VPom ZPom, LAUWB 235ᵇ, *meet* Dra/Dr, *mait* Saa/Nr. – 3.: *mett* VPom, Dra/Dr, Saa/Nr, ZPom LAUWB 235ᵇ. – Prät.Sg.1. u. 3.: *matt* VPom, *maaß* [!] Nau/Na ²GIL 41, *meet* verstr. – Part.Prät.: wie Inf.

Mater f., PflN, Mutterkraut, Zierkamille selt., PRIT/JES 95ᵇ, HOM 2,252.

Mäter¹ s. Mätritz.

Mäter² m. Meister selt. VPom. *De söcht sinen Mäter* HOEFAMSC 293ᵃ. – Aus frz. *maitre*.

Mäter³ m., veralt., Messer HOEFAMSC 293ᵃ. Vgl. Metz.

matere sw., veralt., eitern vereinz. HPom. *De Finger matert* Pyr/Wi. – **materg** Adj., veralt., *materjig* Pyr/Sh, eitrig selt.

Materg f., veralt., Endsilbe betont. **1.** Wundeiter verbr. *As dat Schwär upkauma deed, keem vel Matering rut* Dra/Bu. – **2.** Schimpfw. für eine böse Frau selt. Laut- u. Formvar.: *Materig* °Ank, vereinz. MPom, *Materie* verstr. HPom, BLFPVK 10,167, *Mate(i)ring* selt. °Rüg, verbr. HPom, *Mateie* Nau/Fg, *Matteesch* °Kös, °Sch.

Materiål n., *Matrəjål, Matrəjōul* °Rum, °Büt ²MIS 47, Material, Werk-, Baustoff verstr. VPom, sonst selt. *Dat Materiål ducht nicks* Gwd/Ba.

måtgääfsch Adj. maßgebend vereinz. HPom.

Mätglas n. Meßglas mit Eichstrichen zum Abmessen von Flüssigkeiten verstr. HPom, sonst selt. *Dat paß ik genau mit't Mätglas af* Gri/Mi.

måtig Adj. mäßig vereinz.

Matjes m. gesalzener junger Hering verbr. Ebenso: *Matjeshiering* verbr.

Måtkell f. Holzkelle von bestimmtem Maß vereinz. – **Måtklupp** f., fachspr., *Mät-* Ghg/Li, zangenartiges Meßinstrument zum Bestimmen des Baumdurchmessers verbr. HPom, sonst selt.

Mätknüppel m. Latte zum Abstreichen des Kornmaßes selt., ²REH 98. – **Mätlatt** f. Meßlatte mit Maßeinteilung vereinz. VPom. – **Mätraut** f., veralt., 'Meßrute' gerader Stock von zwölf oder 16 Fuß Länge zum Landmessen verbr.

Matress f. 'Mätresse' Schimpfw. für eine böse, liederliche Frau verbr. Auch: Geliebte verstr. HPom.

Mätritz f., fischerspr., Fangsack am Fischernetz verstr., vgl. RAS 66f. *Hier schmieten wi dei Mätnitz weg un setten dei Fluchten* [Netzflügel] *ut* Sch/SB. Lautvar.: *Mäter* verstr. vpom. Küste, sonst selt., *Mater* DÄHWB 301ᵇ, *Mätens* Sch/Vi, *Mätnitz* Sch/SB, Sto/Wi.

Matrosenbotter f., scherzh., Margarine Fra/Bn.

Måts s. Måt³.

Matsch m. **1.** Morast verbr. *Dat is su'n Matsch up'e Strät* Ran/Pe. Auch: auftauender Schnee verstr. – **2.** breiige Masse verstr. HPom. *De Himbeern im Emme sin tu Matsch worn* Dra/Dr.

Måtschåp n., veralt., 'Maßschaf' Schaf mit bestimmtem Gewicht, das zum Naturallohn (für den Schäfer) gehörte vereinz. HPom.

matschen sw. **1.** zerdrücken, zu Mus zerquetschen verstr. *Matsch nich so mit de Beern* Gwald. Auch: zerschneiden, zerhauen Rüg/Dm, HOEFAMSC 301ᵃ. – **2.** in breiiger Masse, Schlamm, nassem Sand spielen, herummanschen vereinz. – **Matschfaut** m. Plattfuß (beim Menschen) selt. – **matschig** Adj. **1.** breiig, weich, (durch Überreife) in Fäulnis übergehend verbr. *De Kees is all matschig* Cam/Ca. *De Nudel* [Kartoffeln] *sinn so matschig* sind zerkocht Ran/Pe. – **2.** aufgeweicht (mit feuchtem Schmutz bedeckt) verstr. *Dei Bodden is matschig* Gri/Mi. – **3.** matt, kränklich selt. *Mi is hüt so matschig* Uec/Ge. – **Matschke** f. Backpflaume Sto/Wi. – **Matschklut** m. harter, nasser Schneeball selt. ZPom. – **Matschmul** n. Kosew. für kleine Kinder verstr. VPom. – **Matschnudeln** Pl. Kartoffelbrei selt. MPom. – **Matschog** n. glasiges, verschwollenes Auge selt.

Måtschop f., veralt., meist fischerspr. **1.** Gemeinschaft zweier oder mehrerer Arbeiter selt. – **2.** f./m., *Maschop* DÄHWB 100ᵇ, Kollege, Mitarbeiter vereinz. VPom, sonst selt. – **Måtschopie** f., veralt., meist fischerspr., *Maschopie* DÄHWB 100ᵇ, *Maschkopie* Ghg/Gr, vertraglich geregelte wirtschaftliche Vereinigung, Genossenschaft (bes. auf einem Fischerboot) selt. – Mnl. *maatschoppij*, mnd. *māschoppîe*.

Matschtuffel Pl. 'Matschkartoffeln' Kartoffelbrei vereinz. HPom.

Mätschuffel f. hölzerne Handschaufel von bestimmtem Maß vereinz.

Måtsmann m. Mitarbeiter, Kompagnon vereinz. VPom, Lau/GW.

Måtstock m. Meßlatte, Elle verstr. – Ral., wenn jmd. ungenau mißt: *Dem is t' Katt mi'm Måtstock weglope* Dra/Rt.

Mätstrump m. 'Meßstrumpf' als Strickvorlage für weitere Strümpfe vereinz. VPom, Reg/Kt.

Matt¹ f., *Mett* Uec/Pa, *Metz* (in Anlehnung an die hd. Form) verstr. **1.** veralt., Metze, (Hohl-)Maß (für Getreide, Obst u. Gemüse) von regional verschiedener Größe. *Bringen S' mi twei Matt Mähl mit!* Gri/Mi. *De Schäpel hett sössteigen Matt* Rüg/Be. *To 'n Kringel* [Gebäck] *gehüürt 'ne Matt Mähl* Gwald. Wenn jmd. viele Kinder hat: *Dei hett 'ne ganz Metz vull* Net/Sl. Auch: (kleine) unbest. Menge selt. *Hest ni 'n Matt Tüffken œwrig?* Dra/Bu. – Scherzh. Nachahmung des Mühlengeräusches: *Knick knacken, knick knacken! Vom Schäpel dre Matten!* Use/Ka BLFPVK 7,111. – **2.** veralt., Meßgefäß (aus Holz) von der Größe des entsprechenden Maßes verbr. *de Mett* *vull Hâwer* Uec/Pa. Scherzh., wenn der Müller zu seinen Gunsten mißt: *Dei Möller hett denn Dumen in 'e Matt hatt* Gwd/Ba. Auch: Butterform verschiedener Größe Sch/Zt, Lau/GW ⁴WIN 175. – **3.** veralt., Lohn für den Müller (anteilig vom Mahlgut) verbr. *De Möller kricht up'n Zentner teihn Pund Matt* Gwald.

Matt² f. **1.** Matte (bes. als Fußabtreter) HOEFAMsc 301ª, ⁵TITA 41. – Ral.: *He hett em von de Matt up 't Stroh holpen* hat ihn arm gemacht selt. – **2.** seem., geflochtene Decke aus Binsen oder ähnl. zum Auskleiden des Laderaums als Schutz gegen Feuchtigkeit selt.

matten sw., veralt., metzen. **1.** eine Metze pro Scheffel Mahlgut (als Mahllohn) abnehmen verbr. *Up'n Zentner würn söss Pund mattet* Dem/Jr. *Dei Müllers, dei gaut matten* [zuviel abnehmen], *war(d)en rieke Lüd* Dem/Tp. – **2.** (Korn, Schrot, Mehl) mit der Metze abmessen vereinz. *grot/klein/striekrecht matte* großzügig, geizig, übergenau abmessen vereinz., ²REH 98. Vgl. Matt¹.

Matten s. Marten.

Mattendeif m. 'Metzendieb' Schimpfw. für Müller, (weil Mahlkunden oft übervorteilt wurden) verbr.

Mattentatt m. Schimpfw. für einen kleinen, gedrungenen Mann vereinz. NOPom.

mattenwies Adv., *matt-* °Nau, ²REH 96, eine Metze umfassend vereinz. *Besings* [Beeren] *heff wi mattwies köfft* Nau/Na. – **Mattfisch** m. **1.** hist., Abgabe vom Fang an den Grundherren vereinz. VPom. Vgl. Matthiering. – **2.** Beifang in der Reuse, der unter den Fischern aufgeteilt wird ¹PEE 139. – **Mattgeld** n. als Mahllohn gezahltes Geld verstr. Hist.: Geldabgabe der Fischer an ihre Herrschaft HOEFAMsc 301.

Matthäi Nur in der Ra. analog zum Hd.: *bi em is Matthäi an'n letzten* jmd. ist sehr müde, liegt im Sterben, hat kein Geld mehr verbr. – Die Ra. bezieht sich auf Matthäus 28,20 'bis an der Welt Ende', was auf Lebenssituationen übertragen wurde, die in eine Katastrophe führen können. Vgl. MWB 4,1141.

Matthiering m., hist., anteilige Abgabe der Pachtfischer an ihren Grundherren vereinz. VPom, BLFPVK 8,40. Vgl. Mattfisch.

Matthies m., Endsilbe betont, *Matthias* HUMGWD 9,6,2, Kalendertag des Heiligen Matthias (24.2.) verstr. – Wetterr.: *Matthies breckt dat Ies* Pyr/Lt, ähnl. vereinz.

Mattkist f. Behältnis zur Aufbewahrung des gesamten Mahllohnes (in Form von Korn, Schrot) selt., ²REH 96. – **Mattkuurn** n. **1.** Korn als Mahllohn für den Müller verbr. *Dat Mattkuurn is teigen Prozent* Gri/Mi. – **2.** genau eine Metze Korn selt., ²REH 96. – **Mattnoors** m., scherzh., 'Metzenarsch' sehr kleines Hinterteil vereinz.

Dei hett 'n Mattnoors un ne' Schäpelbücks ist zu mager für seine große Hose Gwald, ähnl. verstr. – **Mattpund** n., veralt., Pfund Mehl oder Korn, die als Mahllohn einbehalten wurden vereinz.

Matz¹ m. **1.** Kosew. für ein kleines Kind (oder junges Tier) verbr. *Du büst 'n lütten, söten Matz* Ank/An. – **2.** RN Kurzform von Matthias, Matthäus verstr. – Ral.: *Du steihst dor as Matz Fotz von Dräsd'n* stehst ratlos herum Gwald. – Die Ra. nimmt scherzh. Bezug auf ein Dresdener Denkmal für den italienischen Baumeister Matthäus Fotius, vgl. MWB 4,1142.

Matz² f. Matze, ungesäuertes Osterbrot des jüdischen Volkes verstr.

Matzebill m., *Matzebiller* Gri/Ge, GEB 59, Schimpfw. für einen dummen, ratlosen Menschen verstr. *Hei steiht dor as so'n Matzebiller* Gri/Ge. – Herkunft unklar.

Matzer m.(n.?), Dim. *Matze(r)ken* Pyr/Wa,Wi, Sch/Pu, °Lau, Hase, Kaninchen verstr. *Na, Jung', du hest ja uk Matzers* Ran/Pe. Auch: Lockruf für den Hasen selt.

mau Adj. **1.** dürftig, armselig, knapp verbr. *Bi denn Buan jeiht't man mau to* Ran/Sr. *De Kaffe is jo man so mau* schwach gekocht Ghg/Li. – **2.** (gesundheitlich) schwach, unwohl verstr. *Mi is ganz mau in'n Mågen* Stral.

mäud Adj. müde. **1.** erschöpft (von großer Anstrengung). *Hei hett sich mäud rackt* Gwald. *Su'n möd Werrer* unangenehmes, naßkaltes Wetter, das müde macht Uec/Pa. Verstärkend in der Paarformel *mäud un matt* verstr. Auf die Frage nach dem Befinden lautet die scherzh. Antwort: *Eten un Drinken schmeckt, bloß ümmer möd* Uec/Pa, ähnl. verbr. *Ik bin so möd, ik fall œwer mien ejna Föt* Saa/Te. *Hei is so mäud, hei schlöppt in'n Ståhn* Use/Sw. Oft in Vergleichen: *Ik bün so mö', as wenn ik den janzen Dag döscht har* Pyt/Lt; *mäud as'n Hund/Padd/Pierd* verbr. Scherzh. im Tanzvers: *Ach, ik bin so meid, ach, ik bin so matt, reik mi eis de Kimmelbuddel her, Kirsch o Kognac schmeckt nich mehr* Lau/GW, ähnl. verbr. → fack. – **2.** überdrüssig vereinz. *He is dat satt un möde* HOEFAMsc 310ª.

Laut- u. Formvar.: *mäu'* verbr. VPom, *mäue* vereinz. ZPom, *mäu(e)r* verbr. VPom ZPom, *möd(e)* verstr. VPom, verbr. MPom ZPom, vereinz. °DKr, *möj(e)* verbr. MPom, *mör* verbr. ZPom, *maid* verbr. NOPom, *mair* verstr. östl. ZPom NOPom, *med(e)* vereinz. östl. ZPom NOPom. Zu Seltenheitsbelegen vgl. DSA 16, Kt. 94/95.

mauden sw., *moden* Fra/Ln, Uec/Ge, vermuten selt. *Dat heff ik noch mod't* Uec/Ge.

Mauder s. Mudder.

maudig Adj., *maurig* Fra/Zi, Cam/Ca, *modig* Gwd/Da, Uec/Ge, HOEFAMsc 312ªf., mutig, furchtlos verbr. Auch: übermütig, schwer zu bändigen verstr. *Dat Pierd is maudig* Lau/GW.

Mäudigkeit f., *Mäurigkeit* Gwald, Ank/An, Cam/Rm, *Mäuigkeit* Fra/Ln, Müdigkeit. *Hei föl üm vör Mäudigkeit* Gwd/Ba.

Maug f. **1.** Hemdsärmel verbr. *Dat Hemd möt niege Maugen hemm'* Gwd/Ba. Scherzh.: *Dei hett wat in'e Maugen hat Kraft* Dem/De. – **2.** Überziehärmel (zum Schutz der Kleidung) verstr.
Laut- und Formvar.: *Mag* selt. VPom, *Mau'* selt. VPom, °Nau, *Mauj(e)* HOEFAMSC 302ᵃ, *Mauk* Fra/Bn, Dem/Tp, Stral, Ghg/Gr, Kol/De, *Moj* verstr. MPom, *Mog* verstr. ZPom SPom, PosWpreuß., *Moy* MAH 18, *Mow'* Gbg/Gz, Sch/Pu, *Mug* Net/Hf,Sl, DKr/Ro. – Pl.: *Maugen* verbr., *Mowwe, Muwwe* verstr. °Gbg, *Mowe* Gbg/Gz, Sch/Pu.

maugen sw., *maujen* Ghg/Hi, *maue* verbr. HPom. **1.** miauen verbr. *Dei Katten maugen dei ganze Nacht* Gri/Mi. – **2.** winseln, klagen; jammernd betteln (bes. von Kindern) verbr. *Dei Klein maut hüt so* Rum/Pr. *Wat maugst mi dei Uhr'n vull* Rüg/Ae.

Mäuh f. Mühe, anstrengende Belastung, großer Aufwand. *Måk di keine Mäuh!* Gwd/Ba. *Dat is dei Mäuh nicht wiert* Fra/Ln. *Dat heff ik gråd so mit Mäuh un Not farig bröcht* Dem/De. In der Vbdg. *sik grot/väl Mäuh gäben/måken* verbr. Wenn etwas einfach zu erledigen ist: *mit wat nich Wunner noch Mäuh hebben* verstr. – Ral.: *Lütt Kinner, lütt Meu, groot Kinner, grot Meu* HUMGWD 75,257f.,3. *Wer hett Käuh, de hett uk Mäuh* UP 3, 265, ähnl. vereinz.
Lautvar.: *Möh* vereinz. VPom, Ghg/Be, *Mög, Möj* vereinz. MPom, verbr. ZPom SPom, *Moj* Nau/Db, °Reg, Saa/Le, *Meih* Cam/Rm, Rum/Km, *Mäuch* Nau/Fg,Rh, Slo/La, LAUWB 240ᵃ, *Müh* Kol/Go, Gbg/De PRI/TEU 247, *Möösch* Bel/Ei, *Möödsch* Gbg/Gz.

mäuhen sw., refl., sich mühen verstr. HPom, sonst selt. *Hei mutt sich noch so möje* Kol/Go.
Lautvar.: *mäugen* Gri/Gm, Saa/Vo, *mäuje* vereinz. °Rum, *mögen* Ank/Br, verstr. MPom, Gbg/Gp, *möje(n)* Ran/Pe, °Pyr, Nau/Db, °Gbg, Kol/Go, Reg/Kt, Saa/Ja, Dra/Bu, *möhe* Gbg/Gp, *meihe* Stolp, HOMWB 127ᵃ, *mäuden* Gri/Go, *meide* °Sto, Lau/GW, *möödsche* Gbg/Gz.

Mäuhm f. **1.** alte Frau, Mütterchen verbr. *Heff di ni as'n ull Möhn!* Dra/La. – **2.** (alte) Tante, fälschlich auch Cousine selt. *Ik bün giern bi mien Möhme* Gri/Mi. – **3.** Schreckgestalt für Kinder, die angeblich im Getreide sitzt vereinz., HUMGWD 7,26,7.
Lautvar.: *Möhm* vereinz. VPom, verstr. MPom, *Möhme* selt. VPom, DÄHWB 310ᵇ, *Mäuhn* verstr. ZPom, *Möhn* selt. SPom. – Dim.: *Mäuhmeken* Cam/Ca, *Mäuhmk* °Nau, *Möhmke* Kol/Go.

mäuhsåm Adj. mühsam, mit Anstrengung verbunden verbr. *Kleen Fisch eten sik mäuhsåm* Pyr/Lt. – **mäuhselig** Adj. dass. vereinz.

Mauk s. Muk.

Maukatt f., kindspr., Katze(njunges) verstr.

Maukbeinen Pl. **1.** Schweißfüße verbr. – **2.** große, plumpe Füße selt.

Mäuker m. kleiner Mensch selt. VPom. *Mairägen måk mi grot, ik bün man'n lütten Mäuker* Gri/Ge.

maupig Adj. böse, ärgerlich vereinz. HPom.

Maue(r), Maur s. Mur¹.

Maus n., wie hd. *Mus* verstr. VPom, *Mais* Neu/El ⁵TITA 79, Mus, (dicker) Brei (oft aus Früchten, Kartoffeln) verbr. *Dat is jå all tau Maus kåkt* Gwd/Ba. Wenn jmd. nicht weiß, was er essen will: *Wat wist nu ete, Maus or Mähl?* Dra/La. – Ral. analog zum Hd. *ein/wat tau Maus haugen* verbr. VPom.

Mauschel m. **1.** veralt., SpottN, Jude verbr. – **2.** Kartenglücksspiel selt. – Zu jidd. *Mauschel* Moses. – **Mauschelbein** n., meist im Pl., Plattfuß des Menschen verstr. – **mauscheln** sw. **1.** Mauschel spielen verbr. *Wi mauscheln üm vier Penning* Use/Sw. Auch: unehrlich spielen verstr. VPom. Vgl. muscheln². – **2.** undeutlich, (auch stark gestikulierend) sprechen vereinz. *Dei mauschelt so, bi dem is nischt to verstähn* Sto/Dö.

Mäusch(en) n., *Möösch* vereinz. VPom, Dim. *Mööske* Lau/GW, *Mööstje* Neu/Pn, Rum/He, Fla/Ta, breiige Milchspeise aus eingeweichten Brötchen oder Zwieback verstr., ⁴WIN 96. Auch: Mehlsuppe, Mehlklößchen in der Suppe selt. – Dim. von Maus Mus.

mausen sw., *mäusen* Fra/Bn, Gri/Go, *mosen* vereinz. MPom. **1.** im Essen herumstochern, es zu Brei rühren verbr. *Du möötst nich in't Äten mäusen* Gri/Go. – **2.** (in etwas) herumwühlen selt.

Mäuser m., vereinz. wie hd. *Mörser, Merser* Lau/GW, Mörser, dickwandiges Gefäß zum Zerstoßen von Gewürzen (mittels eines Stößels) verbr. *In'n Mäuser ward Päper un anner Gewürz stött* Gwd/Ba. – **Mäuserkül** f. 'Mörserkeule' Mörserstößel verbr. Ebenso: *Mäuserstamper* verstr. – **mäusern** sw., *mösern* Rüg/Pu, °Nau, im Mörser Gewürze zerstoßen verstr. Auch übertr.: lustlos im Essen herumrühren vereinz. *Mien Mann mösert im Äten, as wenn em dat nich paßt* Sch/Pi.

Mäusser n., Dim. *Mäussing* Gwd/Ba, Ank/Br, Dem/De, Mäuschen, Kosew. für ein kleines Kind verstr.

Maustüffel Pl. Kartoffelbrei verstr. VPom, Stett.

Maut m., *Maur* Gbg/Ho, *Mot* Gwald, Gwd/Da, Ank/Km, Uec/Pa, Pyr/Py, Ghg/Be, Dra/Bu, Mut. **1.** Tapferkeit, Furchtlosigkeit verbr. *Hei hett kein' Maut dortau* Gwd/Ba. *Ik mök mi Mot un sär em miene Fråg* Uec/Pa; *sik Maut andrinken* Gwald. – **2.** Zuversicht, Hoffnung verstr. *Morgen geiht't wedder mit frischen Maut* Ank/An.

– **mautbasten** sw. viel und schwer arbeiten selt. HPom. Auch refl.: sich abrackern selt. Vgl. afmautbasten, termautbasten. – Mnd. *môtbersten*.

Mautsch f. geschwätziger Mensch, Klatschweib verbr. – **mautschen** sw. **1.** viel Unsinn reden, tratschen verbr. *De Wiewer mautschen* Ran/Sr. – **2.** jammern, weinen (von kleinen Kindern) verbr. *Sei mautscht in einen fuurt* Ank/An. – **3.** schimpfen, nörgeln vereinz. VPom. – **mautschig** Adj. ärgerlich, mürrisch verstr. *De Fru is mautschig* Ran/Sr. – **Mautschkopp** m. Quatschkopf, Schwätzer verstr. – **Mautschmul** n. **1.** jmd., der undeutlich spricht vereinz. – **2.** Quatschkopf selt.

mautselig Adj. arm verstr. – **Mautwill(en)** m. absichtliche Böswilligkeit, Mutwille verbr. *Dat hett hei nich mit Mautwill dån* Gwd/Ba. – **mautwillens** Adv., *mautwillings* Uec/Ge, Lau/GW, mit böswilliger Absicht vereinz. – **mautwillig** Adj. mutwillig verstr.

mauzen sw. **1.** (jammernd) miauen verstr. *Wat mauzt de Katt?* Gwald. – **2.** wimmern, quengeln verstr. – **3.** maulen, beleidigt sein selt. VPom.

mawwe sw., *maffa* Saa/So, langsam und appetitlos essen selt. HPom. Vgl. muffen.

Max RN wie hd. In zahlreichen Spottversen auf den Namen: *O du mien Max, mien Max, hest Beene wie Wachs, wie Wachs* Ran/Sr. *Max mit'n Klacks* Gwald, ähnl. verbr. Vgl. Macker.

meck Interj. Lockruf für die Ziege. Auch im Neckvers für den Schneider: *Schnieder meck, meck, meck, hett de Hose voll Dreck, hett de Hose voll Wansche, d' Schnieder mutt danze* Pyr/Wr, ähnl. verbr.

Meckerfritz m. Nörgler verstr. Ebenso: *Meckerkopp* vereinz., *Meckerpott* vereinz. – **meck(e)rig** Adj. unzufrieden, mäkelig vereinz. – **Meckerzäg** f., kindspr., Ziege selt. Auch: jmd., der ständig nörgelt verstr.

Meddag[1] m. **1.** Zeit um die Tagesmitte (12 Uhr). *De Klock is Middag* Gri/Zf. *Üm Meddag ut sün' wi torüch* Saa/Ja; *ewer Meddag* Lau/Ke; *dei halwe Mirrag* später Vormittag Gwald. *Se licht bet Middag mit 'n Moors in 't Låger* Gwald. – Ral.: *Dat höllt bloß von Klock twölf bet Meddag nicht lange* °Rüg. – **2.** Süden verstr. *De Sinn* [Sonne] *steht im Mìrrag* Sto/Dö.
Lautvar.: *Mirrag* verbr. VPom, MPom ZPom, verstr. NOPom, ²MIS 11, ⁵TITA 44, *Middag* verbr. VPom MPom ZPom SPom, verstr. NOPom, *Meddog* östl. u. südl. °Lau, STRI 37, *Merrag* verbr. VPom, sonst selt.

Meddag[2] n., Lautvar. s. Meddag[1]. **1.** Mittagsmahlzeit. *Mirrag koke* Bel/Sn. *Dat rüükt so schön nåh Mirrag* Dem/Tp. Zu Kindern: *Wenn dat Middag reign upäten ward, ward annern Dag gaut Wäder* Ank/Br. Vgl. Klein-, Lüttmeddag. – **2.** Mittagspause. *Um twölwe is Middag* Reg/Kw.

Meddagäten n. Mittagsmahlzeit. *Du kümmst tau 't Middagäten nåh uns* Gwd/Ba. *Nåh't Mirragäten is 'n bäten Schlåp nich tau vergäten* Ank/Br. – **Meddagdräger** m. Person, die das Mittagessen zu den Feldarbeitern bringt vereinz. – **meddags** Adv. zur Mittagszeit. *Middags kümmt hei so bi half einen nåh Hus* Gwd/Ba. – **Meddagsrauh** f. Mittagsruhe verstr. – **Meddagsschlåp** m. Mittagsschlaf verstr. *Ik bün hüt üm mien'n Middagsschlåp kåmen* Gwd/Ba. – **Meddagsstund** f. 'Mittagsstunde' Arbeitspause in der Mittagszeit verstr. *Dei Middagsstund wier bannig kort* Gwd/Ba. – **Meddagssünn** f. 'Mittagssonne' Sonne in ihrem höchsten Stand vereinz. – **Meddagstiet** f. Mittagszeit. **1.** Zeitspanne um Mittag herum verstr. *Klock Middagstiet 12 Uhr mittags* Nau/Fg. – **2.** Mittagspause vereinz. *Wi will'n uphür'n, 't is Middagstiet* Gwd/Ba.

Meddel s. Mardel[1].

Meddelspier f./n., *Maddel-* °Nau, °Gbg, Grashalm verstr. HPom. – Sagw.: *Häling* [Windschutz], *secht de Voss un licht hinner'm Maddelspier* Kol/Pr, ähnl. verstr. Vgl. Mardel[1].

Medizin f., *Medezin* vereinz. VPom, *Mezin* Gwald, *Mill(i)zin* Dra/Dr,Bu, PFAFF 49, Medikament, Heilmittel verbr. *De Millizin schläj gliek an* Dra/Dr. Scherzh.: *Drinken un äten is de best' Medezin, kiek ees uns fett Schwien an* HUMGWD 6,20,11.

Meerschwien n. **1.** TiN. – **1.1.** Meerschweinchen verbr. – **1.2.** veralt., Schweinswal selt. – **2.** scherzh. Bez. für das Hornett (weil seine hohen Töne denen des Meerschweinchens ähneln) selt.

Meggel s. Meiel.

Meid f. Miete, Geldbetrag für die Nutzung von Wohnraum, bestimmten Gegenständen. *Sei wåhnen tau Meid* Gwald. *Hei ward bald bi'n Kuhlengräber tau Mei' gåhn* wird bald sterben Gri/Bo. Scherzh., wenn jmd. Winde läßt: *Rut mit em, de hett keen Meed betåhlt!* Pyr/Dö.
Lautvar.: *Meir* verstr. VPom, *Mei'* verstr. VPom WAR 61, *Meej* Pyr/Wa,Lt, *Meed, Meet* verbr. HPom, *Meie* verstr. ZPom.

meiden sw., *meden* Rüg/Be, Ran/Pe, *mejen* Pyr/Lt, *meire* Reg/Kt, Rum/Km ⁵TITA 59, ²MIS 18, mieten, etwas gegen Bezahlung nutzen, in Dienst nehmen. *Hei hett 'n Knecht meid't* Gwd/Ba; *een Stuf mejen* Pyr/Lt. – **Meidsdåler** m., veralt., bei Dienstantritt an Knecht oder Magd gezahltes Handgeld zur Bestätigung des Arbeitsvertrages verbr. Ebenso: *Meidsgeld* verstr. – **Meidsfru** f., veralt., Stellenvermittlerin für Gesinde verstr. – **Meidslüd** Pl. Leute, die zur Miete wohnen verstr. – **Meidsmann** m. Mieter verstr.

meie sw. leid tun, gereuen vereinz. HPom. – Zu mnd. *mê^{i}le*.

Meiel m., *Meijel* verbr. VPom, ⁴WIN 125, *Meggel* DÄHWB 303^b, einhenkliges Tongefäß von verschiedener Größe (z.B. zur Aufbewahrung von Milch) verstr. Zu Seltenheitsbelegen vgl. DWA 8, Kt.9.

Meier m., veralt., Verwalter eines Hofes verstr. – Scherzh. auf den FN bezogen, Teil der festen Vbdg. *Tant'n Meier* für Toilette: *Ik geih nåh Tant'n Meier zur Toilette* Dem/De, ähnl. verbr. – Verschiedene Spottverse auf den FN: *Meier lecht Eier achter dat Schapp, kümmt de Ul, måkt se ful, kümmt de Katt, måkt se glatt, kümmt de Kreih, bickert se intwei, is dat nich 'ne Schwienerei?* Gwd/Ze. *Meier lecht Eier. Woväl? Drei gäl!* Dem/Tp. *Meier lecht Eier in'n Sand mit Verstand* Lau/GW. – **Meierie** f., veralt., Meierei, Holländerei, Teil eines großen Gutes, zumeist gepachtet vom Meier oder Holländer, auf dem Milchwirtschaft betrieben wurde verstr. *Dei wåhnt up'e Meierie* Gri/Gm. – **Meiersch** f. Meierin, Frau des Verwalters einer Meierei vereinz.

Meif s. Möf.

meigen sw. mähen. *Wi möten denn Roggen meig'n* Gri/Mi. *Dat Kuurn möt meicht warn, wenn de Månd in'n Z* [zunehmender Mond] *steiht* Dem/De. Scherzh.: *Dei mejt geht mit den Füßen nach innen* Nau/Fg. – Rä.: *Wenn ihr meigen dei Lüd Heu? – Gornich, sei känen blots Gras meigen!* HUMGWD 11,44,12.
Lautvar.: Hauptvar.: *måije, maije* °Büt ²MIS 19, östl. °Lau STRI 20, *maie* westl. °Lau STRI 20, *mägen* verstr. MPom, °Saa, *mäjen* verbr. HPom, KÜHL 12, MAH 60, *meege(n)* selt. ZPom, *mie(j)e* Rum/Sc, Slo/Fl, Gbg/De ⁵TEU 247, *meesche* (-sch- sth) verstr. im Belbucker Abteigebiet. Vgl. zudem PRI/TEU 136.

Meiger m. jmd., der (mit der Sense) mäht verbr. *Dei Meigers kregen früher extra Lohn* Gwd/Ba. – **meiglich** Adj., *mejlich* Ran/Ro, reif zum Mähen selt. *De Wisch is noch nich mejlich* Ran/Ro.

Meijel s. Meiel.

meinen sw., *meenen* verstr. VPom MPom, HOEF-AMSc 304^a, Saa/So,Te. **1.** der Ansicht sein, glauben verbr. *Ik sech dat so, as ik dat meen* Ank/An. – **2.** jmd. im Auge, im Sinn haben verstr. *Meinst du mi?* Fra/Bn. – Ral.: *Mi kannst du nich dormit meinen* kannst du nicht auf den Arm nehmen Fra/Pe, ähnl. verstr. – **3.** etwas in einer bestimmten Absicht tun verbr. In Vbdg. mit wertenden Adj.: *wat gaut/bös meinen* etwas in guter, böser Absicht tun verbr. *Uns Åben meint dat hüt gaut* der Ofen ist besonders heiß Gwald. *Dat is doch nich so bös meint* Gwd/Ba.

Meining n. Kosew. für ein kleines Kind verbr. VPom, sonst selt. *I, du Meining!* Gwald. – Dim. zu mien.

Meinung f., *Meenung* Uec/Pa, wie hd. *Hei har keine Meinung dortau* keine Lust Gwald. Analog zum Hd. in der Vbdg. *ein' de Meinung seggen/geigen* verbr.

Meis f., TiN, Meise verbr. *Ik heff för de kleine Meiskes e Hus but, nu war wi se all Dag futtre* Sto/Gl. – Ral.: *Du hest woll 'ne Meis!* bist wohl verrückt! Stral. Wenn etwas sehr wenig ist: *Dat drägt d' Meis up'm Schwanz* Neu/Th, ähnl. verstr. – Sagw.: *All Bott* [jede Kleinigkeit] *helpt, seggt de Meis un pißt an'n Strand* Gwald, ähnl. verstr. – Wetterr.: *Wenn de Meeske ümmer von Tun to Tun flegen un piepen, jifft' Regen* Ghg/Gr.
Laut- u. Formvar.: *Meisch* Gwd/Ze, *Mees* Uec/Bl, Dra/Bu. – Dim. häufig synonym mit der Grundform gebraucht: *Meisk* Ank/An, verbr. HPom, *Meesk* verbr. HPom, *Meiske* vereinz. NOPom, *Mes(e)ke* Stral, Reg/Kt, DÄHWB 304^b.

meist *meest* Bel/Ei, Lau/Vl, Sup. von väl. **1.** Indefpron. die größte Menge, Anzahl von etwas. *Im Elwente* [November] *starwe de meeste Lied* Lau/Vl. Vgl. jüngeres mihrst. – **2.** Adv. meistens, in überwiegendem Maße, fast immer verbr. *Dat hett meist rägent* Pyr/Lt. – **meistendeils** Adv. fast immer verbr. *Hei sitt meistendeils in'n Kraug* Gwd/Ba. Vgl. mihrstendeils.

Meister m., Pl. *-s.* **1.** Handwerker mit abgeschlossener Meisterausbildung. *De is to'n Meister schlån worden* hat die Meisterprüfung abgelegt Ghg/Hi. *Hei hett sien Tiet ut, nu mutt hei wandre, hei will Meister ware* Lau/GW. Nachdrücklich scherzh. angesichts ungeklärter Rangordnung: *Ik bün de Meister un du de Gesell, ik frät de Wust un du de Pell!* Gwald. – Scherzh. in metaphorischen Bez. für Handwerker: *Meister Gläuhnig* Schmied verbr. VPom; *Meister Klecks* Maler Ank/An; *Meister Pickdräht* Schuster vereinz. VPom; *Meister Twiern* Schneider vereinz. VPom. – **2.** Könner auf einem bestimmten Gebiet. *Då is he Meister in* Pyr/Lt. – Ral., wie hd.: *Dor is kein Meister vom Himmel falle, wi möte alle ierst lihre* Stolp, ähnl. verbr. *Hei hett sien'n Meister funn'n* Gwd/Ba.
Laut- u. Formvar.: *Meester* selt. VPom, verbr. MPom HPom, ⁵TITA 51, ²MIS 18, *Me^{i}stər* °Lau STRI 16. – Dim.: (bes. in der Anrede) *Meisting* verbr. VPom, *Meesterke* verstr. HPom.

meist(e)rieren sw. schulmeistern, (unnötige) Anweisungen geben, zurechtweisen verstr. *Du bruukst mi nich meisterieren, ik weit allein, wat ik tau daun heff!* Gri/Mi. – **meistern** sw., *meestern* Ank/An, Gwald, bewältigen, schaffen verstr. VPom. *Dat kann ik gråd noch meestern* Ank/An. Auch: jmd. bezwingen vereinz. VPom. *Di kann ik noch meestern* Gwald. – **Meisterreimen** m., fischerspr., hinterer Ruderriemen, der vom 'Meister' geführt wird vereinz. °Rüg, ¹PEE 123f.,244, ²RUD 130.

meisttiet Adv. meistens, fast die ganze Zeit verstr. VPom, Pyr/Lt. *Hei is meisttiet krank* Gwd/Ba. Vgl. mihrsttiet.

melanklüt(e)rig Adj. melancholisch, schwermütig, trübsinnig verstr. VPom, sonst selt. *Wenn mien Urlaub to Enn' is, bün ik toierst ümmer ganz melanklütrig* Rüg/Dm.

Meliss f., PflN, Melisse HOM 2,97.

melk Adj., *melken* Fra/Ln, Gwd/Da, *melkend* Cam/Kw, °Kös, Sto/Do, milchend, milchgebend verbr. *Mit acht melken Käuh füng ick an* ¹KAL 20. *Dei Kauh is melk* Rum/Tr; *melk warden* bald kalben verbr. Übertr., wenn am Berg große Regenwolken aufziehen: *De Barg ward melk* Sto/Pf. Scherzh.: *Di is dei Näs woll melk du hast wohl Schnupfen* Fra/Pe. *Dat is för em 'ne melken Kauh den kann er richtig ausnehmen* Gwd/Ze, ähnl. verstr.

Melk f. Milch. **1.** Milch von Kuh, Schaf oder Ziege. Umfassende Informationen zu Milch und Milchverarbeitung in Pommern s. ⁴WIN. *Melk un Brot is got för Kinner* Uec/Ge. *Meltj is runne ist geronnen* Slo/La; *sure/blåge/ afröhmt Melk* verbr. Mittel gegen Ohrenschmerzen: *Bät warm Melk in 't Ohr dripple* Uec/Pa. – Im Vgl.: *Wäder as dick Melk* nebliges, diesiges Wetter Ank/An; *utseihn as Käs un Melk* blaß und kränklich aussehen Gri/Ti. *De möckt sich wie säut Melk* gibt sich berechnend freundlich Saa/Te, ähnl. verbr. *Sei süht ut as Melk un Blaut* sieht sehr schön aus Dra/Ga, ähnl. verbr. – Ral.: *nicks in 'e Melk tau brocken hemm'* mittellos sein Gwald, ähnl. verbr. *Dat kömmt wie bi 'n Oss de Melk* es ist vergebliche Mühe Ran/Pe. Ausruf angesichts eines unerfüllten Wunsches: *Oh, wur giern nähm uns Katt säut Melk, wenn s' bloß weck kreeg!* Gwd/Ze, ähnl. verstr. – **2.** Muttermilch (als Säuglingsnahrung). *Wenn dei Fru nich nauch Melk hett, schall sei düchdig Supp äten* Sch/Pu. – **3.** Samen von (männl.) Fischen verstr. – **4.** milchige Flüssigkeit u. a. in unreifen Getreidekörnern vereinz. *Dei Roggenkörn jäwe noch Melk* Dra/La. *Dat Kuurn is noch in de Melk* ist unreif °Kol.

Lautvar.: *Meltj* °Neu ¹⁰TEU 245, Fla/Ta, Slo/La, *Malk* nordöstl. °Lau STRI 32, *Miaak* südl. °DKr ³TITA 10. – Veralt.: *Mellek* Mönchg. ADL 159, HOEFAMSC 304ª.

Melkåder f. große Bauchvene der Kuh, deren gute Ausbildung als Garant für eine hohe Milchleistung gilt verstr. Vgl. Melkbul, -knuust. – **Melkapteiker** m., SpottN, Holländer, Pächter einer Milchwirtschaft verstr. Ebenso: *Melkhingst* verstr. VPom. – **Melkbank** f. Milchbank. **1.** Gestell (an Landstraßen), auf dem die Milchkannen zur Abholung bereitgestellt wurden verstr. *Nu mökt ma, dat t' Melk up t' Melkbank kümmt, dei Melkwågen is ball dor!* Dra/La. Auch: Abtropfgestell für Milchkannen Ran/Sr, Pyr/Wa. Vgl. Melkbuck. – **2.** Melkschemel verstr. – **Melkboort** m. Milchbart. **1.** Milchreste, die wie ein Bart um den Mund herum kleben verstr. – **2.** der erste, flaumige Jünglingsbart verstr. – **Melkbork** f. Milchschorf vereinz. VPom. – **Melkbrett** n. schmales Brettchen, das auf die zum Entrahmen aufgestellten Milchschüsseln gelegt wurde, um sie übereinander stapeln zu können verstr. – **Melkbricken** m., auch *-brick* f., (kreuzförmige) Holzauflage für den Milcheimer, um das Überschwappen der Milch beim Tragen zu verhindern vereinz., ⁴WIN 27. *Melkbricken wiern ut Bäukenholt un keemen up de Emmers, de de Frugens mit de Dracht drägen* Gri/Mi. Vgl. Melkkrüz. – **Melkbrot** n. 'Milchbrot' Brot, dessen Teig mit Milch angerührt wird verstr. Auch: Milchbrötchen vereinz. – **Melkbrummer** m., scherzh., Zentrifuge zur Milchentrahmung vereinz. HPom. Vgl. Melkburr. – **Melkbuck** m. 'Milchbock' Milchbank, auf der Milchkannen an der Straße zur Abholung bereitgestellt werden verstr. Vgl. Melkbank. – **Melkbuddel** f. Milchflasche mit Sauger für den Säugling selt. – **Melkbul** f. 'Milchbeule' Beule an der Bauchunterseite der Kuh, nach deren Größe die Milchleistung beurteilt wird verstr. *De Koh gifft väl Melk, de hett 'ne grot Melkbul unnern Buk* Ran/Pe. Vgl. Melkåder, -knuust. – **Melkburr** f., scherzh., Zentrifuge zur Milchentrahmung vereinz. HPom. – Grundwort lautmalend, vgl. Burr. – **Melkbütt** f. 'Milchbütte' aus Dauben gefertigtes Holzgefäß zur Aufbewahrung der Milch verbr. – **Melkdiern** f., veralt., Magd auf dem (Guts-)Hof, die für das Melken und Sauberhalten des Milchgeschirrs zuständig war verstr. VPom. – **Melkdistel** f., PflN, Gänsedistel (nach dem milchartigen Saft, den die Pflanze enthält) vereinz., vgl. MARZELL 4,396. – **Melkdracht** f. Schultertrageholz, an dessen Enden sich je eine Kette mit Haken für einen Milcheimer befindet vereinz. VPom. Abb. s. MWB 2,445. – **Melkemmer** n./m., *Melkel-* Kol/Go, *Melken-* Gwd/Ba, Milcheimer verbr. Vgl. Melkspann.

melken¹ sw., selt. st., *mielkje* Lau/Ke. **1.** dem Euter (von Kuh, Schaf oder Ziege) die Milch entziehen. *Du möst nich strippen, sonnern mit dei ganze Hand melken* Gri/Mi, vgl. ⁴WIN 18. *De Köh warden morgens üm Klock fief un åbends twischen Klock fief un söss melkt, hemm' de Köh frisch kalft, uk noch kort vör Middag* Ank/An. Übertr.: an der Kleidung ziehen selt. *Melk do ni ümmer a dem dem Schäl* Dra/Dr. – Ral.: Scherzh., wenn jmd. eine sehr schwierige Aufgabe bewältigen muß: *'t is ni so licht, an Mus to melke, no doto, we't a Musbuck is!* Dra/Dr, ähnl. verstr. Grobe Abweisung: *Gåh hen un melk dei Häuhner!* Fra/Zi, ähnl. verstr. – **2.** Milch geben verbr. *De Koh melkt* Dra/Dr. *De melkt sovål as ne Mus pißt* die Kuh gibt wenig Milch Saa/Zg. *Dei Kauh melkt dörch 'n Hals* die Qualität der Milch ist abhängig von der Güte des Futters Gwald, ähnl. verbr. – **3.** übertr., jmd. (mit unlauteren Methoden) um sein Hab und Gut bringen verbr. *Sei melken denn Ollen so lang, bet hei gor nicks mihr hett* Dem/Tp.

Flex.: Starke Formen sind überwiegend zugunsten schwacher aufgegeben, das Part.Prät. wird jedoch häufig stark gebildet, neben schwachem *melkt* selt. VPom SPom. – Prät.Sg.1. u. 3.: *mülk* Gwald, verstr. MPom ZPom, *mültj* Neu/Lt, *mulk* Gbg/Wo,

°Reg, Rum/Km ⁵TITA 43, *mölk* Gri/Sv, Pyr/Wa, *molk* Gbg/Gp, *milk* Sto/Dö. – Part.Prät.: *molke(n)* Gwd/Ze, Pyr/Wi, Gbg/Gp, °Dra, Sch/Pu, *mulke(n)* verstr. MPom ZPom, ⁵TITA 43, *multje* Fla/Ta, Neu/Lt.

melken² s. melk.

Melkenhüker m. Melkschemel verbr. VPom, verstr. MPom. – **Melker** m. wie hd. verbr. – **Melkfabrik** f. **1.** Milch verarbeitendes Werk Stral, Stett, Saa/Zg. – **2.** scherzh., Bez. für großen Busen verstr. – **Melkfatt** n. (hölzernes) Milchfaß zum Sammeln und Transportieren der Milch verstr. – **Melkfeewer** n. **1.** zur Geburtszeit (durch Kalziummangel) entstehendes Fieber (bes. bei Kühen und Schafen) verstr. VPom, sonst selt. – **2.** Fieber bei Frauen (verursacht durch das Milcheinschießen kurz nach der Geburt) vereinz. – **Melkflot** f. niedriges Holzgefäß zum Milchaufstellen vereinz. ZPom NOPom. – **Melkfru** f., veralt., Frau, die Milch verkaufte selt. – **Melkgeld** n. Kleingeld verbr. – **Melkgeschäft** n. **1.** Milchgeschäft verstr. – **2.** scherzh., Bez. für großen Busen verstr. → Bussen. – **Melkgeschirr** n. **1.** Milchgeschirr, Zubehör beim Melken und bei der Milchverarbeitung verbr. – **2.** scherzh., Bez. für großen Busen verstr. → Bussen. – **Melkgesicht** n. Mensch mit bleichem Gesicht verstr. Auch: junger, unerfahrener Mensch Uec/Pa. – **Melkhiering** m., fischerspr., männlicher, Samen tragender Hering verstr. Ebenso: *Melkner* verstr. – **Melkhingst** s. Melkapteiker. – **melkig** Adj. milchig trüb vereinz. VPom. Übertr.: diesig, neblig verbr. – **Melkkalf** n. Kalb, das ausschließlich mit Milch großgezogen wird verstr. – **Melkkåmer** f. Kammer zur Aufbewahrung der Milch verbr. – **Melkkann** f. Milchkanne verstr. – **Melkkauh** f. milchgebende Kuh verstr. – **Melkkeller** m., veralt., *Melken-* Fra/Ln, Gwd/Ba, Gwald, Keller zur Aufbewahrung (und bei ausreichender Größe des Raumes auch zur Verarbeitung) der Milch verstr. – **Melkklümpern** Pl. Mehlklößchen in der Milchsuppe selt. NOPom. Auch: die Suppe selbst selt. NOPom. – **Melkklüt(en)** Pl. in Milch gekochte (Mehl-)Klöße verbr., ⁴WIN 88. – **Melkknuust** m. 'Milchknoten' Beule am Unterleib von Milchkühen, nach der die Milchleistung beurteilt wird Sto/Du. Vgl. Melkåder, -bul. – **Melkkönig** m., SpottN, Holländer, Pächter einer Milchwirtschaft verstr. – **Melkkrüz** n., veralt., 'Milchkreuz' kreuzförmige Holzauflage für den Milcheimer, um das Überschwappen der Milch beim Tragen zu verhindern verstr. VPom ZPom. Vgl. Melkbricken. – **Melkkutscher** m. Fahrer, der die Milch zur Molkerei transportiert selt. – **Melkmäken** n. für das Melken zuständige Frau verstr. VPom, sonst selt. – **Melkmann** m., veralt., Milchverkäufer selt. – **Melkmaschin** f. 'Milchmaschine' Zentrifuge zur Trennung von Rahm und Magermilch verstr., ⁴WIN 132ff. – **Melkmus** f., übertr., 'Milchmaus' Haut auf der gekochten Milch verstr. – **Melkmuskle** Pl. 'Milchmuskeln' weiche, dicke Armmuskeln verstr. HPom. – **Melkpåmel** m. großes Milchbrötchen vereinz. – **Melkpanscher** m., SpottN. **1.** Milchprüfer verbr. – **2.** Milchhändler verstr. Ebenso: *Melkplanscher* verbr. – **Melkpierd** n., veralt., 'Milchpferd' Pferd, das den Milchwagen zieht Gwd/Ba, Gri/Mi, Pyr/Lt. – **Melkpilz** m. einbeiniger Melkschemel, der umgeschnallt wird verstr. VPom MPom, sonst selt. – **Melkpott** m. Milchtopf verbr. – **Melkpuden** m. 'Milchknoten' Beule am Unterleib von Milchkühen, nach der die Milchleistung beurteilt wird verstr. VPom ZPom, selt. SPom. – **Melkrägel** f./m., selt. n., *Melken-* verstr. VPom, durch Holzlatten oder Drahtseile eingefriedeter, meist von der Weidekoppel abgetrennter Platz, auf dem die Kühe zum Melken zusammengetrieben werden verbr. VPom, vgl. ⁴WIN 14. *so dat sei [...] nich mihr in den Melkrägel tau't melken gahn wulln, so lang de Bull noch mang dei Käuh wir* HUMGWD 7,39,4. – **Melkråhmen** m. Lattengestell zum Abtropfen von Milchkannen verbr. – **Melkramp** f. bankähnl. Gestell (an der Landstraße), auf dem die Milchkannen zur Abholung bereitgestellt wurden verbr. – **Melkrull** f. Rollband zum Transport der Milchkannen von der Außenrampe in die Verarbeitungsräume der Molkerei verstr. – **Melksäf** n. 'Milchsieb' mit Leinentuch bespannter Metallrahmen zum Durchseihen der Milch verstr. Ebenso: *Melksieh* f. verbr. HPom. – **Melksatt** f., veralt., kleine, flache Ton- oder Glasschüssel, in der die Frischmilch zum Dickwerden aufgestellt wurde verbr. Ebenso: *Melksetter* m. vereinz. SPom. Vgl. Melkschöttel. – **Melkschämel** m. hölzerner Melkhocker verbr. – **Melkschapp** n., *Melken-* vereinz. VPom, 'Milchschrank' Holzschrank mit Latten- oder Gazetür für das Aufstellen von Satten, die mit Zwischenbrettern übereinandergestapelt werden verbr. *Sei hett dat Melkschapp uplåten, nu is dei Katt bi dei Melk wäst* Gwd/Ba. Ebenso: *Melkspind* verstr. HPom. Abb. s. MWB 4,1165. – **Melkschleuder** f. Zentrifuge zum Entrahmen der Milch verstr. VPom MPom. – **Melkschöttel** f. große, flache Schüssel, in der die Frischmilch zum Entrahmen oder Dickwerden aufgestellt wird verbr. Vgl. Melksatt. – **Melkschwämm** Pl. Soor, Pilzerkrankung auf der Mundschleimhaut von Kleinkindern Dra/La, Lau/GW. – **Melksieh** s. Melksäf. – **Melkspann** n., *Melkel-* Fra/Bn,Pu, Gwald, *Melken-* Fra/Ba, Milcheimer vereinz. VPom. *Dat Melkspann wier früher ut Holt* Gri/Mi. Vgl. Melkemmer. – **Melkspeigel** m. 'Milchspiegel' glatte Fläche des Euters, auch glatte Fläche an der Lende, an der der Ernährungszustand und so die Güte der Kuh abgelesen wird verstr. VPom, sonst selt. – **Melkspies** f. mit Milch zubereitete (meist süße), feste Speise verstr. – **Melkspind** s. Melkschapp. – **Melkstaff** n. **1.** 'Milchstab' Holzstampfer, Stiel mit daran befestigter hölzerner, durchlöcherter Scheibe, mit dem im Stampfbutterfaß manuell Butter hergestellt wird vereinz. Abb. s. HWWB 304. – **2.** kleiner Milchzuber mit einem

Griff zum Melken selt. Ebenso: *Melkstüppel* m. verstr. ZPom SPom.

Melktähn m. Milchzahn verbr. Scherzh.: *Måk 't Mul tau, sus wären di dei Melktähn' sur!* Stolp. **Rsyn.**: *Kalwertähn, Mustähn, Sparlingstähn.*

Melktien f. flaches, hölzernes Gefäß zum Aufstellen der zu entrahmenden Milch verstr., ⁴WIN 313. – **Melktiet** f. Melkzeit (die abhängig ist von Jahreszeit und Größe der Milchwirtschaft) verbr. – **Melktöwer** m. 'Milchzuber' größeres, hölzernes Gefäß, in dem die gemolkene Milch gesammelt wird vereinz. VPom MPom. – **Melktunn** f. 'Milchtonne' großes Gefäß, in dem die gemolkene Milch gesammelt und zur Kühlanlage transportiert wird vereinz. HPom. – **Melkul** f., TiN, Nachtfalter (wahrscheinlich wegen seiner weißlichen Färbung) selt. VPom, vgl. MWB 4,1169. – **Melkwågen** m. 'Milchwagen'. 1. Wagen, mit dem die Milch zur Molkerei gebracht wird verstr. – 2. das Sternbild Großer Bär Sto/Wd,Pf.

Mell f., PflN, *Mill* verbr., *Möll* verstr. MPom, Nau/Db, °Saa, *Müll* verbr. MPom, verstr. ZPom, Dra/La, Melde. Bez. verschiedener Unterarten der Gattung Melde (Atriplex L.), bes. für die ehemals als Gemüse verwendete Gartenmelde verbr., vgl. MARZELL 1,510ff. *Tau väl Mell äten gifft Utschlag* Gri/Mi. Auch: Bez. verschiedener Unterarten der Gattung Gänsefüße (Chenopodium), bes. für den eßbaren Weißen Gänsefuß (wegen ihrer großen Ähnlichkeit), vgl. MARZELL 1,932. Ebenso (in beiden Bedeutungen): *Mellkohl* verbr. VPom.

Mellbrauder m. 'Meldebruder' Denunziant Dem/De, Ank/An.

mellen sw., *millen* verbr. MPom ZPom, ⁵TITA 44, ²MIS 10, sonst selt., *milde* Nau/Db, Reg/La, auch wie hd. *melden* verstr., melden. 1. (offiziell) mitteilen. – 1.1. sagen, (öffentlich) zur Kenntnis bringen vereinz. *De Ein weit girn, wat de Tiding mellt* RUT 5. Häufig in der Vbdg. *nicks tau mellen hebben* verbr. Auf das Verhältnis von Eheleuten bezogen: *Hei is 'n Kierl as 'n Oss, åwer bi sien Fru hett hei nicks tau mellen* Rüg/Ae. – 1.2. jmd. (wegen eines Vergehens) anzeigen verstr. *Töf, di ward ik mellen* Uec/Ge. – 1.3. refl., sich (zu etwas) anmelden verstr. *Hei hett sich friewillig mellt bi t' Attollrie* [Artillerie] Ran/Pe. *Hei hett sich to Besök mellt* Uec/Ge. *Dei Dag mellt sich* kündigt sich an Fra/La. – 2. refl., sich akustisch bemerkbar machen verbr. *Dat Peerd mellt sich* Nau/Fi. *Mien Moje millt sik* knurrt vor Hunger Dra/Dr. – Volksgl. s. u. – 3. refl., Bescheid geben, von sich hören lassen verbr. Aufforderung: *Millt juch!* Dem/De. *He hett sik lang nich millt* Pyr/Lt. *Nu millt he sik nich mihr* ist tot Pyr/Lt. – 4. refl., (durch Handzeichen) ums Wort bitten vereinz. *De Kinner millen sik* [in der Schule] Pyr/Lt. Scherzh., wenn jmd. eine sehr große Nase hat: *De hett sik tweimål mellt, as de Näse verdeilt würe* Stolp.

Volksgl.: Ein auf See Verstorbener machte sich angeblich im Haus noch einmal bemerkbar, durch Möbelknacken, das Stehenbleiben der Uhr u. ä. Es hieß dann: *Hei mellt sik* verbr. Ebenso wurden solche Zeichen als Ankündigung eines gerade passierenden oder baldigen Unglücks- oder Todesfalls (in der Familie) gedeutet.

Mellen s. Möllen.

Mellink m., TiN, *Mialink* DKr/DK ³TITA 9, Iltis °DKr. Vgl. Nülling.

Melon f., Endsilbe betont, halbrunder, steifer schwarzer Herrenhut verbr. VPom, vereinz. MPom. *Vor föftig Johr drögen dei Kierls in dei Stadt väl 'ne Melon* Gri/Mi.

Memm f., *Memmi* Dra/La, Memme, Feigling, Angsthase verstr. *De Bengel is 'ne Memm* Gwald.

memmen sw. betteln vereinz. *De steht all werrer un memmt* Ghg/Li.

Menåsch f., Endsilbe betont, *Minåsch* Cam/Rm, *Minoosch* Lau/GW. 1. Menage. – 1.1. Gewürzständer für Salz, Pfeffer und Essig verstr. *Giff me en båten Päper ut de Menåsch* Gwald. – 1.2. Gefäß mit Henkel zum Transport von (warmem) Essen selt. *Nimm de Menåsch un hål dat Äten!* Gwald. – 2. Verpflegung vereinz. *Hei hett man wenig Menåsch mitkrägen* Gwd/Ba.

mene s. ene.

Men(e)wett n. Menuett selt. VPom.

Meng' f., *Mengde* Rüg/Ae, HOEFAMSC 304ª, *Ming'* verstr. HPom, Menge. 1. große (unbestimmte) Anzahl verbr. *Ick nehm alls mit, wat tau't Dichten hürt [...] Notizbäuker un Stahlfeddern de swere Meng!* ¹⁴BAND 41. – 2. haufenartige Ansammlung verbr. *Schmiet rin in'e Meng'!* Ank/An.

meng(e)lieren sw., *mengleeren* vereinz. MPom, *mengleire* Gbg/Gp, vermengen, durchmischen verbr. *Zucke mit Kakao mengliere* Kol/Go. *De mengleert de Arften un Bohnen* Ran/Pe. Auch refl.: sich einmischen selt. *Dor mengelier ik mi nich giern mit* damit will ich nichts zu tun haben Gwd/Ba. – Mischform aus hd. *melieren* und *mengen*. – **meng(e)liert** Adj. aus verschiedenen Farben bestehend (besonders von Stoff) verbr. *Dei Wull is mengliert* Nau/Db. Auch: ergraut (vom Haar) selt. *Hei hett all mengeliertes Hor* Dem/Tp.

mengen sw., *mingen* Ank/Br, Saa/Ja, Dra/Dr, Nau/We, HOMWB 129ᵇ. 1. vermischen verbr. *Hei möt noch dat Fauder mengen* Gwd/Ba. Auch refl.: *Dat Hår mengt sich all* wird schon grau Reg/Rg. – Sagw.: *Dat will ik mengen, secht dei Katt, un seicht [uriniert] mank 't Mähl* Ank/Br. – 2. schlagen, prügeln selt. MPom. *Ik meng di glicks een* Uec/Ue. – **Meng'fauder** n. Mischfutter (meist aus Hafer, Gerste, Roggen und Wicken) verstr.

– **Meng'kuurn** n. Gemisch aus verschiedenen Getreidearten und Hülsenfrüchten (zusammen ausgebracht und grün als Pferdefutter gemäht) verbr. – **Meng'mähl** n. Gemisch aus Weizen- und Roggenmehl vereinz. – **Meng'maus** n. (auf dem Teller) durcheinandergemischtes, verrührtes Essen verbr. – **Mengsel** n. Vermengtes (bes. Tierfutter, Getreide) selt. VPom, verbr. HPom.

Menk f., *Mink* HoMWB 129^b, weibliches Pferd, Stute verbr. ZPom, sonst selt. Vgl. PRI/TEU 224. – Dazu: *Menkfåhlen* n. Stutfohlen ^{1}Ros 63,65.

Menkenke Pl., zweite Silbe betont, Dummheiten, Ausflüchte verbr. VPom MPom, sonst selt. Bes. in der Aufforderung: *Måk man keine Menkenke!* verstr. *Dei hett allerhand Menkenke in'n Kopp* Gri/Mi.

Menkesknop m. ratendes Kind in einem Kinderspiel, bei dem ein Kind in geschlossener Hand Nüsse hält, deren Zahl ein zweites Kind erraten muß vereinz. ZPom. Zum Spiel vgl. Kloeternoet.

Menz(e)lie f., *Minzelie* Sch/Pu, uneffektive Arbeit verstr. Vgl. NDSWB 8,614: *menzeln*.

Mergel m. kalkhaltiger Ton (zur Bodenverbesserung des Ackers) verbr. *Denn Acker fåhlt Mergel* Gwd/Ba. **Lautvar.:** *Margel* HOEFAMSC 298^a, Pyr/Lt, *Merjel* Rum/Km ^{5}TITA 42, *Mörjl* Reg/Kt, *Mörja* Lau/Ne, *Maje* DKr/La.

Mergelkor f. zweirädriger Wagen mit Kippvorrichtung zum Ausbringen von Mergel auf dem Acker verbr. VPom, sonst selt. – **Mergelkuhl** f. Mergelgrube verbr. *Hei is in'e Mergelkuhl folln* Gwd/Ba. – **mergeln** sw. Mergel auf dem Acker verteilen vereinz. VPom.

Merika s. Amerika.

Merzen s. Merzschåp.

Merzschåp n., *Mart-* selt. HPom, von der Zucht ausgesondertes Schaf, das zum Schlachten gemästet wird selt. Verkürzt: *Merzen* selt.

mesanklüterig Adj. **1.** mißgestimmt Ank/An. – **2.** unwohl Ank/An. – Entstellt aus melanklüt(e)rig.

Mesch Pl. Prügel, Schläge vereinz. VPom. *Hei hett Mesch krägen* Gwd/Ze. Vgl. meschen.

meschant Adj., veralt., *maschant* verbr. VPom, verstr. MPom ZPom, *meschantig* Gwald HUMGWD 5,13,11. **1.** unansehnlich, heruntergekommen verbr. *Berlin süht hüt meschant ut* Gri/Mi. – **2.** niederträchtig, böse verbr. *Dat is ju a' meschant ull Bingel* Dra/Dr. – **3.** peinlich vereinz. *Mi was dat so maschant* Ghg/Wt. – Aus frz. *mechant*.

meschen sw. (ver)prügeln verstr. *Ik heff em mescht* Gwd/Ze. Vgl. Mesch. → nüschen.

meschü Adj., Endsilbe betont, verrückt, verwirrt verstr. – Verkürzt aus meschugge. – **meschugge** Adj., *meschucke* verbr. VPom ZPom, vereinz. MPom SPom, *maschugge* verstr., *maschucke* Rüg/Dm, Ran/Pe, verstr. ZPom, verrückt, verwirrt verbr. *Du büst woll meschugge!* Stett. → mall.

Mess^1 m., *Mass* nordöstl. °Lau STRI 32, Mist. **1.** Dung, Stallmist. *De Gurken möten Mess kriegen* Gwald. *Mess breiden* Dung streuen Saa/Gn. *Dei Tuffle hemm' de Mess noch går nich upfräte* nicht verbraucht Rum/Tr. *Mess is all uns' Meister!* von größtem Wert Gwald. *Du hest wo Mess föhrt* bist ja so schmutzig Ran/Sr. – Ral.: *Jetzt licht de Kor in 'n Mess* die Sache ist völlig verfahren Stral, ähnl. verstr.; *ein' up 'n Mess helpen* jmd. harsch antreiben Gwd/Ze; *een' dörch 'n Mess trecken* jmd. übel nachreden Ghg/Li, ähnl. verstr.; *Mess führ'n* ausfallend, ordinär reden Ghg/Li, ähnl. verstr.; *nich up ein sien Mess wassen sin* nicht jmd. geistiges Eigentum sein Stral, ähnl. verstr. Zur Bez. großen Reichtums: *Wo väl Mess is, is väl Brot* Rum/Pr, ähnl. verbr. *Geld as Mess hebben* verbr. – Sagw.: *Mess is de Hauptsaak, säd de Buer, doon was hei ut dei Luuk up 'n weiken Messhümpel follen* HUMGWD 74,95f.,3. *Von 't Gode kann 'n ok to väl kriegen, säd de Bur, don föl em 'ne Fohr Mess up 't Lief* HUMGWD 5,24,9. – Rä.: *Twölf Bund Heu deilt dörch söß Ossen, wat gifft dat? = En poor Schuwkorn Mess* HUMGWD 12,13,11. – **2.** Misthaufen verbr. *Dat döcht nicks mihr, dat schmiet man up 'n Mess!* Gwd/Ba. *Dat licht all lang up 'n Mess* ist lange schon vergessen Gwald, ähnl. verstr. – **3.** übertr. – **3.1.** Schmutz, Müll verbr. *Dat is een Mess up t' Strät* Pyr/Lt. *Dei kümmt noch in 'n Mess üm* Rüg/Ae. *Dat 's to Mess wor'n* ist verdorben Rüg/Dm. – Ral.: *Dei frett sienen eigenen Mess* ist sehr geizig Stral, ähnl. verstr. – **3.2.** Kram, unbrauchbare Gegenstände verbr. *Wat du di köfft hest, is nicks as Mess!* Rüg/Pu. *Schmiet denn ollen Mess wech!* Ank/An. *Dat is ju alles Mess, wat du möckst* wertlose Arbeit Dra/Bu. – **3.3.** Spinnerei, Unsinn selt. *Räd nich sunne Mess* Rum/Pr. *Dei hett Mess in'n Kopp* ist verrückt Fra/Fr. – **3.4.** lästige, dumme Angelegenheit verbr. *Måk di dien Mess allein!* Dem/De. *Kiek näh dienen eignen Mess* kümmere dich um deine, nicht um die Sachen anderer Rüg/Dm. Im Fluch: *So 'n Mess!* Fra/Pe. – In pejorisierender Funktion als Bestandteil von Beschimpfungen, z.B: *Du Stück Mess!* Gwd/Ze. Vgl. Mess-.

Mess^2 f., seem., Mannschaftsspeiseraum auf einem Schiff vereinz.

Messback f. **1.** angetrockneter Kot (bes. an den Hinterbeinen der Kuh) verstr. *Du möötst diene Köhe eis dei Messbacke afkratze* Nau/Db. Auch: Dreck, der am Schuh haftet verstr. *Du hest 'n Messback an'n Fot* Saa/St. – Ral.: *Dei schall man ierst sien Messbacke afkrabbe* soll sich um seine eigenen Dinge kümmern Nau/Fg. – **2.** schmutziger Mensch (bes. Frauen) verstr. – **Messbarg** m. Misthaufen verbr. Auch: Müllabladeplatz Gwald. – **Messbeet** n. mit Mist gedüngtes Beet verstr. – **Messbein** n., meist im Pl., schmutzige Füße oder Schuhe verstr. *Kömmt mi nich mit juch Messbeinen in miene Stuf!* Dem/De. – **Messbör** f., veralt., 'Mistbahre' leiterartige Tragbahre zum Misttransport verbr. *Denn Mess ut 'n Schwienstall drägen wi an besten mit dei Messbör weg* Gwald. – **Messborg** m. 'Mistschwein' Schimpfw. für einen sehr schmutzigen Menschen verstr. VPom, sonst selt. – **Messbotten** Pl. dreckige Schuhe vereinz. MPom. – **Messbrett** n. schmales Seitenbrett auf dem Mistwagen, das hinter die Wagenrunge gesteckt wird, um das Herunterfallen des Mistes zu verhindern verstr. – **Messbrümmer** m., TiN, Mistkäfer selt. HPom. Syn. s. Bussbunk. – **Messbunk** m., TiN, Mistkäfer verbr. HPom. *Schmiet eis de Messbunke de Heihner hen, ob sei dei freete* Sto/Gl. – Wetterr.: *Wenn dei Messbunk brummt, ward et gaut Wedder* Lau/GW. → Bussbunk. – **Messbur** m. SpottN für den Bauern, Landwirt verbr. *Messbur studiere eine Ausbildung zum Landwirt machen* Sto/Gl. – **Messbütt** f. Schimpfw. für einen schmutzigen Menschen verbr. – **Messdriewer** m. starker Wind Gwald, Sto/Gl. – **messen** sw., *meschen* Gwald, HUMGWD 6,30,4, misten. **1.** mit Mist düngen verbr. *denn Goorden messen* Fra/Fr. – Ral., wenn ein Stück Land nicht gedüngt wurde: *Dat möt de Vägel messen* Rüg/Dm. – **2.** den Darm entleeren (bes. vom Vieh) verstr. *Dat Peerd messt tau dünn* hat Durchfall Pyr/Lt. → schieten. – **3.** (den Stall) ausmisten selt. – **Messfåld** m. **1.** abgegrenzte Dunglagerstätte auf dem Bauernhof verbr. *De Messfåld is vull, bald ward Mess führt* Gri/Ge. – **2.** Misthaufen verbr. Vgl. Messhoff. – **Messfarken** n. 'Mistferkel' Schimpfw. für einen schmutzigen Menschen vereinz. – **Messfaut** m., meist im Pl., 'Mistfuß' schmutziger Fuß vereinz. *mit Meßföt in 't Bett gåhn* Ran/Sr. – **Messfeld** n. Ackerstück mit besonders gutem, lehmigem Boden verstr. *Wete [Weizen] kümmt i 't Messfild* Dra/Bu. – **Messfinger** m., meist im Pl., 'Mistfinger' schmutziger Finger vereinz. VPom. – **Messfink** m. 'Mistfink' Schimpfw. für einen unsauberen Menschen verbr. – **Messflåk** f. Seitenbrett am Ackerwagen, um das Herunterfallen des Mistes zu verhindern verstr. Vgl. Messledder. – **Messfleig** f., TiN, Mistfliege selt. HPom. – **Messfork** f. (drei- oder vierzinkige) Forke zum Aufnehmen des Stallmistes verbr. *Stell de Messfork a' de Stalldör* Saa/Le. Auch scherzh.: Gabel vereinz. – Ral.: Wenn etwas sehr schmutzig ist: *Dat kann man nich mit 'e Messfork anfåten* Stral. Wenn jmd. unleserlich schreibt: *Dat is, as har he mit t' Messfork schreewen* Pyr/Lt, ähnl. verstr. *Dat rägent Messforke* regnet sehr stark Gbg/Gp. – Sagw.: *Spaß mütt sin, säd de Jung', un kettelt de Diern mit de Messfork* Rüg/Be, ähnl. verbr. *Bäten lange Täh-*

nen, *säd de Buer, don kämmt hei sick mit dei Meßfork* Gwald HUMGWD 8,35,5. Ebenso: *Messgåbel* selt. – **Messführtiet** f. Jahreszeit, in der Dung auf das Feld gefahren wird vereinz. VPom MPom. – **Messhåken** m. 'Misthaken'. **1.** Haken mit zwei rechtwinklig zum Stiel stehenden Zinken zum Dungabladen verbr. Scherzh., wenn jmd. lange auf der Toilette sitzt: *Sall ik mit 'n Messhåken kåmen?* Gwd/Ze, ähnl. verbr. – **2.** Schimpfw. für einen unangenehmen Menschen vereinz. VPom. – **Messhåkenbeamter** m. SpottN für Bauern und Tagelöhner verstr. – **Messhåmel** m. 'Misthammel' Schimpfw. für einen schmutzigen, ungepflegten Menschen verbr. – **Messhoff** m. 'Misthof'. **1.** abgegrenzte Dunglagerstätte auf dem Bauernhof verbr. Scherzh., wenn jmd. dumm, beschränkt ist: *Hei is noch nich wierer as bet up sien'n Messhoff kåmen* Gwd/Ba, ähnl. verbr. – **2.** Misthaufen verbr. Vgl. Messfåld. – **Messhümpel** m. kleiner Dunghaufen (auf dem Feld) verbr. – **Messhupen** m. Misthaufen (auf dem Bauernhof). *De Heihner sin alltop hinne up'n Messhupe* Sto/Gl. – Ral.: *Je höjer de Messhupe, je dicker de Jildtasch* Bel/Lz. – **messig** Adj. sehr schmutzig verbr. *Ik heff mi messig måkt* Gwd/Ba; *messig Wäder* 'Mistwetter' Fra/Br. → schmuddelig. – **messignatt** Adj. triefend naß selt. Vgl. messnatt. – **Messkäwer** m., TiN, Mistkäfer verbr. VPom MPom ZPom, sonst selt. *Dei Messkäwer flücht åbends ut* Gri/Mi. → Bussbunk. – **Messklarer** m. 'Mistwühler' Schimpfw. für Bauern, Landarbeiter vereinz. – **Messklatt** f. Kotklumpen an den Hinterbeinen von Rindern und Schafen vereinz. *Dei Käuh möten dei Messklatten afstriegelt warn* Gwd/Ba. Vgl. Messklunter. – **Messklöpper** m., Schimpfw. **1.** Hofgänger, junger Zuarbeiter für den Landarbeiter eines Hofes verbr. Vgl. Hoffgänger. Auch: Tagelöhner selt. VPom MPom. – **2.** schmutziger, ungepflegter Mensch (bes. Frauen) verstr. *Du oll Messklöpper, gåh man ierst hen un wasch di!* Dem/De. – **Messklunter** f. **1.** Kotklumpen an den Hinterbeinen von Rindern und Schafen Pyr/Lt, Sto/Gl. Vgl. Messklatt. – **2.** schmutzige, ungepflegte Frau Gbg/Gp, Sch/Sd. – **3.** Pl. schmutzige Hände, Füße oder Schuhe Gbg/Gp, Sto/Gl, Lau/GW. – **Messkopp** m. Schimpfw. für einen schmutzigen, unangenehmen Menschen vereinz. – **Messkor** f. Schubkarre zum Dungfahren verbr. – Ral.: *ein' up 'e Messkor nähme* jmd. zum Narren halten Sto/Gl. – **Messkråm** m. wertloses Gerümpel selt. Auch: unangenehme Angelegenheit selt. *Mi geht de ganze Messkråm nicks an* Gwald. – **Messkrück** f. **1.** meist im Pl., schmutzige Schuhe verstr. MPom ZPom. *Treck di jau dien Messkrücke ut, eist rinne kümmst* Gbg/Gp. Auch: schmutzige Hände und Füße verstr. – **2.** Schimpfw. für einen unsauberen Menschen verstr. *Bi de ull Messkrück danze de Müs all up denn Disch* Kös/Sr. – **Messkuhl** f. Grube, in der Dung und Jauche auf dem Bauernhof gesammelt werden verbr. *Hei* *is in'n Düüstern in dei Messkuhl follen* Gwd/Ba. – Ral., wenn jmd. ohne es richtig zu können Hd. spricht: *He spreckt von boben dål in'e Messkuhl rin* Ran/Ro, ähnl. verstr. – **Messland** n. besonders fruchtbare Ackerfläche (durch gute Düngung) selt. Vgl. Messplan. – **Messledder** f. leiterartiges Seitenbrett des Dungwagens verbr. MPom HPom, selt. VPom. Vgl. Messflåk. – **Messloppen** m. Dunghaufen verstr. ZPom. – **Messmåker** m., Schimpfw. 1. ungeschickter Mensch, dem nichts gelingt verstr. VPom. – 2. schmutziger Mensch verstr. – **Messmell** f., PflN, 'Mistmelde'. 1. Gartenmelde verbr. Auch als Bez. für andere (wildwachsende) Meldearten. – 2. Weißer Gänsefuß Prit/Jes 91^a, HomWB 127^b. – 3. Beifuß Ghg/Do. – **Messmichel** m. Schimpfw. für einen schmutzigen Menschen verstr. MPom ZPom, Saa/Te. – **Messmul** n. 1. Schimpfw. für einen übel nachredenden Menschen vereinz. VPom. – 2. Kosew. für ein Kind verstr. VPom. *Mien lütt, säut, leif Messmul* Gri/Bo. – **messnatt** Adj., *messen-* verstr. VPom, sonst selt., triefend naß verstr. VPom SPom. *Dat Höj is messnatt* Dra/Dr. Vgl. messignatt. – **Messpauhl** m. Jauchegrube verstr. – **Messpedder** m. 1. SpottN für den Bauern verstr. ZPom, sonst selt. *Ik nähm mi doch keine Messperrer toum Ke(r)l* Gbg/Gp. – 2. Hofgänger, Gutsarbeiter vereinz. – 3. Schimpfwort für einen unsauberen Menschen (bes. mit schmutzigen Schuhen, Füßen) vereinz. HPom. – 4. Pl. klobige, große Stiefel Fra/Zi, Gwald. – **Messpilz** m., PflN, (unspezifische) Bez. für Pilzarten, die in Kolonien auf Dunghaufen oder fauligem Waldboden wachsen vereinz. – **Messplån** m. (mit Dung) gut gedüngtes, fruchtbares Ackerland vereinz. Vgl. Messland. – **Messpolk** n. schmutziger Mensch (bes. von Kindern) verstr. – **Messpröddel** f. Jauchepfütze verstr. MPom, sonst selt. – **Mess-schlöp** f. 'Mistschleife' schlittenartiges Gerät, mit dem der Dung aus dem Stall herausgeschleppt wird verstr. Abb. s. PrWB 3,1276. – **Mess-schmieter** m. Person, die auf dem Acker den Mist auswirft selt. VPom. – **Mess-schwien** n. 'Mistschwein' Schimpfw. für einen schmutzigen Menschen verstr. – **Mess-sœg** f. 1. 'Mistsau' Schimpfw. für einen schmutzigen, liederlichen Menschen (bes. für Frauen) verbr. – 2. TiN, Mistkäfer Ran/Ns, Reg/Te, vgl. DWA 5, Kt.9. Syn. s. Bussbunk. – **Mess-stäwel** m., meist im Pl., 'Miststiefel' stark verschmutzter Stiefel verstr. – **Mess-stück** n. 1. gut gedüngtes Ackerstück (bes. geeignet für Gemüseanbau). – 2. Schimpfw. für einen niederträchtigen Menschen vereinz. VPom MPom. – **Mess-student** m. SpottN für den Landwirtschaftsstudenten verstr. VPom. – **Messwäder** n. Regenwetter verbr. – **Messwågen** m. Mistwagen verbr. – Ral.: *mit 'n Messwågen fohren* anzüglich reden vereinz. VPom. *Wur de Meßwagen nich henkümmt, dor hürt Gottes Sägen up* HuMGwd 5,24,7, ähnl. verstr. *Wo de Messwågen nich henführt, dor kümmt de Austwågen nich her!* Rüg/Dm, ähnl. verstr. – **Messworm** m., TiN, Mistkäfer verstr. ZPom SPom, vgl. DWA 5, Kt.9. → Bussbunk.

Meter m./n. 1. Längeneinheit. *Dat kümmt up 'n Meter nich an* Gwd/Ba. – 2. Raummeter, Raummaß (bes. für Holz) verstr. HPom, sonst selt. *Meter upsetten* einen Raummeter Holz aufstapeln Uec/Ue; *'ne luftije Meter måke* Holz absichtlich mit zu großen Zwischenräumen stapeln Saa/Le. – **meterwies** Adv. meterweise. *Dei Dråht ist meterwies afmäten* Gwd/Ba.

Methusalem RN wie hd. Zur Bez. sehr hohen Alters ausschließlich in Vbdg. wie: *oll as Methusalem* verbr.; *ut Methusalems Tieden* verstr.

Metsch m., PflN, Gänsedistel Sto/Dö,Zz. Auch: junge (zarte) Distelpflanze Lau/GW.

Mett n. 1. rohes, mageres, durchwachsenes Schweinefleisch zur Mettwurstbereitung verstr. VPom. – 2. durchgedrehtes Fleisch, Gehacktes verstr. VPom MPom, Saa/St.

Metten m./f., Pl. wie Sg., im Spätsommer durch die Luft fliegende Spinnwebe verstr. VPom, sonst selt. Auch: Altweibersommer selt.

Mettk(e) s. Maddik.

Mettwust f. Mettwurst, geräucherte Wurst aus gewürztem, gehacktem Schweinefleisch verbr. *Dei Mettwust hängt in'n Rok* Stett.

Metz n., *Metzer* verbr., *Masser* vereinz. NOPom, Pl. -er, -s, Messer; generalisierende Bezeichnung für alle Messerarten, heute jedoch überwiegend für kleinere Messer wie z. B. Taschenmesser. *Dat Metz am Steenpott afmetzen* schärfen Ran/Ro; *dat Metz rinjogen* mit großer Gewalt hineinstechen Ran/Pe. *Hei klappt tausåm as 'n Metz* er klappt zusammen wie ein Taschenmesser, wird ohnmächtig Fra/Bn. Auch: Rasiermesser vereinz. *Du ka'st di noch mit 't hültern Metz balbeeren* hast noch keinen richtigen Bartwuchs Pyr/Lt. – Ral.: *unner 't Metzer kåmen* operiert werden, vom Tier: geschlachtet werden verbr. *Dat Metz sitt em an dei Kähl* er steht vor dem Konkurs Use/Sw; *sik bet up 't Metz stehen* verfeindet sein Pyr/Sh, ähnl. verstr.; *mit 't grot Metz schniede* aufschneiden, angeben Gwald. Von stumpfen Messern: *Dat Metzer is so stump, dorup kann 'n nåh Berlin rieden* Dem/De, ähnl. verstr. *Dat Metz snitt in drei Dåg mihr as in ein'n* vereinz. *Dat Metz schnitt 'n Pund Botter in einen Tog dörch, wenn 't warm måkt is* Ank/An. Dagegen: *Niej Metzers schniejen got* Pyr/Lt.

Volksgl.: *Wenn Metz orrer Gåwel runnerföllt, dörf man nich wiederäten, dor is gråd ein Jud storwen* [gestorben], *sticht dat Metz in dei Ierd, gifft 'n Doden* Gwald, ähnl. verstr. *Man dörf dei Melk nich mit 'n Metz ümrühren, süß schnitt dat dei Kauh in 't Üre* [Euter] Gri/Mi, ähnl. verstr. Wenn ein Messer mit der Schneide nach oben liegt: *Dreh dat Metz üm, 't jifft süst Arge*

[Ärger] Nau/Fg. *We' a Metzer runnefüllt u' mit de Spitz stecke blifft, de' kümmt Besök* Dra/Dr.

Metzerbick f. meißelförmige, schmale Stahlklinge (mit Holzgriff) zum 'Schärfen' des Mühlsteins verstr. – **Metzerbrett** n. lederbezogenes Brett (mit einem Kasten für den Putzstein) zum Messerputzen verstr. – **Metzerscharper** m. Gerät zum Messerschärfen verbr. – **Metzerschmitt** m. Messerschmied selt. HPom. *Va de stumpe Fiel wa ik mi vom Metzerschmett a' Schostermetzer schmede laute* Dra/Dr.

Mewes RN Kurzform von Bartholomäus verstr.

mi *mei* Kös/Bb [3]MIS 46, Gbg/De, Rum/Km [5]TITA 45. **1.** Perspron., mir, mich. *Dei Jung' will mit mi danzen* Gri/Mi. *Von mi ut ka'st di all's nähme* Dra/Dr. *Mien Vadder hett mi utschimpt* Ank/An. – **2.** Reflpron., mir, mich. *Ik heff mi bannig argert* Gwald. *Ik wasch mi dei Fingern* Gwd/Ba.

miau Interj. lautm. für den Laut der Katze. – Dazu: *Miau* f., kindspr., Katze verstr.

Micheil m., zweite Silbe betont, *Micheel* verstr. VPom MPom SPom, Kol/Pr, Rum/Zo, *Mecheil* Cam/Kw, Gbg/Gp; auch im Gen. *Micheeli* verbr. VPom, Pyr/Lt, *Micheili* Rüg/Ae, Kalendertag des Heiligen Michael (29.9.), Michaelistag. *Früher was dat so, dat de Pattüffle Mecheil ut 'e Eer weere* Cam/Kw. *Micheil vor Tiede* eine Woche vor dem Michaelistag Gwd/Ba. In Teilen Pommerns neben z. B. dem Urbanstag (25.5.) ein Termin des Dienstbotenwechsels, vgl. [6]KAI 140, Kt.III,14 u. Martini. *Up Micheil wessel Knecht o Deinstmaugd* Gbg/Gp. – Häufig in Wetterr.: *Wenn 't Micheeli rägen ward, kümmt de Winter nich tau hart* Gwald HUMGWD 9,37,3. *Väl riep Eckern tau Micheeli, väl Schnei tau Wiehnachten* Ank/An. – **Micheilisdag** m., zweite Silbe betont, Kalendertag des Heiligen Michael (29.9.) verstr.

Michel m. **1.** RN Kurzform von Michael. – **2.** dummer Mensch verbr. VPom, vereinz. MPom. Auch: unzuverlässige Person vereinz. HPom. – **3.** kleiner, guter Hausgeist, der den Menschen Schätze bringt selt. HPom, BLFPVK 3,152. – **4.** Fensterkreuz Ghg/Gr,Hi, Lau/GW. *Ik knall di een, dat du dörcht 't Fenster flüchst un gliek denn Michel mitnimmst* Ghg/Hi. – **5.** (irdene) Schüssel, in der Milch zum Dickwerden aufgestellt wird selt. HPom. – **6.** Hefekloß (in einer Serviette über Wasserdampf gegart) vereinz. VPom. Auch: dicke Grütze, mit Buttermilch übergossen Sto/Gl. – **7.** verh., Menstruation verstr. VPom. Im Vers: *Hett dei Mån 'ne Sichel, hett dat Mäten denn Michel* Rüg/Ae.

Michelmäusch n. Gemisch aus je einer Hälfte Zichorienkaffee und Bohnenkaffee vereinz. VPom.

michen sw., scherzh., *micheln* selt. °Nau, mich und mir verwechseln (beim Versuch, hd. zu sprechen) verbr. *Dei Stettiner micht ein'n in 't Gesicht* Gri/Mi. Vgl. missingsch[2].

Mick[1] f. Astgabel vereinz. vpom. Küste, verstr. MPom. Heute zumeist allg. als Bez. einer gabelförmigen Stützvorrichtung. Spez.: Stütze für die Wäscheleine Rüg/Lo, vereinz. MPom. Fachspr.: Halterung aus Holz (jünger auch aus Eisen) zum Auflegen der Ruderriemen verstr. vpom. Küste u. am Stettiner Haff, vgl. [1]PEE 241, [2]RUD 79,126; eine von mehreren Stangen in der Scheune, die den Boden des Fachs über der Tenne bilden Ghg/Ko. Vgl. Mickfack. – Nl. Siedlungswort, vgl. [6]TEU 242f.

Mick[2] f., *Micke* selt., *Migge* Fra/Zi, Rüg/Be, *Mücke* HOMWB 131[b], kleines Teilstück eines mehrgliedrigen Brötchens aus Weizenmehl verstr. VPom, vereinz. MPom NOPom, sonst selt. *De Bäcker backt hüt Micken* Rüg/Pu; *'ne Reig Micken* eine Reihe zusammenhängender Brötchen Fra/Pe. – Mnd. *mikke* kl. Weißbrot, zur Etym. vgl. zudem [6]TEU 294.

Mick[3] m., *Micks* Uec/Ue, Mucks, kaum vernehmbare Äußerung selt., BERL 106. *Se secht keenen Mick mihr* Rüg/Sh. Vgl. micken. – Ablautend zu Muck[2], Mucks.

Mick(e) f. Schimpfw. für eine Frau vereinz. °Rüg, Ran/Pe, Ghg/Li, Pyr/Wa. *griese Micke!* altes Weib! Rüg/Pu, vgl. BLFPVK 2,112. – Wohl lautm. Bildung, die sich ursprünglich auf das Meckern der Ziege bezog, vgl. MWB 4,1150 u. BBWB 3,243: *Mecke*.

micken sw., *micksen* vereinz., *mecke* Lau/Ke. **1.** sich kaum vernehmbar äußern verbr. Auch: sich kaum erkennbar rühren. Zumeist refl. u. in der Negation: *Up de Strät licht een Mann, de mickt sik nich* Rüg/Dm. Häufig gekoppelt: *Wi hebben uns nich mickt un muckt, as de Lihrer keem* Rüg/Pu. Syn. mucken, mucksen. Vgl. Mick[3]. – **2.** den Mund zum Weinen verziehen vereinz. VPom, Kol/Pr, DÄHWB 306[b].

Mickenknieper m. SpottN für den Bäcker °Fra. Ebenso: *Mickenklitscher* Fra/Br. Vgl. Deigåp. – Zu Mick[2]. – **Mickenprinzess** f. SpottN für die Bäckerstochter Rüg/Pu, Stral.

Micker n. Darmfett von Tieren, bes. vom Schwein Ank/An. Vgl. BBWB 3,271: [1]*Micker*.

mickern s. mückern.

Mickfack n. Scheunenfach über der Tenne, das mit Stangen oder Brettern ausgelegt ist Rüg/Dm, Use/Wl, verstr. MPom, °Nau, SPom, Gbg/Wo, °Sto. *Up't Mickfack möt man vörsichtig gåhn, dat man nich dörchföllt* Rüg/Dm. Syn. Middfack, Nickfack. – Zu Mick[1].

mickrig s. mückrig.

micksen s. micken.

micksig Adj. verkümmert, mickrig Stral, Ank/Br, Gri/Ti, Saa/Ja, Lau/GW. Vgl. mirksig.

Midd f. Mitte. *Dei Disch steiht in'e Mirr von'e Stuf* Fra/Ln; *dat Stick Fisch ut'e Midd* Sto/Gl. *Dei is Mirr Söstige ist Mitte sechzig* Gbg/Wo. Im Vergleich über jmd., der sehr ungeschickt vorgeht: *Dei fängt in dei Mirr an, so as dei Hund mit dei Wust* Ank/An, ähnl. verstr. – Sagw.: *Dat Best in de Midd', säd de Düwel, don ging hei twischen twei Papen* UP 8,57, ähnl. vereinz. Vgl. Middel.
Lautvar.: *Mirr* verbr. VPom, Uec/Pa, selt. ZPom, *Mier* selt. VPom, verstr. ZPom, LAUWB 239ª, *Meeä* Bel/Ei, *Miet* Neu/Ju,Th, *Mie* Reg/Kt, *Medd* östl. u. südl. °Lau, STRI 37.

Middag s. Meddag.

middel Adj., veralt., in der Mitte liegend, zur Mitte zählend selt. Gebräuchlicher als Erstglied in Zss. sowie als Sup. *middelst: de middelst Finger* Pyr/Lt; *dei middelst Diern* das (dem Alter nach) mittlere Mädchen Gwd/Ba. – **Middel** n., Pl. zumeist wie Sg., -s LAUWB 238ª. **1.** die Mitte vereinz. *dat Middel von't Nett* Rüg/Sc. Vgl. Midd. – **2.** Mittel vereinz., Mittel (zur Erreichung eines Zwecks) verstr. Spez.: Heilmittel, Medikament. *'n Middel ut'e Apteik hålen* Gwd/Da. *Bi'n Blinddarm gifft dat bloots een Middel, rut mit em!* Rüg/Rp. Auf finanzielle Mittel bezogen: *Em fählen dei Middel dortau* Gwd/Nu. – Wortspiel im Sagw.: *Dat sünd Lüd' von Mitteln segt de, hebben 'n Nörs van twê Hälften* ¹HOEFE 16. – **Middelband** n./m. Riemen am Dreschflegel, der das Schlagholz mit dem Stiel verbindet °Ran. – **Middelboot** f./n., fischerspr. **1.** Mittelteil eines größeren Ruderboots vereinz., ²RUD 125. – **2.** das mittlere von drei Ruderbooten, das sich beim Leeren von Kammerreusen im Wasser direkt über den Kammern befindet vereinz. °Rüg, ¹PEE 128. – **Middeldrumm(el)** m. Mittelstück von Fischen verstr. VPom. Ebenso, jedoch veralt.: *Middelgedumm* n. Stral, Dem/De, Nau/Fg. – **Middelducht** f., fischerspr., mittleres Sitzbrett im Ruderboot vpom. Küste, ¹PEE 121. Vgl. Achterducht, Vörducht. – **Middelfack** s. Middfack.

Middelfinger m. Mittelfinger.
Rsyn.: Vorwiegend kindspr.: *Landsmann, Langfinger, Langhals, Langhans, Langluchs, Langmann*.

Middelfor f. Furche in der Mitte des Ackers verstr. – **Middelgedumm** s. Middeldrumm(el). – **Middelgrött** f. Mittelgröße. – **Middelhand** f. **1.** der mittlere Teil der Hand. – **2.** derjenige Skatspieler, der links neben dem Ausspieler sitzt u. als erster eine Karte zugeben muß. – **middelig** s. middlig. – **Middelkist** f., fischerspr., veralt., mittlerer Laderaum in Booten mit einteiligem Plankenboden (die man Heuger nennt) vereinz. an der Odermündung, ²RUD 90. – **Middelmåt** n. Mittelmaß. Auch: mittlere Größe. *Hei is man lütt, noch unner Middelmåt* Gwd/Ba. – Im Spruch: *Kort un dick, hett kein Schick, lang un schmall, hett kein Gefall, Middelmåt dat måkt Ståt!* Ank/An, ähnl. verbr. – **middelmåtsch** Adj. mittelmäßig verstr. *Wo jeht't di? Na, so middelmåtsch* Dra/Dr. Auch: von mittlerer Größe. *De Hope* [Haufen] *is mittelmåtsch* Reg/Kw. – **Middelöller** n. **1.** Mittelalter. – **2.** mittleres Lebensalter verstr. VPom. – **Middelpierd** n. mittleres Pferd im Dreiergespann vereinz. – **Middelreimen** m., fischerspr., zweiter der vier Ruderriemen im Zuggarnboot Rüg/Lb, ¹PEE 123, ²RUD 130. Vgl. Ankerreimen. – **Middelschwiert** n., fischerspr., großes, drehbar gelagertes Schwert im kiellosen Boot verstr. vpom. Küste. Vgl. Fallschwiert. – **Middelsmann** m. Vermittler, bes. von Dienstleistungen vereinz. – **Middelstück** n. mittleres (besonders schmackhaftes) Stück vereinz. Auf das runde Mittelteil der Torte bezogen: *Dat Middelstück is för'n Paster!* Ank/An. – **middelwäägs** Adv. in der Mitte des Weges selt. Auch: bis zur Hälfte der Wegstrecke Gwd/Da. Vgl. middwäägs. – **middelwarts** Adv. zur Mitte hin vereinz. – **Middelweg** m. die erhöhte Mitte des Fahrweges zwischen den Wagenspuren verstr. – Im Volksgl. bot dieser Bereich Schutz vor der Meute des Wilden Jägers, der mit dem Zuruf warnte: *Holl denn Middelwech, süss bieten di miene Hunn'!* Use/Ul, ähnl. verstr.

midden 1. Adv. mitten. *He wåhnt midden in t' Stadt* Pyr/Lt. *Hei hett denn Påhl mirrn dörchbråken* Gwd/Ba; *midde in'e Wäk* mitten in der Woche Kol/Zw. – Ral.: *midden in'e Welt sin* annehmbar, akzeptabel sein verbr., auch: mittelmäßig sein verstr. *Dat's noch mirren in'e Welt* der Preis ist noch zu ertragen Gwald. – **2.** Adj. mittig selt. HPom. *Hei keim in'e mirrene Nacht* kam tief in der Nacht Cam/Ni.
Laut- u. Formvar.: *mirr(e)n* verstr. VPom ZPom, LAUWB 239, *miä(r)n* vereinz. VPom, *mieren* Nau/Db, *mirr(e)m* Reg/Kt, selt. °Sto, *mirgen* Gri/De ³JAHN 443, *mirrens* Cam/Rm.

middenmank Adv. mittendrin. **1.** zwischen anderen, in der Mitte (einer Gruppe). *Hei jüng middemank bi'n Ümtog* Saa/Ja. – **2.** mitten bei einer Tätigkeit, zwischendurch. *Wi hebben uns dat so middenmank vertellt* Gwald.

Middernacht f., *Mirrernacht* verstr. VPom, *Midden-* vereinz. VPom, *Midd-* selt. VPom, Mitternacht. *Wi kåmen ierst üm Mirrernacht werrer trüch* Gwald. – Sagw.: *Dei Schlåp vör Middernacht is dei Best, secht dei Möller, don kümmt hei fief Minuten vör twölben näh Hus* Fra/Br. – **Middernachtsvås** f., scherzh., 'Mitternachtsvase' Nachttopf vereinz.

Middfack n., *Middelfack* verstr., *Medd-* Rüg/Ls, Lau/Sl ³PIRK 107. **1.** mittleres, mit Stangen oder Brettern ausgelegtes Scheunenfach über der Tenne verbr. *Dei Håwe(r) kümmt up't Middfack* Rum/Pr. *Dat Höj sall in't Middfack* Kol/Pr. Syn. Mickfack. – **2.** nur in der Var. *Middelfack*, mittlerer Bereich von Bügelreusen oder von mehrteiligen Netzen vereinz., ¹PEE 218. – **Middfasten** f., veralt., die Woche nach dem dritten Sonntag der Fastenzeit vereinz. – Mnd. *mid(de)vasten* die Mitte der Fastenzeit. – **middlig** Adj., *middelig* selt., *mittlig* ²MIS 72. **1.** mittel, in der Mitte befindlich verstr. östl. HPom, sonst selt. – **2.** mittelmäßig, leidlich vereinz. HPom, JOSTWB 65. *Dat Ko(r)n steht ma so middlig* Gbg/Vi. *Dei Patüffla* [Kartoffeln] *sünd man mittlig* Kol/Pr. – **Middsåmer** m. Mittsommer, bes. der Johannistag (24.06.) vereinz. *Wi danzen Middsåmer de ganze Nacht dörch* Fra/Fr. – **middschipps** Adv., seem., mittschiffs verstr. – **Middschippsgast** m., seem., Besatzungsmitglied, das im Mittelteil des Schiffes untergebracht ist verstr. vpom. Küste. *Dei Middschippsgäst kåmen sik mihr vör* [halten sich für besser] *as dei Lüd vör'n Mast* Fra/Bn. – **middwäägs** *mirr-* verstr. **1.** Adv. – **1.1.** auf halbem Wege. *Dat Dörp licht mirrwägs twischen Putbus un Bargen* Rüg/Ae. Auch: in der Mitte des Weges. *Gåh im Düüstra imme middwäägs!* Saa/Te. Seltener auf die Mitte eines Zeitabschnitts bezogen: *mirrwäägs von't vörrige Johrhunnert* Gwald. Vgl. middelwäägs. – **1.2.** in direkter, gerader Linie vereinz. *Hei kümmt middwäägs up em tau* Dem/Tp. – **2.** Präp. inmitten selt. *Dei is mirrwäägs dei Viertiger* ist Mitte vierzig Gwald. Vgl. middwarts. – **3.** Adj. mittelmäßig, leidlich vereinz. *eie middwäägs Kleed* Lau/GW.

Middwäk(en) m. Mittwoch. *Hei kümmt Mirrwäk* Reg/Rg. Scherzh.: *Mirrwoch is de halwe Woch, dor ward dat letzte Fleesch verkåkt* Rüg/Dm. Antwort auf die Frage nach dem Wochentag, weil nur der Mittwoch das Grundwort -*dag* nicht aufweist: *Hüt is keen Dag, hüt is Mittwoch* Saa/Zg, ähnl. vereinz.
Laut- u. Formvar.: *Middwäk, Mirrwäk* verstr. ZPom, sonst selt., *Middeweek* Gbg/Za,Zr, Kol/Gi,Se, Kös/Vr, *Middwēik* °Büt, ²MIS 12, *Mirrwēik* Kol/Go, *Meddwäk* Stolp, *Middwök* HOMWB 129ᵃ, *Middwäätsch* Neu/Rt, Slo/La, ¹⁰TEU 245, *Mirrwoch* verstr. VPom, Cam/Kn,Kw, Saa/Kl, wie hd. *Mittwoch* verstr. MPom SPom, sonst vereinz.

middwarts auch *mirrwarts.* **1.** Adv. in der Mitte vereinz. *middwarts von't Dörp* Ghg/Li. – **2.** Präp. inmitten vereinz. *Hei is middwarts de Twintiger* ist Mitte zwanzig Ank/An. Vgl. middwäägs.

mieden st. meiden selt. VPom. *Dei Katt mied't dei heite Supp* Fra/Bn. *Ik heff dei grode Haur* [Horde, Menschenmenge] *ümmer mäden* Rüg/Ae. – Mnd. *mîden.*
Flex.: Präs.Sg.1.: *mier.* – 3.: *mied't.* – Prät.Sg.1. u. 3.: *meer.* – Part.Prät. *mäden.*

miede(r)n Adj. **1.** wählerisch (bes. im Essen) verstr. VPom MPom, verbr. HPom. *Du büst jå so miedern, schmeckt di dat Äten nich?* Rüg/Dm. Rsyn. s. krüüdsch. – **2.** genügsam, bescheiden (bes. im Essen) verstr., DÄHWB 306ᵃ. *De Ein is tau happig* [gierig], *de Anner tau midern* LUCIA 201. Iron.: *Hei is so mieden as Schroe-*

dersch, de att 't Plaugrad [Pflugrad] *ståts Kringel up Bel/Sd* ⁷KNO 57, ähnl. vereinz.
Laut- u. Formvar.: *mieden* verbr., *miedern* verstr. VPom, sonst selt., *miern* Use/Us, *mied* Pyr/Lt, Saa/Te, *miedrig* Rüg/Ae, Uec/Ge, Ghg/Li.

Mief m. schlechte, abgestandene Luft verstr. *Wat is hier 'n Mief in'e Stuf, måk blot dat Finster up!* Rüg/Pu. – **miefen** sw., *miewen* selt. VPom. **1.** stickig, abgestanden riechen verstr. – **2.** furzen verstr. *Hei mieft as 'n Droschkengaul* Gwd/Ba. – **miefig** Adj. muffig, dumpf riechend verstr. *Dat rüükt hier so miefig* Ank/An.

Miefkes Pl. kleine, süße Äpfel °Lau ²PIRK 40.

Mieg¹ f., *Meich* vereinz. VPom, *Mieche* selt. HPom. **1.** auch *Miechel* m. Dra/Wt, dicker Bauch, Schmerbauch verstr. Über jmd., der unmäßig viel ißt: *Dei mutt d' Mieg ümmer vullhewwe* Nau/Rh. Über eine Schwangere: *Se hett 'ne schöne Mieg vör sich* Ran/Pe. – **2.** Innereien des Menschen Rüg/Pu, Ank/Kr, Kol/De,Zw, Sch/Sd. – Nach MWB 4,1152 (*Meich*) u. BBWB 3,271 (*Mieche*) slaw. Herkunft, vgl. poln. *miech* Sack, Blasebalg.
Rsyn. zu 1.: Bierbuk, Fleischerbuk, Wamp, Wams.

Mieg² f., *Meich* selt. VPom. **1.** Urin, Harn verbr. VPom. *Siene Mieg süht ganz brun ut* Gwd/Ba. – Volksmedizinischer Rat bei unterkühlten Gliedmaßen: *dei Fäut/Hänn' in heite Mieg waschen* Fra/Zi. – **2.** derb, Pl. *Miegen, Miejen,* Bett verstr. VPom. *Na, büst du all rut ut dei Mieg?* Fra/Bn. → Bedd. – Mnd. *mîge* Urin. – **Miegblaum** f., PflN, 'Harnblume' Immortelle (weil man daraus u. a. Blasentee herstellte) Rüg/Zi, °Dem.

Miegeemk f., TiN, Ameise verstr. VPom, selt. MPom. Vgl. DWA 5, Kt.1. *Mi is 'ne Miegeining in'e Bücks kråpen* Rüg/Ae. Scherzh., wenn Beerenfrüchte dunkle Flecken aufweisen: *Dor hett woll dei Miegeimk up pisst* Dem/Tp. Vgl. Miegheimken. → Eemk.
Lautvar.: Hauptvar.: *Miegeming, -äming* Darß, nördl. °Fra, verstr. °Rüg, *-emming* Fra/Bn,Kt, Gri/Bo, Gwd/Wi, *-eining, -eening* verstr. °Rüg, *-enning, -änning* Hidd., verstr. auf Rügen, sonst selt. VPom, *-eem, -ääm* verstr. °Dem, Ran/Al, *-eimk* verbr. °Dem, *-eink* vereinz. °Dem, *-eken, -egen* selt. VPom. Zu Seltenheitsbelegen vgl. zudem DWA 5, Kt.1.

Miegels n. Menge des auf einmal abgesonderten Urins vereinz. VPom. *Dei Pisspott reikent för drei Miegels* Gwd/Ba.

miegen st. urinieren VPom, sonst vereinz. *Wenn ik dei Kauh melken dau, fängt sei ierst an tau miegen* Fra/Br. *Dei Katt micht in'e Stuf* Dem/Tp. – Ral.: *ein' an't Mul miegen* jmd. hereinlegen, betrügen verbr. VPom; *sik nich an'n Wågen miegen låten* sich nichts gefallen lassen vereinz. VPom.
Lautvar.: *miechen* selt. VPom, *mieje* selt. HPom, *mäja* Dra/Bu, *meire* Kol/Ma.

Flex.: Präs.Sg.1.: *miech* VPom. – 3.: *micht* (vereinz. auch *miecht*) VPom. – Prät.Sg.1. u. 3.: *meech* VPom. – Part.Prät.: *mägen* VPom.
Rsyn.: *pinkeln, pissen, seichen, strullen.* – Kindspr.: *pieschen, pullern.*

miegendun Adj. völlig betrunken vereinz. VPom. Rsyn. s. *dun*. – **Mieger** m. Bettnässer vereinz. VPom. – **Mieghauhn** n., TiN, Ameise verbr. vpom. Festland u. südl. °Rüg. Vgl. DWA 5, Kt.1. *Dei Mieghäuhner hemm' sich 'n groten Hümpel buucht* Gri/Mi. Ebenso: *Mieghåhn* m. vereinz. VPom. → Eemk. – **Miegheimk(en)** n., TiN, Ameise Gri/Ge, vereinz. °Dem, ⁵GIL 5. – Wohl volksetym. an *Heimken* Heimchen angelehnte Bez., usuell jedoch Miegeemk. – **Miegimm** f., TiN, *-imming* selt. VPom, Ameise verbr. südl. VPom, °Use, sonst vereinz. VPom. Vgl. DWA 5, Kt.1. *Sett di dor nich hen, dor krupen Miegimmen* Gwd/Ba. → Eemk.

mieglich Adj. ungenießbar, unangenehm Dem/De, Kösln. Im Vergleich: *Hei is so mieglich as Kattefleisch* HTKÖS 1928,23,11. – Unklar, ob zu miegen.

Miegpott m. Nachttopf vereinz. VPom. – **Miegworm** m., TiN, Ameise Rüg/Nu, Dem/Me, Gwald. Vgl. DWA 5, Kt.1. → Eemk.

Mieke(n) RN, *Mieking* verstr. VPom, Kosef. von Maria, Marie. *Mieke von'n Lann'* Schimpfw. für eine Landpomeranze Stral. – Abzr.: *Mieke, mien Kind, kiek unner dat Spind, dor piepen de Müs', dor fiedelt dei Bor, dor geht dat so roar* Ghg/Si, vgl. BLFPVK 8,171. – Neckr.: *Mieke, wenn ik piepe, denn kümmst* Pyr/Lt.

Miel f., *Mel* nordöstl. °Neu ⁵TITA 80, Pl. *-en*, Meile. In Pom. galt zumeist die preußische Meile (7,532 km). *Dat sünd mihr as vier Mielen von Griepswold nåh Stralsund* Gwd/Ba. In Vbdg. mit Num. wurden diese dem flektierten Nomen auch nachgestellt: *so'n Mielener drei/vier* VPom. – Ral.: *dei Mielen nich finnen kœnen* unnötige Wege, Umwege machen verbr. VPom; *ut de Miel fief viertel måken* dass. vereinz. MPom HPom. – Sagw.: *Holt, Bräuding! Ick sitt noch nich orig, säd de Bur, as hei all 'ne Miel führt wir* HUMGWD 5,24,7.

Miele RN, *Milli* selt. VPom, *Mielje, Millje* vereinz. HPom, Dim. *Mieling* verstr. VPom, Emilie.

Mielenstein m. Meilenstein (an Landstraßen). Jünger auch: Kilometerstein. – **mielenwiet** Adj. meilenweit verstr. *De mutt mielenwiet rönnen* °Ghg; *mielenwiet von hier* Gwald.

Mieler m. Kohlenmeiler vereinz., LAUWB 238ᵇ. – **mielern** sw. rußen, flackernd brennen verbr. VPom. *Dei Flamm/de Lamp mielert* Ank/Kr, Fra/Fr. Übertr.: *Dei Hitt mielert* die heiße Luft flimmert Ank/Br. → rautzen.

mien Posspron. mein, meine. *mien Mann* Stral; *mîə Kind* Reg/Kt; *mia Fru* Dra/Bu. *Hei kann mien un sien nich unnerscheiden* er stiehlt Gwald. Auch flektierte Formen können teilweise endungslos sein: *bi mien/miene Fru; för mien/mienen Sœhn*. Umschreibung des Genitivs: *Dat is mien Dochter ehr Schört* Gwd/Ba. Bes. auf den Ehepartner oder die eigenen Kinder bezogen auch alleinstehend gebraucht: *Mien* [meine Frau] *möckt dat nich so* Pyr/Lt. Stark betont: *Dat is mien sien!* das gehört mir! Dem/Tp, ähnl. verbr. Nachgestellt: *Dat Bauk is mient* Gbg/Tr. – Sagw.: *All mien, säd de Jung, un har twee Pietschen* °Nau. *Alls mien, secht Nåwers Ka(r)lin, un nimmt sich noch een (Stück)* °Ghg. Vgl. dien, sien.
Lautvar.: *mîə* verstr. ZPom, °Sch MAH 44, nordöstl. °Neu ⁵TITA 80, °Büt (mit halblangem Stammvokal) ²MIS 53, westl. °Lau STRI 54, *mia* südl. °Saa, °Dra, KÜHL 10, Neu/Gc, HOMWB 129ᵃ, *mie* auf der Insel Wollin u. in einem schmalen Streifen auf dem östl. angrenzenden Festland entlang dem Stettiner Haff, vgl. PRI/TEU 153, *mier* Cam/Br, Kol/Gi, Kös/Vr, *meie* °Rum ²MIS 53, *mẹie* (aber f. *mẹin*) Rum/Km ⁵TITA 75, *minge* nördl. °Cam u. westl. °Gbg, vgl. PRI/TEU 153.

Mien f., *Mienj* Pyr/Wi, Miene, Gesichtsausdruck verstr. *Wat måkst du för 'ne Mien?* was schaust du so komisch? Gwald. *Sei hett ehr scheiwe Mien upsett't* hat schlechte Laune Gwd/Ba. Häufig in der Fügung: *kein Mien vertrecken/verscheiten* keine Miene verziehen, sich nichts anmerken lassen.

miendåg Adv., *-dågs* selt., (all) mein Lebtag, schon immer vereinz. *Dor heff ik mi miendåg œwer argert* Gri/Bo. Negiert: *Dat geiht miendåg nich gaut!* das wird niemals klappen! Fra/Pe. Vgl. allmiendåg.

mien läder s. Läfdag.

mienrich Adj. im Wachstum zurückgeblieben, verkümmert °Dem, Uec/Ge, Ghg/Li. *De Farken sünd so mienrich* Dem/De. – Zu minn wenig, gering.

miens(t)drum Adv. meinetwegen, von mir aus selt. ZPom, verstr. NOPom. *Miensdrum kannst du dat måke* Sto/Dö. – **mienthalwen** Adv., *miens(t)-* vereinz. HPom, *mienthalben* vereinz. VPom MPom, meinethalben verstr. – Ral.: *Mienthalben bruukt kein Oss tau kalben, dat gifft jå Käuh naug* ich habe nichts dagegen Ank/An, ähnl. verstr. – **mientwägen** Adv., *miens(t)-* verstr. HPom, sonst vereinz., *mienen(t)-* vereinz., *mien-* selt. VPom, meinetwegen, von mir aus. *Mientwägen kann dat so blieben* Rüg/Ae. *Mienswäje måk, wat du wist* Reg/Me.

Mier¹ f., n. Rüg/Pt, PflN, *Mür* verstr. MPom SPom, *Maier* Nau/Db, Miere. **1.** Vogelmiere. *Plück Mier fe de Schwien!* Kol/Pr. Im Wortspiel als Replik auf die Äußerung: *Ik will nich mihr = Mier wasst up'n Acker!* Fra/Pe. – **2.** Sternmiere Fra/Ln, Nau/Db. – **3.** *rode Mier*, Acker-Gauchheil selt., HOMWB 129ᵇ.

Mier² f., TiN, Ameise verbr. im mittelpom. Keil, sonst vereinz., vgl. ³HOLS 8f., PRI/TEU 234f., DWA 5, Kt.1. → Eemk. – Das Wort ist niederfränkischer Herkunft, vgl. ⁶TEU 354ff.

Lautvar.: *Mēr* vereinz. MPom, verstr. °Dra, Net/Hf,Sl, DKr/Ro, *Maiə* Cam/Fl, Nau/Db, Reg/Hä,Wn, Bel/Ko,Ze, Saa/Se, Dra/Wu, Neu/Ns, *Mūr* Uec/Ge,Pa, *Mierk* Ank/An, BERL 38. Zu weiteren Seltenheitsbelegen vgl. DWA 5, Kt.1 u. PRI/TEU 234f.

Mier³ s. Mur².

Mierblaum f., PflN, Fingerkraut vereinz. °Ran.

mierig Adj. **1.** geizig verbr., ²KNO 71. *Dei mierig Kierl günnt siene Lüre nich mål drög Brot* Sch/Sl. Aufforderung, nicht zu knapp abzuwiegen: *Måk dat man nich so mierig!* Ghg/Gr. – **2.** niederträchtig, böswillig verstr. – **3.** elend, kränklich, schlecht vereinz. *Em geiht 't so mierig* Rum/Tr. – **4.** kümmerlich, im Wachstum zurückgeblieben vereinz. *Dat Farken is so mierig* Ghg/Wt. *Dat Kuurn steiht man mierig* Fra/Bn. Auch: sehr gering, wenig. *Dat is man recht mierig* Kol/Go. – **5.** appetitlos vereinz. *Dat Veih frett so mierig* Gwald. – **6.** in den Fügungen: *einen mierig måken* schlecht über jmd. reden verbr.; *einen wat mierig måken* jmd. die Freude an etwas nehmen verbr. Vgl. mådig. – **mierjanken** sw., *mierjanksen* Ghg/Gr, verärgert sein, herumnörgeln selt. MPom HPom. Auch: weinerlich klagen Pyr/Wa.

Mierk s. Mier².

Mierken Pl., *Mierkens* verbr. VPom, *Mörkes* Gbg/Gp, *Mekes* Sch/Sd. **1.** Grimassen, Fratzen VPom, sonst selt. *Du måkst Mierkens, as wenn du nich klok büst* Rüg/Pu. Auch: merkwürdige Gebärden. *Un hei makt Mirken mit de Hän'n* ⁷BAND 103. – **2.** Mätzchen, alberne Angewohnheiten VPom, sonst selt. *Hei hett allerhand Mierkens an sik* Fra/Ri.

mies Adj. wie hd. **1.** (qualitativ) schlecht, nicht gut. *Dat sünd miese Tieden* Gwald. *Sien Arbeet is ma ganz mies* Nau/De. *Dat Licht brennt hüt so mies* Stett. – **2.** elend, unwohl. *Mi geiht dat bannig mies* Gwd/Ba. – **3.** kümmerlich, sehr dürftig. *Dat is man mies, wat hei för sien Arbeit kriegen deit* Fra/Ri. *Dor jeht 't mies to* Use/Us. *Se ett man so mies* Ran/Ro.

Mies f., kindspr., *Miesse* selt., *Miss* selt. HPom, Dim. *Mießing* verstr. VPom, sonst -*ke*, Katze. *Dei Mies is bi dei Melk wäst* Gwd/Ba. – Ral.: *Dat's Mies as Mus* das ist völlig egal verstr. *Dat's Mies as Mau* dass. vereinz. VPom. – Sagw.: *Alls Gewohnheit, Mies, säd de Jung', don fäächt hei mit de Katt 'n Backåben ut* Gwald. → Katt.

Miesepeiter m., -*peter* selt., *Miesepeter*. **1.** unfreundlicher, ständig mäkelnder Mensch vereinz. – **2.** jmd., der wählerisch im Essen ist, nur sehr wenig ißt vereinz.

miesepetrig Adj. **1.** verdrießlich, unfreundlich verstr. – **2.** wählerisch im Essen, appetitlos vereinz. *Hei ett müsepetrig* Gbg/Gp. – **3.** elend, unwohl verstr. *Büst du krank? Du sühst so miesepetrig ut* Gwd/Ba. – **4.** verkümmert, im Wachstum zurückgeblieben vereinz. *Dei Plante ståhe so miesepetrig* Cam/Kw.

Laut- u. Formvar.: *miesepietrig* Büt/Bt, Lau/Lt. Zudem beeinflußt von *Müs'* Mäuse: *müsepetrig* selt. ZPom, *müsepietrig* Cam/Ca.

mies(e)rig Adj., missrig verstr. °Dra, Gbg/Wo, kümmerlich, unterentwickelt vereinz. *De Planten sünd mieserig* Gwd/Da. *Dei Farke sinn so miesrig* Kol/Go. Vgl. miesig. – **miesern** Adj. verkümmert, elend Gri/Ti, Uec/Ue. *misern un dünn as en Tähnenpurrer* [Zahnstocher] ⁵BAND 226. Auch: mäklig im Essen ⁴GIL 1,119: *Ob de Patschent bi 't Äten [...] misern is*. – **Mieshäuken** n. im Wachstum zurückgebliebenes Jungtier, bes. Ziegenlamm selt. – **miesig** Adj. **1.** unwohl, elend vereinz. VPom. *Is sei krank? Sei süht so miesig ut* Fra/Zi. – **2.** kümmerlich, schwächlich vereinz. VPom. *Twei Küken sünd miesig, dat ward woll nicks mit ehr* Gri/Ti; *miesig äten* mäklig, appetitlos essen Ank/An. Vgl. mies(e)rig.

Mieskatt f., kindspr., Katze. *De Mieskatt lickt sich* Gbg/Gp. Als Drohung für unartige Kinder, ihr Spielzeug betreffend: *Dat sall de Mieskatt hålen!* Gwald, ähnl. vereinz. Im Trostvers: *Heile Mieskatt, heile, de Katt, de hett veier Beine, de Katt, de hett 'n lange Schwanz, morje is dat heile janz* Nau/Fg. → Katt.

Miesmåker m. Miesmacher verstr. *Hei süht alls schwart, dat is uk so'n Miesmåker* Gwd/Ba.

mies-mies Interj. Lockruf für Katzen.

Miet¹ f. Miete. **1.** kegelförmig aufgeschichteter Haufen unterschiedlicher Größe, bes. aus Getreidegarben, Stroh oder Holz verstr. *Kuurn/Stroh/Holt in'e Miet setten* Gri/Mi; *ut de Miet döschen* Getreide noch auf dem Feld dreschen Rüg/Zi. – **2.** flache Grube, in der man Hackfrüchte (bes. Kartoffeln und Rüben) dachförmig mit Stroh und Erde abgedeckt zum Schutz gegen Frost lagert vereinz. *dei Miet met Eerd beschmiete* Lau/Ke.

Miet² f., TiN, *Meit* Rum/Km ⁵TITA 49. **1.** Milbe. Zumeist bezogen auf die Mehlmilbe, Made des Mehlkäfers. *In't Mähl sünd Mieten* Use/Km. *De Grieß hett all Miete* Nau/Wa. Auch: Hühnermilbe vereinz. *De Höhner sitten so vull Mieten, dat se man schlicht leggen* Rüg/Dm; Käsemilbe vereinz., HOMWB 129ᵇ. – **2.** Larve der Kleidermotte vereinz. *In de Wullstrimp sind de Miete ingohne* Sto/Gl.

Mietenbuck m. treppenartiges Gestell an der Getreide- oder Strohmiete, das das Hochreichen der Garben erleichtert vereinz. VPom. – **Mietensetter** m. landw. Arbeiter, der für das Aufschichten einer Miete zuständig ist vereinz. *Hei is 'n düchtigen Mietensetter, denn sien Mieten scheiten nich ut un rägen nich dörch* Rüg/Ae. – **Miethop** m. mittelgroße Miete, bes. für Getreide und Stroh verbr. SPom, selt. MPom ZPom. *een Miethop sette* aufschichten Saa/Jk.

mietig Adj., *miedig* vereinz. VPom. **1.** von Milben befallen verstr. *Dat Mähl is mietig* Fra/Zi. – **2.** klein, mickerig selt. VPom NOPom. – **mietrig** Adj. **1.** verkümmert, im Wachstum zurückgeblieben vereinz. °Rum, verbr. NOPom. *Dei Plante sind so mietrig* Sto/Wd; *mietrig Hor* spärliches Haar Rum/Tr. – **2.** verklumpt, bes. durch Milbenbefall selt. nordöstl. HPom. *Dei Bedde sind so mietrig* Rum/Ru. – **3.** nachlässig, ungepflegt selt. NOPom.

migräne sw., refl., sich ärgern, aufregen Kol/Go,Kö, Lau/Vl.

mihr mehr, Komp. von väl viel. **1.** Indefpron. zur Bez. einer Menge oder Intensität, die ein bestimmtes Maß überschreitet. *Dei möten ümmer mihr hemm'* Gri/Gm. *Ik heff mihr Gild as du* Gwd/Ba; *mihr as giern* sehr gern Stral. *Büst du mihr as anner Lüd?* bist du mehr wert als andere Leute? Fra/Ln. *Dat schmeckt näh mihr* schmeckt sehr gut Ank/Km, ähnl. verstr. – **2.** Adv. – **2.1.** in stärkerem Maße. *De Wind geht mehr näh Norden* Pyr/Lt; *mihr an sik sülfst denken* Gwald; *mihr Brot äte* Neu/Aa. *Dat kümmt mehr un mehr af* kommt zunehmend außer Gebrauch Pyr/Lt. – **2.2.** drückt in der Negation die Beendigung eines Zustands, eines Geschehens o. ä. aus. *He wier nu nich mihr to jung'* °Rüg. *Ik will dat uk nich mehr don* Pyr/Lt. *Wenn wi all nich mihr sünd* wenn wir schon tot sind Gri/Mi. *Ik hebb keen Tiet mihr* Ank/An. **Laut- u. Formvar.:** Zur lautlichen Realisierung des Stammvokals s. PWB 1,1,LXVI, Kt.12. Zudem: *mihrer* vereinz. VPom, *mehre(r)* vereinz. HPom.

mihren sw., refl., *mehre* vereinz. HPom, sich mehren, anhäufen vereinz. Iron.: *Dreckig Wäsch u' Läujen* [Lügen] *mehre sich* Nau/Fg. – Sagw.: *Dat mehrt sich, säd de Jung', o' kreech eine Ohrfeij näh de andre* Lau/Sl. – **mihrjohrs** Adv., veralt., *mihrjohr* Mönchg., in den nächsten Jahren Kol/Go. – **Mihrmåker** m. 'Mehrmacher' jmd., der etwas mehrt vereinz. Über einen aus unerklärlichen Gründen über viel Geld verfügenden Menschen: *De hett woll 'n kleenen Mehrmåker in de Eck!* Uec/Pa. Scherzh. Trost unter Männern: *De Mihrmåker* [Penis] *lääft jo noch!* Gwd/Ze. – **mihrmåls** Adv. **1.** mehrmals selt. – **2.** nächstes Mal, demnächst Pyr/Wa. – **mihrst** Sup. von väl viel. **1.** Indefpron. sehr viel(e), nahezu alle(s), der größte Teil verbr. VPom. *Dei mihrsten Lüd willen dat weiten* Ank/An. *Vadder Schult hett dei/an'n mihrsten Kinner* Gwd/Ba. Vgl. älteres meist. – **2.** Adv., *meerscht* JostWB 63, meistens, fast immer verstr. VPom. *Mihrst is dat so, dat se recht behöllt* Fra/Zi. – **mihrstendeils** Adv. **1.** meistens verbr. VPom. *Mihrstendeils rägent dat doch sünndags* Fra/Zi. Vgl. meistendeils. – **2.** zum größten Teil, nahezu vollständig vereinz. VPom. *Dei Arbeit is mihrstendeils farig* Gwd/Da. Auch: vorwiegend, hauptsächlich. *un dat de ein Stadtrat worden is, hett hei mihrstendeils sinen Geldbüdel tau verdanken* ⁵BAND 2. – **mihrsttiet** Adv. meistens vereinz. VPom, HuMGwd 12,43,9. Vgl. meisttiet.

Militär wie hd. – Sagw.: *Dulles Militär, säd dei Düwel, don har hei 'n Sack vull Katte* °Sch, ähnl. vereinz., ⁷KNO 43.

mill Adj., wie hd. *mild* vereinz., mild. **1.** von angenehmer, linder Temperatur vereinz. – Im Sagw. auch auf fehlende Strenge gemünzt: *Wat hemm wi doch för'n milden Winter, säd de Jung, as dei Küll gor nich uphüren wull, uns Lihrer is krank!* HuMGwd 8,45,8. – **2.** freigebig, spendabel. *de mille Hand updaun* jmd. oder etwas finanziell unterstützen Gwd/Ba.

Mill s. Mell.

millgäwern Adj., *-jäwern* vereinz. MPom, *-gäwen* vereinz. VPom, Kol/De,Zw, freigebig, mildtätig verstr. VPom, sonst selt. *Sei hett 'n millgäwern Hart* Rüg/Ae. – **millgäwig** Adj., *-gäw(e)rig* vereinz. MPom HPom, HomWB 129ᵇ, *-gääfsch* Dem/Kt, Uec/Pa, Nau/Fg, Sto/Gl, dass. vereinz.

Milt f., wie hd. *Milz* vereinz., *Mielt* HomWB 129ᵇ, Milz. *De Milt hüürt tau'm Mörbråden* gehört zum Mürbebraten Fra/Zi. *Milt un Buurs* Gericht aus Milz und Bauchspeicheldrüse des Schweins °Rüg, sonst vereinz. – **Miltstäken** n. Schmerzen in der Milz, Seitenstechen verstr. *Ik heff Miltstäken, ik kann nich mihr lopen* Rüg/Ae.

Mimm f., veralt., Mutter selt. NOPom, HomWB 129ᵇ. Auch als Dim. *Mimmken* Mütterchen ebda. – Zu pomor. *mama* Mutter, *mamka* Mütterchen.

Mine RN, *Min* vereinz. HPom, Dim. *Mining* VPom, *Minchen* vereinz., Kurzform von Wilhelmine und Hermine. Appellativisch vereinz. auch als Bez. für eine unordentliche weibliche Person und für das Mädchen, das sich um das Geflügel kümmern muß. Vgl. Minna.
Phras.: Neckr. u. Kinderr.: *Min, steck dat Schwien, achterm Diek, wor dat quiekt, achtern Damm, wor dat kamm* Rum/Gl, vgl. BLFPVK 3,154. *Mine faudert ehre Häuhner, faudert ehrn Hähn tau dick, un de Hähn würd unbeholpen un föl von dat Häuhnerrick* Ank/An, ähnl. vereinz.

Ministerwinkels Pl., scherzh., Geheimratsecken verstr. NOPom, sonst selt.

Mink s. Menk.

minn Adj., *mien* selt. VPom, ²TIB 225, gering, wenig verbr. VPom, sonst vereinz. *Dat is man 'ne minne Såk* eine wertlose Sache Rüg/Ae. *Dei Farken sünd minn* sind kümmerlich Ank/An. Veralt. auch noch für den Komp.: *Twintig Penning? Nee, twei Penning minn!* Fra/Zi. Es überwiegt aber der Komp. *minner: Dat argert mi nich minner* ärgert mich sehr Neu/Aa. – Mnd. *min.*

Minna RN, *Minne* vereinz., Dim. *Minning* vereinz. VPom, Kurzform von Wilhelmine und Hermine verstr. Appellativisch vereinz. auch als Bez. für das Stubenmädchen, für die Küchengehilfin und für das Mädchen, das sich um das Geflügel zu kümmern hat. Vgl. Mine.
Phras.: Neckr.: *Minna, kumm rinne, de Grütt brennt an, dor is keen Kœksch, dei röge kann* Rum/Tr. *Minna, kumm rinne, schast spinne. Wovāl? Söss Āl* [Ellen]. *Dat's mi to väl* Kol/Da. – Spöttische Frage an das Hühnermädchen: *Minna, hett de Hinn dat Ei uk noch?* Uec/Ge.

minnachtig Adj. geringschätzig verbr. VPom, sonst selt. *dar wier keen, de minnachtig up em dalseeg* ²TRI 33; *wur dei Lüd'* [...] *uns so minnachtig bihanneln* HUMGWD 6,37,1. – **Minnachting** f. Geringschätzung, Mißachtung vereinz. VPom. *Männigmål kümmt mit Geld un Riekdom uk Minnachting œwer Heimāt un Öllernhus* °Dem. – **minner** s. minn. – **minnern** sw. mindern, verringern vereinz. Zumeist seem. gebräuchlich: *de Sägel minnern* die Segelfläche verkleinern Gwald.

minnlich Adj., *mindlich* Sch/Pu, kindisch vereinz. östl. HPom, sonst selt.

Minsch m., daneben ausschließlich pejor. gebraucht auch n., Mensch. **1.** menschliches Lebewesen (auch kollektiv auf die Gattung Mensch bezogen). *De Minsch möt ümmer arbeeten* Ank/An. *Mien Mann wier 'n gauden Minschen* Gri/Mi. *Wat gifft dat doch för schlichte Minschen!* Gwd/Ba. *De Minschen sünd to bedurn* Dem/No. In fester Vbdg.: *kein Minsch* niemand Dem/De. – In Ausrufen und zumeist saloppen Anreden: *Meesch, wat füllt di in!* Dra/Nt. *Minsch, seih di vör!* Gwd/Ba. *Minsch, Koorl, dau dat blot nich!* Gwald. – Ral.: *einen tau'n Minschen måken* jmd. sehr streng erziehen, behandeln verstr. *Dat jifft Menschen un Muskanten!* Menschen sind unterschiedlich! Ran/Ro, ähnl. verstr.; *so klauk sin as 'n Minsch* sehr klug sein, sich nicht übervorteilen lassen vereinz. Über einen unvernünftigen, verantwortungslosen Menschen: *Dor hüürn drei von up einen Minschen!* Gwald, ähnl. vereinz. *Dit is jo alle Minschen œwer!* das ist ja unerhört! Rüg/Ae. – **2.** n., pejor., weibl. Person. *Dat Minsch döögt nicks* Gwd/Ba; *dat ull Meesch* die alte, widerwärtige Frau Pyr/Lt. Vgl. Frugensminsch.
Lautvar.: *Meesch* verbr. östl. der Oder, *Määsch* Pyr/Wa,Wi, verbr. °Dra, Reg/Rg, *Meeäsch* Dra/Gn, *Meesk* Gbg/Gz,Vi, *Määsk* Kös/Al PRI/TEU 244, *Mäask* Kol/Kw, *Miensch* Neu/Hs,Za, *Mîəsch* Bel/Ko, vereinz. °Dra, Rum/Bn, Sch/Sd,Pu, Neu/Lc,Ns,Rt, Sto/Kn, *Miasch* Rum/Km, *Miesch* Sch/Sl,Wa, *Miersch* Sch/Rg, Lau/Vl, wie hd. *Mensch* verstr. MPom, selt. HPom. Veralt.: *Mjaasch* DKr/Su, Net/Hf, Obo/Ro. Zur lautlichen Realisierung in HPom vgl. zudem PRI/TEU 151f.

Phras. zu 1.: In zumeist scherzh. Sprüchen: *De Minsch ward ierst Minsch, wenn he Fru un Kinner in't Hus un 'n Swien in sienen Kåben hett* Rüg/Rp. *Wenn dei Minsch dat kricht, denn kricht hei dat tauierst in'n Kopp* Ank/Br, ähnl. verstr. *De Minschen sünd woll tau wägen, äwer nich de Grappen, dei sei sick in'n Kopp setten!* ⁶BAND 2,54. *Hett dei Minsch väl Geld un Gaut, schuggt hei sik vör'n Dod, hett dei Minsch nicks in'n Pott, sähnt hei sik näh'n leiwen Gott* Gwd/Nu. *Wer nicks mit Minschen tau daun hemm' will, möt ut dei Wilt gåhn* Ank/Pu. – Sagw.: *Gott hett de Minschen toletzt måkt, secht de Buer, œwer se sünd uk dornåh* Stral. *Wat gifft't för nieglichte Minschen, säd de Stromer, don kunterliert de Schandarm siene Papieren* Gwald. *Wat de Minsch nich allens för't Geld måkt, säd de Buer, don stünn hei vör't Åpenhus* VPom. *Wat sünd ji för Minschen*, secht dei Buer tau sien Schwien, *mit de ollen Beinen in'n niegen Trog pedden!* Gri/Ge. *Dulle Minsche*, saed' de Ulespegel un hadd de ganze Sack vull Katte °Lau ⁴KNO 16. *Wat dat för e reinlich Minsch is, seggt de Fru, in veier Wäke blos eie Hanndauk u denn noch rein* POMMBL 1891,88. – Rä., das nach dem Menschen fragt: *Achtern Åben ståhn twei Klåben, up dei Klåben steiht 'ne Tunn, up dei Tunn steiht 'n Trechter, up'n Trechter steiht 'n Schmecker, up'n Schmecker steiht 'n Rüker, up'n Rüker steiht 'n Kieker, up'n Kieker is 'n Bœn, up'n Bœn is 'n Hult, dor kann rümmerlopen jung un ult* Gwd/Ba.

Minschenbrauder m. Mitmensch selt., ³SAN 7. – **Minschendokter** m. Humanmediziner vereinz. VPom. Im Unterschied zu Veihdokter. – **Minschenfett** n., scherzh. **1.** Schweiß vereinz. *Dor möt man 'n bäten Minschenfett up anwennen* dabei muß man sich sehr anstrengen Gwald. – **2.** Rizinusöl vereinz. – **Minschenfräter** m. Menschenfresser. Auch als Bez. für den Fänger im Greifspiel der Kinder (Wågenwulf). Einleitender Dialog darin: *Buller, buller, unnern Wågen. Wer is dor? = De Minschenfräter! Wat will he? = Minschen fräten!* Fra/Br. – **Minschenhut** f. die Haut des Menschen. – Ral.: *blot mit Minschenhut œwertreckt sin* ein Unmensch sein verbr. – **Minschenkind** n. menschliches Wesen selt. Vgl. Minschenskind. – **Minschenknåken** m. Knochen des Menschen. Prügelandrohung: *Du kannst 'ne Handvull Minscheknåke in't Jesicht kriege!* Rum/Ru. – **Minschenläben** n. Lebenszeit eines Menschen. *Dat is all 'n Minschenläben her* ist schon lange her Gwd/Da. Scherzh. Spruch: *Dat Minschenläben is as 'ne Häuhnerlerrer, beschäten von unner bet båben* Ank/Br. – **Minschenleihm** m., scherzh., 'Menschenlehm' Kot des Menschen vereinz. – **Minschenmarkt** m., veralt., marktähnliche Veranstaltung, zu der Gesinde und Dienstboten am sog. 'Ziehtag' (in VPom bes. der 27.10.) mit potentiellen Arbeitgebern zusammentrafen, um neue Arbeitsverträge abzuschließen vereinz. VPom, HTKÖS 1928,16,10. – **minschenmœglich** Adj. menschenmöglich. *Wat du mi vertellst, dat is doch gor nich minschenmœglich* Dem/Tp. Ausruf der Verwunderung: *Wur is't minschenmœglich!* Rüg/Pu. Gesprochen oft *minsch un mœglich.* Deswegen scherzh. entstellt auch: *minsch orrer mœglich* Rüg/Dm. – **Minschenschiet** m./f. Kot des Menschen vereinz. – **Minschenschinner** m. Menschenschinder verstr. – **Minschenschlag** m. Menschenschlag vereinz. *de pommersche Minschenschlag* Stral. – **minschenschu** Adj. menschenscheu vereinz. – **Minschenseel** f. Menschenseele verstr. Zumeist in der festen Vbdg. *kein Minschenseel* niemand Gwd/Ba. – **Minschenskind** n. als Ausruf der Verwunderung oder Verärgerung. *Minschenskind, wur sühst du ut!* Rüg/Ae. Vereinz. auch im Pl.: *Minschenskinner un Lüd!* Gwd/Ba. Vgl. Minschenkind. – **Minschensknuust** m. dass. vereinz. ZPom SPom. *Meeschesknuust, wo kümmst du her!* Reg/Rg. – **Minschenverstand** m. menschlicher Verstand. – Scherzfr.: *Wat geht awerre Minscheverstand?* = die Laus Lau/Fr ²BRUNK 86. – **Minschheit** f. 1. Menschheit. *Dei Minschheit is ganz un gor verkåmen* Gwd/Ba. – 2. große Menschenmenge verbr. VPom, sonst selt. *Dor wier 'ne Minschheit up'n Platz* Fra/Zi. – **minschlich** Adj. menschlich. 1. den Menschen betreffend, charakterisierend. – Sagw.: *Benimm di minschlich, säd dei Diern, don pedd't de Sœg in't Emmer* Gri/Gm. *Irren is minschlich, sä' dei Kunhåhn* [Truthahn], *don trä'* [trat] *hei dat Farken* Gwd/Ba. – 2. human, menschenwürdig vereinz. *De Arbeet hier is nich mehr menschlich* Pyr/Lt.

Mint s. Münt¹.

Minut f. Minute. *In teigen Minuten geiht de Tog* Gwd/Ba. Spöttisch, wenn ein Zug sehr lange hält: *Fief Minuten duurt dat hier, stiegt man ut un drinkt ees Bier* Rüg/Sm.

Miråkel n., *Maråkel, Meråkel* verstr., *Marokel* Sch/Pu, *Maraukel, Meraukel* Pyr/Wa, Gbg/Gp, Lau/Pb, Slo/La. 1. veralt., Mirakel, Wunder vereinz. – 2. großer Lärm, Geschrei, Gekreische verstr., HOMWB 129ᵇ. *Wat soll so'n Meråkel in'e Nacht?* Gri/Ti. Oft auf das Gackern von Hühnern bezogen: *Dei Häuhner måken Miråkel* Dem/Kt. – **miråkeln** sw., *maråkeln, meråkeln* vereinz., *maraukle, meraukle* vereinz. HPom, laut schreien, kreischen vereinz. *Dei Häuhner miråkeln* gackern sehr laut Gri/Wd.

Mirks m./n. kleines, schwächliches Lebewesen vereinz. VPom. *Ehr Gören sünn all man Mirksen* Gri/Mi. – **mirksig** Adj. verkümmert, mickerig vereinz. VPom, Uec/Pa. Vgl. micksig.

mirren s. midden.

Mirt s. Myrt.

mischen sw. 1. wie hd. vereinz. – 2. mit Hilfe von Spielkarten die Zukunft von Menschen vorhersagen vereinz. *Dei Fru kann mischen, ik will mi eis bi ehr mischen låten* die Karten von ihr legen lassen Gwd/Ba. – **Mischkist** f., müllerspr., Kiste, in der früher verschiedene Sorten Mehl gemischt wurden vereinz. VPom. *Ut'e Mischkist wür dat Mähl von Hand afsackt* Gri/Ti. – **Mischmasch** m./n. wie hd. verstr. *Dat Fauder is sun Mischmasch vo' Gaste un Håwer* Saa/Le. – **Mischwågen** m., *Miesch-* Sto/Dö, Wagen eines fahrenden Gemischtwarenhändlers vereinz.

miseråbel Adj. miserabel, sehr schlecht vereinz. *Dat jeht janz miseråbel bi ehr tau* Reg/Kw. *Dat Wäre is misråbel* Nau/De.
Laut- u. Formvar.: *misråbel* vereinz., *miseråwel* LAUWB 239ᵇ, *misråwel* Dra/Dr, Reg/Kt, *missrobel* Lau/Ke, *müsråwel* Nau/Fg,Rh, *miseråblich* Ghg/Gr, Sch/Sl, *miseråblicht* Gwd/Ba.

Miss f. Messe, (katholischer) Gottesdienst. – Wetterr.: *Räjent dat sünndågs ve/unne* [vor oder während] *de Miss, so räjent dat de janz Wäk jewiss* Dra/Rt, ähnl. verstr.

mißdünken¹ sw. jmd. mißfallen, von jmd. mißtrauisch beäugt werden verstr. VPom, sonst selt. *Dat kann nicks warden, dat mißdünkt mi* Rüg/Zi. *Mi hett dat all ümmer mißdünkt mit em* Stral. – **mißdünken²** Adj. mißtrauisch selt. VPom.

misseldrähtsch Adj. mißtrauisch vereinz. °Rüg, Uec/Pa, Saa/Ja. Vgl. PRWB 3,1264: *miseldrähtig*.

missen sw., *messe* Lau/Ke, entbehren. *He hett Fru un Kinner, de kœnen em nich missen* Pyr/Lt. *De Diern is mi an't Hart wussen, de kann ik nich missen* Rüg/Pu. *Dei will uk gor nicks missen* ist sehr geizig Rüg/Ae. Abschätzig zu jmd., den man nicht bei sich haben will: *Du kannst misst warden!* Gri/Ge.

mißgünnen sw. mißgönnen vereinz. – Sagw.: *Mißgünnt Brot schmeckt got, säd dei Katt un güng bi dei Melk* Gwald. – **mißgünnsch** Adj. mißgünstig vereinz.

Missing n. Messing vereinz. – **missingsch¹** Adj., *mischingsch* HÜCKE 5, aus Messing vereinz. *'n missingschen Kätel* Gwd/Ba.

missingsch² Adj., *messingsch* Ank/An, Use/Us, *missing* selt., von einem Sprachgemisch aus Hoch- und Niederdeutsch verstr. VPom MPom, selt. HPom. *missingsch spräken* Rüg/Lo. Über einen Mundartsprecher, der vergeblich versucht hd. zu sprechen: *Dei räd't doch blot noch messingsch* Ank/An. Subst.: [*Sei meine*] *sei künne ok hochdütsch rede, un dau' et denn ok. Na dat wart denn awer ok darna – luter Missing!* Kolbg DLP 2,146. – Die Herkunft des Wortes ist immer noch umstritten. Es spricht jedoch vieles dafür, daß es zu mnd. *mîssensch* 'in Meißen üblich' gehört (*mîssensche sprake* meißnischer, hochdeutscher Schriftdialekt), während der Bezug zur Legierung Messing wohl nur eine Volksetymologie darstellt. Vgl. michen.

mißmäudig Adj., *-maudsch* Fra/Fr, Nau/Db, Dra/Rt, *-moodsch* Ghg/Gr, mißmutig vereinz. – **Mißmaut** m. Mißmut selt. – **mißsteetsch** Adj. 1. widerspenstig, störrisch verstr. VPom, sonst selt. *Mit dissen mißsteetschen Ossen is dat 'n schlichtes Führen* Rüg/Zi. – 2.

mißgünstig vereinz. *De is so mißsteetsch, de günnt keenen Minschen wat* Uec/Ue. – **mißstimmig** Adj. mißmutig, betrübt Ghg/Wt, Kol/Pr, Dra/La. – **mißtröstig** Adj. niedergeschlagen, trübselig verbr. VPom. *Wäs man nich so mißtröstig, dat ward all werrer bäter!* Rüg/Dm; *mißtröstig Wäder* trübes Wetter Gri/Ti. *Dei Planten ståhn so mißtröstig* sind verkümmert Fra/Bn. – **mißtruugsch** Adj., *-trugisch* selt., mißtrauisch verstr. *Hei is so mißtruugsch, dat hei sik sülbem nich mihr truugt* Fra/Pe.

mit wie hd. 1. Präp. – 1.1. zur Bez. einer Gemeinsamkeit, der Zugehörigkeit, des Einbezogenseins. *Sei güng mit em fuurt* Fra/Pe. *Anner Woch kœnen wi mit dei Käuh/Gäus' utdrieben* die Kühe/Gänse auf die Weide treiben Rüg/Ae. *He kricht denn Kåter to fåten un drächt mit em rut* Gwald. – Ral.: *mit einem sin* jmd. unterstützen, zu jmd. halten verbr. *Dei is mit'e Lüre* tritt für die Leute ein Gbg/Gz. – 1.2. um einen best. Bezug zu einem Obj. herzustellen. *Mit em is nich väl los* Fra/Pe. – 1.3. zur Bez. einer Wechselwirkung. *Ik möt mi doch mit em strieden* Gwald. – 1.4. zur Bez. des Mittels, der Art und Weise. *Mit wat hest du dat måkt?* Rüg/Sn. *Wi gåhn mit Wind* haben den Wind im Rücken Pyr/Lt. – 1.5. zur Bez. einer Trennung von etwas oder jmd. *Hei is mit siene Fru scheid'* ist von seiner Frau geschieden Sch/Gu. – 1.6. zur Bez. einer Zeitangabe. *mit de Tiet* im Lauf der Zeit, allmählich Pyr/Lt; *mit de Wiel* mittlerweile, inzwischen Ran/Pe. – 2. Adv. bes. zur Bez. einer Beteiligung, Zugehörigkeit. *Ik hür mi dat mit an* Gri/Mi. *Dat geht mit dörch* wird nicht beanstandet Pyr/Lt. Iron. Vertröstung: *Du sast mit, wenn't losgeiht, wenn wi führen, sast du uk lopen* Gri/Go, ähnl. verstr. – Ral.: *einem mit sin* jmd. recht, sehr angenehm sein verbr. Zumeist in der Negation: *Wenn di dat nich mit is, bruukst du dat blot to seggen* Rüg/Ti.
Lautvar.: *met* vereinz. NOPom, ³MIS 60, *mät* Net/Hf, NACK 17. In Vbdg. mit dem best. und unbest. Artikel treten kontrahierte Formen auf, beispielsweise: *mit'm, mi'm, mit'n* mit dem, mit einem; *mit'e* mit der, mit einer.

mitäten st. mitessen. *Du kannst noch 'n båten Supp mitäten* Gwd/Ba. Subst.: *dat Mitäten hemm'* freie Kost haben, für freie Kost arbeiten verbr. VPom. – **Mitäter** m. Mitesser. 1. Talgpfropfen, bes. in der Gesichtshaut. – 2. jmd., der anderenorts zu Gast ißt. *süll hei sich noch einen Miteter mihr uphalsen* GEB 51. Scherzh. über eine Schwangere: *De Fru hett 'n Mitäter* Stral. – **Mitbringels** n., *-bringsel* selt. HPom, Mitbringsel vereinz. – **mitbringen** unr. wie hd. *Wat hest du mi ut'e Stadt mitbröcht?* Saa/Le. *De hett sich de Krankheit mitbröcht* leidet an einer genetisch bedingten Krankheit Pyr/Wi. *Se bringt nicks mit* erhält keine Mitgift Ank/An. *Dat sünd mitbröcht Kinner* in eine Ehe mitgebrachte Kinder Gri/Ti. – **mitdäm** Adv., Endsilbe betont, unterdessen, inzwischen vereinz. VPom. *Mitdäm keem hei in dei Stuf rin* Gwd/Ba. Syn. mitdes. – **mitdaun** st. 1. mitmachen, sich an etw. beteiligen vereinz. *Ik müsst man so mitdaun* Gwd/Ba. – 2. mitgeben, leihen vereinz. *Ik heff em dat mitdaue* Reg/Kt. – **mitdeilen** sw. mitteilen vereinz. – **mitdes** Endsilbe betont. 1. Adv. inzwischen, mittlerweile verstr. *Mitdes is dat tau låt* Rüg/Ae. Syn. mitdäm. – 2. Konjunk. während vereinz. VPom. *Mitdes du in'e Kirch gehst, war ik dat Mirrag måken* Rüg/Dm. – **mitdrinken** st. mittrinken. – **miteinanner** Adv. miteinander verstr.

miteis Adv., Endsilbe betont. 1. plötzlich, unvermutet verbr. *Mit eis föllt mi in, dat hüt dien Geburtsdag is* Fra/Zi. *Mit ees güng de Dör up* Rüg/Dm. – 2. zugleich, gleichzeitig vereinz. *Mit eis kann ik di dat ganze Geld nich gäben* Fra/Pe. *Dat ät ik mit eis up* das esse ich auf, ohne etwas übrigzulassen Sch/Pu.
Rsyn. zu 1.: *batsch, bauz, butt, butz, unvermaudens, unverseihns, unverwohrens, unverwohrlings.*

mitfohren sw./st. mitfahren selt. Üblicher ist das Syn. mitführen. – **mitfriegen** sw. mitheiraten, durch den Ehepartner mit in die Ehe gebracht werden. *Hei hett eie Kind mitfriet* Cam/Ca. *He mutt Jild mitfrieja, dat he sien Schwester uttåhla ka'* Dra/Bu. – **mitführen** sw. mitfahren. Vgl. mitfohren. – **mitgäben** st./unr. mitgeben, zuteil werden lassen. *Ik heff em wat tau äten mitgäben* Gwd/Ba. Auf eine Mitgift bezogen: *He hett sien Dochter dusend Dåler mitgääft* Pyr/Lt. *Dat is mi nich mitjääft* das liegt mir nicht Nau/Fg. – **mitgåhn** st. mitgehen, begleiten. – Ral.: *wat mitgåhn heiten* etwas stehlen verstr. – **Mitgift** f. wie hd. vereinz. Syn. Utstüer. – **mithollen** st. mithalten. *Mit di kann ik nich mithollen* Stett. – **mitkåmen** st. mitkommen. 1. mitgehen, jmd. irgendwohin begleiten. Iron. Vertröstung: *Du kümmst mit. Wenn't losgeiht, sasst du dei Bramwiensbuddel/Seep un Hanndauk drägen* Gri/Ti, ähnl. verstr. – 2. bestimmten Anforderungen gewachsen sein, Schritt halten. *Mit em kümmst du nich mit* er ist dir überlegen Gwd/Ba. – **mitkriegen** st., selt. sw. 1. (bes. als Mitgift) erhalten. *Sei hett 'ne schöne Utstüer mitkrägen* Gwd/Ba. *Se kricht blot dat mit, wat se up'm Lief hett* Ank/An. – 2. etwas mit auf den Weg nehmen, transportieren können vereinz. *De Stiebel kricht he doch nich mehr mit* Pyr/Lt. – 3. etwas begreifen, verstehen. *Ik heff hüürt, wat du secht hest, mitkrägen heff ik dat œwer doch nich* Rüg/Pu. – 4. etwas bemerken, wahrnehmen. – **mitliedig** Adj. mitleidig vereinz. – **mitlopen** st. mitlaufen, mitgehen. *[Wi] jögen de Hund trö, de mitlopen wullen* DLP 6,17. – **mitmåken** sw. mitmachen, sich an etwas beteiligen. *'ne Hochtiet mitmåken* Gast auf einer Hochzeit sein Gwd/Ba. – **mitnähmen** st. mitnehmen. 1. etw. oder jmd. mit sich nehmen. Iron. über einen notorischen Dieb: *Dei nimmt allens mit, blot keen Mœhlsteen un gläuhnig Haufiesens* Ank/An. *Nimm nich alle Ecken mit!* trödele nicht so! Gwald. – Sagw.: *Dat mütt man mitnähmen, sär dei Bur, don grabbelt hei 'n Bücksenknop ut'e Schiet* Rüg/Ae. – 2. sich körperlich oder seelisch nachteilig auf jmd. auswirken. *De Krankheit hett em orig mitnåhmen* Gwd/Ze. – **Mitnähmer** m., fachspr., runder Holzklotz mit Zapfen, mit dessen Hilfe man Werkstücke auf der Drehbank dreht selt. In der Müllerspr. als Bez. für einen solchen Klotz aus Eisen als Teil des Getriebes, das den oberen Mahlstein antreibt selt., ²REH 33. – **miträden** sw. mitreden. *Nu will jo woll all allenst miträden, wat nich läsen un båden kann!* ²SAN 42. – **mitsamst** Präp., *mitsamts* Fra/Ln, Pyr/Lt, wie hd. mitsamt selt., zusammen mit vereinz. *Hei keem mitsamst sien Kinner* Gwd/Ba. – **mitschläpen** sw. mitschleppen. *De lött sik mitschläpen as 'n olles Droschkenpierd* ist faul, überläßt anderen die Arbeit Rüg/Zi. – **mitspälen** sw. mitspielen. **1.** sich an einem Spiel beteiligen. *Dor späl ik nich mihr mit* das wird von mir nicht mehr gebilligt Gwald. – **2.** jmd. schaden vereinz. *Dat Läben/dei Fru hett em schwor/bös mitspäält* Gri/Gm.

Mitt- s. Midd-, Midde-.

mittau Adv. **1.** zuweilen, manchmal selt. VPom, ²GIL 53. – **2.** außerdem, nebenbei Rüg/Ae. – **mitunner** Adv. mitunter, manchmal vereinz. – **mitwassen** st. mit jmd. zusammen aufwachsen (bes. auf Pflegekinder bezogen) vereinz. Zumeist als Part.Adj.: *Dat is mien mitwussen Schweste(r)* Kol/Go.

Mixlüster m., *-lister* selt. VPom, vereinz. ZPom, *Milüster* Dra/La, leichter, glänzender Futterstoff aus Mischgewebe vereinz. *In'n Sommer dräj ik Mickslüster* Gwald. Dazu: **mixlüstern** Adj. aus ebendiesem Stoff vereinz. Vgl. Lüster.

Möbel n., *Möwel* selt. VPom, *Mebel* Lau/GW, wie hd. *Dei låden ehr Möbel up'e Kor* sie ziehen um Rüg/Ae. Wenn Eheleute sich streiten: *Dei rücken dei Möbel* Use/Us, ähnl. vereinz. Abfällige Bez. für eine unliebsame Person: *dat Stück Möbel* vereinz. – **Möbelmang** n. Meublement, Mobiliar verstr. VPom. *Sien ganz Möbelmang is verbrennt* Gwd/Ba.

mobil Adj. munter, gesund, lebhaft vereinz. *Hei wier krank, nu is hei äwer werrer ganz mobil* Gwd/Ba.

Mod f. Mode. **1.** Gewohnheit, Gepflogenheit. *Dat is hier nich Mod* ist hier nicht üblich Gwald; *wat in Pommern Bruk un Mod wier* DLP 1,53. *Wi willen man leiwer bi de ollen Moden bliewen* Gri/Gm. *Dei hett dat so an'e Mor, tau rechte Tiet uptauståhn* Rüg/Ae. – **2.** etwas, was dem dominierenden Zeitgeschmack entspricht. Zumeist bezogen auf die Art, sich zu kleiden: *Wat Mod is, kleed't/lett uk gaut* Gri/Go, Fra/Pe. Iron.: *Wat Mod is, möt drägen warden, un wenn dat Hinnelst (uk) nåh vör sitt* Gri/Ti. *Dei enzelten Moden sünd as Späukels, een denkt, sei sünd dod, äwerst sei kamen ümmer wedder* HUMGWD 10,48,8.

Lautvar.: *Mor, Moər* verstr. VPom ZPom, *Mo'* vereinz. VPom, *Moj* Cam/La, *Mau'* Rüg/Nu.
Phras.: In Sprüchen, die ungewöhnliches Verhalten zumeist spöttisch kommentieren: *Wo't Mo' is, ritt de Paster up'n Bullen/Ossen in'e Kirch* Ank/An, ähnl. verbr. *Wur't Mod is, backen sei Pumpernickel in dei Kirch* Fra/Br, ähnl. verstr. *Wur't Mo' is, drägen de Frugenslü' 'n Kauhschwanz üm'n Hals* Dem/De. – Sagw.: *Nu gellen anner Moden, säd de Buer, don töömt hei dei Mähren bi'n Start up* Gwald. *Wat's dit för 'ne snåksche Mor, sär dei Jung', don hålt em dei Buer morgens Klock twei ut'e Klapp* Rüg/Ae.

Modd f., selt. m., *Mudd* Fra/Ln, Rüg/Ae, *Morr* vereinz. VPom, verstr. ZPom, *Murr* Dem/Tp, vereinz. °Kol u. °Kös, Schlamm, Morast verbr. ZPom NOPom, sonst vereinz. *Dat Schwien wühlt in'e Morr* Dem/Tp. Früher wurde schlammige Erde (z.B. aus Teichen und Gräben) auch als Dünger benutzt: *Modd un Stallmeß is beter as Stallmeß allein* HOMWB 131ᵃ. → Modder. – Mnd. *modde, mudde* f. – **Moddbier** m. sich im Morast wälzender Eber vereinz. VPom, sonst selt. Übertr.: Schmutzfink. Ebenso: *Modderbier* selt. Vgl. Modderbull, -polk, -sœg. – **modden** sw. den Acker mit Schlamm düngen selt. VPom MPom. Vgl. MWB 4,1221.

Modder m., vereinz. f., *Morrer* verstr., Moder, Morast, schlammiger Schmutz verbr. *In'n Diek is all mihr Modder as Wåter* Gwd/Ba. *De Wågen is in'n Morrer ståkenbläben* Dem/De. *Kinner spälen giern in'n Morrer* Dem/No. Im Vergleich: *Geld hemm' as Modder un Mess* sehr viel Geld haben Rüg/Pu.
Rsyn.: *Blott, Bottermonschk, Gadder¹, Gatsch, Glibber, Glodder, Gludder, Glutsch, Gudder, Måd², Malotsch, Maratz, Modd, Moonschk, Motsch, Pamp.*

Modderbier s. Moddbier. – **Modderbull** m. 'Modderbulle' dreckiges Kind vereinz. östl. der Oder. Vgl. Moddbier, Modderpolk, -sœg. – **Modderhink** f. Klauenlähmung bei Schafen (die angeblich durch morastige Weideflächen verursacht wird) °Gbg. Vgl. MWB 4,1222. – **modd(e)rig** Adj. **1.** schlammig, morastig verstr. *Nåh'm Räja is de Weg so moddrig, dat keen Dö(r)chkauma is* Dra/Bu. *Fall nich in dei moddrige Pütt!* Gri/Mi. Vgl. moddig. – **2.** moderig, faulig vereinz. *Dei Fisch/dat Wåte schmeckt moddrig* Gwd/Ba, Pyr/Wa. – **Modderlieschen** n., TiN, Moderlieschen (kleiner Karpfenfisch) Dem/De, Ran/Ro, Lau/GW. Hist.: *Moederloeseken* "Eine Art kleiner Fische" DÄHWB 310ᵃ. – **Modderlock** n. morastiger Tümpel, Wasserloch verstr. Syn. Murlock. – **moddern** sw., *morrern* vereinz. VPom, sonst selt. **1.** im Schlamm herumwühlen, spielen verstr. *De Kinner moddern nåh'n Rägen* Ank/An. *Dat Schipp morrert* berührt schlammigen Grund und wühlt ihn auf Rüg/Sn. – **2.** eitern vereinz. ZPom NOPom. *Dei Wunn moddert* Sto/Pf. – **Modderpauhl** m. morastiger Pfuhl vereinz. – **Modderpolk** n. sich im Morast suhlender junger Eber vereinz. MPom, Rum/Tr. Übertr.: schmuddeliges Kind. Vgl. Moddbier, Modderbull, -sœg. –

Modderpröddel m./n. morastiges Wasserloch vereinz. HPom. Auch: aufbrodelnder, sumpfiger Bereich ebda. – **Moddersœg** f. Sau, die sich im Schlamm suhlt vereinz. Übertr.: Schmutzfink. Vgl. Moddbier, Modderbull, -polk.

moddig Adj., *morrig* Rüg/Sn, schlammig, morastig vereinz. *'ne moddige Stell in'n Acker* Dem/De. Vgl. modd(e)rig. – Zu Modd.

Möf f., TiN, *Meif* verstr. VPom, *Meef* vereinz. HPom, Möwe. – Wetterr.: *Wenn 't Möwa schrieja, jifft Reja un Storm* Saa/Ja. – Sagw.: *All, wat kümmt, helpt, secht dei Möf, un pisst an'n Strand* Gwd/Wo.

Mœg f./n., veralt. **1.** Fähigkeit, Können selt. VPom, ³GIL 6. – **2.** Vorliebe, ausgeprägte Neigung selt. VPom. – Sagw.: *Elk ên sîn Moeg', saed' Hans Fink un rêd' up de gäl Wörtel* ¹HOEFE 21.

Mogelant m. jmd., der mogelt, bes. beim (Karten-)Spiel vereinz. VPom. – **Mogelie** f. Mogelei, kleine Betrügerei vereinz. *Mit Mogelie kümmst du bi mi nich wiet* Gwd/Ba. – **mog(e)lig** Adj. auf Mogelei abzielend, betrügerisch vereinz. *Dat süht mi so moglig ut* Gri/Mi. – **mogeln** sw., *moj(e)le* vereinz. HPom, wie hd. vereinz. *Wenn du ümmer mogelst, späl ik nich mihr mit* Gwd/Ba. → bedreigen.

mœgen unr. mögen (als Voll- und als Modalverb). **1.** gerne haben, lieb haben. – **1.1.** eine Neigung, Vorliebe für etwas (bes. Speisen u. Getränke) haben. *Kees un Honnig mach ik nich* Pyr/Lt; *giern ein'n mœgen gerne Schnaps trinken* Use/Sw, ähnl. verstr. – Sprw. mit Wortspiel: *Wer 't mach, dei mach 't, un wer 't nich mach, de mach 't jawoll nich mœgen* jeder nach seinem Geschmack Fra/Pe, ähnl. verstr. – Sagw.: *Jere wat hei mach, secht de Jung', ett du dei Arften, Vadder, ik will den Speck äte* Cam/Bn. *Dat Fleisch mach ik nich, secht de Voss, as hei de Gaus verspiest, mi freucht bloß, wenn de Feddre so stöbe* Nau/Na. – **1.2.** jmd. sympathisch finden, gut leiden können. *Ik mach denn eenen un wieder keenen!* Ghg/Wt. *Sei hett em gor nich möcht* wollte ihn gar nicht heiraten Pyr/Lt. Scherzh.: *Ein mach de Mudder, de anner de Dochter, un weck mœgen uk de Deinstdierns* Gri/Ti. – **2.** wollen, den Wunsch, die Neigung haben. *Ik kann nich so, as ik woll möcht* Fra/Br. *Dat müchst du woll!* das könnte dir so gefallen! °Gwd. *De mœgen nicks daun* sie sind faul Dem/De. Abweisend zu jmd., der etwas nicht tun will: *Ik mach nich licht up'm Kirchhoff, ik kann nich licht dicht dorbi!* Dem/Tp, ähnl. allg. – **3.** nur als Modalverb. – **3.1.** zum Ausdruck einer Vermutung oder Möglichkeit. *Dat mach woll so wäst sin* Ghg/Li. *Wat mœgen dei Lüd' woll dortau seggen?* Gwd/Nu. Ausruf der Verärgerung: *Dat mach de Deuwel weiten!* das interessiert mich nicht! Gwd/Ba. – **3.2.** zum Ausdruck eines Einverständnis. *Mach he dat don!* soll er es doch tun! Pyr/Lt. – **3.3.** zum Ausdruck von etwas unbedingt Wünschenswertem oder einer Aufforderung. *Un dat hei leiw müggt hebben mi ümmer doch recht sihr!* WUTA 34.

Lautvar.: *möje* verbr. °Sch MAH 62, *mœja, mœje* KÜHL 7, *mäje* °Rum, JOSTWB 62, *mëije* °Büt ²MIS 64, *mäije* östl. °Sch, *mäije* Reg/Kt, *moije* LAUWB 240ᵇ.
Flex.: Präs.Sg.1. u. 3.: *mag* (gesprochen *mach*) neben verstr. belegtem *mücht* (aus dem Konj.Prät.). – 2.: *magst* (gesprochen *machst*) neben verstr. belegtem *müchst* (aus dem Konj.Prät.). – Prät.Sg.1. u. 3.: *mücht* verbr. VPom, sonst verstr., *müjd* Dra/Dr, *mucht* Stral, Uec/Ue, ²GIL 57, *mujd* °Sch MAH 62, *moch* Fra/Bn DITL 315, *mooch* Gri/Ge, *micht* Rum/Km ⁵TITA 71, vereinz. NOPom, LAUWB 240ᵇ, *mijd* °Büt ²MIS 64, *miecht* °Rum, verstr. NOPom, *miechd* (neben *muuchd*) JOSTWB 62. – Part.Prät.: *mücht* VPom, sonst verstr., *micht* °Rum, °Büt, LAUWB 240ᵇ, *miecht* °Sch MAH 62, *mucht* JOSTWB 62.

mœglich 1. Adj. – **1.1.** möglich, denkbar, realisierbar. *Dat is mœglich, dat hüt noch 'n Unwäder kümmt* Fra/Zi. *Dat kann ik mœglich måken* Ran/Pe. Ausrufe des Erstaunens: *Wo is't mœglich, dat de schwarte Koh witte Melk gifft?* Stral. *Wo is't mœglich, dat de Hund Fleisch frett un Knåken schitt?* Use/Sw. – **1.2.** beeindruckend groß, stark ausgeprägt verstr. VPom, sonst vereinz. *Ik heff 'n mœglichen Döst/Hunger* Gri/Go; *'n mœglichen Hausten* Gwald. *Hei was 'n gauden Kirl, 'n Junggesell, dei vör dei Frugensliid' mœglichen Grugel har* HUMGWD 6,44,10. – **2.** Adv. – **2.1.** sehr, in hohem Maße verstr. VPom, sonst vereinz. *Ik heff em mœglich leef* Ran/Pe. *Wi hemm' dit Johr mœglich väl Äppel* Fra/Pu. – **2.2.** möglicherweise, vielleicht PÄCH 95: *[de Smart,] ehr einzigst Kind weggahn tau seihn, mäglich up Nümmerwedderkamen*. Auch: wenn möglich. *So'n Larm [...] süll mäglich ok nich sin* POM 20.

Lautvar.: *mäglich* vereinz. VPom, *mäuglich* Cam/Ca,Pb, Nau/Ga,Fg,Rh, Gbg/Gp, Reg/Kt,Me, Kol/Pr, Neu/We, *mœgleck* Net/Hf,Sl, *müglich* HOMWB 131ᵇ, *maiglich* Neu/We, *måidjlich* Neu/Rt ¹⁰TEU 245.
Phras. zu 1.1.: Sagw.: *Wo is dat mœglich, dat dei Jung' kein Klüt mag, sär dei Fru, dei hewwe doch all acht Dag in'e Röhr ståhe* Nau/Na. *Wo is't moeglich, saed' de Bûr, dat de Jung Regîn' hêt un de Diern David* ¹HOEFE 13. *Wo is't moeglich, dat de Hund in de Koppel kümmt, saed' de Jung, de Tûn is hêl un dat Räk is vör!* ¹HOEFE 42.

Mœglichkeit f. Möglichkeit vereinz. Ausruf des Erstaunens: *Is dat de Mœglichkeit?* Rüg/Dm.

Mœhl f. Mühle, mit Wasser, Wind oder Motorkraft betriebene Anlage zum Mahlen, bes. von Getreide. Zu historischen u. rechtlichen Aspekten des Mühlenwesens sowie zu den verschiedenen Typen von Wind- u. Wassermühlen vgl. MWB 4,1224ff. u. ²REH. *Dei Mœhl klappert so lut* Gwd/Ba. *Dei Möll steht still, wenn de Wind nich will* Ghg/Bk. *Vör Wind lopen alle Mœhlen rechts rüm* Gri/Gs; *dei Mœhl ut'n Wind schmieten* den Mühlenkopf bei Sturm so drehen, daß die Flügel nicht in Windrichtung stehen Gri/Gm. *Up de Möll gifft dat bannig väl Müs'*

un Ratten Ran/Pe. – Ral.: *sich dreigen as dei Mæhl näh'n Wind* opportunistisch sein verstr. – Sprw.: *Wenn de Mæhl stillsteht, wåkt de Möller up* wenn eine akute Gefahr für das eigene Wohl droht, wird man aktiv Rüg/Dm, ähnl. vereinz. *Een jeder måhl bi siene Mæhl* ein jeder kümmere sich um seine eigenen Angelegenheiten °Ghg, ähnl. vereinz. – Auf die angebliche Unehrlichkeit von Müllern gemünzt: *de Möll de geit: de gick de gack, dat beste Mäl in minen Sack* [4]GIL 1,33. *In dei Mæhl is dat best, dat dei Säck nich räden kœnen* Gwald, ähnl. vereinz. *Oft näh dei Mæhl un oft denn Åben warm, dat måkt denn Buern arm* Ank/An.
Lautvar.: *Möhl* Gbg/De PRI/TEU 248, Arn/Ri, *Mœa* verstr. SPom, *Möll* Uec/Mn, Ran/Pe,Kw, Ghg/Bk, *Mähl* °Rum [2]MIS 25, [5]TITA 48, verstr. NOPom, HOMWB 125[b], *Mēil* °Büt [2]MIS 25, °Lau STRI 20, *Måhl* verbr. im Belbucker Abteigebiet, PRI/TEU 136, *Måəl* vereinz. °Neu, vgl. [5]TITA 78, *Måil* verbr. ZPom, nordöstl. °DKr, *Moihl* LAUWB 240, *Måiəl* vereinz. °Sch MAH 90, *Mööa* verbr. °DKr [3]TITA 11. Zur lautlichen Varianz östl. der unteren Oder vgl. zudem PRI/TEU 135f.
Phras.: Rä., in denen nach der Mühle gefragt wird: *Wat geiht un steiht tau glieker Tiet?* Fra/Br, ähnl. verbr. *Geiht un geiht un kümmt nich an't Dörp* HTKÖS 1927,23,1, ähnl. vereinz. *Dor stunn 'n oll Wief, hadd 'n lang Lief, dor kunn' all Lüd näh gåhn un näh führn Mönchg. Wat's dat för'n Veih? Dat frett för drei un ward nich satt, un dei em sien Fauder gifft un em düchdig dorbi drifft, dei hett sien Matt [Mahllohn]. Wecker is dat?* = Mühle und Müller Use/Wr. – Begleitender Text eines Spiels, bei dem zwei Kinder sich über Kreuz anfassen und mit wachsender Geschwindigkeit kreiseln: *Dei Mæhl geiht langsåm, langsåm. Wenn dei Wind kümmt, geiht sei rasch. Œwer wenn dei Möller kümmt, geiht sei husch, husch, husch* Dem/De, ähnl. vereinz. – Viel zitierter Ausspruch unter Müllern: *Lat dien Måehl nich stahn, wenn dei Wind deit gahn, un hest du kein Kurn, hal flink wat von'n Buren, dormit doch nich geiht all dei Wind verlurn!* NIB 132.

Mœhlenbuger m. Mühlenbauer vereinz. – **Mœhlenflœgel** m. Windmühlenflügel vereinz. – Rä.: *Vier Jumfern griepen sich un kriegen sich in'n Läben nich?* = *Mœhlenflœgel* Fra/Ri, ähnl. vereinz., BLFPVK 3,114. Vgl. Mœhl(en)raut. – **Mœhlenflücht** f., vereinz. m., dass. verstr. – **Mœhleniesen** s. Mœhliesen. – **Mœhlenmähr** f. 'Mühlenmähre' wohlgenährtes, schwerfälliges Pferd verstr. VPom. *Sei hett 'n Hinnelsten as 'ne Mœhlenmähr* hat ein dickes Gesäß Fra/Br. – **Mœhl(en)rad** n. Antriebsrad einer Wassermühle. *Dat Mœhlenrad klappert* Fra/Br. *Ehr geiht dat Mul as 'n Mœhlenrad* sie redet unaufhörlich Gwd/Ba. – Rä.: *Dat lope twe Jungfern de ganze Dag. De eine wascht sich imme un bliwwt schwart, de andre wascht sich garnich un bliwwt imme witt* = Mühlrad und Mühlstein Lau/Gr BLFPVK 3,105. – **Mœhl(en)raut** f. Windmühlenflügel verstr. *Wi willen eis twischen dei Mœhlenrauden dörchlopen, wenn sei sich dreigen* Rüg/Ae. Von einem windschiefen Brett: *Dat is scheif as 'ne Mœhlrau(t)* Dem/De. Vgl. Mœhlenflœgel. – **Mœhl(en)schuffel** f. dass. selt. HPom, [2]REH 181. – **Mœhl(en)steen** m. Mühlstein. *De Mœhlensteen wiern ut Sandsteen orrer ut franzöösschen Steen, in'e Steen wüürn Foren [Furchen] schlågen* Rüg/Pu. – Sagw.: *Aller Anfang is schwor, sär de Düwel, don har he sik mit'n Mœhlensteen drågen* Rüg/Zi. – **Mœhlenwell** f. Hauptantriebswelle einer Mühle vereinz., [2]REH 115f. –
Mœhliesen n., *Mœhlen-* selt., Mühleisen, senkrecht stehende Antriebswelle für den oberen Mühlstein, die durch den unbeweglichen unteren hindurchgeht verbr., [2]REH 11.

Möhlmu m. Name des Bären in einer Sage Nau/Kr BLFPVK 7,14f. *Is Möhlmu noch doar? Jo, hei hett nägen Junge krägen!* WHTKLNAU 1924,58.

Möhr f., PflN, *Meihre* Cam/Go, Stolp, *Moihre* Neu/Pn, Mohrrübe vereinz. MPom HPom, vgl. DWA 11, Kt.6. Gebräuchlichere Bez. für die Pflanze sind Räuf, Wörtel u. Gälmöhr. – **Mohrräuf** f., PflN, *Muhr-* vereinz. °Ghg, Mohrrübe verbr. MPom östl. der Oder, sonst vereinz. Vgl. DWA 11, Kt.6. *Wi säje* [säen] *hüt Muhrröwe* Ghg/Uc. – Rä., das nach der Wurzel der Mohrrübe fragt: *Rûe rûe rîp, gäl is de Pîp; Schwårt is de Sack, wo de gäl Pîp e stack* Saa/Wu BLFPVK 3,116.

Mohrt m./f. Mahr, sich auf die Brust schlafender Personen setzendes und Alpdrücken auslösendes Nachtgespenst. Auch als Bez. für das Alpdrücken selbst. Mahre wurden im Volksgl. identifiziert mit einem feurigen Hausdrachen, auch mit einer schwarzen Katze, einem Marder (vgl. Moort[1], Moortkatt) oder mit einem Verdammten in menschlicher Gestalt. *De Mohrt ritt em* er hat Alpdrücken Rüg/Dm, ähnl. allg. *De Mohrt treckt af* verschwindet Ran/Ro. – Volksgl.: *Dei Mohrt kümmt dörch't Slœtelloch* Gri/Mi. *Man mütt sich nachts up de Siet leggen, denn deet een' de Måhrt nüscht* Ran/Pe. *Wenn de Måhrt äwe Nacht riede deit, mütt ma 'n Talglicht brenne låte* Lau/GW. Zu weiteren abergläubischen Vorstellungen und Volkssagen, die sich um Nachtmahre ranken vgl. BLFPVK 2,177ff., 8,87, 9,83, 10,132, [1]HAAS 21ff.
Lautvar.: *Mohr* verstr. VPom MPom, *Muhr* selt. °Rüg, *Måhr(t)* vereinz., *Märt* PFA 8, *Måht* Ghg/Wt, vereinz. ZPom NOPom, *Moht* Cam/Si, *Mõət* Pyr/Kl, *Maut* Gbg/Gp,Wo, *Dra/Vi, Mauət* Gbg/Vi.

Mohrtklatt f., veralt., Weichselzopf, verfilztes Kopfhaar (das man im Volksgl. auf den Einfluß von Nachtmahren zurückführte) vereinz., DÄHWB 299[b], HOMWB 131[a], BLFPVK 10,84, POMHTSTE 1919,9,36[a]. – **Mohrtrieden** n. Alpdrücken. *Hei hett nachts ümmer dat Mohrtrieden* Gri/Ge. – Volksgl.: *Wenn 'n Minsch Mohr(t)rieden hett, möt man em bi sienen Vörnåmen anraupen, denn hüürt dat up* Fra/Br. – **Mohrtrieder** m. Nachtmahr mit menschlicher Gestalt vereinz., BLFPVK 8,87, [3]NERE 1,77.

moi Adj. 1. behaglich, gemütlich, angenehm verbr. VPom. *Dat sitt sich moi up't Sofa* °Gwd. *Wat is dat moy,*

tau wannern in Holt un Feld un Wisch ³GRAU 48. *Dat's 'ne moje Såk* eine feine Sache Rüg/Ae. *Dat deit mi ganz moi* tut mir ganz gut Ank/An. → kommod. – **2.** mild, lau (vom Wetter) verbr. VPom. *Dat's hüt een moijes Wäder* Rüg/Pu. *Dei Wind is moi, wi sägeln los* Fra/Zi. – **3.** hübsch, schön, lieblich verstr. VPom. *Dat's ne moje Diern* Rüg/Ae. – Mnd. *môi*, zu mnl. *mooy*.
Laut- u. Formvar.: gesprochen zumeist [mo:i], vor allem litspr. auch *môig*, sonst *môj* vereinz. VPom. Flektiert zudem auch *môg-, môij-* selt.

mökern s. muckern.

Möl f., selt. m./n., *Mêl* Sto/Sz. **1.** Unordnung, Durcheinander VPom, sonst verstr. [*In de Stuw*] *is 'ne grugliche Möl, wil 't em keine Freud makt sick dar uptauhollen* ⁷BAND 86. *Måk nich so 'ne Möl üm di!* Stral. Übertr. auf eine große (ungeordnete) Menge: *Dat's 'ne grote Möl Arften* Gri/Bo. – **2.** Gerümpel, unbrauchbares Zeug VPom, sonst vereinz. *Schmiet de oll Möl doch in'n Åben!* Gwald. Häufig in der Paarformel *Möl un Pröl: In dei Stuf will ik nich Möl un Pröl hewwen* Ank/An. – **3.** unordentliche weibliche Person vereinz. Verkürzt aus Zss. wie Mölfieken, -lies. → Zunzel.
Phras. zu 1.: In zumeist spöttischen Ausrufen, die entweder ein hohes Maß an Unordnung kommentieren oder in Situationen gebraucht werden, in denen niemand freiwillig zurückstecken möchte: *Wat is't 'ne Möl in'n Zägenstall, de Kluck wil nich bi de Farken bliewen!* Gwald, ähnl. verstr. *Wat is't för 'ne Möl in dei niegen Bedden, keiner will an'e Wand schlåpen/de ollen sünd noch nich betåhlt!* Gwd/Ze, ähnl. vereinz. *Wat is't för 'ne Möl up'n Kirchhoff, keiner will an'e Muer liggen!* Dem/De, ähnl. vereinz.

Möleck f. unaufgeräumte Zimmerecke vereinz. – **mölen** sw., *mäule* Sch/Pu, kramen, wühlen, Dinge in Unordnung bringen VPom, sonst vereinz. *Wat möölst du dor in't Schapp?* Stett. *Du hest mank de Såken nicks to mölen* Ank/An. *Dei Kinner mölen in'n Sand* spielen im Sand Gri/Mi. – **Mölerie** f. **1.** große Unordnung vereinz. *Wat is't för 'ne Mölerie in't Hus, dat süht ut wie in'n Farkenstall* Ran/Pe. – **2.** das Herumwühlen in Sachen vereinz. *Låt doch dei Mölerie in'e Schuflåd sin!* Gwd/Ba. – **Mölfieken** f. unordentliche weibliche Person vereinz. → Zunzel.

Mölgen Pl., hist., "Zusammengerührte Dinge. [...] Mölgen, heissen hier insonderheit, dicke Brodschnitte, die mit der kochenden fetten Brühe geräucherten Fleisches durchgezogen sind" DÄHWB 311ᵇ. Vgl. FRE 95. – Mnd. *mölje* fette Brotsuppe, wohl entlehnt aus norw. *mølje*.

mölig Adj. unordentlich, liederlich VPom, sonst vereinz. *De Stuf süht so mölig ut* Stral. Auch: trödelig vereinz. *Mit so 'nem mölige Minsche is keier Daune, ma schafft nischt* Sto/Gl. – **Mölkåmer** f. Rumpelkammer vereinz.

Molken f., *Molk* selt. VPom, wie hd. *Molke* vereinz. HPom, Flüssigkeit, die sich beim Gerinnen von Milch absondert vereinz., ⁴WIN 227f. *Mit dei Molken würn früher dei Schwien faudert* Gwald. → Waddik. – **Molkendeif** m., TiN, 'Molkendieb' Zitronenfalter Lau/GW. Hist.: *Molkendeev* "Ein Schmetterling" DÄHWB 311ᵇ. – **Molkenkierl** m. **1.** Molkereiverwalter vereinz. Syn. Molker. – **2.** Melker °Dra. – **Molkenwåter** n. Molke Kol/Pr, Dra/La, Sch/Sd. *Wullkleere* [Wollkleider] *wara i' Molkewåte wuscha* Dra/La. → Waddik. – **Molker** m. Verwalter einer Meierei verstr. *De Molker verköfft Kees/möckt Bodder* Ran/Sr. Syn. Molkenkierl. – **Molkerie** f. **1.** Molkerei. *Hei is mit de Melk nåh de Molkerie* Gwd/Ba. – **2.** scherzh., große Frauenbrüste verstr. Über eine vollbusige Frau mit einem tief ausgeschnittenen Kleid: *Sei pråhlt mit ehr Molkerie* Ank/An. – **Molkeriebotter** f. in einer Molkerei hergestellte Butter (im Unterschied zur Landbotter) vereinz. Scherzh.: *Wenn dei Buern unner sick sünd, dann eien sei sick mit dei Meßfork un schmieten sick mit Molkeriebodder* HUMGWD 9,18,11.

Moll¹ f., Pl. *-en*, Mulde, trogförmiger Gegenstand. **1.** (kleiner) hölzerner Trog, bes. Backtrog verbr., vgl. DWA 12, Kt.1. *Brot in'e Moll knäden/insüern* °Gwd. Spöttisch zu einem Dummkopf: *Du büst woll in'e Mull döfft* [getauft] *ware!* Kös/At. Auch: flacher, länglicher, bügelloser Behälter aus Holz oder Flechtwerk, bes. für Viehfutter verstr. *'ne Moll mit Hackels un Räuben för't Veih* Gwd/Ba. – Ral.: *Dat gütt mit Mollen* es regnet sehr stark verstr. – **2.** fischerspr., flacher Holzkasten zur Aufbewahrung von Angelschnüren verstr. pom. Küste, vgl. RAS 152f. mit Abb.65. *In eine Moll gåhn 180 Angelhåken* Dem/De. Vgl. Angelmoll. – **3.** scherzh., Bett vereinz. *Nu auwe rut ut'e Mull!* Gbg/Gp. Vgl. Furzmoll.
Lautvar.: *Mull* vereinz. VPom MPom, verbr. HPom, *Mējl, Meijl* im Südwesten der Insel Wollin, vgl. PRI/TEU 232.

Moll² m., TiN, *Mull* Pyr/Lt, Maulwurf. Dieses nach ⁶TEU 334ff. Wort nl. Herkunft gilt in Pom. in einem Gebiet, das sich über den südl. °Ran weit über die Oder hinaus nach Osten erstreckt (°Ghg, °Pyr, verbr. SPom u. südlich davon), vgl. DWA 3, Kt.9. *De Moll hett alles upwöhlt* Ran/Pe. *De Moll stött* wirft Haufen auf °Saa. – Wetterr.: *Wenn de Moll stött, gifft't anner Wäder* Saa/Sh. → Mullworm. – **Mollboll** m., TiN, Maulwurf südöstl. °Dra und nordwestl. °DKr, vgl. DWA 3, Kt.9. → Mullworm.

Möllen ON. Gemeint sind Groß Möllen (°Pyr) und Klein Mellen (°Dra). Der mundartliche Name letztgenannten Ortes (*Melle*) wird unter Reimzwang im Kniereiterlied variiert: *Hopp, hopp, hopp, nåh Möllen, de Köster ritt up't Föllen, de Preester ritt up d' bunte Koh, hopp, hopp, hopp, nåh Möllen to* Ran/Fi, ähnl. vereinz., ⁶KNO 145.

Mollenkieker m., SpottN, 'Muldengucker' Angler, der auf Aalfang geht (wegen der Aufbewahrung der sehr langen Aalangelschnüre in *Mollen*) °Rüg, ¹RUD 226. – Zu Moll¹.

Möller m., Pl. *-s*, *-sch* Lau/GW, JOSTWB 64. **1.** Müller. *De Möller måhlt, wenn de Wind got is* Gwd/Kr. *Bi gauden Wind kann't vörkåmen, dat bi'n Möller de Dag sihr lang ward* Use/Bs. *De Möller kiekt in't Wärer schaut, wie das Wetter wird* Kol/Sö. – Sprw.: *Dei Möller is denn Wind sien Narr* Fra/Br. *Den Möller sien Globen is Wind* HUMGWD 9,46,11. *Wenn de Wind schlapen geit, hett de Möller Fierabend* HUMGWD 75,159f.,2. Auf den vermeintlich ewig klagenden Wassermüller bezogen: *Keie Melle hett Wåte naug, keie Schepe [Schäfer] hett Weid naug* Lau/GW. – Müller genossen im Volksmund den Ruf der Unehrlichkeit. Dieses Vorurteil hat vielerlei sprachlichen Niederschlag gefunden: *Dei Möllers sünd von schlichter Oort* °Gri. *Möllers sünd raffig* raffgierig Gri/Gm. *Dat ierst Johr lihrt de Möller leigen, dat tweite Johr bedreigen, un dat drüdde Johr lihrt he ierst måhlen* Fra/Fr. *Dei Meller måhlt sich in'e eijne Tasch* mahlt zu seinen eigenen Gunsten Lau/GW. *De Möller lääft von Wind un Sand* der Müller betrügt, indem er Sand zwischen das Mehl mischt Gbg/Ka. *De Möllers bedreigen all wägen dat Fägels [Mehlstaub] ut'e Eck* Gri/St. *Dat is man got för'n Möller, dat de Säck nich spräken koenen* Rüg/Zi. *De Möller hett an de Katt sågen, dorüm hett hei dat Musen [das Stehlen] lihrt* °Ank, ähnl. verstr. *Dei Möller kümmt noch hinnern Schinner* genießt noch geringeres Ansehen als ein Abdecker Gri/Ti. *Wenn man 'n Möller, 'n Bäcker un 'n Schlächter tohop in einen Sack packt, denn licht ümmer ein Spitzbauf båben* Gri/Vl. – **2.** bes. kindspr., Maikäfer mit hell behaartem Rückenschild verstr., LAUWB 241ᵃ.
Lautvar.: *Melle(r)* °Rum, verbr. NOPom, *Maller* nordöstl. °Lau STRI 32, *Miolle* südl. °DKr ³TITA 11.
Phras. zu 1.: Sagw.: *Stimmt!, säd dei Möller un schlög up't Gewicht* Ank/An, ähnl. verstr. *Dat's 'n anner Kuurn / wat anners, säd dei Möller, don har hei up'n Muskœtel båten* Gwald, ähnl. verbr. – Rä. u. Scherzfr.: *Worüm kümmt de Möller nich in de Höll? = wiel hei witt utsüht* Saa/Le. *Wennihr is de Möller åhn Kopp in'e Mœhl? = wenn he em ut'e Luk ståken deit* Gwd/Nu, ähnl. vereinz. *Worim kiekt de Melle dirch't Finste? = weil er nicht durch die Bretter sehen kann* Sto/Dö, ähnl. vereinz. – Abzähl.: *Möller, Möller, Måhler, de Dierns, de kosten 'n Dåler, de Jungs, de kosten 'n höltern Pierd, dat is nich dree Sösslings wiert* °Rüg, ähnl. verstr., BLFPVK 6,71ff. *Ik un du, Möllers Koh, Möllers Åsel, dat büst du* Uec/Ue, ähnl. verbr. – Neckverse: *Möller, Möller, Mattendeef ['Metzendieb'], måkt denn Buern denn Sack so scheef* Ghg/Fi, ähnl. verstr. *Möller, Möller, Mattendeef, worüm sünd dien Knee so scheef? Du hest so väl ståhlen, dorüm deest du ok so pråhlen* °Rüg, ähnl. vereinz. *De Möller mit de Matt, de Weber mit dat Blatt, de Schnider mit de Schier, dei stålen all gliek sihr* HUMGWD 9,41,4. *Möller, hest du nicks tau mahlen? Is keen Kuurn nich in? Möst jo doch dei Pacht betahlen, mahl doch blots geschwinn!* HUMGWD 9,46,11.

Möllerbrot n. **1.** vom Müller gebackenes Brot (im Unterschied zum selbstgebackenen) vereinz. – **2.** Frucht des Weißdorns (weil das Fruchtfleisch mehlig ist) Gri/Ti, °Ghg. – **Möllerburs** m. **1.** Lehrling oder Geselle eines Müllers. Scherzh., wenn es schneit: *De Möllerburschen schlågen sik* Gwd/Wo, ähnl. verstr. – **2.** nur im Rä. sowohl auf Windmühlenflügel als auch auf Schneeflocken bezogen: *Mölleburshe griepe sich, kriege sich im Lewene?* Pyr/Bt, ähnl. vereinz., ²BRUNK 30, HUMGWD 8,27,5. – **Möllergesell** m. Müllergeselle. *De Möllerjesell mutt 'n Möllsteen scharpen* Ran/Pe. Scherzh.: *Ein Schwiensbråden kult, ein Måken, achtein Johr ult, ein gaudes Glas Wien, dat sall denn Möllergesellen sien Frühstück sin* Gri/Bn. Syn. Möllerknecht. – **Möllergewicht** n. 'Müllergewicht' (absichtlich) zu knapp gewogenes Gewicht verstr. *De Mählsack hett jå man Möllerjewicht!* Neu/Fe. – **Möllerie** f. Müllerei. *Dat's hüt kein Möllerie* die Mühle mahlt heute nicht gut Gri/Gm. *Ik bün von de Möllerie af* bin nicht mehr als Müller tätig Dem/Jr. Zu verschiedenen Mahlarten vgl. Flachmöllerie, Halfhoch-, Hoch-. Zu Formen der Betriebsführung vgl. Geschäftsmöllerie und Pungenmöllerie. – **Möllerjung'** m. Müllerlehrling. Das Selbstverständnis des (Müller-)Handwerks ließ früher auch brachiale Ausbildungsmethoden zu: *Möllerjungs möten af un to garft warn* mussten ab und zu Prügel bekommen Ghg/Li. Syn. Möllerlihrling. – **Möllerklüt** Pl. Mehlklößchen (bes. als Suppeneinlage) Fra/Bn, Gri/Ti. – **Möllerknecht** m. Müllergeselle vereinz. Syn. Möllergesell. – **Möllerkulboors** m. 'Müllerkaulbarsch' Gericht aus großen Weizenmehlklößen in einer süß-sauren Tunke vereinz. VPom. *Möllerkulbors kaken mit düchtig Speckrüters [Speckwürfel] dormang* HUMGWD 5,13,8. – **Möllerlihrling** m. Müllerlehrling verstr. Syn. Möllerjung'. – **Möllermåken** n. Tochter eines Müllers vereinz. – Sagw.: *Dat geef Luft, säd dat Möllermåten, dunn kreeg sei Drilling* Ank/An. – **Möllermatt** f. 'Müllermetze' Hohlmaß, mit dem der Müller seinen Mahllohn in Form von Mehl abmaß (zumeist den zwölften Teil eines Scheffels umfassend) vereinz. Vgl. Matt¹. – **Möllermütz** f. (weiße) Zipfelmütze vereinz. – **möllern** sw. Mehl mahlen vereinz. – **Möllerpierd** n. schweres, kräftiges Arbeitspferd (eines Müllers) verstr. *Hei geiht as 'n Möllerpierd* geht schwerfällig Gwald. Floskelhafte Bitte: *Gott bewohr mi vör Möllerpier un Preisterdöchter!* Dem/Wg, ähnl. verstr. – **Möllerquartal** n. Innungsversammlung der Müller, die ein- oder zweimal im Jahr stattfand verstr., ²REH 237. – **Möllersch** f. Müllerin. – Sagw.: *Wenn Pingsten up 'n Friedag föllt, denn krigst du din Geld, seggt Möllersch* HUMGWD 8,21,5.

Möl-lies f. unordentliche weibliche Person vereinz. → Zunzel.

mollig¹ Adj., *mullig* Uec/Ue, Ghg/Wt, Rum/Ru, Fla/Wo, wie hd. **1.** vollschlank, füllig. *Dei Diern is recht mollig* Fra/Br. → dick. – **2.** wohlig warm. *Dat is hüt schön mollig in de Stuf* Saa/Le. *Dat is mollig Wäire* angenehm mildes Wetter Kol/Go. *De Mantel is recht mollig* hält sehr warm Stett. – **3.** wohl, zufrieden verstr. *Dei fäuhlt sik dor recht mollig* Gwald. *Dat deet mi so mollig* tut mir so gut Ank/An.

mollig² Adj. wie eine Mulde geformt, bogenartig geschwungen selt. *Dat Schipp is mollig buugt* Gwald. Vgl. MWB 4,1249: *mollig²*. – Zu Moll¹.

Molling m., TiN, Iltis Saa/Ao, nach DWA 13, Kt.4.

Mollmus f., TiN, Maulwurf Ran/Ws, nach DWA 3, Kt.9. Vgl. BBWB 3,315: *Mollmūs*. → Mullworm. – Das Erstglied zu Moll². – **Mollpus'** m. Name des Maulwurfs im Märchen Lau/Gr BLFPVK 9,42. – Das Grundwort *Pus'* ist in Pom. zudem als Reimwort im Rä. belegt, vgl. MWB 5,658.

Mollschöttel f., veralt., 'Muldenschüssel' Holzgefäß zum Aufstellen größerer Mengen Milch Sto/Kk ⁴WIN 119. – Das Erstglied zu Moll¹.

Möllum n., auch *Meulum*, Haschee, das beim Schlachten von Schweinen aus Herz, Lunge und Leber hergestellt wird Use/Wl.

Mollworm s. Mullworm.

molsch s. mulsch.

Molschk n. Pfannengericht aus mit Blutwurst gemischter Mehlgrütze °Kös, vereinz. NOPom, BLFPVK 7,64. Vgl. Moonschk u. pomor. *močka* Mehlbrei.

Molt n., *Mult* verbr. HPom, Malz. *dat Bier schmeckt nich nå Hoppen ore(r) Molt* schmeckt nicht gut, ist zu dünn ⁴GIL 1,37. Über einen reichen Menschen: *Dei kann woll brugen, dei hett Hoppen un Molt naug* Ank/An. – **Moltbier** n. Malzbier vereinz. – **Moltkaffe** m. Malzkaffee vereinz.

Möltrien f. liederliche weibliche Person vereinz. → Zunzel.

Moltsack m. Sack, in dem Malz aufbewahrt wird vereinz. Über eine wohlgenährte Person: *Dei is so dick as e' Multsack* Nau/Fg. – Ral. auf trinkfreudige Menschen bezogen, die deswegen angeblich viel weniger essen: *Wur de Moltsack steiht, kann de Roggensack nich stahn* HuMGwD 11,3,5.

molum Adj., nur präd. **1.** beschwipst, angetrunken verstr., HOMWB 131ª. *As mien Mann nåh Hus keem, wier he bannig molum* Rüg/Pu. Syn. s. dun. – **2.** müde, matt vereinz. VPom. *De Lütt is molum, dat Köpping sackt all up'e Siet* Gri/Ge.

Mölwark n. unordentlich herumliegende Sachen vereinz. VPom. *Wat hest du hier all för'n Mölwark to liggen!* Gwd/Ze.

Momang m., wie hd. Moment vereinz., Moment, Augenblick verstr. *In'n Momang kann ik nich* Rüg/Ae. *Ik käm hüt noch, æwerst blot up'n Momang* Ank/An; *'n lütten Momang* Gwd/Nu. – Frz. *moment*.

mömmern sw. jmd. etwas heimzahlen selt. VPom. *Ik war di dat noch mömmern* Gwald. Vgl. kattemömme(r)n.

Mon f., PflN, *Monn* Büt/Gs, *Maon* Rum/Pp, Anemone, Buschwindröschen selt. HPom, vgl. DWA 4, Kt.1. → Ööschen. – Verkürzt aus Anemon.

Monarch m. **1.** wie hd. selt. – **2.** SpottN für den Landstreicher verstr. VPom, sonst selt. Auch: unzuverlässiger Mensch vereinz. *Di is nich to trugen, du büst mi 'n schönen Monarch* Rüg/Zi.

Mönchgaut n., veralt. *Mönk(en)gaut*, nach HOEFAMSC 311ᵇ von den Einwohnern selbst früher *Mönnichgaut* genannt, Mönchgut, Name der Halbinsel im äußersten Südosten Rügens (weil es von Mönchen des Zisterzienserklosters Eldena bei Greifswald besiedelt wurde). Zur gut erforschten Volkskunde des Mönchguts, das sich etwa durch eine eigenständige Volkstracht auszeichnete, vgl. ADL und PAR. Auch in sprachlicher Hinsicht nimmt die Region bis heute eine besondere Stellung ein. So gilt beispielsweise abweichend vom übrigen Rügen diphthongische Realisierung von mnd. ê⁴ und ô¹ (z. B. *Deif* vs. *Deef*; *Faut* vs. *Fot*), vgl. PWB 1,1, Kt.11 u. 14. Zudem sind weitere sprachliche Besonderheiten festzustellen, zu denen auch die Bewahrung alten Wortgutes zählt, das sich sonst in den pom. Mundarten nicht mehr erhalten hat (z. B. *lucht* auf der linken Seite befindlich; *Koss(er)* Ferkel; *Kluck* großer, gegabelter Stock). Vgl. hierzu ²GRÜ 2,66f., ADL 158f., HAAS/WO 60ff., ²⁰HOLS 22ff.

Phras.: Das Mönchgut tritt auf als vermeintlicher Herkunftsort der Heischenden in Liedern, die in der Zeit nach Weihnachten oder in der Fastnachtszeit bes. auf Rügen gesungen wurden: *Von Mönchgaut käm ik her, mi bammelt dei Bücksen hinnen un vör. Låt mi nich so lang ståhn, ik möt hüt noch wiedergåhn* Gwd/Gt, ähnl. vereinz. VPom, KLEIN 151. *Do kamen twei Jungs von Mönchgaut her, dei bewern dei Büxen von hin un von vör. Gebs mi'n Ei, gebs mi twei, gebs mi'n Stück Speck, denn goh ick uck glick wedder weg* °Rüg ³LÄM 46, ähnl. vereinz. VPom.

Mondierung f., *Mandierung* vereinz. VPom, *Mundierung* vereinz. ZPom, *Mondeering* Ghg/Ba, Pyr/Wa, (militärische) Uniform verstr. Daneben zumeist scherzh. auch auf jede Art von Kleidung bezogen. *Dei jeht mit de janze Mondierung i't Berr* [ins Bett] Nau/Rh. Aus einem Tanzlied: *Heidideldit, de blau Mondierung, Heidideldit, de klêd't mi nich* °Rüg BLFPVK 5,180. – **Mondur** f.,

Mandur vereinz. VPom, *Mongedur* Sto/Ku, dass. vereinz. *'ne ståtsche Mondur* stattlicher Anzug Gwald.

Moneten Pl., wie umgspr., *Maneten, Muneten* selt., Geld. *Mit dien por Moneten kümmst du doch nich wiet* Uec/Ue. *Jung, friej* [heirate] *dat Mäke, dei hett väl Monete!* Lau/GW.

Monierke n. Name des Krebses im Rä. *Ick weit e Tierke, dat heit Monierke o het d' Knåken aewe dem Fleesch* Sto/Ku BLFPVK 6,52.

Mönk m., veralt. *Mönnink* Mönchg., *Möntch* Neu/Pn, verstr. schon wie hd. *Mönch*. 1. Mönch, Angehöriger eines Männerordens. – Sagw.: *De leiwe Gott is uck in 'n Keller, säd de Mönck, don güng hei tau Wien* HuMGwD 8,14,5. – 2. Angehöriger eines der Sage nach unterirdisch wohnenden Zwergenvolkes °Neu. *De Mönkes sin lütt Lüd as Puppe, ma sechts ok Uneritzkes* [Unterirdische] ROG 24. – 3. fachspr., gewölbter Dachziegel, der überlappend auf rinnenförmige Dachpfannen (die man *Nonnen* nennt) gelegt wird vereinz. Vgl. Mönkendack. – 4. veralt., *Möning* NER 77, Wallach Mönchg., [1]GRÜ 228, SUN 1844,315. Vgl. hierzu das nach [1]ROSF 71 etym. zu *Mönk* gehörende Menk in der Bed. Stute. – 5. TiN, schwarzer Frosch mit rötlichem Bauch (gemeint ist wohl die Rotbauchunke) Neu/Pn. – **Mönk(en)dack** n., fachspr., Dachbedeckung aus zwei sich überlappenden, entgegengesetzt gewölbten Ziegelschichten vereinz., HuMGwD 14,37,5f. Vgl. Mönk3.

monkieren sw., refl., *munkieren* selt. VPom, *monkeera* Dra/Bu, sich über jmd./etwas mokieren verstr. VPom, sonst selt. *De Mann hett di doch nicks dån, worüm monkierst du di œwer em?* Rüg/Dm; *du monkierst di jo ümmer äwer allens* [2]TIB 202.

Mönksack m., hist., 'Mönchsack' Zeesennetz, Schleppnetz mit großem Netzsack DÄHWB 311[a], [2]GRÜ 2,124, vgl. RAS 83f. – **Mönkstein** m. sehr großer Mauerstein vereinz. VPom. Vgl. Karkenstein.

Monni n., *Monne* Saa/Ja, Sto/Dö, Geld vereinz. – Zu engl. *money*, beeinflußt von frz. *monnaie*.

Monschk s. Moonschk.

Moonschk m., selt. f./n., *Monschk* vereinz. NOPom, *Munschk* Rum/Pr,Ru, Stolp, Sto/Gl, [2]KNO 71, Dim. *Moonschkje* Lau/Ke. 1. dick eingekochter Mehlbrei, der mit süßer oder saurer Milch gegessen wird verbr. NOPom, HOMWB 131[a]. Vgl. Molschk. – 2. übertr., Morast, Schlamm verbr. NOPom. → Modder. – Nach [10]WIN 116 zu pomor. *močka* Mehlbrei. – **moonschkre** sw. im Morast spielen, manschen verstr. NOPom.

Moors s. Noors.

Moort[1] m., vereinz. f., TiN, Marder. *Dei Moort is nachts in 'n Häuhnerstall wäst* Gwd/Ba. Über eine aufgescheuchte Menge, ein heilloses Durcheinander: *Dat is so, as wenn de Mort in 'n Duwenslag rinrückt!* [7]BAND 25. Als Figur in der Fabel: *de fichelnde* [schmeichlerische] *Schelm de Mård* ARN 16.
Lautvar.: *Muurt* Gri/Ti,We, Dem/Kt, Gwd/Wo, *Maart* Lau/Lt, *Môr* selt. °Gwd, Lau/Ke, *Môt* Use/Ke, Cam/Dw, Saa/Ze, *Måət* verstr. ZPom, PRI/TEU 232, *Môät* Pyr/Kl, *Mauət* Cam/Ni, Kol/Go, Gbg/Gl,Vi, Saa/Mo, Neu/Ho,Nh, *Mout* Sch/Ng, *Mår* Dem/Me, Use/Be, *Må* Gwd/Ze, *Moder* Sch/Ki, Stolp, wie hd. *Marder* vereinz. MPom HPom.

Moort[2] s. Mohrt.

Moortkatt f., TiN, 'Marderkatze' Marder vereinz. HPom, PRI/TEU 232. Im Volksgl. stellte man sich früher Nachtmahre (vgl. Mohrt) auch in Gestalt eines Marders vor: "Der gemeine Pommer fabelt von der *Mordkatt*": *Dat sei minnigen Minsche im Schlaåp up der Brust sitt, un em ingstigt un drückt* HOMWB 131[a].

Moos[1] n., wie umgspr., Geld verbr. *Em is dat Moos utgåhn* Gwd/Ba. *De hett Moos as Hor up 'n Kopp* hat sehr viel Geld Uec/Pa. – Zu jidd. *moos* Pl. Geld.

Moos[2] s. Muss.

Möösch, Mööske s. Mäuschen.

Mööße n., *Möößer* selt. VPom, *Möser* Use/Sw, *Mösse* Gwd/Ze, Dim. *Möößing* selt. VPom, Kosew. für ein Kalb verstr. VPom, sonst selt. Lockruf: *Kumm Mööße, kumm!* Gwd/Ba. Vgl. Müsser, Nüsse. – Nach [13]ROSF 251 lautsymbolische, expressive Bildung.

Möppel s. Mömper. – **Mömper** m., *Möbber* selt. VPom, *Möppel* ARN 16, Uec/Ge, Stett, Pl. *-s*. 1. kleiner, dicker Hund, bes. Mops verstr., [1]TRI 20. – 2. *Möpp(e)*, weibliches Kalb Use/Dr, nach DWA 7, Kt.1. Vgl. MWB 4,1254. – 3. Kosew. für ein dickes Kind vereinz. – **Möpperkees** m. 'Mopskäse'. 1. Frucht von Malvenarten, bes. der Wegmalve verbr. VPom. *De Kinner willen Möpperkees plücken* Gri/Mi. Syn. s. Kattenkees. – 2. PflN, Malve, bes. Wegmalve verstr. VPom. – **möppern** sw. tüchtig essen, viel (bes. Süßes) in sich hineinschlingen vereinz. °Rüg, Fra/Bn, Ghg/Li, Lau/GW. *Nu kiek eis, wur dei Lütt möppert!* Rüg/Ae.

Mops m. 1. Hunderasse (wie hd.). – Ral. über einen eingebildeten Menschen: *De måkt sik as de Mops achtern Dischkasten* Gwd/Ze, ähnl. vereinz. – 2. kleiner Mensch mit gedrungenem Körperbau vereinz. – 3. Stelle mit sehr dichtem Wuchs von Getreide oder Gras vereinz. ZPom SPom. *Du hest tauväl Mopse im Rogge* Kol/Pr. Vgl. MWB 4,1254. – **mopsen** sw. 1. (Dinge von geringem Wert) entwenden, stibitzen verbr. *Dei Bengels hemm' mi 'n ganzen Büdel Äppel mopst* Gri/Mi. Vgl. klauen. – 2. refl. – 2.1. sich langweilen verstr. VPom. *Sei sitt an 't Finster un mopst sik* Gwd/Ba. – 2.2. sich ärgern selt. – 3. jmd. ohrfeigen vereinz. HPom. – **mopsfidel** Adj. sehr vergnügt, munter vereinz. – **Mopshund** m., TiN, Seehund (weil die Tiere sich gerne auf Steinplatten im Meer hinaufwälzen) vpom. Küste am Greifswalder Bodden POMMBL 4,51. – **mopsig** Adj. 1. mürrisch, verdrießlich selt. VPom. – 2. durch sehr dichten Getreide- oder Graswuchs gekennzeichnet vereinz. °Nau: *Dat Ko(r)n steht so mopsig* Nau/Fg. – **Mopskopp** m. 1. mürrischer Mensch selt. – 2. *Mups-* Rum/Tr, Kopfnuß selt. °Sch °Rum.

Mopstein m., bes. seem., Scheuermittel aus weichem Sandstein vereinz. pom. Küste, NET 216. – Nl. *mop* Backstein.

mör Adj. mürbe. 1. locker, weich, zart. *Dat Fleisch/de Koken möt mör as Bodder sin* Fra/Zi, Ran/Pe. *As möören Braden rüüken sull, streng un likers säut un gor* MARK 58. *Dei Äppel sünd noch nich mör* Fra/Fr. Auf überreifes Obst bezogen: *Dat Åft is mör as Schiet* Dem/Tp. *Is dat Äten all mör?* ist das Essen schon gar? Gri/Mi. *Dat Flass möt ierst mör warden* Gwd/Ba. *De Mess is got mör* Dra/Ga; *dat Land mör måke* den Boden lockern, gründlich eggen Dra/Wi. – Ral.: *ein' dat Fell/de Knåken/dat Ledder mör måken* jmd. verprügeln verbr. *Dor is wat mör* dort geht es hoch her, ist viel los verbr. VPom, sonst selt. – 2. brüchig, morsch. *Dat Hult/de Wull is all so mör* Ran/Sr, Ank/An. *De ierste Damper har sik dörch dat möre Ies Båhn bråken* Gwald. Klage eines alten Menschen: *Miene Knåken sünd nu all mör* Gwd/Nu. – 3. ermattet, entkräftet. *De Minsch was mör, taum starwen swack* ³SEG 85. *Maid un mör vam lange Wannren* ³SCHWA 81. Auch: zermürbt, desillusioniert: *Mi hett dat Leben mör moakt* LEH-SCH 121.
Lautvar.: *mår, måǝ* verstr. ZPom, Fla/Ta, Slo/La, ¹⁰TEU 247, *mor* Bel/Ei, Gbg/Zr, *mār* vereinz. °Büt ²MIS 25, *mäue* vereinz. SPom, Kol/Pr, Gbg/Ge,Gp, Reg/Me, Neu/We, Net/Hf,Sl, DKr/La, *måie* Reg/Kt, Dra/La, Sch/Sd, *moir* Gbg/Vi, LAUWB 240ᵇ, *mär* verbr. NOPom, JOSTWB 62, *mêr* Rum/Km ⁵TITA 48, HOMWB 25ᵇ, *mäǝ(r)* °Rum ²MIS 25, *mäir* Cam/Rm.

Moratz s. Maratz.

Mörbråden m. Mürbebraten, Filetbraten, bes. vom Schwein. *Mörbråden schmeckt gaut mit Pölltüften* Ank/Br. Auch: gekochtes Fleisch vom Hals frisch geschlachteter Schweine vereinz.; Wellfleisch vereinz.

Mordacks m., *Mur-* selt. 1. kleiner Hund vereinz. – 2. kleines, schmutziges Kind selt. Vgl. Rheinisches Wörterbuch 5,1291.

mördaun st. wohltuend sein VPom, sonst selt. *Dat Knœstern* [Massieren] *deet (mi) so mör* Ank/An. Vgl. mören. – **Mördeig** m. Mürbeteig verstr. *Kauken ut Mördeig* Gwd/Da; *nich tau knapp Borrer an'n Mördeig måken* Rüg/Ae.

Moree m., *Muree* vereinz., *Maree* selt. VPom, Moiré, matt glänzender, dünner Kleiderstoff vereinz. – **Moreeband** n./m. Band aus Moiré, bes. für Schärpen vereinz. – **Moreerock** m. Unterrock aus Moiré vereinz.

mören sw. 1. mürbe werden, die erwünschte zarte, lockere Konsistenz bekommen verstr. *Dat Fleisch is all määrt* Lau/GW. *De Äppel möte noch mäure* Sch/Pu. Auch: mürbe werden lassen. *dat Flass* [d.h. den noch holzigen Flachs] *mäure* Gbg/Pr. – 2. jmd. ermüden, kraftlos machen, zermürben vereinz. *Dat Wäre måirt so* Reg/Rg. – 3. behagen, gefallen vereinz. *Dat möört mi richtig in de Sofaeck* Uec/Pa. Vgl. mördaun.
Lautvar.: *måre* selt. ZPom, *måire* Reg/Kt,Rg, *mäure* Gbg/Pr, Sch/Pu, *märe* Lau/GW.

Mores Pl., angelehnt an den RN *Moritz* auch in den Var. *Moritzen, Muritzen,* Sitte, Anstand, korrektes Benehmen. Nur in der Fügung: *ein' Mores lihren* jmd. gesittetes Benehmen beibringen, jmd. wegen seines ungebührlichen Verhaltens heftig zurechtweisen allg. – Zu lat. *mores.*

morgen Adv., Lautvar. s. Morgen, wie hd. 1. am kommenden Tag. *Hei jeht morje in'e Schaul* Reg/Kt. *Wi willen schlåpen gåhn, morgen früh is de Nacht tau Enn'* Gwd/Ba. *Wat ik hüt nich schaff, schaff ik morje* Cam/Kw. Im Abschiedsgruß: *Na denn, bet morrn!* Gwald. – Ral.: *Morgen is uk noch 'n Dag* das hat Zeit bis morgen allg. Spruch: *Morgen, morgen, blot nich hüt, sengen alle fulen Lüd* Ank/Br, ähnl. verbr. Mit Nachdruck: *morgen an'n/bi Dag!* unbedingt, allerspätestens morgen! verbr. – 2. in (naher) Zukunft, in der folgenden Zeit. *Dat is morgen noch gaut* ist noch länger gut Ank/An. *Wat woll morje is?* was wohl die Zukunft bringt? Reg/Kw. *För morje is mi keen Angst* ich fürchte die Zukunft nicht Sch/Ac. – 3. morgens, am Vormittag. Ausschließlich Tagesbezeichnungen nachgestellt: *Sünndag/Sünnåbend morgen* Gwd/Nu; *hüt morrn* Dem/Tp. Vgl. vörmorgen.

Morgen m. wie hd. 1. Tageszeit zwischen Sonnenaufgang und frühem Vormittag. *Dei Morgen schämert* dämmert Ank/Br; *de helle Morje* Saa/Kl. *Hüt is Morgen un Åbend in eis* heute wird es überhaupt nicht hell Gwd/Ze. *An'n Morgen arbeit't sich dat an'n besten* Gwd/Ba. Über eine vielbeschäftigte Person: *De weet nich, ob dat Morjen orer Åbend is* Ran/Ro, ähnl. verstr. Morgendlicher Stoßseufzer arbeitsunlustiger Menschen: *Wenn't man ierst Åbend wier, Morgen ward't von sülben!* Gwald, ähnl. verbr. Scherzh. Antwort auf den verkürzten Gruß *Morgen!* (statt *gauden Morgen*): *Denn ward dat hüt jo nicks mihr!* Fra/Pe, ähnl. verstr. – Wetterr.: *Dei gulden Morje ward bol blind* sehr schönes Wetter am Morgen ist nicht beständig Lau/GW. – 2. Osten. *In'n Morgen geiht dei Sünn up* Gwald. *De Wind kümmt hüt ut'n Morjen* Ran/Ro. *Dat süht in'n Morgen so nåh Rägen ut* °Gwd. – 3. veraltd., Feldmaß von regional unterschiedlicher Größe, wobei in Pommern zumeist analog zum preußischen

Morgen eine Größe von ca. 0,25 Hektar galt. *De hett blot twee Morgen Land/drei Morgen Wischen* Rüg/Zu, Gwd/Ba. *Ik möt hüt noch drei Morgen Gasten* [Gerste] *meigen* °Gwd. *Ick hebb ganz scheen drusche, twelwen Zintner vom Måge* Sto/He ³MIS 54.
Laut- u. Formvar.: *Morrn* (bes. in Bed.1 und 2) verstr. VPom, *Morjen, Morje* verbr. MPom HPom, LAUWB 241ᵇ, *Måije* Reg/Kt, *Måge* Sto/He ³MIS 54, *Mōyə* westl. °Lau STRI 43, *Moəyə* °Rum ²MIS 13, *Māyə* Sto/Ss STRI 43. – Pl. (nur für Bed.3 belegt) wie Sg.

Morgenandacht f. wie hd. Scherzh.: *Dei hulle all Morjeandacht sitzen schon morgens im Gasthaus und zechen* Kol/Go, ähnl. vereinz. – **Morgenblaum** f., PflN, auch als Dim. *-bläumke, -blöömke,* Gänseblümchen verstr. MPom SPom, sonst selt. – **Morgengrågen** n. Morgengrauen. *Avendroot un Morgengragen recken sik* [*in de Sommernacht*] *de Hännen* ²TRI 125. *De arbeed't von'n Morgengrågen bet in'e stickendüüstre Nacht arbeitet unaufhörlich* Ank/An. – **Morgenhuf** f. 'Morgenhaube'. Nur ral. belegt: *Hei möckt e Gesicht, as wett* [wenn das] *Perd ute Morgehauw kümmt* macht ein dummes Gesicht °Neu HTKös 1927,23,12. – **Morgenkost** f. erste Mahlzeit des Tages verstr. VPom. *As Morgenkost geef dat up'n Hoff Melksupp un Brot* Gwd/Ba. *Un ierst wenn s' twei orre drei Lagen Kuurn utdöscht harn, geev 't Morgenkost* HUMGWD 75,187f.,2. – **Morgenräd** f. am Morgen Gesagtes. Nur in Ra. u. Sprw.: *Dat is ehr Morjen- un ehr Åbendräd davon spricht sie den ganzen Tag* Cam/Kt. *Morgenräd is keen Abendräd* mancher vergißt schon sehr bald, was er noch kurz vorher gesagt hat HUMGWD 11,47,12. – **Morgenrägen** m. Regen am Morgen. Scherzh.: *Morgenrägen un Ollwiewerdanz duern nich lang* °Ghg, ähnl. vereinz.

Morgenrot wie hd. – Wetterr.: *Morgenrot gifft Wåder in'n Sod* [Brunnen] Gwald, ähnl. verbr. VPom. *Morjerot bringt Dreck un Kot* Nau/We, ähnl. verstr. *Morgenrot gifft Dreck up'n Hot* Ran/Pe.
Phras.: Kinderr.: *Morjenrot, Morjenrot, Nåbern sien ull Voss is dot. Gistern hett hei noch gaut fräten, hüt hett em dei Hund wat schäten* Use/Us. *Morgenrot, Morgenrot, Murrer, uns oll Katt is dot. Gistern güng se noch spazieren, hüt müsst dat oll Beist krepieren, morgen in dat käuhle Graff* Gwd/Ze. *Morjenrot, Morjenrot, all vier Dåge gifft' 'n Brot* Cam/He.

morgens Adv. wie hd. *Morgens ward dat nu all tau rechte Tiet hell* Rüg/Ae. *Morns is dat noch recht käuhl* Gwd/Ba. Über jmd., der Versprechen oft nicht hält: *Wat dee morgens seggt, is åbends nich mihr wohr* Gwald. – Ral.: *Wecker morgens wat sport, de abends wat hett* HUMGWD 9,19,7. – Wetterr.: *Wenn't morjens vör't Frühstück rägent, jifft' got Wärer* Ran/Sr. Vgl. morling.
Lautvar.: *morns* verstr. VPom, *må(r)ns* Sto/Dö,Pf, *morjens* verbr. MPom HPom, *måijens* Reg/Kt, *mårjas* KÜHL 37.

Morgensägen m. Morgensegen. Scherzh.: *De hett sienen Morgensägen all weg* ist schon früh am Morgen ausgeschimpft worden Pyr/Lt. – Sagw.: *Nåh dei Arbeit is gaut raugen, säd dei oll Fru, don har sei Morgensägen un Åbendsägen tauhop bäd't* Dem/De. – **Morgenspråk** f., veralt. 1. an einem best. Morgen abgehaltene Versammlung der Meister und Gesellen einer Innung vereinz., HTNHZ 1924,6, HTKös 1929,15,8f. – 2. scherzh., Frühschoppen vereinz. *Ji hollen woll all Morgenspråk* Gwald. – **Morgenstiern** m. Morgenstern. 1. der (am Morgenhimmel sichtbare) Planet Venus vereinz., LAUWB 241ᵇ. Vgl. Åbendstiern. – 2. veralt., lange Pike mit abgerundeter Spitze, die Nachtwächter mit sich führten Stett BLFPVK 7,133. – **Morgenstund** f. Morgenstunde. *Wi arbeeden in t' Morgenstunn* Pyr/Lt. – Sprw.: *Morgenstunn' hett Gold in'n Munn'* Gri/Gm. Scherzh. erweitert: *... œwer Blie in'n Noors!* Gri/Bo, ähnl. verstr.

Moritzen s. Mores.

Mörkuhl f. (mit Wasser gefüllte) Grube, in die man früher Flachs zum Mürbewerden legte vereinz.

morling Adv., veralt., auch *morlink, morlings* selt. °Sto, am (heutigen) Morgen selt., HOEFAMSC 313ᵇ. Vgl. MWB 4,1260. *Dat heww ik doch morling all mookt* Sch/Pu. Vgl. åwling(s), daglings, nachtling. – Mnd. *morgelinc* heute morgen.

Mörmåker m. 'Mürbemacher' kleiner Spaten, mit dem vom Maurer Mörtel bis zur gewünschten Konsistenz gemischt wird vereinz.

Morr s. Modd.

morsch Adj., *moosch* selt. VPom, *måsch* Ank/An, *mursch* Rüg/Bi, Ank/Br, Rum/Pr, wie hd. vereinz., LAUWB 241ᵇ. *Dat is mooschet Holt* Gwald.

Morsellen Pl., veralt., tafelförmiges Naschwerk mit geleeartiger Füllung, das früher bes. zur Weihnachtszeit hergestellt wurde vereinz. – Mnd. *marselen* (zu lat. *morsuli*) Gewürztäfelchen.

Mös f. Möse, Vulva, Vagina verstr. → Kutt. – Zu rotwelsch *Moß, Muß* Frau, Geliebte, Dirne.
Laut- u. Formvar.: *Mös'* vereinz., *Mees, Mees'* vereinz. NOPom, *Möösch* Reg/Kt. Dim., veralt.: *Meiseke* HOEFAMSC 303ᵇ.

Mœsch m., selt. n., PflN, *Möösch* vereinz., *Möörsch* Fra/Ne, *Määsch* selt. VPom, Cam/Os, Lau/Vl, BRU 4,12, Waldmeister verstr. VPom, sonst vereinz. *De Mœsch bläugt to Pingsten in'n Busch* Rüg/Dm. *Dat rüükt hier so nåh Mœsch* Dem/De.

Moschüken s. Maschüken.

mosen s. mausen.

mösern s. mäusern.

Moses 1. Name des biblischen Propheten. – In fester Vbdg.: *dat sösst/sæbent Bauk Moses* Bez. für geheimnisvolle Zauberbücher verstr., vgl. BLFPVK 7,50 u. 68, HUMGWD 12,14,10. Scherzh., angelehnt an Moos¹: *Moses un de Propheten Geld verbr. Kalf Moses* einfältiger, unreifer Mensch verstr. – **2.** seem. – **2.1.** Schiffsjunge verbr. *Moses sien Hüer [Heuer] is man lütt* Gwald. *Moses möt upbacken* muß den Tisch decken und das Essen auftragen Fra/Zi. – **2.2.** Beiboot verstr., HUMGWD 8,2,4. – **2.3.** zu einer Äquatortaufe genötigte Person vereinz. vpom. Küste.

mösig s. måsig.

Moss s. Muss.

Mossdreck m. Senf verstr. *'n Pott Mossdreck* POP 149. Über einen unnahbaren, übellaunigen Menschen: *De is nich mit Mostrich to geneeten* Rüg/Pu, ähnl. vereinz. – Sagw.: *Dat is basche [ranzige] Borrer, sär dei Düwel, don frät hei in 'n Düüstern Mossdreck* Rüg/Nn.
Laut- u. Formvar.: *Mostrich* vereinz. MPom HPom, *Mustrich* Sto/Gl. Zudem scherzh. entstellt auch: *Moorsdreck* 'Arschdreck' vereinz., *Musdreck* 'Mäusedreck' vereinz.

mossig Adj. wütend, zornig Ran/Pe. → füünsch.

Most m. unvergorener, trüber Fruchtsaft vereinz. *Ut Äppel un anner Åft ward Most måkt* Gwd/Ba. – Ra. s. Bartel¹.

Mostrich s. Mossdreck.

Möt¹ f., *Meet* verstr. NOPom, JOSTWB 63. **1.** Begegnung, Zusammentreffen. *Ik kom mit keine so in 'e Meet habe* kaum gesellschaftliche Kontakte Lau/GW. Heute aber nahezu ausschließlich nicht mehr als freies, sondern nur noch als gebundenes Lexem: *ein' in de Möt kåmen* jmd. zufällig treffen verbr., auch: die Durchführung von Plänen anderer behindern verstr. Drohend: *Kumm mi nich werrer in 'e Möt!* Dem/Tp, ähnl. verstr.; *ein' in dei Möt gåhn/lopen* sich jmd. entgegenstellen verstr., auch: jmd. entgegengehen, -laufen vereinz.; *ein' dei Möt afgåhn/aflopen* jmd. den Weg abschneiden, um ihn an etwas zu hindern verstr.; *ein' in dei Möt nähmen* jmd. mit unnachgiebiger Strenge behandeln verstr. VPom, HUMGWD 3,11,4. Vgl. möten². – **2.** Nähe, unmittelbare Umgebung vereinz. *Dei wåhnt hier in miene Meet* Büt/Bt. – Mnd. *möte* Begegnung, Entgegenkommen.

Möt² f. Neige, Rest Fra/Br, °Ank, Cam/He. *Wer kricht hüt dei Möt?* Ank/An.

möten¹ unr. müssen. **1.** mit Inf. als Modalverb. – **1.1.** durch äußeren oder inneren Zwang genötigt sein, etwas zu tun. *Hei möt woll alls måken, wat du wist* Gri/Mi. *Ik mütt hüt noch wat schriewen/don* Rüg/Pu. *Du möötst ganz still sin!* Ank/Pe. *Ik müsst giste(r)n Brot hålen* Fra/Br. Stoßseufzer: *Möt ik ümmer daun, wat ik möt?* Dem/De. Auch: erstrebenswert, angemessen sein. *De deit uk so, as müsst dat so sinn* als wäre es erstrebenswert Ran/Pe. – **1.2.** aus best. Umständen heraus sehr wahrscheinlich sein. *Du weetst doch, dat dien Kind in disse Daag kamen mütt* ⁴TRI 68. *De Blitz mutt dor e'schlågen hebben* Pyr/Lt. *Dat Jeld möt doch dorsin!* Stett. – **1.3.** dürfen, sollen. Nur in der Verneinung: *Dat mutt ma nich glöwe* °Sch. *Du musst mi nich narre!* Kol/Go. – **2.** als Vollverb in elliptischen Konstruktionen. – **2.1.** gezwungen sein, etwas zu tun. *Dat mutt so!* so wird es gemacht! Pyr/Lt. Am Ende einer Arbeitspause: *Nu möten wi man werrer!* °Ghg. – Ral.: *Wat mütt, dat mütt!* was sein muß, muß sein! Rüg/Rp, ähnl. allg., oft erweitert: *... dor helpt kein Båden* Fra/Be, ähnl. verbr. *Wur dit woll möt?* was daraus wohl wird? verbr. VPom. Auf das Sterben bezogen: *Dei Ollen möten un dei Jungen kænen* Dem/De, ähnl. allg. – Sprw.: *Möt is 'ne hart Nœt* Ank/Br. *Dat Mutt is ein bitter Kruht* HOMWB 127ᵃ. – **2.2.** auf die Toilette müssen. *Mudding, ik möt ees!* Ank/An. Verhüllend: *Ik möt dorhen, wur uk de Kaiser to Fot hengeht* Rüg/Pu.
Lautvar.: *mütten* vereinz. °Rüg, vereinz. MPom, vgl. PFA 31, *mutte* Rum/Gl, °Büt ²MIS 64, *mäte* °Rum, NOPom, ²MIS 25, ⁵TITA 57, JOSTWB 62, *moite* nordöstl. °DKr ³TITA 12, nördl. SPom KÜHL 11, *måite* Rum/Fa ²MIS 25, *moide* Reg/Kt, *måite* Kös/Dr, vereinz. °Sch MAH 62, *mäute* Gbg/Gp,Wo, Reg/Me, *möite* Kol/Pr, *muite* Gbg/Vi, *meite* HOMWB 127ᵃ.
Flex.: Präs.Sg.1. u. 3.: *möt* verbr. VPom, *mött* Kol/De, *mät* vereinz. °Rum, *mütt* vereinz. °Rüg, ³MIS 10, Uec/Ge,Pa, Ran/Pe, *mutt* verstr. MPom, verbr. HPom, *mott* östl. °Lau STRI 37, *maut* Fra/Bn,Pe, Gbg/Gp,Wo, Reg/Kt,Me, Kol/Go, Kös/Kz, *muit* Gbg/Vi. – 2.: *mööst* verbr. VPom, *möötst* vereinz. VPom, *mösst* vereinz. °Gwd, *musst* verstr. MPom, verbr. HPom, *muttst* Kös/Gu, *müsst* selt. VPom, *müttst* Rüg/Nu, *mosst* Ghg/Wi, *mäust* Gbg/Gp,Wo, Reg/Me, *muist* Gbg/Vi. – Prät.Sg.1. u. 3.: *müsst* verbr., *misst* °Rum, verstr. NOPom, LAUWB 240ᵇ, [mɪzd] °Büt ²MIS 64, *miesst* Rum/Km ⁵TITA 47, JOSTWB 62, [mɪzd] °Sch MAH 62, Sto/He, nordwestl. °Lau, STRI 22 u. 45. – Part.Prät.: *müsst* verstr., *misst* °Büt, LAUWB 240ᵇ, *miesst* °Sch MAH 62, JOSTWB 62.
Phras. zu 1.1.: Sagw.: *Wat sin möt, möt sin, säd Hans un köfft siene Fru 'ne Fläut* Gwald. *Wat sin möt, möt sin, säd de Buer, verkööfft siene Ossen un köfft sik 'ne P(e)rück* Gwald, ähnl. HUMGWD 5,6,3. *Wat dör sin mœt, mœt sin, segt de, mor'ns Glas Bramwin un middags 'n Stück Flêsch* ¹HOEFE 16.
Phras. zu 2.1.: *Wenn ik möt, denn möt ik, säd dei Jung', don süll hei dei Brut küssen* Ank/An. *Wat möt, dat möt, säd de Jung', don köfft he sik 'ne korte Piep/'ne Multrummel* Stral, ähnl. WHTKLNAU 1925,71, ¹HOEFE 43. *Wat möt, dat möt, sär dei Buer, as hei sich in 'e Bücksen måken deed* Gri/Gm. *Jå, wi möten, secht Stine Witten, steiht up un geiht glieks werrer sitten* Gwd/Nu.

möten² sw./unr., *mäuten* Fra/Pe, Dem/Tp, *möde* Reg/Kt, *meete* NOPom. **1.** bändigen, aufhalten. Häufig auf Vieh bezogen, das auszubrechen droht: *Hei mött dat Veih* Dem/Tp. *Du kast dei Käuh möte helpe* Cam/He; *de Gös'/Farken möten, dat se nich in't Kuurn gåhn/ganz utrieten* Rüg/Dm, Gri/El. Auf Menschen bezogen: *Kann denn keinein dei Kinner möten?* Gri/Gm. Auch: beruhigen. *He wier so füünsch [zornig], ik müsst em ierst 'n båten möten* Rüg/Pu. – **2.** etwas beseitigen, abwehren,

zurückdrängen. *Du bruukst di nich to ängsten, ik will di denn Grugel woll möten* will deine Angst vertreiben Rüg/Pu. *Wi willen dat Unkrut möten* Gri/Mi. *Sei hewwe dat Feewe mött haben* das Fieber gesenkt Gbg/Gp. *Hartweih möten* großen Kummer lindern ¹GRAU 69. *Kann minschlich Kunst den Dood nich möten* ³SCHWA 91. – **3.** jmd. begegnen vereinz. *Wettst du, wäm ik hüt möt't heff?* Reg/Rg. Herausfordernd zu jmd., dem man etwas heimzahlen will: *Wi möten uns noch ees!* Uec/Ue. Vgl. Möt¹.
Flex.: Der Stammvokal wird im Präs. in der der 2. und 3.Ps.Sg. sowie im Prät.Sg. und Part.Prät. zumeist gekürzt: Präs.Sg.2.: *möttst* verbr., *mettst* NOPom. – 3.: *mött* verbr., *mett* NOPom, *mötet* selt. VPom. – Prät.Sg.1. u. 3.: *mörr* verbr., ²GIL 82. – Part.Prät.: *mött* verbr., *mett* NOPom, *möt't* Reg/Rg.

Mötlien f. lange, mit Lappen versehene Leine, die bei der Jagd das Ausbrechen des Wildes aus einem best. Gebiet verhindern soll Sto/Dö,Wd. – Zu möten².

Motsch m./f. Morast, Schlamm vereinz. MPom HPom. *Is daue 'n Motsch up'm Hoff!* Gbg/Gp. → Modder.

Mötsch n. Kälbchen Net/Hf,Sl. – Lautmalendes Wort, vgl. BBWB 3,332f.: *Motsche¹, Mötsch(e)kalb*.

motschen sw., *motschern* Ghg/Li, im Morast spielen vereinz. MPom HPom.

Motschoon f., Endsilbe betont, *Mutschoon* selt. VPom, Motion, Bewegung, körperliche Betätigung verstr. VPom. Zumeist litspr. belegt: *sin Dokter säd, dat güng nich mihr, hei müßt sick Motschon maken* HUMGWD 10,31,4.

Mott f., *Mutt* verstr. VPom, Pl. *-en*, vereinz. auch leniert zu *Modden, Mudden*. **1.** TiN. – **1.1.** Motte, bes. Kleidermotte. *De Mott frett sich dörch de Pilz* durch den Pelzmantel Sto/Gl. Über einen ungepflegten Menschen: *Dei is von'e Mutten anfräten* Dem/Tp. Ausruf des Erstaunens oder der Bestürzung: *Du krichst dei Motten!* Dem/Tp, ähnl. verbr. – **1.2.** Nachtfalter verstr., ²KNO 71. – Volksgl.: *Wenn 'ne Mott üm't Licht flücht, gifft't 'n Breif* Gwd/Ba, ähnl. verstr. – **1.3.** Kellerassel Gri/Mi, Gwd/Wo. – **2.** unzuverlässiger, alberner Mensch vereinz. Auch: leichtlebige weibliche Person vereinz.
Rsyn. zu 1.1.: *Botterhex, Hex, Kleederul, Mottenschieter, Schåw'*.

Mottenkist f. Mottenkiste verstr. *Dat Kleed hest du woll ut'e Mottenkist vörhålt* Ank/An. Über einen altmodischen Menschen: *Dat's ein ut dei Mottenkist* Gri/Bo. – **Mottenkrut** n., PflN, Sumpfporst selt. VPom. Der Geruch der Pflanze soll Motten vertreiben, vgl. MARZELL 2,1216ff. – **Mottenschieter** m., TiN, Kleidermotte vereinz. VPom, Net/Hf. → Mott. – **Mott(en)worm** m. Larve der Kleidermotte Saa/Za, vgl. DWA 1, Kt.33. – **mottig** Adj., auch *muttig, muddig* Gri/Mi, *muttch* Stolp,

müttig Lau/Vl, mottenzerfressen vereinz. *Dei Fäädre* [Bettfedern] *sinn mottig* Dra/La.

motzen sw. jmd. schikanieren, quälen selt. VPom, Ghg/Li, Lau/GW. *De motzt em ümmer* Dem/De.

Motzen¹ ON (in Brandenburg). Nur in der Ra.: *Dat güng wedder bet Motzen* nahm wieder kein Ende Gwald, ähnl. Rüg/Sc,Tr. Vgl. BBWB 3,335: ¹*Motzen*.

Motzen² Pl. Muskeln selt. MPom HPom. *De hett nüscht in de Motzen* ist schwächlich Ghg/Li. – Zu poln. *moc* Kraft. – **Motzno** f. **1.** Kraft, körperliche Stärke vereinz. MPom HPom. – **2.** Geld Uec/Ge, Ghg/Li, Saa/Te, Sto/Dö,KP. – Slaw. Lehnwort, vgl. poln. *mocno* sehr, schwer.

Much¹ f., fachspr., Schlaufe, die die Kurbel am Spinnrad mit der Leitstange des Schwungrades verbindet Ghg/Hi, ⁴ROSF 473. – Eventuell zu Maug Hemdsärmel, vgl. BBWB 3,230: *Mau(ge)3*.

Much² f., TiN, Stubenfliege Lau/Pb. – Zu poln. *mucha*.

mucheln¹ sw., *muckeln, muggeln* Gri/Go, Gwald. **1.** nachreifen (auf Obst bezogen) vereinz. VPom. *Dei Äppel möten noch mucheln* Fra/Zi. Vgl. mulschen. – **2.** Obst leicht drücken, bis es weich ist vereinz. VPom. Kindspr.: *Ik will 'n bäten muckeln* will etwas kuscheln, mich anschmiegen Gri/Go.

mucheln² sw. mogeln, schummeln selt. VPom. Vgl. muchlig².

muchlig¹ Adj., *mucklig* selt. VPom, *moochlig* Dem/Tp, Gwd/Ze. **1.** dumpfig, muffig, faulig verbr. *Dat kann ik nich äten, dat is all ganz muchlig* Rüg/Dm. *Dat Fleisch/Mähl rüükt all so muchlig* Reg/Kt, Gwald. Über eine ungepflegte Person: *Dei süht ümmer 'n bäten muchlig ut* Gri/Mi. – **2.** trübe, dunstig (vom Wetter) vereinz. *Dat süht buten so muchlig ut* Ank/An.

muchlig² Adj. auf Mogelei abzielend Reg/Kw, Rum/Pr. Vgl. mucheln².

Muchmähl n. feuchtes, dumpfiges Mehl vereinz. NOPom, ²REH 90.

Muck¹ f., selt. m., *Mugg'* vereinz. vpom. Küste, Pl. *Mucken, Muggen*. **1.** Trinkbecher (zumeist ohne Henkel) verbr. vpom. Küste u. am Stettiner Haff. *Nimm de Muck tum Drinken!* Uec/Ue; *'ne Muck mit Kaffe* Fra/Zi. → Bäker. – **2.** kleine, bauchige (Milch-)Schüssel vereinz. VPom, ⁴WIN 126. – Über die Seemannssprache entlehnt, zu nl. *mok*, engl. *mug* Trinkbecher.

Muck² m. kaum vernehmbarer Laut, Ton verstr. *Hei gifft keinen Muck von sik* Gwd/Ba. Drohend: *Du sechst jetzt keenen Muck mihr!* Ank/An. Syn. Mucks.

Muck³ f., zumeist im Pl. *Mucken*, eigensinnige Laune, schrulliges Verhalten. *Dat Kind hett 'ne dolle Muck* ist sehr trotzig Dra/Ka. *Wi möten em dei Mucken utdriewen* Gwald. Im Spottvers auf eine eigenwillige Person bezogen: *De Zick, de will nich bucken, de hett so ehre Mucken* Uec/Ue, ähnl. vereinz. Syn. Nück.

Muckeck f. Zimmerecke (bes. hinter dem Ofen), in die früher trotzige Kinder zur Strafe gestellt wurden vereinz. Vgl. Muleck.

Muckefuck m. dünner, schlechter Kaffee, Kaffee-Ersatz verbr. *Drink man noch 'n bäten Muckefuck, dei is weinigstens warm* Rüg/Ae.

muckelig Adj., auch *mucklig, much(e)lig* Rüg/Zi, Ank/An, füllig, beleibt verstr. VPom, sonst selt. *Wur wier de dickst? De dar hinnen in de Eck? De wier goot muckelig* ²TRI 98. → dick.

muckeln s. mucheln¹.

mucken sw. 1. einen kaum wahrnehmbaren Laut von sich geben. Auch: sich kaum merklich rühren. Zumeist refl. u. in der Verneinung: *Du dörfst di nich mucken!* du mußt ganz still sein! Fra/Pe. Über einen Pantoffelhelden: *Hei hett bi ehr nicks tau mucken* Gri/Go. Vgl. micken, mucksen. – 2. aufbegehren, sich widersetzen verstr. *Befähl is Befähl, dorgägen gifft 't kein Mucken* Dem/De. *Dat Pee(r)d muckt* das Pferd bockt Gbg/Gp. – 3. pochend schmerzen verstr. *Dat muckt (mi) doch ümmer werrer in 'e Tähne* Pyr/Lt. Vgl. muckern.

Mucken s. Muck³.

Muckepick(e) f., *-pucke* Rüg/Pu, lautm. Bez. für das Motorrad vereinz. Auch: Motorboot Gwald. Vgl. Maschin u. BBWB 3,338: *Muckepicke*.

Mucker m., *Mugger* Fra/Pe, Gri/Mi, *Mücker* selt. VPom, HOEFAMSC 314ᵃ, Pl. *-s.* 1. TiN, Kaninchen VPom, sonst verstr. *Ik möt för mien Muckers Krut plücken* Gri/Gm. *Tau'n Sünndag ward 'n Mucker schlacht't* Gwd/Ba. Vgl. Kanienken, Karnickel, Lapeng. – 2. brummiger, unzufriedener Mensch vereinz.

Mücker m., *Mügger* Gri/Mi, *Micker* selt. VPom, *Migger* Uec/Ge, verkümmertes Lebewesen vereinz. *Dat Farken is 'n Mügger, dei annern hemm' em ümmer von 'e Titt afdrängt* Gri/Mi. Vgl. mückern, mückrig.

Muckergröschen Pl. heimlich zusammengespartes Geld verstr. VPom, Pyr/Wa, Lau/Vl. *Wur is dat mit de Muckergröschen? fróg hei un kek ehr dorbi giftig an* ²BAND 16. Vgl. MWB 4,1265f.: *Muckergeld, -schilling.* –

Muckerkass f., *Möker-* Gwd/Wo, Kasse für heimliche Einkünfte (bes. der Ehefrau) vereinz. VPom, vgl. MWB 4,1265. – **Muckerkist** f. Kiste zur Aufbewahrung wertvoller Dinge Fra/Br.

Muckerkohl m., kindspr., Kaninchenfutter, bes. Sauerklee vereinz. – **Muckerkrut** n., kindspr., Kaninchenfutter, bes. Löwenzahn vereinz.

muckern¹ sw. 1. pochend schmerzen vereinz. *De holle Tähn fängt an tau muckern* Fra/Zi. Vgl. mucken. – 2. veränderlich, unbeständig sein (vom Wetter) Uec/Ue, Sto/Pf, HOMWB 131ᵇ: *Dat muckert hüt so, dat kann noch gaud Wedder ware.* – 3. (heimlich) Geld sparen vereinz. VPom, Uec/Ge, Lau/Vl.

muckern² sw. liebkosen, umarmen vereinz. VPom, Ghg/Li, Rum/Pr, Lau/Vl. *Man möcht ehr nähmen un muckern* Gwd/Ze.

mückern sw., *mickern* vereinz., *müggern* Fra/Zi, Rüg/Ae, verkümmern, kränkeln, nicht gedeihen verstr. *Dat Küken mückert, dat ward woll dotblieben* Gwd/Ba. Vgl. Mücker, mückrig.

muckig Adj. unfreundlich, trotzig Uec/Ge, Ghg/Li, Nau/Db, Lau/GW,Ke. – **muckrig** Adj. trübe, dunkel (vom Wetter) Sch/Pu, Rum/Pr, Sto/Pf.

mückrig Adj. 1. verkümmert, im Wachstum zurückgeblieben, schwächlich. *Sien Kinner seihn all so mückrig ut, dorbi fählt en dat an nicks* Rüg/Ae. *De Planten stähn all so mückrig* Stett. *De Lämmer kop ik ne', de sünn tau mickrig* Ghg/Hk. Vgl. Mücker, mückern. – 2. wählerisch beim Essen vereinz. *Dei ett / dat Veih frett so mickrig* Neu/Gc, Lau/GW.

Lautvar.: *mückerig* vereinz., *müggerig* Fra/Bn,Zi, *mük(e)rig* Rüg/Wi, Dem/Tp, *mickrig* verbr. MPom, sonst vereinz., *miekrig* Gwd/Wo, Ran/Al, Rum/Br, Sch/Sl, *miegrig* Sto/Lü, *muggerig* Lau/Pb,Sl, *müttschrig* Fla/Ta.

Mucks m. schwach vernehmbarer Laut vereinz. Drohend zum trotzigen Kind: *Wenn ik noch eenen Mucks hür!* Gwald. – Gebräuchlicher ist Muck². – **mucksch** Adj. 1. mürrisch, verärgert. *Wenn Karl mucksch is, räd't hei mit keen' Kös/Sr. Lob für den Ehemann: *Mien Kerl hett mi noch keen mucksches Wort secht* hat mich noch nie ausgeschimpft Uec/Ge. – 2. dickköpfig, eigensinnig verbr. *Hew ick nich glieksen seggt, dat sone Isenbahn een ganz verdreigtes, mucksches Diert is!* HUMGWD 1,20,8. – **mucksen** sw. 1. einen kaum vernehmbaren Laut äußern. Auch: eine kaum wahrnehmbare Bewegung ausführen. Zumeist refl. u. in der Verneinung: *Wenn du up'n Anstand [Hochsitz] sittst, dörfst du di nich mucksen* Gri/Bo. Vgl. micken, mucken. – 2. aufbegehren, opponieren vereinz. – 3. grollen, schmollen vereinz. *Wat sittst du dor un muckst?* Lau/Vl. – 4. heimlich entwenden, stehlen Fra/Ks, Rüg/Ae. Vgl. MWB 4,1266. – **mucksenstill** Adj., *mucksstill* vereinz., Dim. *mucksenstilling* vereinz. VPom, völlig still verstr. VPom, sonst selt. *Dat wier mucksenstill in't Timmer* Ank/An; *mucksenstill sitten* Gwd/Ba.

Mudd s. Modd.

Muddel[1] f. versteckter Platz, an dem man Obst zum Mürbewerden weich lagert vereinz. VPom. *Ik heff mi för de Äppel 'ne Muddel måkt* Gri/Bo. – **Muddel**[2] n. Durcheinander, Unordnung LAUWB 242[b]. – **Muddelie** f. 1. Wirrwarr, Durcheinander vereinz. MPom. Ironisch: *Du hest jå 'ne schöne Muddelie üm di rüm to lingen!* Uec/Pa. – 2. Betrügerei Gri/Mi. – **muddelig** Adj., gesprochen zumeist *muddlig*. 1. schmutzig, unsauber VPom, sonst verstr. *Dei Wäsch süht so muddlig ut* Dem/Tp. *In ehren Husholt geiht dat 'n båten muddlig tau* Fra/Zi. → schmuddelig. – 2. nachlässig, liederlich vereinz. – 3. naßkalt, regnerisch vereinz. *muddlig Wäder* Gwald. – **Muddelkåmer** f., hist., Rumpelkammer DÄHWB 313[b]. – **Muddelkist** f. mit feuchtem Stroh ausgelegte Kiste, in der Obst nachreifen soll vereinz. VPom, ¹TRI 102. – **Muddelkråm** m. unsauberes Zeug selt. VPom. Auch: Schmutzarbeit Dem/Tp. – **muddeln** sw. 1. auf einer Schicht aus feuchtem Stroh nachreifen (vom Obst) verbr. VPom. *Dei Äppel smecken noch nich, möten ierst 'n båten muddeln* Rüg/Ae. – 2. leicht regnen oder schneien vereinz. – 3. nachlässig mit etwas umgehen, schlampig arbeiten vereinz., HOEFAMSC 313. – 4. leicht schmutzig werden Gwald: *Dat Kleed muddelt so*. – **Muddeltrien** f. unordentliches, nachlässiges Mädchen vereinz. VPom. – **Muddelwäder** n. feuchtes, trübes Wetter LAUWB 242[b].

Mudden s. Mott.

Mudder f., in VPom bes. im familiären Gebrauch zumeist *Mudders*, Mutter. 1. weiblicher Elternteil. *Hett di dien Mudder Verlöf gäwen?* Rüg/Rp. *Lop fix nåh Hus un fråg Mudding!* Gwald. *Is Mudders uk tau Hus?* Stral. *Mudders ward woll schimpen* Fra/Zi. *Hei sitt ümmer achter sien Mudder an* ist ein Muttersöhnchen Gwd/Ba. Über einen Dummkopf: *Dei kennt sien eegen Mudder nich* Ank/An. – In Ra. u. Sprüchen, die das Idealbild der Mutter preisen: *Ne Mudder kann 'n verlieren, äwerst nie nich wedderfinn'n* HUMGWD 7,20,5. *Ne gaude Mudder süht mihr mit een' Og', as de Vadder mit twee* ebd. *Wecker sin' Mudder leiwt, den hett Gott leiw* HUMGWD 9,20,2. *Is dei Mudder noch so arm, so giwwt sei ehr Kind doch warm* HUMGWD 7,20,6. – Sprw.: *Jede Murrer låft ehr Kind* Gwd/Ba. – 2. Ehefrau, Hausfrau. *An'n besten is't doch bi Muddern achtern warmen Åben* Gwald. Über eine unverhoffte Geldeinnahme freut sich der Ehemann: *Schon wedder Geld, wat Mudder nich weit!* Gwald. Scherzh.: *Spåß möt sin, un wenn't bi Muddern in't Bedd is* °Gwd, ähnl. verstr. *Nu man rup up Murrern!* ran an die Arbeit! Gri/Mi. – 3. als Anrede für eine ältere Frau aus niedriger Sozialschicht. Häufig in Vbdg. mit dem FN: *Na, Mudder Schulten, wur geiht di dat hüt?* Gwald.

Veralt. auch als Anrede der Bäuerin durch das Gesinde vereinz. In Tanzliedern oft in der Vbdg. *Mudder Wittsch/Roloffsch*, s. unten. – 4. in festen nominalen Vbdg. – 4.1. *Mudder Griepsch*, auch *Mudder Griep* vereinz. VPom, Hebamme verstr., vgl. DWA 5, Kt.4 u. Griepsch[1]. – 4.2. *Mudder Gräun*, freie, unberührte Natur vereinz. *bi Mudder Gräun schlåpen* unter freiem Himmel schlafen Fra/Zi. – 5. veralt., Gebärmutter der Frau vereinz. Hist.: Unterleibskrankheit vereinz., HOMWB 127[a], BLFPVK 7,57. – 6. Mutterschaf vereinz. VPom. Vgl. Mudderhaud, -schåp. – 7. Pl. *-n* VPom, sonst *-s*, Schraubenmutter. *dei Murrer befielen* mit der Feile bearbeiten Gwald.

Laut- u. Formvar.: *Murrer* verstr. VPom, wie hd. *Mutter* verstr. MPom HPom, *Motter* Büt/Be, Sto/Kk, südöstl. °Lau, STRI 37, *Modde* °Saa, *Modder* Lau/Ke, *Moder* ²HOEFA 391, *Mohre* Rüg/Gr BURKA 48, *Morer* Ghg/Si BLFPVK 3,132, *Muddern*, *Muttern* (aus dem Dat.Sg.) vereinz. Diphthongische Belege, die nur noch im Munde von wenigen älteren Sprechern gebräuchlich sind: *Maurer* Fra/Gl, Nau/Db, ²GIL 34, *Mauder* Fra/Ln, HOMWB 127[a], *Mauer* Use/Hf ³JAHN 501, ²GIL 34. Suffigierte Formen: *Mudde(r)s* verbr. VPom, HUMGWD 12,43,8, *Murre(r)s* Fra/Br, *Mutte(r)s* Reg/Kw, Dra/Dr, *Maures* Use/Ws. – Dim.: *Mudding*, *Murring* (nur in Bed.1.) VPom, *Mutte(r)ke(n)* vereinz. MPom, verstr. HPom, *Muttke* Ghg/Wt, *Müddeke* Reg/Kt. – Pl.: *-s* vereinz. MPom HPom, *Müdder* vereinz. VPom.

Phras. zu 1.: Sagw.: *Is allens gaud, wat Gott giwwt, äwerst wat Mudder giwwt, is båter!, säd de Jung, don har em 'ne Kreih wat up't Bodderbrot makt* HUMGWD 14,37,11. *De schlichten Tiden hemm' uphürt, säd Mudder, dunn schmärt s' uns Stamptüften up't Brot* HTKLANK 1935,85. – Rä.: *Wurans kann dat angahn? Dor sitten twee Müdder un twee Döchter in een Stuw, un doch sünd dor man dree Minschen in* = Großmutter, Mutter und Tochter HUMGWD 8,22,9. – Als Dim. im Kinderlied: *Mudding, wat kåkst du dor? Kind, ik kåk Klüten! Mudding, de mag ik nich, de kann ik nich bieten! Ih, wenn du keen Klüten ettst, denn gifft dat wat mit de Swäp, Leckertåhn, Leckertåhn, magst du uk gröne Seep?* °Rüg, ähnl. ²BIEL 52.

Phras. zu 3.: Sagw.: *De Minsch möt sparsam sin, säd oll Mudder Kuhrtsch, un kakt Seep ut Muskåtel* HUMGWD 11,18,11. – In Tanzliedern (bes. zur Polka): *Mudder Wittsch, Mudder Wittsch, kiek mi mål an, wur ik denn Schottschen/Bummelschottschen danzen kann. Half up'e Hacken, half up'e Tehn, oh Mudder Wittsch, wur geiht dat schön* Gri/Bo, ähnl. verbr. VPom, sonst vereinz. *Murrer Roloffsch is dot, hett 'n Backtrog up'n Schot, hett 'n Mählsack up'n Nacken, sei will woll noch backen* Ank/Br, ähnl. vereinz. *Mudder Lodwigsch is dot, hett 'n Pisspott an'n Fot, hett 'n Drümmel in de Hand, un späält Muskant* Ran/Ro, ähnl. vereinz.

Mudderbrauder m. Onkel mütterlicherseits vereinz. Vgl. Vadderbrauder. – **Mudderbraudersœhn** m. Cousin, der Sohn des Onkels mütterlicherseits ist Dem/De, Ank/Km. – **Mudderhart** n. Mutterherz. *Dat Mudderhart is ümmer bi de Kinner* HUMGWD 7,20,4. – **Mudderhaud** f. Herde, in der sich nur Mutterschafe befinden vereinz. – **Mudderhüüske** n. 'Mutterhäuschen' letzte Getreidegarbe, die früher mit einem Sträußchen geschmückt als symbolischer Dank auf dem Feld verblieb vereinz. SPom, JAR 46. – **mudderig** Adj., gesprochen zumeist *muttrig*, hausbacken, antiquiert vereinz. *Ehr Kleed süht so muttrig ut* Bel/Pp. – **Mudderkalf** n. weibliches Kuhkalb LAUWB 242ᵃ. Vgl. im Unterschied dazu Bullenkalf. – **Mudderkuurn** n. Mutterkorn, schwarzes, kornartiges Fadengeflecht eines in Getreideähren schmarotzenden Schlauchpilzes mit giftigen Inhaltsstoffen verstr. *Mank 'n Weiten is tauväl Murrerkuurn* Gwd/Ba. Vgl. Hungerkuurn. – **Mudderlamm** n. weibliches Schaflamm verbr. ZPom, sonst verstr., vgl. DWA 7, Kt.2. *Us Schaup hett eia Muttelamm un eia Bucklamm* [männl. Schaflamm] Nau/Gi. → Lamm. – **Mudderleif** f. Mutterliebe. *Mudderleiw ward nie nich olt* HUMGWD 7,20,6. – **Mudderlief** n./m. Mutterleib. *Dat hett he all von Mudderlief an* das hat er schon seit seiner Geburt Stett. – **Muddermål** n. Muttermal. *Dei hett 'n grot Murrermål up'e Hand* Gwd/Ba. Früher glaubte man, Muttermale durch das Bestreichen mit einer Totenhand vertreiben zu können: *Ein Muddermål ward mit dei Hand von'n Doden bestråken, denn vergeiht dat mit dei Liek* Fra/Pe. Vgl. BLFPVK 5,87 u. 9,122. – **Muddermeliss** f., PflN. 1. Melisse, Zitronenmelisse (Heilpflanze) vereinz. ZPom, HTKÖS 1928,19,6. – 2. Ährenminze Dra/Dr. – **Muddermelk** f. Muttermilch. Spöttisch über einen körperlich oder geistig zurückgebliebenen Menschen: *De hett to wenig Muddermelk krägen* Ran/Sr. – Ral.: *wat mit de Muddermelk insågen hemm'* eine Eigenschaft seit frühester Jugend aufweisen vereinz. – **muddern** sw., *muttern* Ran/Pe, Pyr/Wa,Wi, nach der Mutter rufen (bes. von Kleinkindern) selt. Vgl. vaddern. – **Mudderpierd** n. Stute, die ein Fohlen geboren hat und dieses noch säugt selt., ¹ROSF 64. Syn. Mudderstaut. – **Mudderplumm** f. Pflaume mit zwei Kernen vereinz. VPom, Ran/Ro, Saa/Ja. – **Mudderschåp** n. 1. Schaf, das wenigstens einmal gelammt hat verstr. *Wenn dat Murrerschåp vier Johr is, kümmt dat weg* Gri/Mi. – 2. weibliches Schaflamm vereinz., vgl. DWA 7, Kt.2. → Lamm. – **Mudderschliem** m. den Fetus höherer Säugetiere umhüllende Eihaut, bes. bei Pferden u. Rindern Kol/Go,Kö, Sto/Ku,Sö. – **Mudderschlœtel** m. Schraubenschlüssel vereinz. – **Mudderschwester** f. Tante mütterlicherseits vereinz. Vgl. Vadderschwester. – **Mudderseel** f., nur in der Vbdg. *kein Mudderseel*, niemand, kein Mensch. *Üm em kümmert sich kein Murrerseel* Gwd/Ba. *Kein Mudderseel lett sich seihn* Gri/Ge. – **mudderseelenallein** Adj. völlig allein, von allen verlassen verbr. *Dei Lütt wier mudderseelenallein tau Hus* Fra/Br. Syn. mudderwindallein. – **mudderseligallein** Adj. dass. vereinz., HOEFAMSC 309ᵃ. – **Muddersprāk** f. Muttersprache. *Plattdüütsch is uns Muddersprāk* Fra/Br. *Hei hett woll in'e Frömd sien Murrersprāk vergäten* Gwd/Ba. – **Mudderstaut** f. wie Mudderpierd vereinz. – **mudderwindallein** Adj. ganz allein Rüg/Pu,Zi, sowie nach HOEFAMSC 309ᵇ auf Hiddensee. Syn. mudderseelenallein.

muddig Adj., *murrig* vereinz. VPom, Ghg/Ki, Saa/Bu. 1. dumpfig, muffig vereinz., HOMWB 131ᵃ. *Dat rüükt in'n Keller so murrig* Gri/Go. Vgl. MWB 4,1269 u. BBWB 3,339f. – 2. muttig Gri/Bo, Lau/Lg, naßkalt, regnerisch selt. *murrig Wärer* Ghg/Ki.

Mudding s. Mudder.

Muddling f., *Muttling* Slo/La, *Müttling* Nau/Fg, unbestimmte größere Menge von etwas, Anzahl verstr. HPom bis zur Persante, Sch/Sd, Rum/Tr. *Hei hett 'ne ganze Muddling Kinne(r)* Nau/De. *Dei ka' 'ne Muttling vodräje* kann viel (Alkohol) vertragen Gbg/Gp. – Wohl zu mnd. *müdde* Trockenmaß für Getreide oder Salz, Scheffel.

Muer, Müer s. Mur².

muern sw., *mure* verbr. HPom, *müra* (neben *mura*) Dra/Dr, *mauərə* °Sch MAH 89, mauern. 1. aus (Ziegel-)Steinen und Mörtel errichten. *Hüt ward uk mit Leihm muert* Gwd/Ba; *va Grund up muern* Pyr/Lt. – 2. beim Kartenspiel trotz guter Karten kein Risiko eingehen, übervorsichtig spielen.

muff Interj., *müff* vereinz., lautm. für einen dumpfen Ton verstr. Nahezu ausschließlich in Paarformeln belegt: *Dei secht nich muff noch baff* sagt überhaupt nichts Cam/Db, ähnl. verstr., BUL 14. Vgl. BBWB 3,342f.: *müff*.

Muff¹ m. modrig riechende, abgestandene Luft vereinz. *nåh Muff rüken* Gwald.

Muff² m./f., *Müff* Ank/An. 1. unfreundlicher, brummiger Mensch vereinz. Vgl. Kamuff², Muffel. – 2. jmd., der am Essen übermäßig lange herumkaut vereinz. HPom, sonst selt. Vgl. muffeln, muffen. – 3. Spitzname für den Holländer vereinz. VPom. Vgl. MWB 4,1272: *Muff²*.

Muff³ f./n., selt. m., Pl. -en. 1. (bes. von Frauen getragene) pelzgefütterte Hülle zum Schutz der Hände vor Kälte verstr. Früher auch vereinz. als Teil der Volkstracht: *de groten Muffen, mit dei de Frugensüd Sünndag för Sünndag* [...] *nah de Kark gahn* ³NERE 2,44. – Rä.: *Buten rug un innen glatt, wat is dat?* = *Muff* Rüg/Ae. – 2. Pulswärmer selt., vgl. DWA 18, Kt.4.

Muff⁴ f. 1. Muffe, Kapsel am Ende der Wagenachse zur Befestigung des Rades vereinz. – 2. Vulva vereinz. Syn. s. Kutt.

Muffel m., selt. f., *Müffel* Pyr/Wa,Wi, Reg/Me, Kol/Go, unfreundlicher, mürrischer Mensch verstr. Auch: mundfaule Person vereinz. *Mit de Muffel is keia Meesch Fründ* Dra/Bu. Syn. Kamuffel, Muff², Muffelkopp, Muffmul. – **Muffelie** f. Antriebslosigkeit, Lethargie SPI 54.

muff(e)llig¹ Adj., *müff(e)lig* vereinz. MPom HPom, *muwwlich* LAUWB 244ᵇ, muffig, modrig, dumpfig verstr. *Dat rüükt hier so mufflig* Gwald. *De Läwerwost schmeckt all müfflig* Ran/Pe. Vgl. muffig¹, müffrig.

muff(e)llig² Adj., *müff(e)lig* vereinz., mürrisch, verdrießlich verstr. Auch: maulfaul vereinz. *Mit de Fru mach ik nischt to don hewwen, de is so mufflig* Ghg/Li. Vgl. muffig². – **Muff(el)kopp** m. wie Muffel verstr.

muffeln sw. 1. langsam, lustlos kauen. *Größing muffelt up ehrn Maschüken* [Zwieback] Gwd/Ba. *Se müffelt as 'ne ull Zick* Ghg/Wt. Vgl. Muff², muffen. – 2. undeutlich sprechen verstr. *Dei muffelt ümmer, un denn is nicks tau verståhn* Gri/Ti.
Lautvar.: *müffeln* verstr. MPom, *müwwele* Nau/We, *mübbeln* Ghg/Bo, *mubbele* Neu/We, *muwwele* vereinz. HPom, *miffle* vereinz. °Sto.

muffen sw., *müffen* vereinz. 1. *miwwa* Dra/Bu, langsam, ohne rechten Appetit kauen verstr. *Du deest so muffe, schmeckt di dat nich?* Lau/GW. Vgl. Muff², muffeln. – 2. eifrig essen, viel in sich hineinstopfen verstr., PAL 187. *Ji muffen so, as wenn ji acht Dåg nicks to äten krägen hebben* Rüg/Pu. *Wat muffst du? Åt doch langsåm!* Fra/Zi. Vgl. MWB 4,1272: *muffen¹*. – 3. undeutlich sprechen Rüg/Vt, Dem/Tp, Nau/Db, Saa/Te.

müffen sw., *muffe* Gbg/Wo. 1. unangenehm riechen, stinken vereinz., HOMWB 131ᵃ. *In jugen Timmer müfft dat as in'n Kohstall* Rüg/Dm. – 2. eine Darmblähung entweichen lassen vereinz. *Du mööst buten müffen* Gri/Mi.

Mufferdeischoner m., seem., Segelschiff mit zwei Masten (Fock- u. Besanmast) vereinz. vpom. Küste. – Nach NDJB 5,13 ist *Mufferdei* entstellt aus engl. *hermaphroditebrig*, vgl. MWB 4,1272.

Mufferine f., veralt., Name eines Volkstanzes Mönchg., ADL 169, PAR 175.

Muffhanschen m. 'Muffhandschuh' Mann, der sich widerstandslos alles gefallen läßt verstr. VPom, sonst selt. *Dat is kea Kaia* [Kerl], *dat is a' Muffhanscha* Dra/Bu. – Die zweifellos ältere Bed. 'kleiner Muff' (vgl. MWB 4,1272) ist in Pom. nicht belegt.

muffig¹ Adj., *muwwig* Rüg/Ae, LAUWB 244ᵇ, *müffig* selt., dumpfig, modrig, stockig verbr. *Dat Kuurn mütt ümschüffelt warden, süss ward uns dat muwwig* Rüg/Ae. *Dat Mähl/Höj rüükt all ganz muffig* Rüg/Bi, Nau/De. *In'e Stuf is ümmer su'n muffig Luft* Saa/Le. Vgl. muff(e)lig¹, müffrig.

muffig² Adj. mürrisch, unfreundlich verstr. Auch: maulfaul vereinz.

Müffken Pl., *Müffkes* Pyr/Wa,Wi, Nau/Wa, Rum/Pr, *Mufkes* vereinz. NOPom, *Muffken* selt. VPom MPom, Sch/Rg. 1. Pulswärmer verstr. östl. HPom, sonst selt. Vgl. DWA 18, Kt.4. → Handpöters. – 2. Fausthandschuhe Rum/Pr, Sto/Dö, Lau/GW. – Dim. zu Muff³.

Muffkopp s. Muff(el)kopp.

Mufflings Pl., *Mufflings, Müffings* selt. VPom, Pulswärmer vereinz. VPom, selt. °Cam. Vgl. DWA 18, Kt.4. → Handpöters. – Dim. zu Muff³.

Muffmul m. unfreundlicher, mürrischer Mensch Uec/Ge,Ue, Ran/Pe. Syn. s. Muffel. – **Muffpolack** m. nuschelnder Mensch Rum/Ru, vereinz. NOPom. Auch: maulfaule Person ebd.

müffrig Adj. muffig, unangenehm riechend °Ghg, Sch/Sk, HOMWB 131ᵃ: *Dat riekt hier so müffrig*. Vgl. muff(e)lig¹, muffig¹. – **müffsch** Adj., *muffsch* Slo/Pa, dass. selt.

Mügg f. 1. TiN, Mücke, Stechmücke. *In'n natt Johr gifft dat väl Müngen* Gwd/Ba. *An'e Back hett mi 'ne Müüch stäken* Rüg/Ae. *Wenn eenen de Müggen sihr bieten, möt man sich mit Essig inrieben* Gwd/Ze. – Ral.: *dei Müggen hausten hüren kœnen* überklug sein verstr. Scherzh., wenn es leicht regnet: *Dei Müggen pissen* Gri/Ge, ähnl. verbr. – 2. spöttische Bez. für ein kleines, kümmerliches Lebewesen verstr. Scherzfr., die man an ein über Rückenschmerzen klagendes Kind richtet und selbst beantwortet: *Hett dei Mügg uk all 'n Rüggen/'n Krüz? = Ne, dei hett bloß 'n Håken, wur dei Moors in hackt!* Ank/Br, ähnl. verstr.
Laut- u. Formvar.: *Mück* vereinz., *Müjj* vereinz. HPom, ⁵TITA 77, *Müch* (mit ach-Laut) nordöstl. °Ran östl. der Oder, vgl. PRI/TEU 155, *Mürch, Müəch* vereinz. VPom, *Müəj* Slo/Ei ⁵TITA 77, *Müüch* Rüg/Ae, Gri/Bo, *Mööch* Use/Ke, Nau/Fg,Rh, Bel/Gl, *Möj* Nau/Db, Bel/Nm, Saa/Ae,Mo,Ze, Arn/Ha, *Möich* Neu/Nh, *Möch* Cam/Dw, Nau/Lü, Reg/Kt, Kol/Pr, Kös/Kl, *Möjj* Saa/Ao, *Mœi* Nau/Go, *Mick* Pyr/Sh, Dra/Ga, *Mich* Neu/Gu, verstr. NOPom, *Mijj* °Büt, *Mirch* Stolp, Sto/Gu, *Miej* °Sch MAH 35, Rum/Km ⁵TITA 47, *Miech* westl. °Rum, LAUWB 238ᵇ, *Miəch* (mit halblangem Stammvokal und ach-Laut) östl. °Rum ²MIS 15, *Mech* Lau/Gv, *Müədsch* (-*sch* sth.) Neu/Rt ¹⁰TEU 246. – Pl.: *Müggen* verbr. VPom, wie hd. *Mücken* vereinz., *Müjje(n)* verstr. MPom, vereinz. HPom, *Müngen, Müng'* [myŋ] verstr. VPom, Uec/Pa, *Mürgen* vereinz. °Dem, *Mögen* Fra/Bn, *Möge* POP 65,152, *Möie* Pyr/We ¹TITA 81, *Möje* Nau/De, Reg/Kw, Gbg/Gp,Vi, Neu/Ns, *Mœje* Pyr/Wa, *Mieje* °Sch, Rum/Km, LAUWB 238ᵇ, *Mijje* verstr. NOPom, *Migge* Lau/Ke, JOSTWB 65, *Müdje* Fla/Ta, *Müggjo* Net/Hf.
Phras. zu 1.: Sagw.: *All Bott* [jede Kleinigkeit] *helpt, säd dei Mügg, un spuckt/pisst in dei Ostsee / in't Haff* Ank/An, ähnl. verbr. – Bauernr.: *Danzen dei Mücken in'n Januor, warden Foder un Bodder ror* HUMGWD 9,1,3. – Wetterr.: *Wenn de Möje auwens* [abends] *so späle / danze, is't nächste Dag schön Wäre* Gbg/Gp, ähnl. verstr. *Wenn de Müggen sihr stäken, gifft dat Rägen* Ank/An, ähnl. verstr

Müggenbom m., PflN, 'Mückenbaum' Schwarzpappel °Dem. Vgl. MARZELL 3,978. – **Müggenbrett** n., fachspr., Brett mit herausstehenden Drähten zum Glätten von Rohrdächern vereinz. VPom NOPom. – **Müggenfänger** m., scherzh., Damenhut mit Schleier vereinz. – **Müggenfett** n. 'Mückenfett' fiktive Heilsalbe, nach der man Kinder oder einfältige Personen in foppender Absicht ausschickt (bes. am 1. April). *Hål för 'n Gröschen Müng'fett ut de Apteik!* Gri/Bo. – **Müggenhingst** m. Schimpfw. für einen kleingewachsenen, leicht aufbrausenden Mann Rüg/Ae, HOEFAMSc 314[a]. – **Müggenpiss** f., scherzh., leichter Nieselregen vereinz. *Dat bäten Miggepiss is glieks to Enn', wi fänga mit Inföhra* [Einfahren von Getreide] *a'* Saa/Ja. – **Müggenschiet** m./f., scherzh., Sommersprossen Pyr/Wa,Wi, Cam/He. Vgl. Fleigenschiet. – **Müggenstäker** m., veralt., Bez. für denjenigen Hirten, der beim Viehaustrieb am Pfingstmorgen als zweiter am Sammelplatz erschien HTKÖS 1922,7,3. – **Müggenstöber** m., veralt. **1.** männl. Hauptfigur bei der Pfingstfeier der Knechte und Mägde Greifswalder Ackerbürger, die mit Birkenreisig versehen ungebärdige Personen vertreiben mußte HUMGWD 14,24,1ff. – **2.** derjenige Dorfhirte, der bes. bei gemeinsamen Mahlzeiten die Aufgabe hatte, Mücken zu verscheuchen Kol/Kr BLFPVK 6,38. Ebenso: *Müggenschüger* ebd.

muh Interj. lautmalend für das Brüllen von Rindern. – Abzr.: *Ene, mene, muh, wecker grippt nu? Ik orer du?* Ank/An. *Ele, mele, muh, af büst du!* Gwd/Ba. – **Muh** f., kindspr., Rind, bes. Kuh. – **Muhkauh** f., kindspr., Dim. -käuhking Gwd/Ze, Kuh vereinz. Vgl. Buhkauh.

Muk f., *Muck* Dem/De, *Mok* Ran/Sn, Kol/De, verbr. schon in hd. Lautung *Mauk, Mauke.* **1.** Entzündung am Fesselgelenk von Huftieren, bes. Pferden vereinz. VPom. Übertr.: rheumatische Erkrankung des (menschlichen) Fußes, Beines verstr. *Hei harr hüt dei Mauk im linke Bein* Kolbg. Vgl. Munk[2]. – **2.** pejor., zumeist Pl., Fuß verbr. *Holl diene Mauken still!* Gri/Zf. *Du küst di t' ulle Mauke uk wo eis wasche* Dra/Bu. Auch: ausgetretene Socken, Schuhe, Stiefel verbr. *He hett jå so 'ne Mauken an* Ran/Ro.

Mul n. Maul. **1.** Tiermaul. *De Köuh hett 'n grot Mul* Gbg/Gp. *Dat Schwien hett 'n gaut Mul* frißt gut, läßt sich leicht mästen Gri/Bo. Als Maßangabe beim Füttern: *eie Mul vull Hei* eine kleine Menge Heu Sch/Ac. – **2.** derbe Bez. für den Mund des Menschen. *Holl doch dien Mul!* sei doch still! Ran/Gn. Prügelandrohung: *Du krichst noch wat up 't Mul!* Ran/Sr. Über eine wortkarge Person: *De hett sien Mul ümsüss* Uec/Ue. *De hett dat Mul t' Hus laute* Kol/Go. *De kann dat Mul nich updaun* Gri/Mi. Dagegen in Vergleichen über eine Klatschbase: *Ehr/em geiht dat Mul as 'ne Päpermœhl/as 'n Lämmerschwanz/as wenn't mit Borrer schmeert is* Uec/Ue, Gri/Mi, Gwd/Ba, ähnl. verbr. Auf Prahler bezogen: *Dei ka alles, auwe blos mi'm Mul* Gbg/Gp. *Grot Mul un nicks dorachter!* Gwald. Abweisend zu jmd., der beleidigt tut: *So 'n Mul måk man, denn ward dei Zäg woll bucken/dei Kauh woll bullen!* Dem/De, ähnl. verbr. Wenn man eine Speise nicht mag: *Dat is nicks för mien Mul* Gri/Go. Scherzh., wenn man satt ist: *Nu hett dat Mul Fieråwend* Saa/Ja. *Nu ka ik mi dat Mul taubinne låte* Nau/De. Spöttischer Kommentar, wenn jmd. (bes. ein Kind) beim Essen kleckert: *'n Mul as 'ne Kauh, un doch geiht allens bitau!* Dem/Tp, ähnl. verstr. Scherzh. zu jmd., der mit weit geöffnetem Mund gähnt: *Måk dat Mul to, di warn de Melktähnen sur!* Gwd/Ze. → Flapp. – **3.** maulförmiger Teil an Gegenständen. – **3.1.** Backofenöffnung verstr. – Rä.: *Sitt up d' Huck un ritt 't Mûl up* = Backofen Ghg/Si BLFPVK 3,117. – **3.2.** fachspr. – **3.2.1.** Öffnung des (bes. trichterförmigen) Netzsacks verbr., [1]PEE 206, RAS 86ff. – **3.2.2.** untere Öffnung des Mühlentrichters, in den das Korn zum Mahlen geschüttet wird Ran/Bk, Ghg/Li, [2]REH 43. – **3.2.3.** Aussparung am Webstuhl, durch die die Rolle zum Aufwickeln des fertigen Gewebes eingeführt wird Sto/Gl [4]ROSF 499f. – **3.2.4.** der vordere, zum Fassen von Gegenständen dienende Teil von Werkzeugen (bes. von Zangen und Schraubenschlüsseln). *Giff mi dei Tang' mit dat grode Mul!* Gwald.

Laut- u. Formvar.: *Mua* verbr. SPom, DKr/Br, *Muəl* Pyr/Wa,Wi, Dra/Dr,Ka, *Mẹl* vereinz. °Neu PRI/TEU 252, *Meul* Slo/Ei [5]TITA 80. – Pl. *Müler* verbr., *Mül* LAUWB 243[b], *Mieler* NOPom, BLFPVK 9,100. – Dim.: *Müling* verstr. VPom, sonst *Mülken*.

Phras. zu 1.: Sagw.: *An di is dat grot Mul uk dat Best, sä' de Voss tau de Nachtigall* Dem/De. *Dat is Mul as Salåt, secht de Äsel, don fratt hei Disteln* Sch/Sl, ähnl. EEKS 1926,12.
Phras. zu 2.: Ral.: *dat Mul tau'n Narren hollen* völlig unzureichende Mengen an Speisen oder Getränken anbieten verstr.; *(gaut/orrig) wat för't Mul hebben möten* reichlich mit Nahrung versorgt werden müssen verstr.; *'n Mul måken/trecken* den Mund verziehen, eingeschnappt dreinblicken verbr., zudem verstärkend in Vergleichen: *Dei möckt e' Mul, as wenn't Schåp schiete will/as acht Dåg Rägenwärer* Nau/Fg, Gri/Mi, ähnl. verbr.; *sien Mul tau'n Swienstrog måken* sich unflätig ausdrücken, vulgär reden Rüg/Ae; *dat Mul wiet uprieten* lauthals prahlen verbr.; *ein' üm't Mul gåhn* sich bei jmd. einschmeicheln verstr.; *ein' in't Mul rieten* jmd. zurechtweisen, zur Vernunft bringen (ursprünglich auf die Bändigung von Reit- und Zugtieren bezogen) verstr. VPom. – Sprw.: *Wer 'n grot Mul hett, möt 'n breiden Puckel hemm'* wer großmäulig ist, muß selbst viel Kritik aushalten können Dem/De. – Sagw.: *Ein kann nich oft naug dat Mul hollen, säd dei Fru, don har sei sik 'n Prozeß an'n Hals schnackt* Gwald. – Spruch: *Holl dien Mul un dau dien Wark! Stek di nich in jeden Quark! Nix as dusend flitig Hänn maken unsre Not en Enn* HTKLGWGRI 1929,55, ähnl. vereinz. – Volkstümliche Gesundheitsregel: *Holl Mul un Hinnerpuurt åpen, don kann de Dokter ut 'e Stadt rutlopen* Use/Wl.

Mulåp m. Maulaffe. **1.** dümmlich gaffender, neugieriger Mensch. Bedeutungsverengend auch: einfältige Person. – Zumeist aber ral. belegt: *Mulåpen fängen* neugierig gaffen verbr.; *Mulåpen verköpen/tau'n Verköp hollen* müßig herumstehen, faulenzen verstr. – **2.** maulfauler, mürrischer Mensch verstr. – **3.** PflN. – **3.1.** Kapuzinerkresse verstr. VPom. – **3.2.** Löwenmaul verstr. VPom, sonst selt. – **4.** Einmachglas vereinz. VPom MPom. – **mulåpen** sw. **1.** neugierig gaffen u. dabei müßig herumstehen verstr., LauWb 244ᵃ. *Nu ståhn sei dor wedder un mulåpen* Dem/Tp. – **2.** mürrisch dreinblicken vereinz. *De mulåpt as 'ne Kreih* verzieht das Gesicht Rüg/Zi. – **Mulåpenrieter** m., TiN, Hecht Mönchg. ADL 211. – **mulåpsch** Adj. **1.** neugierig gaffend vereinz. *Dei Lied wiere all mulåpsch, åber se kräje doch nischt to seihne* Büt/Bt. – **2.** eingeschnappt, beleidigt vereinz. – **Muläsel** m., TiN, Maulesel vereinz. Übertr. auf einen eigensinnigen Menschen: *Dat's 'n ollen Muläsel* Rüg/Zi. – **Mulbacks** f. Maulschelle, Ohrfeige VPom, sonst vereinz. *Ik heff em 'ne Mulbacks haugt* Dem/De. – **mulbacksch** Adj. **1.** maulfaul, sehr schweigsam vereinz. – **2.** altklug Cam/Rn, Nau/Fg,Rh, Saa/Ja. – **mulbacksen** sw. Ohrfeigen austeilen selt. VPom. – **mulbåk(e)re** sw. widersprechen selt. NOPom, JostWb 66. – **Mulbeer** f. **1.** Maulbeere verstr. – **2.** Preiselbeere Ghg/Hi, nach DWA 10, Kt.6. – **Mulbeerbom** m., PflN, Maulbeerbaum verstr. – **mulbeiere** sw. schwatzen selt. NOPom, NDKBL 11,5. – Das Grundwort zu bei(g)ern. – **Mulbuck** m. mürrische Person °Pyr. – **mulbucksch** Adj. maulfaul, mürrisch Sto/Pf. – **Muldauk** n. 'Maultuch' derbe Bez. für die Serviette Ank/Br, Ran/Sr.

Mulderjån m., veralt., süßer Dessertwein aus der Umgebung von Malaga vereinz. VPom, MI 56, BLFPVK 3,94. Zudem auch als Bez. für ein Getränk aus Rum u. Sirup, das früher bes. auf Jahrmärkten ausgeschenkt wurde.

Muldiert n., TiN, Maultier vereinz.

Mule s. Mulle.

Muleck f. Ecke im (Schul-)Raum, in die sich früher maulende, ungezogene Kinder zur Strafe stellen mußten vereinz., LauWb 244ᵇ. Vgl. Muckeck. – **mulen** sw., *mɛulə* Rum/Km ⁵TITA 50, *miule* Slo/Sl. **1.** maulen, schmollen, mürrisch sein. *Dei Jung' muult, wiel hei nich nåh buten dörft* Gri/Ge. *Hei sitt un muult mit mi, wat heww ik em dåe?* Saa/Le. – **2.** schmecken, munden vereinz. *Brot un Borrer drup, dat muult got* Stral. *Dat muult hüt nich recht* Nau/Wa. – **mulfåhrig** Adj. 'maulfahrig' vorlaut Ghg/Hi,Li, Lau/GW. – **mulfarig** Adj. 'maulfertig' schlagfertig, redegewandt Rüg/Ae. Vgl. MWB 4,1280. – **Mulfiedel** f. Mundharmonika Dem/De, Ran/Pe,Wl. → Mulörgel. – **mulful** Adj. maulfaul, wortkarg. *Du bruukst nich so mulful sin, du kannst mi ruhig antwuurden* Dem/De. Scherzh.: *De is so mulful, de is dat leed, dat se dat Räden lihrt hett* Gwald. – **Mulheld** m. Maulheld, Großmaul selt. *Dei Mulhild määkt grot Jeschrei, un is nischt dohinder* Lau/Lt. – **mulig** Adj. **1.** übellaunig, mürrisch vereinz. *Wat büst du hüt so mulig?* Saa/Ja. Syn. muulsch. – **2.** trübe, regnerisch Nau/Db, Reg/Me, Sch/Sl.

Muling f., *Mulung* selt. °Rüg ¹PEE 114, kleine Hafenmole Fra/Bo: *Wi würden nåh de Muling randräben*.

Müling, Mülken s. Mul.

Mulkimmel m. **1.** Tuch, das man (bes. bei Zahnschmerzen) um den Kopf bindet °Ghg. Syn. Kimmeldauk. – **2.** Maulkorb für Hunde Uec/Pa, Ran/Pe, BALTST NF 34,176. Vgl. Kimmel u. BBWB 3,234: *Maulkümmel*. – **Mulklempner** m., scherzh., Zahnarzt vereinz. Vgl. Mulschauster. – **Mulkorf** m. Maulkorb. *Dei Hund möt 'n Mulkorf hemm'* Dem/De.

Mull¹ n./m., selt. f. **1.** Müll, Kehricht. *Mull ut'e Dör fägen* Gwd/Ba. *Bi ehr kann dat Mull 'n half Johr vör'e Dör liggen* Rüg/Ae. – In einer Paarformel zur Bez. einer großen Menge: *Geld as Mull un Mess* verstr. *Dit Johr gifft 't Plummen as Mull un Mess* Gri/Mi. – Volksgl.: *Nåh Sünnenunnergang/Fieråbend sall man kein Mull œwern Süll fägen, dat bringt Unglück* Gri/Mi, ähnl. verstr. Vgl. Mulles. – **2.** staubige, pulverige Erde vereinz. *Dei Häuhner liggen in'n Mull* Fra/Zi. Auch: feiner Torfstaub vereinz.
Lautvar.: *Müll* vereinz., *Möll* Nau/Db, Pyr/Wa, Dra/Bu, *Mill* Rum/Km ⁵TITA 47, *Moll* °Lau ²PIRK 40, *Mioll* südl. °DKr ³TITA 11.

Mull² s. Moll².

Mullbarg m. Müllhaufen verstr. VPom. *Dei Asch schmiet man up'n Mullbarg!* Gwd/Ba. Auch: Komposthaufen LauWb 242ᵇ. – **Mulldåks** m., -docks, -dachs vereinz. MPom HPom, kleines, dickes Geschöpf (bes. auf Jungen u. Hunde bezogen) vereinz. – **Mullducks** m. dass. vereinz. VPom, sonst selt. Vgl. MWB 4,1281.

Mulle f., kindspr., *Mule* vereinz. VPom, Katze vereinz. *Uns Mule licht achtern Åben un schlöppt* Gwd/Ba. Verdoppelt im Lockruf: *Mulle, Mulle!* Uec/Ge.

Mulledder n. 'Maulleder' Mundwerk vereinz. HPom. Vgl. Mundledder.

mullekendof Adj. sehr dumm, einfältig Dem/Tp, Stett, Gbg/Ge. Vgl. mallekendof u. BBWB 3,351: *mullekendoof*.

Mullemmer n./m. Mülleimer vereinz. – **mullen** sw., *mülle* Dra/Bu,Rt, Reg/Kt. **1.** wühlen, bes. in trockener Erde verstr. *Dei Häuhner mullen in dei Ier* Ank/Br. *Mull nich so in'n Sand, dien Schauh warden stöwig!* Fra/Br. – **2.** sich in kleine Teile auflösen, locker zerfallen verstr. *Dei Sand mullt unner dei Stäwel* Ank/An. Auf Speisen bezogen, die sich leicht kauen lassen: *Dat mullt so (in'n Mund)* Gwald. – **Mullert** m., TiN, auch *Muller*, Maulwurf vereinz. NOPom. – Volksgl.: *Weihlt dei Mullert am Hus, jifft dat eine Dode* Sto/Dö. → Mullworm. – **Mulles** n., *Molles* JostWb 65, Müll, Kehricht Rum/Ru, verbr. NOPom, ²KNO 71. Vgl. Mull¹. – **mullig** Adj., *müllig* Ran/Pe, Pyr/Lt, Nau/Fg,Rh, locker, bröckelig u. zugleich trocken (vom Erdreich) verstr. *Dei Ier is schön mullig, dat gröfft sich licht* Rüg/Ae. *De Acker möt ierst mullig warn* Gri/Go.

Mullkleed n. Kleid aus leichtem Mull. *Ik treck mi 'n Mullkleed tom Danzen an* Gri/Mi.

Mullküben n., vereinz. m., kübelartiger Abfallbehälter verstr. — **Mullkuhl** f. Abfallgrube vereinz. *Dat schmiet man in'e Mullkuhl!* Stolp. — **Mullpüker** m. Müllmann vereinz. VPom. Auch: Straßenkehrer ebd. — **Mullschüffel** f. Müllschaufel, Kehrblech verbr. VPom, sonst selt. *Früher wiern dei Mullschüwweln ut Schwartbleck* [schwarz emailliertes Blech] Gri/Mi. — **Mullschüpp** f. dass. verbr. *Dreck up'e Müllschüpp fäja* Saa/Le. — **Mulltunn** f. Mülltonne vereinz. — **Mullwäuhler** m., TiN, Maulwurf vereinz. VPom, Uec/Ge. → Mullworm.

Mullworm m. 1. TiN. — **1.1.** Maulwurf verbr. *Dei Mullwo(r)m hett werre in usem Gåre wöhlt* Nau/De. *Dumme Lüd schlån denn Mullworm dot* Gwd/Ba. *Dei Jung' is so dick u' glatt as e' Mullworm* ist klein, pummelig Nau/Fg. — Wetterr.: *Wenn dei Mullworm in'n Winter Hümpels/frisch Ierd upschmitt, ward dat nich mihr so kolt* Gwald, Gri/Gm. — Volksgl.: *Buddelt de Mullworm an'n Hus, gifft't 'n Doden* Nau/Pl, ähnl. verbr. — Rä., die nach dem Maulwurf fragen: *Wat geiht dörch den Barg?* HUMGWD 11,44,12. *Hinne usem Hus waohnt eie Timmermann, bucht Hus ohn Balken* ALBELG 1939,20. — **1.2.** Moll-, Mistkäfer Nau/Pi, nach DWA 5, Kt.9. — **2.** SpottN für den Gärtner selt.

Laut- u. Formvar.: Angelehnt an *Mul* Maul: *Mulworm* verstr. ZPom, sonst vereinz. Zudem: *Murrworm* Uec/To, *Müllworm* Bel/De, *Mellworm* Lau/Gn. — Die mit dem Schwerpunkt in MPom u. SPom auftretenden Belege mit *Moll* als Erstglied gehören zu Moll[2] (nl. Herkunft), während *Moll-* im Lauenburgischen zu mnd. *molworm, mulworm* gehört, vgl. hierzu [6]TEU 339. Schließlich sind die Belege *Mult-* bzw. *Molt-* in NOPom zu mnd. *moltworm* zu stellen, vgl. STRI 36. Für weitere Einzelbelege vgl. weiterhin DWA 3, Kt.9.

Rsyn. zu 1.1.: *Moll[2], Mollboll, Mollmus, Mullert, Mullwäuhler, Mullworp.*

mullwormschwart Adj. glänzend, samtartig schwarz vereinz. — **Mullwormshupen** m. Maulwurfshaufen verbr. *In dei Wisch is 'n Mullwormshupen* °Gri. — Ral.: *ut'n Mullwormshupen 'n Barg måken* etwas maßlos übertreiben vereinz. Ebenso: *Mullwormshümpel* m. verstr.

Mullworp m., TiN, Maulwurf vereinz. VPom, sonst selt., HUMGWD 13,17,4. → Mullworm.

Laut- u. Formvar.: *Mullwopp* Dem/Tp, *Mullwerp* Gri/Ge. Mit Bezug auf *Mul* 'Maul' auch *Mulworp* Rüg/Be. Vgl. zudem DWA 3, Kt.9.

Mulm m. verfaultes, zu Pulver zerfallenes Holz Nau/Fg. Auch: lockere, staubige Erde Fra/Ln. — **mulmen** sw. **1.** (zu Staub) zerfallen vereinz. *un dei gäle Sand em man so unner dei Stäwel mullm't* GAHL 113. *De Schnee mulmt all so* fängt schon an zu tauen, sich aufzulösen Gwald. — **2.** verrotten, verfaulen Gbg/Vi. — **3.** staubtrockenen, sandigen Untergrund aufwühlen Uec/Ue: *De Rœd* [Räder] *mulmen man so in'n Sand.* — **mulmig** Adj., *mulmrig* vereinz. **1.** vermodert, verrottet verstr. *Dei Bom is all mulmig* Dem/Kt. — **2.** dumpfig, muffig vereinz. *Dat Wåter schmeckt mulmig* Dra/Ga; *mulmig rüken* Ank/Br. — **3.** bedenklich, verdächtig, nicht ganz geheuer verstr. *Dat's 'ne mulmige Såk, dor låt de Hänn' von!* Rüg/Dm. Auf das Wetter bezogen: gewittrig, drückend schwül verstr. *Dat süht hüt so mulmig ut, dat ward woll noch dunnern un blitzen* Rüg/Pu. — **4.** unwohl, übel verstr. *Mi is so mulmig in'e Måg/in'n Buk* Ank/An, Gwald. *Mi ward von de Hitt janz mulmig* Uec/Ge. Vgl. murm(e)lig. — **mulmrig** s. mulmig.

Mulörgel f. 'Maulorgel' Mundharmonika Rüg/Pu, Sto/Gl, Lau/GW.

Rsyn.: *Mulfiedel, Mundfiedel, Mundklavier, Mundörgel, Mundstimm.*

Mulpott m. maulfauler Mensch Reg/Kt. — **mulrecht** Adj. mundgerecht vereinz. Vgl. mundrecht, mundsch. — **mulrögig** Adj. 'maulrührig' redselig, Cam/Kt, Lau/GW, [3]GIL 64.

mulsch Adj., *muulsch* verstr. VPom, Nau/De, Reg/Kt, *molsch* verstr. SPom, sonst selt., *moolsch* Nau/Db,We, Reg/Wo. **1.** überreif, angefault (bes. vom Obst) verbr. *Dei Beern/Äppel warn all mulsch, dei möten bald äten warn* Gwd/Ba, Ank/An. Vgl. mulschig. — **2.** morsch, verrottet vereinz. *Dat Holt/de Bom is all mulsch* Rüg/Ae, Cam/Pr. *So 'n oll Pumpenruur was* [...] *all mächtig mulsch* HUMGWD 75,138f.,2. *Mi is so mulsch in'e Knåken* ich bin völlig kraftlos Uec/Pa. — **Mulsch** n./m. **1.** überreifes, angefaultes Obst °Fra. — **2.** zerbröckelter Abfall, Grus Dem/De, Stett.

Mulschauster m., scherzh., Zahnarzt verstr. VPom, BRU 3,11. Vgl. Mulklempner. — **Mulschell** f. **1.** Maulschelle, Backpfeife. *Di war ik gliek 'ne Mulschell gäben!* Ank/An. — Sagw.: *Alle gauden Ding' sünd drei, säd de Jung', don kreeg he de drüdde Mulschell* VPom. Vgl. Mulschwetsch. — **2.** flaches, mit Zuckerguß versehenes Semmel- oder Blätterteiggebäck verbr. VPom, sonst vereinz. *Hier hest du 'n Gröschen, köp di 'ne Mulschell!* Dem/Tp.

mulschen sw., *molschen* °Ghg, *molscha* °Dra. **1.** überreif werden, anfaulen (bes. vom Obst) vereinz. Auch: nachreifen. *De Äppel möten noch 'n bäten mulschen* Gri/Ge. Vgl. mucheln[1]. — **2.** morsch, brüchig werden vereinz. *Dat Hult mulscht* Kös/Pd. — **3.** schlafen vereinz. *Mutting legt sich en bäten mulschen* HUMGWD 75,236f.,4. Vgl. MWB 4,1285f. u. Mulschkist. — **mulschig** Adj.

1. überreif, faulig werdend (bes. von Obst) verstr. *De hett luter mulschige Beern verköfft* Uec/Ue. Vgl. mulsch. – **2.** morsch, vermodert vereinz. *Dat Holt is all mulschig, dat brennt nich mihr* Gwd/Ba. – **Mulschkist** f., scherzh., Bett Saa/Ja, Lau/GW,Vl, Net/Sl. Vgl. mulschen3.

Mulschmärer m. 'Maulschmierer' Mensch, der sich (bes. bei Vorgesetzten) einschmeichelt Reg/Rg, Saa/Te, Dra/Bu. – **mulschnell** Adj. redselig, geschwätzig Kol/Pr, Gbg/Gp. Auch: schlagfertig Nau/Zi. – **Mulschwetsch** f. Maulschelle, Ohrfeige vereinz. VPom, ¹KAL 119. Geläufigeres Syn. ist Mulschell. – **Mulsparr** f. Maul-, Kiefersperre. Über eine schweigsame Person: *Dei hett woll dei Mulsparr* Fra/Fr. Derb zu einem Gähnenden: *Måk dat Mul to, du krichst süss de Mulsperr!* Ank/An. – **Mulsparren** n. sehr hohes Maß an Verwunderung, ungläubiges Staunen vereinz. VPom, HOEFAMSC 318ª. *Hieräwer was denn grot Mulsparn* HUMGWD 4,34,4. – **Mulspitzen** n. das Spitzen des Mundes (bes. als Zeichen der Skepsis). – Ral. in der Aufforderung, sich einer unangenehmen, schwierigen Aufgabe zu stellen: *Dor helpt keen Mulspitzen, nu möt (uk) flöt't warden!* Rüg/Pu, ähnl. verbr. – **Mulpråk** f. 'Maulsprache' mündliche Weitergabe spezieller Fachkenntnisse (die früher bes. in Handwerksfamilien von Generation zu Generation tradiert wurden) HTKLANK 1935,64 (hd.).

Mult s. Molt.

Multasch f. 'Maultasche' mit Marmelade (nicht mit Fleisch) gefülltes Gebäck vereinz. HPom. – **Multrecker** m. Obst, Saft oder Wein von sehr saurer Beschaffenheit vereinz. *De Äppel sünn Multrecker* Saa/Ja.

multrig Adj., *mulstrig* Gwd/Ze, dumpfig, muffig Uec/Pa. Vgl. BBWB 3,354: *multerig*.

Multrummel f. **1.** Maultrommel. *up'e Multrummel spälen* Gwd/Ba. – **2.** Mundharmonika vereinz.

Multworm s. Mullworm.

Mulung s. Muling.

Mul-un-Klåbensük f. Maul- und Klauenseuche verstr. – **Mulvull** n. Menge, die man auf einmal in den Mund nehmen kann vereinz. *Dat is man blot 'n Mulvoll das ist nur eine kleine Portion* Gwd/Ba. Vgl. Mundvull. – **mulwälig** Adj. **1.** redselig, geschwätzig VPom, sonst selt. *Sei was nieglich un mulwälig, äwerst heil gödig dorbi* HUMGWD 7,34,4; *un as wi em noch 'ne Buddel Rotspohn rinbörnt hadden, würd hei mulwählig* ³SAN 6. – **2.** vorlaut, besserwisserisch VPom. *Dat is 'n netten Jung', äwer 'n bäten mulwälig is hei noch* Gri/Gm. → nägenklauk. – **Mulwark** n., pejor. **1.** Maulwerk, unmäßige Redefreudigkeit. *mit sin Mulwark un sinen Fründ Alkohol sik de hoge Geistlichkeit vertürnen* SPI 43. Vgl. Mundwark. – **2.** Mund verstr. *Sîə Mulwark is bespickt er hat Ausschlag am Mund* Sto/Pf. → Flapp. – **mulwarken** sw. **1.** unablässig schwatzen, tratschen vereinz. *Dei möt æwer alls mulwarken, süss is ehr nich woll* Gwald. Vgl. mundwarken. – **2.** kauen Reg/Kt, Lau/GW. – **mulwaschen** st./sw. ohne Unterbrechung reden, sehr geschwätzig sein verstr. VPom. *De Ollsch mulwascht so väl, dat man gor nich to Wuurt kümmt* Rüg/Dm. – **mulweik** Adj. **1.** klamm, nicht trocken genug (bezogen auf Viehfutter) vereinz. HPom. *Dat Höj* [Heu] *is noch tau mulweik* Reg/Rg. – **2.** butterweich, auf der Zunge zergehend vereinz. – Ral.: *wat mulweik måken* etwas (bes. für den Verkauf) optimal präparieren vereinz. – **3.** empfindlich im Maul (von Reit- u. Zugtieren) Kol/Pr. – **Mulwulf** m., TiN, Maulwurf HÜCKE 15: *Wo süht de Acker ut!* [...] *As hadd de Mulwulw dor sin Wesen drewen.* Syn. s. Mullworm.

Mumm¹ m. **1.** Tatkraft, Schneid, Elan. *Hei hett keinen Mummm dortau traut sich etwas nicht zu, scheut das Risiko* Gwd/Ba. – **2.** körperliche Kraft. *Ätt ma düchtig, dat jifft Mumm!* Gbg/Gp. *De Kierl hett Mumm in'e Knåken* Ank/An. – **3.** finanzielle Mittel, Geld vereinz. *Ik heff nich naug Mumm in'e Tasch* Gri/Mi.

Mumm² m./f. **1.** Dim. *-ke*, dick eingemummelter (bes. alter) Mensch verstr. HPom, sonst selt. – **2.** Schreckgestalt für Kinder Dem/Tp, selt. HPom. Vgl. Mummelux.

Mummatsch m. **1.** Kinderschreck, gedacht zumeist als schwarz vermummte Gestalt verbr. östl. HPom, ⁵KNO 2,8f., vgl. ⁶KAI 156ff. u. Kt.II,21. *Bist du nich oo(r)ntlich, denn hålt di dei Mummatsch!* Lau/Lt. → Mummelux. – **2.** pejor., Angehöriger eines unterirdisch lebenden Zwergenvolkes in der Volkssage Bel/Rz ³JAHN 92. – **3.** böser Hausgeist in Gestalt eines feurigen Drachen Lau/Lg.

Laut- u. Formvar.: *Mummatz* verstr. ZPom SPom, LAUWB 242ᵇ, *Mummax* verstr. südwestl. HPom, sonst selt., *Mumax* Kol/Go, *Mumatz* vereinz. °Kol, *Mummasch* Neu/Rt, Büt/Bt, *Mummas* Net/Hf, *Mummach* Arn/Ha, *Mummansch* Nau/De, *Mummanz* Bel/Pa, *Mummutsch* Sch/Pk.

Mummbor m. Schreckgespenst für Kinder (in Bärengestalt) Sch/Vt, Sto/Kb, ⁵KNO 2,8f., BLFPVK 2,63. → Mummelux. – **Mummel** f./m., *Mümmel* Dra/Bu, jmd., der sich sehr warm angezogen, dick eingemummelt hat vereinz. MPom HPom.

Mümmel¹ f., Pl. *-s, -n*, PflN. **1.** See-, Teichrose. Generalisierend die gelbe und weiße Seerose, wenn entsprechende Farbadjektive fehlen. *'ne gäle/witte Mümmel* Rüg/Dm. – Volksgl.: *Mummeln in't Hus bringen Unglück, denn de Mummeln, dat sünd de armen Seelen von de Minschen, de in't Wåter gåhn sünd* Gwald, ähnl. verstr. Syn. Mümmelblaum. – **2.** Sumpfdotterblume Nau/Fg,Rh. Vgl. BBWB 3,355: ³*Mummel*.

Laut- u. Formvar.: *Mummel* verstr. MPom, sonst vereinz. – **Dim.:** *Mümmling* f. verstr. VPom, *Mümmelke(n)* n./f. verbr. MPom HPom, LAUWB 242[b], *Mummelke(n)* n./f. vereinz. MPom HPom, *Mümmeltje* n. Neu/Th.

Mümmel[2] m., *Mimmel* Kol/De,Zw, Mensch, der betont langsam und ohne rechten Appetit ißt vereinz. MPom HPom. – Zu mümmeln.

Mümmelblaum f., PflN, See-, Teichrose verstr. *De Mümmelblomen mit de langen Stengels hemm' wi uns ut'n Diek hålt* Pyr/Dö. Vgl. Mümmel[1].

mumm(e)lig Adj. **1.** schwach, unwohl, bes. vor Hunger vereinz. *Mi is so mummlig im Buk* Saa/Ja. Vgl. murm(e)lig. – **2.** drückend schwül, gewittrig vereinz. HPom. – **3.** bedenklich, fragwürdig, unseriös vereinz. *De Såk is mummlig* Stral.

Mümmelke(n) s. Mümmel[1].

Mummelmess m. guter, kurzstieliger Stallmist Fra/Bn, Rüg/Nn,Pu, Dem/De, Uec/Pa. – **mummeln** sw. dick und warm einhüllen selt. *Sei mummelte sick nu en warmen Dauk üm den Kopp* HUMGWD 74,53f.,3.

mümmeln sw., *mummeln* verstr., *mimmle* Kol/De,Pr, vereinz. NOPom. **1.** mühsam, langsam kauen. *Ik kann nich mihr ollig [ordentlich] bieten, blot noch mümmeln* Rüg/Ae. Auch: appetitlos herumkauen. *Nu mauk o' ätt, mümmel nech so lang!* Gbg/Gp. – Sagw.: *Wi hemm' jo blos mümmelt, säd dei oll Fru, don hett sei mit ehren Ollen 'n Nappkauken upäten* Use/Hf. – **2.** undeutlich sprechen verstr. *Ik kann em nich verståhn, he mummelt ümmer so* Rüg/Dm.

Mummelux m., *Mummlux* verstr., *Mummlox* verstr. westl. ZPom, Schreckgestalt für Kinder (schwarzer Mann) verbr. westl. ZPom, vereinz. MPom SPom, sonst selt. Vgl. [6]KAI 156ff. u. Kt.II,21. *Wees still un schlåp e', süsste kümmt dei Mummlux!* Nau/Wa.
Rsyn.: *Brumm(e)lux, Bubanz(er), Bubu, Bulemann, Bullerlux, Bullkåter, Bumann*[1], *Bumbatsch, Bummelux, Busch-ul, Butz*[2], *Butzemann, Mummatsch, Mummbor, Mummjud, Mummkierl, Mummsack, Mummum, Murks*[1], *Murmax*.

mümm(e)rig Adj., *mummerig* Uec/Ge, *mimmrig* Lau/GW, wunderlich, verschroben vereinz. *De Ullsch is all so mümmrig* Ran/Ro.

Mummerling m., PflN, Pfifferling Gwd/Ha.

mummern sw. dumpf klopfend dröhnen selt. VPom, Ghg/Li, Saa/Ja. *Wat mummert dat dor an'e Dör?* Ank/An.

Mummjud m. Kinderschreck (in Gestalt eines schwarzen Mannes) verstr. zwischen Oder u. Ihna, vgl. [6]KAI 158. *De Mummjud nimmt di mit* Saa/Le. → Mummelux. – **Mummkierl** m. männliche Schreckgestalt für Kinder, die im Wald bzw. im Wasser hausen soll Ran/Ne, Sch/Kh,Rz,Sn, BOR/KAI 12. → Mummelux. – **Mummlack** m. "ein vermummter (verkleideter) Mensch, wird zuweilen als Schimpfwort gebraucht" HOMWB 131[b]. Vgl. BBWB 3,356: *Mumm(e)lack*.

Mümmling s. Mümmel.

Mummsack m. Schreckgespenst für Kinder in Gestalt eines schwarzen Mannes verstr. zwischen Oder und Ihna, vgl. [6]KAI 156ff. u. Kt.II,21. *Dei Mummsack kümmt un hålt di!* Ghg/Ke. → Mummelux. – **Mummum** m. dass. selt. VPom, vereinz. MPom HPom. → Mummelux. – **Mumpitz** m. Unsinn, Blödsinn verbr. *Dat is lute Mumpitz, wat du votellst* Gbg/Gp. *Hei måkt Mumpitz, dat alle Lür lachen* Dem/Tp.

Mumps m. wie hd. verstr. *Mien Jung' hett Mumps un licht to Bedd* Gri/Mi.

Mund m./f. **1.** wie hd. *Ik möt eis mienen Mund utspäulen* Gwald. *Ik heff keen Tähn mehə in'e Mund* Dra/Dr. *Du büst väl to fix mit'n Mund* bist sehr vorlaut Rüg/Dm. – Ral.: *ein' de/denn Mund günnen* jmd. informieren, mit jmd. über etwas sprechen verbr.; *ein' tau Munn' räden* jmd. prinzipiell (in schmeichelnder Absicht) zustimmen allg.; *reinen Mund hollen* nichts verlautbaren lassen, verschwiegen sein verbr. *Ik heff dat in'e Mund!* es liegt mir auf der Zunge! Gwd/Ba, ähnl. verstr. In fester Vbdg.: *Mund gägen/vör Mund* im direkten Gespräch untereinander verstr. – Sprw.: *Wat man sik afspoort von'n Mund, fritt (nåhst) Katt orre Hund* VPom, ähnl. verstr. Vgl. Flapp. – **2.** Öffnung des Backofens verstr. *Dei Backåwe is noch nich bet in'e Mund heit* Nau/Fg. Vgl. Mundlock.
Laut- u. Formvar.: *Muund* Gbg/Gp,Vi, LAUWB 244[a], *Muun* Dra/Bu, Reg/Me, in präp. Vbdg. häufig *Munn'* (z.B. *tau Munn'*). – **Pl.:** *Münn'* verbr. VPom, sonst vereinz., *Münner* Fra/Br, Saa/Te, *Müün* LAUWB 244[a]. – **Dim.:** *Münning* VPom, *Münding* vereinz., MPom, sonst vereinz. *Mündke(n)*.
Phras. zu 1.: Rä., die nach dem Mund fragen: *In unserm Garde stahne twei Reige witte Soldate, in dei Medd dei rode Hauptmann* Lau/Ch [2]BRUNK 45, ähnl. verstr. *Dor steiht 'n Stall vull witte Häuhner. Inne Mirr 'n roden Hahn mang* HUMGWD 4,44,11, ähnl. verstr.

Mundfiedel f. Mundharmonika verstr., KLEIN 170. → Mulörgel. – **Mundklavier** n. Mundharmonika °Pyr, °Bel, SPom, Lau/Lg,Pb. → Mulörgel. – **Mundlack** m., selt. n. **1.** gummierter Klebstreifen Kol/Pr, Dra/Dr. – **2.** Oblate, bes. als Abendmahlsbrot vereinz. VPom, sonst selt. *Un sügt up't Mundlack, üm dat weik tau maken* PAL 127. – **Mundledder** n. 'Mundleder' Mundwerk vereinz. VPom, Rum/Tr, Sch/Ac, Lau/Vl. *sien Mundledder bruken* ununterbrochen reden Gri/Ti. Vgl. Mulledder. – **Mundlock** n. **1.** Öffnung des Backofens vereinz. *Dörch't Mundloch ward dat Brot inschowe* Sto/Gl. Vgl. Mund2. – **2.** Heizloch im Backofen selt. Vgl. Åbenlock. – **mundlos** Adj. **1.** ohne Mund. Nur im Rä.: *Då* *keem de Jumfer mundlos* = die Sonne Pyr/Lt. – **2.** ohne Sprachfähigkeit, (noch) nicht sprechen könnend ARN 74: *een mundlos Kindeken*. – **Mundörgel** f. **1.** Mundharmonika vereinz. HPom, KLEIN 170. → Mulörgel. – **2.** Ohrfeige vereinz. NOPom. – **mundrecht** Adj. mundgerecht, angenehm zu essen verstr. *Ät man ierst, dat is grår so mundrecht* Dem/Tp. Vgl. mulrecht, mundsch. – **Mundrof** m., veralt., Mundraub. *Mundrow is keen Deifstahl nich* HUMGWD 6,33,8. – **mundsch** Adj., *munds* Uec/Ge, Lau/GW. **1.** mundgerecht vereinz. *Dei Supp is mundsch kåkt* Use/Us. Vgl. mulrecht, mundrecht. – **2.** gesprächig, zum Reden aufgelegt vereinz. – **Mundschmack** m. **1.** Leckerbissen vereinz. – Sprw.: *Mundschmack bringt dei Bettelsack* Rum/Ru. – **2.** Kostprobe selt. *Dat scha' bloß e' Mundschmack se'* soll nur ein Vorgeschmack sein Gbg/Gp. – **Mundschnur** f., fischerspr., eine (zusammen mit anderen an der Hauptschnur der Aalangel befestigte) kurze Schnur Dem/De, Seeküste der Insel Wollin, RAS 149. Syn. Kortschnur. – **Mundstimm** f. Mundharmonika vereinz. östl. HPom. → Mulörgel. – **Mundvull** m. Menge, die man auf einmal in den Mund nehmen kann. *Dat is ma ein Mundvull ist aber nur ein kleiner Bissen* Reg/Kt; *'n Mundvull Äten is för di ümmer œwrig* Gri/Ge. Übertr.: *an Mundvoll vetella* ein bißchen erzählen Dra/Bu. Vgl. Mulvull. – **Mundwark** n. Mundwerk vereinz. Vgl. Mulwark. – **mundwarken** sw. ununterbrochen reden, sehr geschwätzig sein Gwald, Gbg/Gp, Dra/Nt,Rt. Vgl. mulwarken.

Munitzen Pl., PflN, Preiselbeeren Kös/Kz, nach DWA 10, Kt.6.

Munk¹ f., TiN, Ratte vereinz. ZPom NOPom. – Scherzh. Ra.: *Pass up de Ratt, dat de Munk nich kümmt* paß besonders gut auf BLFPVK 9,183. Vgl. Ierdmunk.

Munk² f. Entzündung am Fesselgelenk von Huftieren, bes. Pferden Nau/Db, vereinz. °Kol, Saa/Ja. Vgl. Muk.

Munkelie f. heimliches Gerede selt. *Hest du uk all dei Munkelie hüürt?* Gwd/Ba. – **munk(e)lig** Adj. **1.** trübe, unbeständig (vom Wetter) vereinz. VPom. – **2.** fragwürdig, wenig vertrauenswürdig Gwd/Ze. – **munkeln** sw., *monkle* Reg/Kt, Gbg/Gp. **1.** jmd. heimlich etwas erzählen. *De Lü' munkeln all, dat hei nich ihrlich wäst is* Dem/De. *Man munkelt dit un dat* vermutet allerhand Gwd/Ba. – **2.** mogeln, betrügerisch handeln vereinz.

munkieren s. monkieren.

munnen sw. munden, schmecken. *Dat Äten ward fix all, dat munnt juw woll* Fra/Bn. *Dat Middag münnt mi nich* Use/He.

Lautvar.: *münnen* vereinz., *müüne* Pyr/Wa,Wi, *müünde* Nau/Fg,Rh, *muune* Gbg/Gp, LAUWB 242ᵇ, vereinz. wie hd. *munden*.

münnig Adj., wie hd. *mündig* vereinz. **1.** mündig, großjährig verstr. *Hei is nu uk all münnig worn* Gwd/Ba. – **2.** munter, fidel vereinz. VPom. *He süht ganz münnig ut* Stral.

Munschk s. Moonschk.

Munster n., wie hd. *Muster* vereinz. MPom HPom, Muster, bes. Stoffmuster verstr. VPom. *Dat Munster gefüllt mi nich* Fra/Zi; *dörchweg hübsche Munsters* ¹KAL 51. – **munstern** sw., wie hd. *mustern* vereinz. MPom HPom. **1.** sehr gründlich, kritisch betrachten VPom. *Un munstert mi von Kopp bet Faut* ¹GRAU 68. *He hadd also Tid, sin' Pierd' un Wag to munstern* ²TIB 54. → beögen. – **2.** auf Wehrtauglichkeit untersuchen vereinz.

Münt¹ f., PflN, *Mint* selt., *Mient* Gbg/Vi, Minze vereinz.

Münt² s. Münz.

munter Adj., *munner* vereinz. VPom, *munte* verstr. HPom, LAUWB 243ᵃ, *munde(r)* Fra/Pe, wie hd. **1.** wach, nicht schläfrig. *Ik künn hüt morgen gor nich munter warn* Gwd/Ba. *Ik mutt em munter måken* Pyr/Lt. – **2.** lebhaft, rege. *Dat's 'n munter Peerd* Pyr/Lt. Auch: in guter gesundheitlicher Verfassung. Im Abschiedsgruß: *Holl di munner!* Gwald, ähnl. verstr.

Münz f., *Minz* Lau/GW, veralt. *Münt* selt., *Münze*, Geldstück vereinz. *Dei hett Münzen ist reich* Ank/An. – **münzen** sw. wie hd. Nur noch ral. belegt: *up ein'/wat münzt sin* auf jmd. oder etwas bezogen sein, jmd. betreffen vereinz.

Mur¹ n., Pl. *-s* LAUWB 235ᵇ, Moor. *Wi willen dat Mur drögleggen / in't Mur Torf stäken* Gwd/Ba. *Dat Mur wir dunn äwer noch [...] weik un quebbig* ³NERE 2,16. *Wille Ente nestele* [nisten] *im Maur* Kol/Go. Abergläubische Vorstellung: *Dat Maue will all Johr siene Dode hewwe* Sto/Zt.

Lautvar.: *Maue(r)* Ghg/Wt, verbr. HPom, HOMWB 127ᵃ, JOSTWB 63, *Maur* Rum/Km ⁵TITA 49, LAUWB 235ᵇ, *Möür* nördl. °Gbg, wie hd. *Moor* vereinz.

Mur² f. **1.** Mauer. *Dat Hus steht up 'ne Mur* steht auf einem Fundament aus Feldsteinen Lau/GW. *De hett a klea Hus a'ne Müe* an der Stadtmauer Dra/Dr. Über einen Dummkopf: *Mit em kannst du Muern inlopen* Stral. Übertr.: *un de gaud Nam is 'ne sekere Mur* ⁷BAND 82. – Ral.: *achter/hinner de Mur liggen* auf dem Friedhof begraben sein verstr.; *achter/hinner Muern sitten* eine Gefängnisstrafe verbüßen verstr. – **2.** (gemauerte) Ofenbank vereinz. *Sett di dåhl up dei Mür* HOMWB 131ᵇ. Gekürzt aus Murbank.

Laut- u. Formvar.: *Muer* vereinz., *Müe(r)* vereinz. °Pyr, verstr. ZPom SPom, verbr. °DKr ³TITA 13, *Meuř* Rum/Km ⁵TITA 50, *Meue* Neu/Gc, *Mier* Sch/NR, verstr. NOPom, *Míe* Sto/Ku

BLFPVK 3,96. – Pl.: *Muern* VPom, *Mure, Müre* verstr. HPom, *Muures* LAUWB 244ª.

Muradder f., TiN, Moorotter (einfarbige, dunkle Kreuzotter) LAUWB 235ᵇ. – **Muránt** f., TiN, 'Moorente' Bez. für die Trauerente und die Samtente selt. HPom, HTKÖS 1930,8,9.

Murbank f. (gemauerte) Ofenbank verbr. HPom, sonst vereinz., BLFPVK 1,124. *Dei Jung' räkelt sik up de Müerbink* Kolbg. Scherzh. über eine kinderreiche Familie: *De hett de ganz Mierbink vull* Lau/Vl, ähnl. vereinz. HPom. – Sagw.: *Dat geht in de Hoeg', saed' Treptow* [FN] *å full vonne Mierbenk uppe Baene* [Boden] Büt/Wu ⁴KNO 12.

Mürbchen Pl. Weihnachtsplätzchen aus Mürbeteig verstr., ⁶KAI 72.

Murblaum¹ f. 1. PflN, Mauerpfeffer Kol/Pr. Vgl. Murpäper. – 2. wie Murbläumke Gri/Zf, Ran/Sr, Sch/Pk.

Murblaum² f., PflN, 'Moorblume' Seerose vereinz. ZPom.

Murbläumke n. unscheinbares Mädchen, das beim Tanz kaum aufgefordert wird vereinz. MPom HPom.

Murchel¹ f. 1. PflN. – 1.1. Morchel, Speisemorchel verstr. *Hiet will wi eis Murchle seike* [suchen] Sto/Pf. – 1.2. Frühjahrslorchel (Giftpilz) Reg/Rg, Dra/Bu. Vgl. BBWB 3,324f. – 2. auch m./n., schmutziger Mensch verstr. *Dien Jör is een Murchel* Rüg/Zi.

Murchel² s. Murkel.

Murchelfritz m. schmutziger Junge vereinz. Ebenso: *Murchelpeiter* vereinz. – **Murchellies** f. schmutziges Mädchen vereinz. Ebenso: *Murchellott* vereinz. – **murcheln** sw. 1. schmutzig machen Lau/Ne. Üblicher in den Zss. bemurcheln, inmurcheln. – 2. *murkeln* Gri/Go, Gwald, in der Erde wühlen vereinz. HPom. – 3. fest mit den Händen umschließen, unsanft mit etwas umgehen vereinz. östl. HPom. *De Hund murchelt de Henn so lang, bit se dot was* Sto/Wd. – 4. trödeln, langsam arbeiten vereinz. MPom HPom. – **murchlig** Adj., *murklig* Gri/Go, Ran/Sr, schmutzig verstr. *Du sühst so murchlig ut, wasch di man ierst!* Rüg/Zi. → schmuddelig.

mure s. muern.

Murer m. 1. Maurer. *De Murer hett de Schostein got muert* Saa/Le. Energische Aufforderung, einen Raum zu verlassen: *Dor hett dei Murer dat Loch låten!* Gwd/Ba, ähnl. verbr. Arbeits- und Verdienstmöglichkeiten der Maurer sind wetterabhängig: *Dei Murers is in'n Sommer kein Glas Bier tau düer un in'n Winter kein Knuust Brot tau hart* Gwald. Scherzh.: *Von dei Murers seggen dei Lüd', ehr Arbeit höllt von Klock twölwen bet Middag* HUMGWD 9,46,12. *De Murers kriegen alle Stunn' 'n Schnaps, dormit de Mörtel nich drög ward* VPom. *Dat is 'n gauden Murer, dei nich alle Stein nimmt* Stral. Syn. Murmann, Mursetter. – 2. jmd., der im Kartenspiel (bes. beim Skat) trotz guter Karten übermäßig vorsichtig spielt, kein eigenes Spiel wagt vereinz.

Laut- u. Formvar.: *Müre(r)* Fra/Br, Gbg/Vi, °Dra, *Miura* Neu/Gü. – Pl. zumeist -s, wie Sg. selt., *Murersch* Sto/Gl.
Phras. zu 1.: Sagw.: *Wat sall't uk ewig hollen, säd dei Murer, dunn füll em dei Backåben œwern Kopp in* Ank/An. *Dat Fleigen güng sihr schön, öwerst dat Landen, dat Landen!, säd dei Murer, dunn wier hei von't Gerüst follen* °Ank.

Murerdreck m. Schmutz, der bei Maurerarbeiten anfällt vereinz. – **Murerfrees** f. schmaler Backenbart, der das Kinn ausspart vereinz. *De ollen Buren up Mönchgot drägen mihrstendeels 'ne Murerfrees* Rüg/Pu. Vgl. Fischerfrees. – **Murerhandlanger** m. dem Maurer unterstellter Hilfsarbeiter vereinz. – **Murerie** f. das Maurerhandwerk vereinz. *de Murerie lirnen* Gwald. – **Murerkell** f., vereinz. auch *Murkell.* 1. Maurerkelle. Syn. Murerschmärkell. – 2. Pl., scherzh., sehr große Ohren vereinz. Auch: sehr große Hände Saa/Jk. – **Murerrüs** f., fischerspr., Kammerreuse für den Aalfang Rüg/Ad, ¹PEE 198. – **Murersand** m. grobkörniger Sand (wie ihn Maurer gerne für die Herstellung von Mörtel benutzen) vereinz. – **Murerschluck** m. großer Schnaps Dem/Tp. – **Murerschmärkell** f. Maurerkelle selt. VPom, ²SEG 39. Syn. Murerkell. – **Murerschweit** m. Maurerschweiß. Weil Maurer als faul gelten: *Murerschweet hett noch keen Minsch to sehe kreege* °Ghg. *Jerer Druppen Murerschweit kost't 'n Dåler/Dukåten, dor warn dei Fulen ehr Knåken mit schmäärt* Ank/Br, ähnl. allg. – **Murerspeck** n./m., scherzh., 'Maurerspeck' Salzhering (weil Salzheringe billig waren) verstr. *De Murer ett in'n Winter Murerspeck* Ran/Pe. – **Murertrumpet** f., SpottN, Tenorhorn selt., HUMGWD 3,10,11.

Murgräwer m. Spaten mit hölzernem Blatt zum Reinigen morastiger Gräben Ank/An. – **Murhalm** m., PflN, 'Moorhalm' Strandhafer °Sch.

Murheditz f., TiN, Mauereidechse LAUWB 244ᵇ.

Murheid f., PflN, 'Moorheide' Heidekraut, Glockenheide vereinz., PRIT/JES 143ᵇ, LAUWB 235ᵇ.

Murhingst m. 'Mauerhengst' Mann, der völlig zurückgezogen, allein lebt Dem/De, Gri/Mi, Ghg/Li.

murieren sw. als Braut-, Liebespaar miteinander verkehren Ran/Ro, Rum/Ru: *Dei muriere all beid sihr lang.*

murig Adj., *maurig* vereinz. HPom. 1. moorig, morastig verstr. *Hier unnen is dei Acker murig* Rüg/Ae. – 2. moderig, faulig vereinz. *Dei Fisch schmeckt so maurig* Nau/Fg; *maurig Wåte* Sto/NM.

Muritzen s. Mores.

Murkätel m. großer, in einen Herd eingemauerter (Wasch-)Kessel verbr. *Dei Muekätel töi Wäsch is ut Kupper* Gbg/Gp. *Füer unnerm Muerkätel anmåka* Saa/Ja.

Murkel m./n., *Murchel* vereinz. MPom HPom, kleines, verkümmertes Lebewesen verstr. – **Murkelie** f. große Unordnung, Wirrwarr Ran/Sr, Ghg/Wt. Vgl. Murki. – **murk(e)lig** Adj., *murchlig* Ran/Pe, Gbg/Gp, im Wachstum zurückgeblieben, klein und unansehnlich verstr. MPom, sonst selt. *Dat is 'n murklig Ding/Farken* Ran/Sr.

Murkell s. Murerkell.

Mürken f.(?), PflN, *Müürk* selt. °Ank, Pfifferling verstr. °Uec. – Etym. unklar, vgl. BBWB 3,583f.

Murki f. großes Durcheinander, wüstes Treiben verbr. VPom, BRU 1968,33. *Dat wier dor 'ne dull Murki* dort ging es sehr ausgelassen zu Rüg/Wi. Vgl. Murkelie.

Murks[1] m., vereinz. n. **1.** schlecht ausgeführte Arbeit, Pfusch. *He hett Murks maukt* Dra/Dr. Vgl. Murksarbeit, Murkserie. – **2.** kleines, verkümmertes Lebewesen. *Du büst man so'n lüdden Murks bläben* Ank/An. – **3.** m. Kinderschreck in Gestalt eines schwarzen Mannes Sch/Fe, Rum/Wb, Sto/GB. → Mummelux.

Murks[2] n. Körperkraft vereinz. VPom. *Hei hett Murks in'e Knåken* Fra/Fr. – Nach MWB 4,1114 verschmolzen aus Marks und Murr.

Murksarbeit f. **1.** Pfuscharbeit vereinz. *Dat is Murksarbeit, wat de måkt hett* Ran/Pe. Vgl. Murks[1], Murkserie. – **2.** mühsame, knifflige Arbeit vereinz. – **murksen**[1] sw. **1.** nachlässig arbeiten, pfuschen. *Murks nich so mit dien Arbeet!* Ank/An. – **2.** ziellos arbeiten, herumhantieren verstr. *Dei Oll murkst noch so'n bäten up'n Hoff* Gwd/Ba. – **3.** kramen, wühlen vereinz.

murksen[2] sw. **1.** quaken (von Fröschen) Kol/Pr, Reg/Rg. Vgl. BBWB 3,361: [1]*murksen*. – **2.** brummen, knurren selt. VPom, Gbg/Wo. *mi murkst all dei Mag!* MARK 21. – **3.** murren, aufbegehren Ghg/Hk, Gbg/Gp.

Murkser m. **1.** Pfuscher Ank/An, Stett, Cam/Ca, Sto/Gl. – **2.** verkümmertes Lebewesen Uec/Pa, Ran/Pe. – **Murkserie** f. Pfuscharbeit vereinz. Vgl. Murks[1], Murksarbeit. – **murksig** Adj. **1.** mickerig, verkümmert verbr. *De Äppel sind dit Johr man murksig* Pyr/Lt. *So'n murksig Farken is nich dat Futter wiert* Ghg/Hk. – **2.** mühsam, knifflig vereinz. – **3.** pfuscherhaft vereinz. *Dei hett murksig Arbeet måkt* Nau/Wa. – **4.** trübe, wolkenverhangen vereinz. °Nau. *murksig Wärer* Nau/Bo. – **Murkskråm** m. **1.** mühsame Arbeit Dem/De, vgl. MWB 4,1297. – **2.** kleine, verkümmerte Dinge Gwald, Ran/Sr: *De vaköfft Murkskråm.* – **Murkskruk** f. Schwächling LAUWB 243[a].

Murlattich m., PflN, Mauerlattich LAUWB 244[b]. Auch: Huflattich ebd.

Murlock n. morastiger Tümpel, Wasserloch verstr. *Dei Wågen is in dat Murlock stäkenbläben* Gwd/Ba. Übertr.: *einem ut'm Maue(r)loch helpe* jmd. aus einer Notlage befreien Sto/Wd. Syn. Modderlock.

Murmann m., Pl. *-lüd*, Maurer vereinz., JOSTWB 66. – Neckr.: *Murmann, Murmann, wat fingst du bloß in'n Winter an* Gwd/Bo. Syn. Murer, Mursetter.

Murmax m. Kinderschreck in Gestalt eines schwarzen Mannes vereinz. NOPom, BLFPVK 2,63, [6]KAI 157. → Mummelux.

Murmel s. Marmel.

Murmeldiert n., TiN, Murmeltier vereinz. *Hei schlöppt as 'n Murmeldiert* schläft sehr fest Gwd/Ba.

murm(e)lig Adj. **1.** schwach, unwohl (bes. vor Hunger) verstr. *Mi is so murmelig in'n Buk* Gwd/Ze. – **2.** sonderbar, nicht ganz geheuer selt. *Dat kümmt mi so murmlig vöa, du flunkerst!* Dra/Bu. – **3.** gewittrig, sehr schwül selt. *Dat süht hüt so murmlig ut* Reg/Kw. – Nach MWB 4,1300 dissimiliert aus mulmig, vgl. auch mumm(e)lig.

murmeln[1] sw. undeutlich vor sich hinreden vereinz. *œwǝ t' A(r)beet murmla* über die Arbeit murren Reg/Rg.

murmeln[2] s. marmeln.

Muross m., TiN, 'Moorochse' Rohrdommel selt. °Rüg, Uec/Ue. → Ruhrdump.

Murpäper m., PflN, Mauerpfeffer vereinz. Vgl. Murblaum.

Murr[1] f., vereinz. m. **1.** Pl. *Murrǝn* [2]MIS 66 (sonst ungebräuchlich), Körperkraft. *Mit denn Kierl låt di leewer nich in, de hett Murr in'e Knåken* Rüg/Pu. – **2.** Tatkraft, Mut, Beherztheit vereinz. *In mi is gor keen Murr* ich habe keinen Elan Ank/An. – **3.** Geld vereinz. *Hei hett Murr in'e Tasch* Gri/Mi. Vgl. Mumm[1].

Murr[2] s. Modd.

Murras m., *Murrasch* Rüg/Pu, schmutziges Kind Saa/Ja, Rum/Tr, Büt/Bt, Lau/GW.

murredieren sw., *murrendiere* Nau/Fg,Rh, 'marodieren' heimlich durchsuchen, durchwühlen vereinz. VPom, sonst selt.

murren sw. wie hd. vereinz. *Wat hett sei ümmer tau murren?* Gwd/Ba. – **murrig**[1] Adj. mürrisch, verdrießlich selt. VPom, Pyr/Wa. Vgl. murrsch.

murrig[2] s. muddig.

Murrjån m. **1.** ständig nörgelnder, mürrischer Mensch verbr. *Dorbi brukt einer liker kein Kopphänger un Murrjahn tau sin* ⁷BAND 145. – **2.** verhüllende Bez. für den Teufel vereinz., LAUWB 243ᵃ. → Düwel. – **3.** als Eigenname männlicher Haustiere. – **3.1.** als Name für Hunde, bes. Hofhunde. Zu einer aufgebrachten Person: *Man ümmer ruhig! Murrjån hett sik uk gäben, un Murrjån wier 'n groten/scharpen/schlimmen Hund!* Ank/An, ähnl. verstr. Vgl. Bauschan, Brushåhn. – **3.2.** als Name für Kater vereinz., LAUWB 243ᵃ. – **Murrjoochen** m. unfreundlicher, brummiger Mann vereinz. VPom MPom. – **Murrkanten** m. das letzte der beiden Endstücke des Brotes selt. ZPom, ⁶KAI 193, KRRUM 401. Vgl. Brummkanten. – **Murrknuust** m. dass. verstr. °Neu, sonst vereinz. ZPom SPom, vgl. ⁶KAI 193 u. Kt.IV,31. – **Murrkopp** m. mürrischer, unzufriedener Mensch vereinz. VPom, ³GIL 34. Vgl. Brummkopp. – **Murrpott** m. dass. vereinz. Vgl. Brummpott. – **murrsch** Adj., *mürrsch, mürrisch* vereinz., *murrschen* selt. VPom, *murrisch* Dra/La, mürrisch, verdrießlich verstr. *Hei geiht all dåglang so murrsch rümme* Gri/Mi. Vgl. murrig¹.

Murschauh m. unter dem Schuh oder dem Pferdehuf befestigtes Brett, mit dessen Hilfe moorige Flächen besser zu betreten sind vereinz. Abb. s. MWB 4,1323f.

Murschwœlk f., TiN, Mauersegler selt., LAUWB 244ᵇ. – **Mursetter** m. Maurer Sto/Gl. Syn. Murer, Murmann. – **Mursœg** f. 'Mauersau'. **1.** TiN, Kellerassel verbr. *Dei Mursœg sitt giern, wur't düüster is* Ank/Br. Über eine völlig verdreckte Person: *Dei süht ut as 'ne Mursœg* Gwd/Wo, ähnl. vereinz. – Sagw.: *Dull Militär, secht Ulespegel, o' harr de ganze Sack vull Miersäge* Sto/GS. – **2.** Name eines Spiels für Knaben, bei dem eine Murmel (oder ein ähnliches Spielgerät) mit einem Schlagstock in ein Loch getrieben werden mußte vereinz. ZPom, LAUWB 244ᵇ. Zum Spielablauf vgl. MWB 4,752f., ³LUCH 182, BLFPVK 2,93f. → Kuhlsœg.

Murspäuk m. 'Moorspuk' Irrlicht selt. VPom. Ebenso: *Murspäukels* n. selt. VPom.

Murstein m. gebrannter Mauerstein, Backstein. *Muersteen würn in'e Teigelie brennt* Ank/Du. Ausruf des Entsetzens: *Is di 'n Murstein up'n Kopp follen?* bist du verrückt? Gwd/Ba. – **Mursteinåben** m. Ofen aus gebrannten Mauersteinen vereinz. Vgl. im Unterschied dazu Leihmåben.

Mur-ul f., TiN, 'Mooreule' Sumpfohreule selt., LAUWB 241ᵇ, KOSMS 1311.

Murwark n. Mauerwerk.

Mus f. **1.** TiN, Maus. *De Müs' trecke sich tau'n Winter all in't Hus* Reg/Rg. *Dat hebben dei Müs' afgnabbert* Fra/Bn. *Müs' äten giern Speck un Kees* Gwald. Wenn an etwas genascht wurde oder etwas fehlt: *Dor sünd woll dei Müs' bi wääst!* Gri/Mi. Dem Wunsch von Kindern, abends im Bett noch etwas zu essen, entgegnete man: *Da kåme d' Müs' bi di in't Bedd!* Pyr/Wa, ähnl. verstr. – Ral.: *Müs' marken* Schliche erkennen, Verdacht schöpfen allg. *Müs' måken* Ungelegenheiten bereiten, Schwierigkeiten machen verstr. *Müs' rägen* heftig regnen verbr. *Müs' in'n Kopp hemm'* ständig Unsinn, Verrücktheiten aushecken verstr. *Dat is Mus as Möhm* [Muhme] das ist völlig egal verstr., HOEFAMSc 316ᵃ. *Dat is Mus as Rott* dass. vereinz. *Dor bitt kein Mus 'n Fåden von af!* daran wird nichts geändert, das ist eine unbestreitbare Tatsache! Dem/De, ähnl. verstr. *Dor danze de Müs' up Disch o' Bänk* dort geht alles ohne jede Ordnung vor sich Gbg/Gp, ähnl. verbr. Zur Kennzeichnung ärmlicher Verhältnisse: *Dor lopen sik de Müs' in't Schapp* hungrig Gwald, ähnl. verstr. *Dor sünd mihr Müs' as Brot* Ank/An, ähnl. verstr. Dagegen im Vergleich auf ein Leben im Überfluß bezogen: *as dei Mus in'n Kleewer* [Klee] *läben* Gri/Bo, ähnl. verstr. – Sprw.: *Wenn de Mus satt is, schmeckt dat Kuurn/Mähl bitter* Rüg/Zi, ähnl. allg. *Mus un Möller hungern nich dot* Gwald, ähnl. HUMGWD 13,30,5. *De Muus hett meer as een Loch* DÄHWB 318ᵃ, ähnl. vereinz. In Gegenwart von Kindern soll man mit seinen Äußerungen vorsichtig sein, denn: *Lütte Müs' hemm' uk Uhren!* Gri/Go, ähnl. verstr. – **2.** Kosew. für kleine Mädchen. – **3.** Handballen direkt unterhalb des Daumens verstr. *Wies eis diene Hand, du hest jo 'ne mollige Mus!* Rüg/Ae. *De hett sich in de Mus schnäden* Uec/Ue. – **4.** (behaarter) Leberfleck vereinz. VPom, HOEFAMSc 318ᵃ. *Sei hett 'ne Mus up'e Back* Gri/Mi. Syn. Musplacken. – **5.** Vulva verstr. – Ral.: *('ne Diern) an'e Mus fåt't hemm'* Glück gehabt haben, bes. im Spiel vereinz. VPom. – Sagw.: *Proost, secht Joost, un föt siene Fru an'e Mus* Rüg/Zi. → Kutt. – **6.** fachspr. – **6.1.** seem., die feste Umwicklung von Drahtseilen (bes. am Ende) Rüg/Sn, Gwald. – **6.2.** fischerspr., runde, hölzerne Leinenführung an der Spitze der Kammerreuse Rüg/Nd ¹PEE 204. – **7.** nur im Pl., Geld vereinz.

Laut- u. Formvar.: *Mẹs* nordöstl. °Neu, ⁵TITA 81, *Mẹus* Rum/Km ⁵TITA 50, Slo/Ei ⁵TITA 80, *Miuus* nordöstl. °DKr ³TITA 13. – Pl.: *Müs'* verbr., *Müas'* Slo/Ei,Pe, ⁵TITA 81, *Mẹis'* Rum/Km, *Muis'* Bublitzer Mundart, vgl. ⁵TITA 81, *Mies'* NOPom, STRI 23, JOSTWB 66, zudem nach BÖH 162 veralt. *Miese* in Stralsund. – Dim.: *Müsing* vereinz. VPom, *Müüsken* verbr. MPom HPom, *Müüschen* Uec/Ge, *Mieske* verbr. NOPom, *Muuske* Sto/Gl, *Müüstje* Neu/Lt, Fla/Ta, *Muuskje* Lau/Ke.

Phras. zu 1.: Sagw.: *Dat helpt för de Müs', secht de Bur, un stickt siene Schün/Piep an* Dem/De, ähnl. verbr. *Nu hüürt dat schlicht Läben up, säd dei Mus, dor freet sei dat letzte Kuurn up'n Bœn* Gri/Bo. *Lat uns tau Hus äten, säd dei Muus tau dei Katt, ick bün nich för Taukiekers* HUMGWD 14,11,12. *Wenn du nich magst, wat ik bit, segt de Mûs, so fraet wat ik schît* ¹HOEFE 59. – Volksbr. u. Volksgl.: Weit verbreitet war es, Kinder glauben zu machen, daß ausgefallene Milchzähne (vgl. Mustähn) durch die Mitwirkung von Mäusen in bleibende eingetauscht werden könnten. Deshalb sollte man solche Zähne über den

Kopf oder hinter den Ofen werfen und dabei sprechen: *Mus, hier hest du 'n knökern Tähn, giff mi 'n iesern werre!* Reg/Hy, ähnl. verbr. *Mus, ik gäf di 'n ollen Tähn, giff mi 'n niegen werrer!* Rüg/Be, ähnl. verstr. *Wenn dei Müüs' Kleder un Bedden anknabbern, denn gifft dat ball en Dodesfall* HUMGWD 74,170f.,2. *Wenn 'n von dodige Müüs' drömen deit, denn is dat en Teiken von [...] Hungersnoot un düre Tiden* HUMGWD 74,170f.,2. Weiteres s. BLFPVK 8,168ff. – Bauernr.: *Wenn't väl Müs' gifft, ward't düer Tiet* wird es eine Hungersnot geben Pyr/Lt. *Scharren dei Müs' sik in 'n Harfst deip in, gifft't 'n harden Winter* Ank/Br. – Im Tanzr. zum Rundtanz: *Mus, ik krieg di, Mus, ik krieg di ganz gewiß! Kåter, ik segg di, Kåter, ik segg di, dat deist du nich!* vereinz. VPom, ähnl. schon ³GIL 122. – Kinderr.: *Ik gåh nåh Hus, bråt mi 'ne Mus, leeg s' up'n Stein un ät s' allein* Ank/An, ähnl. vereinz. – Scherzfr.: *Worüm kann man 'ne Mus nich melken?* = *Wiel man keinen Emmer dorunner kricht* Fra/Br.

Musbieter m., TiN, Igel Gri/Ho, nach DWA 13, Kt.3. – **Musbråden** m. 'Mausebraten' Gericht aus Schinkenresten, die in Eierkuchenteig gebraten werden verstr. VPom, sonst selt. Auch: fiktives Gericht in der Antwort auf die Frage nach dem Essen vereinz., ³WIN 46. Vgl. im Unterschied dazu Müüskenbråden. – **Musbrümmer** m. alter, unfreundlicher Mann vereinz. MPom SPom, sonst selt. – **Musbuck** m. männliche Maus vereinz. Scherzh. Spruch: *'t is ni so licht, 'ne Mus tu melka, no dåtô, we't a Mus'buck is* °Dra.

Musch¹ 1. f. unordentliche, nachlässige Frau verstr. Vgl. Muschel¹, Muscher. → Zunzel. – 2. m./n. minderwertige, nur bedingt brauchbare Sache vereinz. *Wi hemm' dat Musch [zu kurzes Heu] up'e Wisch lingenlåten* Dem/Tp. – 3. Pl. Prügel, Schläge vereinz. VPom, Uec/Pa, °Lau. *Dat gifft œwer Musch tau Hus!* Dem/Tp. *Ik war di wise, wo Musch wåhnt* ich werde dich durchprügeln ⁴KNO 24. Vgl. muschen¹.

Musch² f., *Muusch* vereinz., *Muusche* selt. VPom, vereinz. HPom. 1. Schmeichelname für die Katze verstr. *Wo is uns lüdde Musch bläben?* Ank/An. Auch: Kosename für die Kuh und das Kalb vereinz. HPom (durch ¹³ROSF 241ff. etym. als Weiterbildung des Tierlautes aufgefaßt). Zudem vereinz. auch als Kosename für kleine Mädchen: *Du büst mien lütte, leiwe Muusch!* Dem/Tp. → Katt. – 2. bes. kindspr., Vulva vereinz. → Kutt.

Musch³ s. Musche.

Musch⁴ s. Muss.

Musch- s. auch Muschel-.

Muschåt m., *Muskåt* vereinz., *Muskot* Sch/Pu, *Muskat* verstr., BLFPVK 2,131. *Muschåt ward an Blaumenkohl un Supp måkt* Gwd/Wo. – **Muschåtnœt** f. Muskatnuß verstr. – **Muschåtwien** m. Wein aus der Muskatellertraube vereinz. VPom. *söten Muschatwin* ARN 54.

Muschbåch s. Muschpåch.

muschdot Adj., *muschendot* Gwd/Ze, ganz tot vereinz. VPom. *Ik slah ehr furts musch dod!* ²TIB 170; *muschdod was he un peep nich mehr* ³JAHN 419. Vgl. musdot. – Das Erstglied nach MWB 4,1260 zu nd. *mors, murs* gänzlich (analog zu hd. mausetot).

Musche m. 1. Herr (bes. in der Anrede, mit leicht spöttischem Unterton) verstr. *Na, Musche Koorl, wur geiht di dat?* Dem/Tp. Literarisch auch an den Wind gerichtet: *Nu kän'n wi uns meten mit di hüt, Musch Wind!* ²WUTA 181. – 2. in nominalen Vbdg. – 2.1. *Musche Nüdlich, Musche Nüdling*, vorlauter, dennoch liebenswürdiger Junge oder (junger) Mann verbr. VPom, sonst selt. – 2.2. *Musche Urian*, der Teufel verbr. VPom. *Hett de Haas äverst bloots drei Beinen, denn is dat Musch Urian, de Düwel sülm* HUMGWD 74,170f.,3. Rsyn. s. Düwel¹. – 2.3. *Musche Klon*, Clown, Spaßvogel verbr. – 2.4. *Musche Blicks*, flinker, pfiffiger Bursche verstr. VPom. – Verniederdeutscht aus frz. *monsieur*.
Lautvar.: *Musch* verstr., *Muschü* Ank/An ¹GIL 20, *Moschü* Rüg/Be BLFPVK 2,130, *Muschjee* Nau/Db, Gbg/Gp, *Muschée* HOMWB 133ᵃ, *Musjee* vereinz., *Mosjöö* Gwd/Ba.

Muschel¹ f., *-sch-* verstr. sth., unordentliche, nachlässige Person, bes. auf Frauen bezogen verstr. MPom HPom. Vgl. Musch¹, Mussel¹. → Zunzel.

Muschel² f., *Mussel* selt. °Rüg, Saa/Ja, DÄHWB 317ᵃ; Pl. zumeist *-n, -s* Pyr/Sh, TiN, wie hd. verstr. *Hier in'n Kanål gifft dat väl Muscheln* Gwd/Ba. – Scherzfr.: *Wecke Muschel hett kein Schål?* = Ohrmuschel Ank/Br.

Muschel³ m., wie hd. Muskel (f. Reg/Kt) selt., Pl. *-n*, Muskel Rüg/Pu, Uec/Ge, LAUWB 243ᵃ. Vgl. MWB 4,1306.

Muschel- als Erstglied in Zss. vereinz. auch in der Formvar. *Musch-*. – **Muschelbrauder** m. unordentlicher, nachlässiger Mann °Dem, Ran/Pe. Vgl. Muschelpeiter, Muschkopp. – **Muschelfieken** f. unordentliche, liederliche weibliche Person verstr. Ebenso: *Muscheljett* vereinz. MPom ZPom, *-lies* vereinz., *-lott* vereinz., *-trien* vereinz. → Zunzel. – **Muschelhann(es)** s. Muschelpeiter.

Muschelie f. Mauschelei, kleine Betrügerei, bes. im Spiel verstr. *Wat is dor los? Hebben ji wedder Muschelien vör?* Fra/Zi. Auch: heimliches Getue vereinz. Vgl. muscheln².

musch(e)lig Adj., *-sch-* vereinz. sth. 1. unordentlich, liederlich verbr. *De Fru is muschlig, dat süht ma ehren Hus a'* Saa/Le. *Wur hett sei sich wedder muschelig antreckt!* Gri/Ti. Vgl. muschig¹. – 2. schmutzig, schmierig verstr. *De Teller is so muschlig* Ran/Pe; *su'n muschlig Farf* matte, glanzlose Farbe Pyr/Wa. – 3. trübe, regnerisch vereinz. *Hüt is 't muschlig Wäre* Reg/Kt. – **Muscheljett, -lies, -lott** s. Muschelfieken. – **muscheln¹** sw.,

-sch- vereinz. sth. **1.** unordentlich arbeiten vereinz. Vgl. muscheln¹. – **2.** wühlen, kramen vereinz. Auch refl.: *De Fa(r)ken muschla sich i't Stroh* Dra/Bu; *sik in de Küssen muscheln* Rüg/Dm. – **3.** schwach regnen vereinz. *Dei Himmel is so gries, dat ward woll muschle* Lau/Lt. Rsyn. s. fisseln¹.

muscheln² sw., *muschen* vereinz. VPom. **1.** mogeln, schummeln verstr. *mit dei Koorten muscheln* Gwd/Ba. Vgl. mauscheln, Muschelie. – **2.** undeutlich sprechen verstr. VPom, sonst selt. *Man kann em nich verståhn, hei muschelt ümmer so* Dem/Tp. Vgl. MWB 4,1306, BBWB 4,365f.

Muschelpeiter m. nachlässiger, fauler Mann vereinz. Ebenso: *Muschelhann(es)* Ran/Ro, Pyr/Wa,Wi, Kol/Go. Vgl. Muschelbrauder, Muschkopp. – **Muscheltrien** s. Muschelfieken. – **Muschelwäder** n. trübes, regnerisches Wetter vereinz. Vgl. Musselwäder. –

muschen¹ sw., *muschern* selt. **1.** nachlässig, trödelig arbeiten verstr. *Hei muscht wer weit wur lang un kricht nicks farig* Gri/Gm. Vgl. muscheln¹. – **2.** wühlen, kramen verstr. *Wat muscht du dor in'n Düüstern?* Gwd/Ba; *in'e Kist musche* Can/Pb. – **3.** fein regnen vereinz. MPom ZPom. – **4.** prügeln, schlagen vereinz. *Hei ward di glieks weck muschen!* °Gri. Auch refl.: *Dor buten muschen sik dei Kierls all wedder* Dem/Tp. Vgl. Musch¹. → nüschen.

muschen² s. muscheln².

Muscher m. schlechter, unsorgfältiger Arbeiter vereinz. Vgl. Musch¹. – **Muschhäuken** n., *Muss*- vereinz. °Gbg, Sch/Sd, ²EBE 15, unordentlicher, nachlässiger Mensch Use/Hf,Us, Kol/Pr.

Muschi f., kindspr., *Muuschi* vereinz., Dim. *Musching, Muusching* verstr. VPom. **1.** Katze verstr. *Uns Muschi süht gries ut* Dem/Tp. Zudem vereinz. auch als Kosew. für kleine Mädchen. → Katt. – **2.** Vulva vereinz. Rsyn. s. Kutt.

muschig¹ Adj., *müschig* Slo/La. **1.** liederlich, nachlässig verbr. *Dei Diern kann ik nich bruken, sei is tau muschig* Gri/Mi. Vgl. musch(e)lig. – **2.** schmierig, unsauber verstr. *Up'n Disch süht dat muschig ut* Rüg/Bi. – **3.** regnerisch, trübe vereinz. *muschig Weder* Sto/Gl. – **4.** minderwertig verstr. *Dat is lute muschig Kråm!* Dra/Bu; *muschige Tüfken* winzige Kartoffeln Dem/Pl.

muschig² s. mussig.

Musching s. Muschi.

Muschkåter m., PflN, auch *Muusch*-, Rohrkolben Stral, Ghg/Gr, Büt/Bt, Sto/Ss. Rsyn. s. Bumskül. – Das Erstglied etym. wohl zu *muschen¹* in der Bed. prügeln, schlagen (wegen des keulenähnlichen Blütenstandes).

Muschkatt f., auch *Muusch(e)*-. **1.** kindspr., Katze verstr. *Låt lingen, dat frett dei Muuschekatt!* Gwd/Ba. → Katt. – **2.** zumeist kindspr., Vulva Pyr/Wa, Saa/So, vereinz. °Sto. Rsyn. s. Kutt.

Muschkauh f., TiN, Rohrdommel ⁴GIL 1,85. → Ruhrdump.

Muschkopp m. nachlässiger, fauler Arbeiter verstr. VPom. Vgl. Muschelbrauder, -peiter.

Muschkot m., pejor., Endsilbe betont, einfacher Soldat, Rekrut verstr. *Hei is bi dei Muschkoten* leistet seinen Militärdienst ab Gwd/Ba. Über einen unzuverlässigen Mann: *Dat is mi a' schön Muschkot!* Saa/Ja, ähnl. verstr. – Entstellt aus Musketier.

Muschkråm m. **1.** minderwertige Gegenstände, Sachen verstr. *Dat is jå all Muschkråm, wat du di hest anschnacken låten* Rüg/Pu. Vgl. Muschwark. – **2.** nachlässig ausgeführte Arbeit vereinz. – **Muschkül** f., seem., 'Schlagkeule' Holzhammer zum Festklopfen von Tauen, wenn man sie um etwas herumwickelt Rüg/Sn, Gwald. – Zu muschen¹.

Muschpåch m., veralt., Endsilbe betont, Muskovade, nicht raffinierter, brauner Streuzucker VPom. *Dat is noch gor nich so lang her, dat de Lüd bi'n Kopmann 'n half Pund Muschbåch verlangen deden* °Rüg. *Ick ward so'n lütten Laden mi inrichten, mit Sep', Muspag un allehand Geschichten* ¹WEN 25. – Zu frz. *moscouade* Rohzucker.

Lautvar.: *Muschbåch* vereinz. VPom, *Muschspåch* vereinz. °Rüg, sonst selt. VPom, *-spåd* Gwd/Ba, *-spåk* Fra/Ri, *Muspåch* Fra/Zi.

Muschpok f., n. Net/Hf,Sl, Endsilbe betont, Mischpoke. **1.** Gesindel, Pack. *Dei ganze Muschpok is nicks wiert, as dat sei uphängt wür* Rüg/Ae. Vereinzelt auch abwertend auf die Sippschaft, Verwandtschaft bezogen. *Hei kümmt mit dei ganze Muschpok* °Gwd. – **2.** unnützer Kram, Plunder verbr. VPom, sonst vereinz. – **3.** närrisches Geschwätz Net/Hf,Sl.

Laut- u. Formvar.: *Muschpäuk* Gwd/Bo,Ze, *Muschpök* Uec/Pa, *Muschbauk* Nau/Fg,Rh, *Muschspok* Gwd/Wo, Ran/Pe, *Meschpok* Rüg/Zi, *Maschpucke* Reg/Rg. – Vereinzelt sind ausschließlich in Bed.1. auch pluralische Formen (*Muschpoken*) belegt.

Muschwäder n. naßkaltes Wetter Ghg/Li, Kol/Pr, Dra/Bu,La. – **Muschwark** n. wertloses Zeug, Krempel selt. Vgl. Muschkråm.

Muschwiter m., veralt., *Muschwitter*- selt. VPom, *Musskewitter* ³KOHLS 104, 'Moskowiter' russischer Soldat selt. Auch: trinkfreudiger Mann ⁵BAND 56. – **Muschwitertiet** f., veralt., Zeit des Siebenjährigen Krieges (als russisches Militär in Pommern stand) selt. *de böse Muschwittertid* ¹⁹HAAS 124.

musdot Adj. mausetot. *As sei em ut dat Wåter treckten, was hei all musdot* Ghg/Hk. *Dat Hohn, dat de Hund bäten hett, is musdot* Rüg/Pu. Vgl. muschdot. **Laut- u. Formvar.:** *musendot* vereinz., *musing-* vereinz. VPom, *musig-* selt. VPom, *musigen-* Rüg/Bi, *muuske-* Stolp.

Musdreck m. Mäusekot. *Wi hemm' väl Müs', dat Schapp licht vull Musdreck* Gwd/Ba. – Ral.: *ein' Musdreck as Päper gäben/verköpen* jmd. betrügen (bes. indem man ihm Minderwertiges andreht) vereinz. VPom. – Rä., das nach Mäusedreck fragt: *Up osem Bäna* [Boden] *is wat, dat könna hunnit Mann nich draga* °Sch ²BRUNK 53. Vgl. Musmess, -schiet. – **Musdrummel** m., selt. f., Kotstück der Maus. Scherzh., zumeist Pl.: Kümmelkörner vereinz.; Kaffee- oder Teepartikel im zubereiteten Getränk vereinz. Syn. Muskœtel. – **Musekåter** m., PflN, Rohrkolben (wohl wegen des fellähnlichen Kolbens) vereinz. °Lau. Vgl. MARZELL 4,896. Rsyn. s. Bumskül. – **musen¹** sw., *miuse* Neu/Pn, mausen. **1.** Mäuse fangen. *Uns Mieskatt sall got musen* °Rüg. *Wi möten ganz lies sin, as wenn de Katt musen geiht* Gwald. Häufig übertr.: auf Frauen- oder Männerfang ausgehen. *Dei Kierl/Fru muust giern* Ank/An. – Ral.: *wat ruthemm' as de Katt dat Musen* etwas sehr gut beherrschen verbr.; dagegen: *wat ruthemm' as de Oss dat Musen* keine Ahnung von etwas haben verstr. – **2.** heimlich an sich nehmen, stibitzen. *Wur hest du dat Geld muust?* Rüg/Ae. *Dei Jungs musen mi dei Äppel* Gwd/Ba. Vgl. klauen.

musen² sw., *musere* Lau/Ne, schwach regnen Pyr/Wa,Wi, Saa/Ja, Sch/AR. Vgl. musig². – Zu Maus Mus, vgl. BBWB 3,367: *Musewetter* Nieselwetter.

musenstill s. musingstill.

Muser m. diebischer Mensch Fra/Bn, Rum/Ru. Vgl. Mushingst, -kåter, -marten. – **Museratzefaller** m., veralt., Hausierer, der mit Blechwaren, Mause- und Rattenfallen handelte Ran/Pe, verstr. SPom ZPom Slo/La,Pa. → Musfaller. – **Museratzekierl** m. dass. Bel/Sn, Sch/Sd, Neu/Th, Fla/Ta, Slo/La. Vgl. PRWB 3,1192: *Mauseratzenkerl.* → Musfaller.

musern sw., *musen* selt. VPom, mausern, das Federkleid wechseln vereinz. *De Höhner musern* Uec/Eg.

Müse(r)t m. schüchterner, schlafmütziger Mensch, selt. ZPom SPom. *Wat stehst du ull Müset, as wenn du nich bet fief telle kast!* °Kös. Vgl. Dukmüser.

Musfall f. Mausefalle. *Wi möten 'ne Musfall upstellen* Gwd/Ba. – Sagw.: *Uk 'ne gaude Musfall schnappt eis vörbi, säd de Voss, don har hei dei Mus nich krägen* Gwald. – **Musfallendräger** m., veralt., mit Mause- und Rattenfallen sowie Blechwaren handelnder Hausierer vereinz. VPom. → Musfaller. – **Musfallenkierl** m. dass. vereinz. VPom. → Musfaller.

Musfaller m., veralt., mit Blechwaren, Mause- und Rattenfallen umherziehender Hausierer verbr. VPom, sonst selt. *In miener Jungstiet keemen mitunners de Musfallers un verköfften Dråhtfallen* Gwald. – Scherzh. Wetterr.: *Wenn dei Muusfallers kåmen, giwwt dat Rägen* HTKLANK 1931,64. **Rsyn.:** Museratzefaller, Museratzekierl, Musfallendräger, Musfallenkierl, Musknieper, Ratzefallenkierl, Ratzefaller.

musgries Adj. mausgrau, hellgrau vereinz. *He is uk all musgries* hat auch schon graues Haar Saa/Ja. – **Mushingst** m. 'Mausehengst' diebischer Mensch vereinz. VPom, DÄHWB 318ᵇ, BLFPVK 3,152. Vgl. Muser, Muskåter, Musmarten.

musig¹ Adj. frech, dreist VPom, sonst vereinz. Auch: prahlerisch vereinz. Zumeist in der Fügung: *sik musig måken* frech werden, sich aufspielen. *Måk di man nich musig, süss ward di dat noch schlicht gåhn!* Rüg/Dm, auch: sich bemerkbar machen vereinz. VPom. *Soväl wüßt Johann, dat hei sich nu nich musig mak'n dürft* GAHL 130f. – Sprw.: *De sik musig måkt, denn frett de Katt* Rüg/Zi, ähnl. verstr. → dreibastig. – Zu hd. mausig (ursprüngliche Bed. gemausert).

musig² Adj. naßkalt, regnerisch vereinz. MPom HPom. *Dat is hüt so'n musig Wedder, wi kön' up dat Feld nischt daun* Saa/Sf. Vgl. musen². – Zu Maus Mus.

Musik f., *Musietch* Slo/Sl. **1.** wie hd. *Måkt doch 'n båten Musik, wi danzen uk dortau* Ank/An. Scherzh. Aufforderung an pausierende Musikanten: *Musik, orre ik fråt denn Bass!* Uec/Ue, ähnl. verstr. Übertr. auf das Plärren von Kleinkindern: *Uns Lütt måkt morgens gliek Musik* Dem/Tp. – Sagw.: *Musik is en schwores Brot, säd de Lihrjung von dei Stadtmusik, don müßt hei dei Pauk un dei Notenbäuker drägen* HUMGWD 9,27,8. – Volksgl.: *Musik in'n Drom hüren, bedüd't Arger* vereinz. VPom. Vgl. Muskant. – **2.** Tanzveranstaltung. *Hüt is Musik in't Dörp/im Kraug* Dem/Tp, Nau/Fg. – **3.** Musikkapelle. *Dei Musik döcht nicks* spielt nich gut Gri/Mi. *Wi willen Musik ut'e Stadt* eine große Kapelle, keine kleine aus dem Dorf Ank/An. – **musikålisch** Adj. musikalisch. – Ral.: *'n musikålischen Hinnerkopp hemm'* sehr musikalisch sein vereinz. MPom HPom, vgl. BBWB 3,368. – Sagw.: *Wenn ik musikålisch wier, leet sik doröwer räden, säd dei Katt tau dei Nachtigall* Gwald, ähnl. HUMGWD 14,14,11. – **Musikknåken** m. Musikantenknochen vereinz. MPom HPom, sonst selt. *Ik heff mi de Musikknauke stött* Kol/Go. Geläufiger ist aber das Syn. Muskantenknåken.

musingstill Adj. **1.** mäuschenstill, ganz still vereinz. *Ick stünn' grad' an de Kammerdör ganz musingstill un horkte tau* ¹GRAU 60. *Dei Kinner sitten musingstill* Gri/Ti. – **2.** seem., windstill vereinz. vpom. Küste.

Laut- u. Formvar.: *müsingstill* selt. VPom, *musenstill* verstr. VPom, *musigen-* Gri/Ge, *musendig-* DLP 5,24, *müüsken-* verstr. MPom HPom, sonst selt., *müse-* Neu/We.

Muskant m., Endsilbe betont, Pl. *-en* verbr., *-es* vereinz. HPom, Musikant. *Dei Muskanten spälen hüt up* Stral. *Muskantes mit'e Fiedel möte up'e richtige Hochtiet sin, dormit dat lustig ward* Reg/Rg. *Mit Bass un Vigelin stellen sik de Muskanten in* °Rüg. Zu später Stunde waren Raufereien auf Tanzfesten nicht selten. Deswegen die scherzh. Frage: *Hebben dei Muskanten all Schacht [Prügel] krägen?* Rüg/Wi, ähnl. vereinz. Fahrende Musikanten genossen früher keinen guten Ruf: *Murrer, nimm dei Borrer von'n Disch, dei Muskanten kåmen!* Ank/Br u. ä. verstr. *Muskanten un Frugenslür sünd gliek, dei kœnen denn ganzen Dag arbeiden un åwends hemm' s' nicks uptauwiesen* Dem/Tp. Scherzh.: *Döstige Muskanten spelen un hungrige Vägel singen am besten* HuMGWD 75,271f.,1. Vgl. Spälmann, -lüd.

Phras.: Sagw.: *Dat's 'n Muskant, säd Anton/de Buer, don har hei 'n Farken in'n Sack* Gwald, ähnl. verstr., HUMGWD 8,35,5. *Uk dat, secht dei Muskant, dunn späält hei, wat hei wull* Cam/Bn, ähnl. vereinz.

Muskantenchur m. 1. Musikkapelle vereinz. – 2. Musikantenknochen Ank/An, Cam/Kw. Vgl. Muskantenknåken. – **Muskantendisch** m., veralt., Tisch, der für die Musikanten gedeckt wurde verstr. VPom. Heute zumeist in der Bed.: Extratisch für weniger wichtige Gäste. *Kinner hüren an'n Muskantendisch!* Rüg/Ae. – **Muskantenknåken** m. Musikantenknochen. *De Muskantaknoka steiht to wiet vör* Saa/Ja. *Ik künn luthals upschriegen, ik heff mi bannig denn Muskantenknåken stött* Ank/An. Scherzh.: *Wenn man sik denn Muskantenknåken stött, hüürt man dei Engel in'n Häben singen* Fra/Zi. Syn. Brummknåken, Musikknåken, Muskantenchur.

Muskåt s. Muschåt.

Muskåter m. diebischer Mensch vereinz. VPom, HOEFAMSC 318ᵃ. Vgl. Muser, Mushingst, -marten.

Muskel s. Muschel³.

Muskist f. 'Mausekiste' Behälter zur Aufbewahrung alter, selten benötigter Sachen VPom, sonst selt. *Dat is 'n Stück ut'e Muskist* ein längst vergessener Gegenstand Gwd/Ba. Auf alte Erinnerungen bezogen: *wenn ok rein gor nich en beten ut de Mus'kist süll rute söcht warden, em tau'm Gedenken* LUCIA 40. Auch: heimliches Versteck VPom, sonst selt. *Murrer hett noch Geld in'e Muskist* Gri/Gm. – **Muskleewer** m., PflN. 1. Ackerklee verbr. *Up Sand wasst wierer nicks as Muskleewer* Rüg/Ae. Tee aus der Pflanze wird als volksmed. Mittel gegen Durchfall benutzt: *Tee von Muskleewer stoppt* Gri/Bo. Syn. Muspalm. Vgl. Müüskentee. – 2. Sau-erklee vereinz., vgl. DWA 17, Kt.10. → Surkleewer. – **Musknieper** m., veralt., Hausierer, der Blechwaren, Mause- und Rattenfallen verkaufte Kol/Go, verstr. °Sch, Lau/GW,Vl. → Musfaller. – **Muskœtel** m. Kotstück der Maus. *Dor sünd väl Muskœtel mank dat Mähl* Rüg/Ae. Scherzh., zumeist Pl.: Kümmelkörner vereinz.; Kaffee- oder Teepartikel im zubereiteten Getränk vereinz. – Ral.: *in'n Muskœtel bieten* kleinlaut nachgeben verstr. – Im Sagw. vgl. Möller, zudem: *Hebe dich hoch, secht Pietschmann [FN], don schmeet hei denn Muskœtel båben ut de Bœnluk* Gwald. Syn. Musdrummel. – **Muslock** n. Mauseloch. Übertr.: kleiner, dunkler Raum. *De wåhnt uk man in'n Muslock* Ank/An. – Ral.: *in't Muslock krupen* sich ängstlich verkriechen verstr. – Sagw.: *Dor is 'n Musloch, mag hei denken, sär dei Diern, don leep ehr dei Kårer mank dei Beinen dörch* Rüg/Ae. – **Musmarten** m. 'Mausemartin' diebisch veranlagter Mensch vereinz. VPom, DÄHWB 318ᵇ, BLFPVK 3,152. Vgl. Muser, Mushingst, -kåter. – **Musmess** m. Mäusekot vereinz. Auch übertr. auf unbrauchbare Dinge: *Dat is luter Musmess* lauter schlechte Spielkarten Uec/Ge, GRO 39. Vgl. Musdreck, -schiet. – **Musnest** n. Mäusenest. – Ral.: *Müs'nester in'n Kopp hemm'* verschroben, leicht verrückt sein verstr. VPom, HOEFAMSC 315ᵃ. – **Mus-og** n. Auge der Maus. Zumeist im Pl. auch bezogen auf kleine (zusammengekniffene) Augen. **Muspalm** f., PflN, Ackerklee Nau/Fg,Rh, Net/Hf. Vgl. PRWB 3,1191: *Mäuschenpalme*. Syn. Muskleewer. – **Muspiss** f. Urin der Maus. *Dei Schnaps schmeckt nåh Muspiss schmeckt abscheulich* Gri/Zf. – Ral.: *sik so fien as Muspiss måken* sich in der Öffentlichkeit sehr liebenswürdig darstellen vereinz., UP 3,270, BLFPVK 9,153. *Nu måkt hei sik so fien as Muspiss, un to Hus is't dei reine Düwel* Gri/Bo. – **Musplacken** m. 'Mäusefleck' (behaarter) Leberfleck verstr., BLFPVK 8,170. *Sei hett 'n Musplacke am Kinn* Gbg/Gp. Vgl. Mus4.

Muss n. Moos. *Dat Muss u'm Strohdack mußt du afkratza!* Dra/La. *Dat Musch in'e Wisch kricht dat Gras ganz unner* Rüg/Ae; *sin Nest ut Muß un Twigen* ³NERE 1,13; *in't weike Muß* ³SCHWA 39; *dat dichte Musch* ¹HOEFE 313.

Lautvar.: *Musch* verstr. nördl. VPom, Cam/Os, ¹HENS 5, *Muusch* Ank/An, *Moss* Ran/Pe, verbr. NOPom, HOMWB 131ᵃ, STRI 18, vereinz. wie hd. *Moos*.

Müss f., selt. m., veralt., niedrig gelegenes, sumpfiges Gelände verstr. HPom, sonst selt., BLFPVK 1,124. Auch: Torfmoor vereinz. *Wi jåha hüt up'a Möss* Dra/Fa. Zumeist nur noch in FlN erhalten, vgl. ²⁹HOLS 87, ²KOHLS 169. – Nach ⁶TEU 178 zu mnl. *musse*, vgl. mnd. *möse* feuchtes, mooriges Landgebiet.

Lautvar.: *Möss, Mösse* verstr. ZPom SPom, *Muss* Fra/Ah, vereinz. °Kol HTKLKOL 1928,77, *Miss* Bel/Ti, *Mötz* selt. °Gri ²KOHLS 169.

Mussbeer f., PflN. **1.** Moosbeere verstr. *Moosbeern wassen in't Mur un sünd in'n Har(f)st riep* Gri/Mi. Syn. Bullbeer. – **2.** Preiselbeere selt. °Fra, Ran/Pe,Wl, vereinz. SPom, Nau/De, vgl. DWA 10, Kt.6. *Mutter hett Mossbeern inkåkt* Ran/Pe. → Preisselbeer.

Musschiet m./f. **1.** Mäusekot. *Hei hett nicks as Musschiet in'n Kopp* hat nur Unsinn im Kopf Gwd/Ba. Vgl. Musdreck, -mess. – **2.** Lakritz vereinz. VPom. Auch: mit Zucker überzogenes Lakritzkügelchen. *Dei Kinner köfften früher bi'n Kopmann för'n Penning Musschiet* Gwald. – **Musschinken** m. 'Mäuseschinken' dünne Schinkenscheiben, die paniert gebraten werden vereinz. VPom, sonst selt. Vgl. Kloppschinken. – **Musschwanz** m. **1.** Schwanz der Maus. Vgl. Musstart. – **2.** kleiner, dünner Haarzopf vereinz. *'n Musschwanz up'n Kopp drägen* Dem/Tp.

Mussel[1] f. unordentliche, nachlässige Frau vereinz. ZPom NOPom, sonst selt. *Wat hest du bloß för 'ne Mussel friegt!* [gefreit] Ghg/Li. Vgl. Muschel[1]. → Zunzel.

Mussel[2] s. Muschel[2].

Musselie f. große Unordnung, Durcheinander Saa/So, Lau/GW, LAUWB 243[b]. – **muss(e)lig** Adj. **1.** schmierig, schmutzig verstr. HPom. *Du sühst so musslig ut, hest du di ni wuscha?* Dra/Bu. – **2.** regnerisch, bes. auf Nieselregen bezogen verstr. *Dat is hüt so'n musslig Wärer* Uec/Ue. – **3.** trödelig, sehr langsam bei der Arbeit Ran/Sr,Wl. – **musseln** sw., -ss- zumeist. sth., *musele* Pyr/Sa, Kol/Go. **1.** schwach regnen, nieseln vereinz. VPom, verbr. MPom HPom. *Räjent dat? Nee, dat musselt bloß!* Gbg/Wo. Rsyn. s. fisseln[1]. – **2.** refl., sich oberflächlich waschen vereinz. Vgl. afmusseln, bemusseln. – **3.** trödeln, nachlässig arbeiten vereinz. Auch: kleine, anspruchslose Arbeiten verrichten vereinz. *So'n bäten musseln kann ik noch* °Pyr. – **Musselrägen** m. Nieselregen vereinz. MPom HPom. – **Musselwäder** n. trübes Wetter mit leichtem Dauerregen vereinz. MPom HPom. Vgl. Muschelwäder.

mussen sw. jmd. zu etwas zwingen vereinz. VPom. *Dor kann di keinen tau mussen* Gwd/Ba.

Müsser n./m., -ss- zumeist sth., *Müsse* vereinz. VPom, *Mösse* Gwd/Ze, *Müssing* vereinz. VPom, [4]GIL 1,104, Kosew. für ein Kalb verstr. VPom. Auch: weibliches Kalb verstr. VPom, vgl. DWA 7, Kt.1. *Uns Müsser süht so leeg ut, dat kriegen wi woll gor nich grot* Rüg/Pu. Vgl. Mööße, Nüsse. – Nach [13]ROSF 251 expressive, lautsymbolische Bildung. – **Müsserkalf** n., Dim. *-kalwing* Dem/Sa, dass. vereinz. VPom.

Musshääkt m., scherzh., 'Mooshecht' Teile von Wasserpflanzen, die man mit der Angel hochzieht °Dra. Vgl. Kruthääkt.

Musshäuken s. Muschhäuken.

mussig Adj., *muschig* Gri/Mi, *mossig* Ran/Pe. **1.** moosig, mit Moos bewachsen selt. – **2.** sehr weich, schwammig selt. *Dat Mähl is mussig* Sto/Dö [2]REH 85; *mussig Hult* halb verfaultes Holz Lau/GW.

Müssing s. Müsser.

Musstart m. Schwanz der Maus. Über jmd., der schnell davonläuft: *Dor sust hei hen, as de Voß mit'n Muussteert* HUMGWD 8,33,2. Vgl. Musschwanz. – **Mustähn** m. 'Mausezahn'. **1.** kleiner, spitzer Vorderzahn. *Kannst du dat mit diene Mustähnen uk bieten?* Rüg/Ae. – **2.** Milchzahn verbr. *Dei Jung' hett ümmer noch dei Mustähnen* Gwd/Ba. → Melktähn. – **3.** Pl. – **3.1.** kleine, gezackte Häkelspitzen verstr. *Mustähnen an't Hemd häkeln* Gwald. Im Pyritzer Weizacker dienten solche Spitzen zur Verzierung der Frauentracht, vgl. [1]BOR 145, [1]HOLS 112. – **3.2.** Sohlennägel mit kleinem Kopf vereinz. *Dei Stäwel sünn mit Mustähnen nägelt* Gri/Mi. – **3.3.** kleine, stumpfe Sägezähne vereinz. *Du fielst Mustähne* Sto/Dö. Auch: kleine Grate in der Sensenschneide Net/Hf,Sl.

Muster, mustern s. Munster, munstern.

Mus-uhr n. 'Mauseohr'. **1.** kleines, spitzes Ohr. Im Pl. auch: gute, scharfe Ohren. *Spione [...] hädden Mus'-uhren, un seegen un hürten, wat weer un wat nich weer* DAL 60. – **2.** Pl. – **2.1.** als Bez. kleiner Blüten oder Triebe verschiedener Pflanzen. Spez.: erster Trieb des Flieders und der Erle vereinz. VPom. *Dei Fleeder/Eller kricht all Musuhren* Ank/An; Kätzchen am Haselstrauch Sch/Da, nach DWA 10, Kt.7; Blüten des Falben Ruhrkrauts Gri/Go. – **2.2.** kurze Hobelspäne vereinz. – **2.3.** kleine, schlecht gefeilte Sägezähne Ran/Pe, Lau/GW. – **Muswieh** f., TiN, Mäusebussard KOSMS 1311.

Müte RN, *Müter* vereinz. VPom, *Müting*, *Müding* vereinz. VPom, *Müdding* Fra/Br, Koseform von Helmut VPom, sonst vereinz.

müt(e)rig Adj., *mietrig* vereinz. NOPom. **1.** verkümmert, kränklich vereinz. HPom. *Dat Kind süht so mütrig ut* Nau/Fg. *De Plante stähne mietrig* Sto/Pf. – **2.** mühevoll, anstrengend selt. HPom. *Dat is mütrig A(r)beet* Reg/Rg. – **Müterkrääft** m. Krebs, der sich gerade gehäutet hat HOEFAMSC 315[b]. Vgl. MWB 4,1316: Muterkräwt. – **mütern** sw., *mutern* vereinz. VPom, *mietre* Lau/GW. **1.** sich häuten (von Krebsen) vereinz. VPom, DÄHWB 317[a]. – **2.** das Gefieder verlieren, kümmerlich aussehen Lau/GW: *Dei Heihne mietre*. – **3.** sich intensiv um etwas kümmern vereinz. – Zu mnd. *mûten* verwandeln, wechseln.

mutsch Adj. dumpf, muffig Sch/Pu: *Dat Mähl is mutsch*. Auch: wurmstichig Sch/Sn.

Mutsch f. **1.** Kosew. für die Mutter. *Miene lütte Mutsch, plecht mien Jung' tau seggen, wenn hei dat mit sien Murrer gaut meint* Stral. Auch: kleine, alte Frau vereinz. – **2.** Kosew. für Haustiere, bes. Katzen vereinz. **Laut- u. Formvar.**: *Muutsch* Dem/Tp, Uec/Pa, *Mutsching* vereinz. VPom, *Mutschge, Mutschke* verstr. NOPom, *Mutschka* HomWB 133ª.

mutschig Adj. altmodisch Rüg/Pu, Sto/Dö, Gbg/Gp: *Sei is mutschig a'treckt.*

Mutt¹ f., Pl. *-en*. **1.** Mutterschwein, Sau °Rüg, vereinz. auf dem angrenzenden vpom. Festland (wo sonst *Sœg* gilt). Vgl. DWA 7, Kt.3. *Dei Mutt sall bald Farken kriegen* Rüg/Ae. *Dei Mutt sœhlt sich* Rüg/Be. – **2.** *Mutt mit Farken*, PflN, 'Sau mit Ferkeln' Salomonssiegel (Liliengewächs mit herabhängenden Blüten) Rüg/Ae,Pu,Rm, EEKS 1923,2. Vgl. MARZELL 3,880. – **3.** *Mutt mit'n Mählsack*, metaphorische Bez. der am Himmel sichtbaren Milchstraße in einer Wetterr. °Rüg ⁹HAAS 22. Vgl. hierzu Düümk.

Mutt² s. Mott.

Mütt als Reimwort nur in der Fügung: *mit Hütt un Mütt* mit allem, was dazugehört VPom, sonst vereinz. *Dat Schipp is mit Hütt un Mütt unnergåhn* Fra/Pe. Vgl. Hütt.

muttig s. mottig.

Muttke Pl., *Muttkes* Rum/Ru, kleine, nicht sehr wertvolle Speisefische verstr. östl. HPom, BLFPVK 4,96, HTKÖS 1930,25,10. *Sei fische nu luter kleene Muttke* Rum/Gl. Vgl. PRWB 3,1366: *Mutschchen.*

Muttland n. Name der Insel Rügen (weil dort die Sau abweichend vom Festland *Mutt* genannt wird) VPom, HOEFAMSC 317ᵇ. *hier up Muttland* ²TIB 214; *de Frugenslür up Muttland* Rüg/Rp. – **Muttlänner** m. von der Insel Rügen stammende Person VPom. *Uns Lihrer is 'n Muttlänner* Gri/Mi.

Muttling s. Muddling.

muttrig s. mudderig.

Mutz f. kurze Tabakspfeife Fra/Zi, Rum/Ru. Vgl. BBWB 3,376: *Mutz².*

Mütz f. **1.** Mütze. *Ik heff ehr 'ne lütte Mütz strickt* Gri/Mi. *In'n Winter hebben sei warme Mützen* ³NERE 2,44; *'ne Mütz drägen* Gri/Lo; *'ne ull, afdrogen Mitz* Sto/Gl. Zum Kleinkind: *Wur hest du dien lütt Mützing narrsch up!* Gwd/Ba. Zu jmd., der seine Mütze im Haus aufbehält: *Hest du Sparlings unner de Mütz?* Reg/Pl. – Auch die Kopfbedeckung einiger Frauentrachten in Pommern nannte man *Mütz* (sonst Huf oder Kapp) vgl. ADL 107ff., JAHN/MEY 86, UP 13,241. – Ral.: *'ne (ganze) Mütz vull* eine große Menge verbr.; *siene gaude Mütz uphemm'* gute Laune haben verbr.; *gaut an'e/bi Mütz sin* dass. verstr.; *ein' unner de Mütz hemm'* angetrunken sein verstr.; *ein' wat in'e Mütz daun* keinesfalls tun, was jmd. möchte VPom, sonst vereinz.; *ein' nich näh de Mütz sin* jmd. überhaupt nicht recht sein verstr. *Dat ward kein Mütz!* daraus wird nichts! verstr. VPom. Wenn jmd. plötzlich einschläft oder umfällt: *Dei is weg as 'ne Mütz!* verstr. VPom. Veralt.: *sich 'ne rode Mütz verdeinen* als Vermittler beim Zustandekommen einer Ehe etwas verdienen °Ran, vgl. ⁶KAI 164. – **2.** *Mütz un Huf*, PflN, Eisenhut, Echter Sturmhut selt. VPom, WEIG 100, KOSMS 1311, PRIT/JES 9ᵇ.
Laut- u. Formvar.: *Mitz* südöstl. °Kös, östl. °Sch MAH 67, verbr. °Rum u. NOPom, *Metz* vereinz. °Lau, *Mötz* Saa/Ja. Vgl. zudem DWA 12, Kt.7. – **Dim.**: *Mützing* verstr. VPom, sonst *-ke(n).*
Phras. zu 1.: Kinderr.: *Ik hadd eenmål 'ne stramme Mütz, wier unnen breet un båwen spitz, de Boddem wier von Löschpapeer, wat dat för'n strammet Mützke weer* °Ghg. – Im Tanzr. zum Rundtanz: *Mine Mütz is weg, mine Mütz is weg, mine Mütz is – hål's der Deuwel! – weg. Un krieg ick mine Mütz nich werre, so danz ick kênen Schottscher werre!* Rüg/Be BLFPVK 6,131.

mutzen sw. nörgeln, kritteln vereinz. VPom, selt. MPom, DÄHWB 317ª. *So nehm de Pastor denn uk den Köster nich in Schutz, wenn in'e Kirch oewer dat Orgelspelen mutzt woer* ¹HENS 95. Vgl. mutzig.

Mutzen m., veralt., auch *Mutzer* n. Kol/Ko, Jacke der Brauttracht aus schwarzem Tuch mit krausen Schößen verbr. im Bereich der Abtei Belbuck, ²EBE 15, HTKLGTP 1928,7,27, HTSPOM 1935,15.

mützen sw., *mitze* vereinz. NOPom, ohrfeigen, Schläge austeilen vereinz. HPom, sonst selt. *Ik war di ein' mütze!* Cam/Kw. Vgl. afmützen. → nüschen.

Mützenmåker m. **1.** Kürschner vereinz. MPom HPom. – **2.** Hutmacher Gwald. – **Mützenstock** m. Garderobenständer vereinz. – **Mützenwäder** n. angenehmes, sonniges Wetter VPom, verstr. MPom HPom, LAUWB 243ᵇ. *Dat hett vör 'ne Stunn noch dunnert un blitzt, un nu is dat schönste Mützenwärer* Rüg/Pu. Scherzh.: *Dat is hüt dat reinste Mützenwärer för denn, dei keinen Haut hett* Gwd/Ba, ähnl. verstr.

mutzig Adj. mürrisch, verdrießlich Uec/Ue. Vgl. mutzen.

Mützke n. 'Mützchen'. **1.** Frucht der Himbeere östl. °Pyr, südl. °Saa, Nau/Wn, Rum/Pr, Net/Hf. Vgl. DWA 10, Kt.4. *Wi wille Mützkes plücke* Pyr/Dö. – **2.** Frucht der Heidelbeere Saa/Pa, vgl. MARZELL 4,952.

Mutzkopp m. **1.** Kopfnuß, leichter Schlag mit den Fingerknöcheln gegen den Kopf °Ghg, °Saa, Lau/Vl, DKr/Ro. *Us Köste deelt immer Mutzköpp ut* Saa/Te. Vgl. Kattenkopp, Koppnœt. – **2.** mürrischer Mensch Ank/An.

muulsch¹ Adj. mürrisch, maulfaul verbr. *Sei is muulsch, wiel sei nich mitnåhmen is* Gri/Mi. *Tau Anfang is hei ümmer mulsch* BERL 7; *öwer wat muulsch daune* über etwas murren Sto/Gl. Syn. mulig.

muulsch² s. mulsch.

Muurd m., wie hd. *Mord* MPom HPom, Mord. *Nu is de eine Murd an den Dag kamen* ²TIB 77. Oft in fester Vbdg., wie umgspr.: *Muurd un Dotschlag* heftiger Streit. – **muurden** sw. morden, ermorden selt. Gebräuchlicher hierfür ist dotschlågen u. ümbringen. – **Müürder** m., wie hd. *Mörder* verstr., *Mörrer* Gwd/Wo WAR 48, Mörder. – Sagw.: *Kinnings, loopt nich so! seggt de Mörder, as he köppt warden sull; ihre ick dor bün, geht't jo doch nich los* UP 1922,93. – **muurdsch** Adj., auch *moordsch*, heftig, sehr intensiv vereinz. VPom. *Ik heww moordschen Hunger* Stral. *Dat's 'ne moordsche Küll buten* Gri/Ti. – **muurdschen** Adv., auch *moordschen, mööordschen* Rüg/Ae, *moddsch* Rum/Tr, sehr, in hohem Maße vereinz. VPom, sonst selt. *Ji hebben dat möördschen heit in'e Stuf* Rüg/Ae; *un Sei gestahn in, dat Sei mordschen dun west sünd* ¹⁷BAND 41. Syn. s. bannig. – **Muurdskierl** m. sehr tüchtiger, forscher Mann verstr.

Muusch- s. Musch-.

Müüsken s. Mus.

Müüsken- alle folgenden Zss. sind metaphorische Bildungen. – **Müüskenbråden** m. 'Mäuschenbraten' Mürbebraten °Ghg, °Nau. Auch: Wellfleisch Ran/Pe. Vgl. im Unterschied dazu Musbråden. – **Müüskendanz** m. 'Mäuschentanz' Hochzeitstanz, bei dem der Mann seine Tanzpartnerin haschen mußte, nachdem man im Hüpfschritt ein Spalier der übrigen Paare passiert hatte vereinz., ¹HOLS 190, OPOMHT 1931,26,5. – **Müüskenfleisch** n. 'Mäuschenfleisch' Wellfleisch Gwald, Uec/Pa, Ghg/Wt. – **Müüskenpeiter** m. kleingewachsener Mensch Dem/De, Gbg/Gp, Sch/Pu. – **Müüskenpreister** m. 1. körperlich zurückgebliebener, kränklicher Mann oder Junge verstr. ZPom, sonst selt. *Disse Magister Geist was en rechter däger* [tüchtiger] *Preester west, un nich son Müskenpreester* DLP 3,31. – 2. Stubenhocker vereinz. Auch: Sonderling vereinz. – **müüskenstill** s. musingstill. – **Müüskentee** m. 'Mäuschentee' aus Ackerklee zubereiteter Tee vereinz. HPom, sonst selt. Dieser Tee gilt in der Volksmed. als Mittel gegen Durchfall. Vgl. Muskleewer.

muwen sw., seem., sich in best. Weise steuern, navigieren lassen (von Wasserfahrzeugen) vereinz. vpom. Küste. *Dat Schipp muuwt got* reagiert gut auf das Ruder Gwald. – Zu engl. *to move*.

müww(e)rig Adj., *miww(e)rig* Reg/Kw, Kol/Go, Rum/Pr, im Wachstum zurückgeblieben, kümmerlich selt. MPom HPom. *een müwwrig Jung'* Ran/Ro; *miwwerig Plante* Reg/Kw; *miwwrig äte* sehr wenig essen Kol/Go.

Myrt f., PflN, *Mirt* verstr., *Mert* Lau/Ke, Myrte. *Wi hemm' 'ne Myrt vör't Finster ståhn* Gwd/Ba. Vgl. Mirtenbom.

Volksbr. u. Volksgl.: *Wenn man Myrten för'n Doden/taun Brutkranz afschnitt, mutt man 'n schwarten/roden Fåden in'n Bom binnen, denn wasst he wierer* Gri/Go, ähnl. verstr. Früher empfahl man unverheirateten Mädchen, keine Myrten als Zimmerpflanze zu unterhalten, weil sie sonst keinen Ehemann fänden: *Wer Mirte treckt, ward nich Kranz o' Schleie dräje* Cam/Kw. *Wer Mirt anbuut, ward nich Brut* Sch/Rg.

Myrtenblaum f., PflN, Rittersporn Slo/La. Auch: Winteraster ebd. – **Myrtenbom** m., PflN, Myrte vereinz., ³NERE 1,44. Vgl. Mirt. – **Myrtenkranz** m. Kranz aus Myrtenzweigen, bes. als Brautkranz. *Dei Mirtekranz bedüürt dei Ehr va einem jonge Måke, sei geht im Mirtekranz vor'e Altår* °Reg. Vgl. Brutkranz.

N

N Konsonant und 14. Buchstabe des Alphabets. In unbetonter Stellung steht verkürztes *'n* häufig für den unbestimmten Artikel (m./n.): *'n Breif*; *'n Schapp*; *so'n Kierl*; *so'n Gör* (vgl. ein); für das Indefpron. *ein* in der Bed. man: *Dat sall 'n nich*; *Dat kann 'n seggen*; bes. nach Präp. für den alten Dativ und den Akkusativ des bestimmten Artikels (m./n.): *in'n Kraug sitten*; *dörch 'n Keller gåhn*; *wat up'n Disch leggen*; *'n Håwer/Weiten afmeigen*; *an'n Hus* (neben *an't Hus*) *ståhn*. Vgl. dei, dat. – Aus dem unbest. Artikel *ein* stammt initiales *n* in ursprünglich vokalisch anlautenden Substantiven wie *Noors Arsch, Nülling* Iltis (vgl. Ilk). – In den ostpommerschen Mundarten ist auslautendes *-n* des Infinitivs und des Pluralsuffixes *-en* geschwunden, vgl. PWB 1,1, LXX, Kt.18.

na¹ Interj. wie hd. Nur satzeinleitend: *Na gaut, ik war dat noch eis daun* Fra/Bn. Am Beginn der (vertraulichen) Anrede: *Na, wur geiht di dat?* Gri/Go. Zuruf an ein Zugtier: *Na, goh!* Bel/Rn. Zur Bekräftigung einer Aussage: *Na, wat denn!* aber ganz sicher! Kol/Kr. Ausruf des Zweifels: *Na, na!* Dra/Dr. Halbherzige Zustimmung: *Na jå, wenn du meinst* Kol/Pr. – Sagw.: *Na denn!, såd dei Diern, don wull sei nich ja seggen* Gwald.

na² s. en.

näächt s. nägent.

Nabbjack m., *Nawwjack* Lau/GW, Schimpfw. für eine einfältige Person Rum/Tr, vereinz. NOPom, ¹⁰WIN 113. Vgl. Kenabbjack, Lubbjack, Schubbjack.

Näbel m., *Näwel* vereinz., *Naiwa(l)* Dra/Ko, Lau/Ne, Net/Hf,Sl, °Dra ³TITA 9, Nebel verbr. östl. HPom, sonst verstr., vgl. DWA 2, Kt.57. *De Näbel licht all dick up'e Wisch* Gwd/Ba. – Verbreiteter ist in den pom. Mundarten das Syn. Dåk.
Phras.: Wetterr.: *Wenn de Näbel föllt, jifft't got Wärer, wenn de Näbel bargup treckt, jifft't Rägen* Uec/Pa, ähnl. verstr. *Wenn morgens Näbel up'e Wische steht, denn gifft dat gaur Werre* °Reg. *Näwel in'n Januor makt en nattes Frühjohr* HUMGWD 9,1,3. *Näbel in'n Harfst kümmt nåh nägentig Dåg as Rägen werrer* Rüg/Zi. *Wenn üm Martini [11.11.] Näwel sünd, denn ward de Winter sihr gelind* HUMGWD 9,45,2.

Nåbel m., *Nobel* Ran/Ro, *Nåwel* vereinz., *Nauwel* Gbg/Vi; Pl. -s. **1.** Nabel. *Dei Lütt hett wat an'n Nåbel* Gwd/Ba. Scherzh. Aufforderung, beim Essen reichlich zuzulangen: *Frät't, dat ju de Nåbel platzt!* Saa/Ja. Vgl. Buknåbel. – **2.** Nabelschnur vereinz., LAUWB 250ᵃ. – **Nåbelborg** m. kastrierter Eber verstr. °Rüg, vereinz. °Fra, Gri/Ti, Kol/Zw, Rum/Gl, HOMWB 133ᵃ, BLFPVK 10,9. → Bier².

näb(e)lig Adj., *näw(e)lig* vereinz., neblig verstr. *Näbliges Wärer is nich gesund* Gwd/Ba. Scherzh., wenn jmd. lügt: *Dat ward janz näblig in t' Stuf* Uec/Pa. Vgl. dåkig. – **Näbelkreih** f. **1.** TiN, Nebelkrähe verstr. *Dei Näbelkreigen gåhn achtern Plaug an* Gwd/Ba. – **2.** Schimpfw. für eine häßliche, liederliche Frau verstr. *Du warst di doch dei ull Näwelkrej ni nähma!* Kol/Pr. – **Näbelmånd** m. November Ank/An, Saa/Te. – **näbeln** sw., *näweln* vereinz., nebeln, dunstig sein verstr. Über flotte Tänzer: *De danzen, dat't man so näbelt* Gwald, ähnl. verstr. – Wetterr.: *Wenn't näbelt, denn rägnet ball un binnen drei Daog giwt anne Wäder* WHTKLNAU 1925,24. Vgl. dåken.

Nåbelschnur f. Nabelschnur vereinz. – Volksgl.: *Sovääl Knuppen, wie an'e Nobelschnur sünd, sovääl Kinner kann een Fru kriegen* Ran/Ro, ähnl. vereinz. – Volksmed.: Teilweise war es früher üblich, die getrocknete Nabelschnur zu Pulver zu zerstoßen und dieses dem Kind bei Krankheiten einzugeben, vgl. URQ 6,24, ADL 175.

näben Präp., *näwen* selt., ²GIL 46, neben, dicht an der Seite von. *Hei wåhnt näben mi* Gri/Mi; *näben ehr/em sitten* Gwd/Ba. Gebräuchlicher ist in dieser Bed. gägen. – **näbenan** Adv. nebenan vereinz. *Wi wåhnen glieks näbenan* Gwd/Ba. Vgl. geläufigeres gägenan. – **näbenbi** Adv. nebenbei. **1.** noch zusätzlich verstr. *Hei verdeint noch wat näbenbi* Fra/Pe. *De söcht noch 'n bäten näbenbi* will fremdgehen Gwd/Ze. – **2.** beiläufig vereinz. *Dau kast eis näwenbi fråje* Cam/Kw; *wat so näbenbi seggen* Gwd/Ba. – **3.** dicht daneben, an der Seite vereinz. *De wåhnt hier näbenbi* Ran/Pe. *Gåh man näbenbi, is jo Platz naug* Gwald. – **näbeneinanner** Adv. nebeneinander vereinz. – **Näbenläus** n., vereinz. f., Nebengleis vereinz. – Ral.: *in't Näbenläus geråden* vom Thema abschweifen, von unwichtigen Dingen sprechen vereinz. – **Näbensåk** f. Nebensache vereinz. – **näbentau** Adv. **1.** daneben, seitlich davon selt. *Hei sett sik näbentau hen* Fra/Pe. – **2.** nebenbei, beiläufig selt.

Nåber s. Nåwer.

Nacht f. wie hd. *Dat duert drei Dåg un drei Nachten* Gwd/Ba. *Ik heff hüt de ganze Nacht nich schlåpen* Ank/An. *Dei Nachten warden in'n Harfst all lang* Rüg/Ae. *Dei Sünn geiht all tau Nacht* geht schon unter Dem/Tp. *Wat kåkst du tau Nacht?* was kochst du zum Abendbrot? Fra/Br. *He kümmt ierst bi halwe Nacht* kommt erst gegen Mitternacht Gwd/Ze. Wenn man noch bis in die Nacht arbeiten muß, um fertig zu werden: *Ik möt de Nacht to Hülp nähmen* Gwald. Zu jmd., der schlechte Laune hat: *Hest du 'ne schlecht Nacht hatt?* Nau/Sr. Grußformel vor dem Schlafengehen: *Nu hebbt man alle gu'n Nacht!* Pyr/Lt. Zum Kleinkind: *Gode Nacht, schlåp sacht!* Rüg/Zi. Ausruf der Verwunderung: *Nu ward't Nacht am hellichde Dag!* Lau/GW. – In fester attr. Vbdg.: *de lange Nacht* die längste Nacht des Jahres (zur Wintersonnenwende) verbr.; *de schwarte Nacht* Neumondnacht (in der der Mond nicht sichtbar ist) verstr. VPom. – Sprw.: *To/in de Nacht kriegen dat de Fulen mit Macht* Ghg/Wt, Ran/Ro, ähnl. allg. *Wer aewer Nacht gåne will, hett Tiet naug Büt/Wu* ¹KNO 53.
Laut- u. Formvar.: *Naacht* südöstl. °Lau, STRI 27, *Nåcht* nordöstl. °Lau, STRI 27, *Nach* ²GIL 6. – Pl.: *Nachten* verbr. VPom, *Nachte* vereinz. HPom, ²MIS 49, *Nächten* vereinz. VPom, *Nächt(e)* verbr. MPom HPom.
Phras.: Sagw.: *Na, denn gaude Nacht, seed de Nachtwächter, doon güng dei Sünn up* HUMGWD 75,306f.,3, ähnl. verstr. *Männigmål kümmt dat æwer Nacht, sär dei Apteiker, don klingelt dat nachts, un 'n Kierl förrert vör'n Gröschen Lussalf* Stral.

nachtblieben st. übernachten verstr., JOSTWB 67. *Dei Klock is twölf, wi willen nich nachtblieben, wi mütten nu nåh Hus* Rüg/Ae. *De Gäst blewe im Dörp nacht* Cam/Rm. – **Nachtdauk** n./m. Halstuch für den Nachtschlaf verstr. – **Nachtdriewer** m. Nachtschwärmer Gbg/Gp, Sch/Ac, Lau/GW. → Nachtul. – **nachtens** Adv., *nachts* vereinz., *nachens* Stral NSUN 1861,25, *nächtens*, *nachts*. *Nachtens heww ik dröömt* Nau/Db. *Hei keem ierst nachtens nåh Hus* Dem/Tp. – **Nachtfauder** n. 'Nachtfutter'. **1.** Viehfutter für die Nacht vereinz. *De Buer jifft de Peer dat Nachtforer* Ran/Gn. – **2.** sehr späte Abendmahlzeit vereinz. HPom. Veralt.: nächtliches Hochzeitsessen aus den Resten des Festmahls °Gbg, UP 9,22, HTKLGTP 1928,7,27. – **Nachtfrost** m. wie hd. – Sagw.: *Dei Nachtfröst blieben noch ümmer nich ut, säd dei oll Fru, don hadd sei Niejohrsmorgen ut dei Dör käken*

Ank/An. – **Nachtgoorn** n., fischerspr., kleines Zugnetz für das Fischen bei Nacht Rüg/Ti,Zu. – **Nachthäuding** f. nächtliches Weiden des Viehs vereinz. Über jmd., der freudlos wirkt: *Dei möckt so e' Gesicht, as we de Peer van'e Nachthäuring kaume* Gbg/Gp. Vgl. BBWb 3,394: *Nachthute*. – **Nachthuf** f. Nachthaube aus Tuch oder Wolle, bes. für Frauen. *Uns Größing drög ümmer 'ne Nachthuf* Ank/An. – **Nachthus** n., seem., (nachts beleuchtetes) Schutzgehäuse für den Schiffskompass verstr. vpom. Küste.

Nachtigall f., TiN, *Nacht(i)jall* verstr. MPom HPom, *Nachtgål* [4]GIL 1,85, Sch/Pt BLFPVk 9,176, wie hd. *Dei Nachtigall singt so schön* Gwd/Ba. *Dei Nachtigall is man n' lütten Vågel, œwerst ehren Gesang hüürt man wiet* Ank/An. Ral.: *Nachtigall, ik hür di fläuten / raupen* ich verstehe, worauf die Sache hinausläuft Fra/Pe, ähnl. verstr. – Sprw.: *Wecker dei Nachtigall låben will, möt nich up ehr Feddern seihn* Ank/An, ähnl. verstr. *Dei Nachtigall is still, wenn sei dicht bi 'ne Kreih sitt* Stral, ähnl. verstr. *Nachtigal un Kuckuck singen woll tau een' Tied, äwerst nich datsülwig Leed* HuMGwd 10,25,5, ähnl. verstr. Zur Nachtigall im Sprw. vgl. zudem Ul[1]. – Sagw.: *An di is dat grot Mul uk dat Best, sä' de Voss, don freet he 'ne Nachtigall up* Dem/De.

Nachtjack f. kurzes Nachthemd für Frauen vereinz. VPom, sonst selt. *Noch vör föftig Johr' drögen de ollen Frugens 'ne Nachtjack* Ank/An. – **Nachtjäger** m. Anführer der sagenhaften, nachts durch die Lüfte reitenden Wilden Jagd °Rüg, sonst vereinz. *De Ollen vertellten, se harrn denn Nachtjäger ümmer in'n forschen Draff rieden sehn* Rüg/Be. Zur Rolle dieser Spukgestalt im pom. Volksgl. vgl. [1]BRUNK, [9]HAAS 30f., [3]JAHN 542, BALTST NF 20,54ff. Het. Gaud, Waud. – **Nachtkiddel** m. Nachthemd, bes. für Kinder vereinz. – **Nachtklott** f. Nachtmütze verstr. VPom, sonst selt. *[...] un de Storm ret ehr binah de Nachtklott von'n Kopp* HuMGwd 5,13,8.

Nachtkost f. Abendbrot, letzte Tagesmahlzeit VPom nördl. der Peene, sonst selt. Vgl. [6]KAI 202f. mit Kt.II,34. Früher wurde das Abendbrot auf dem Land im Winter gegen 18 Uhr, im Sommer dagegen erst zwei bis drei Stunden später eingenommen. *Wi hemm' noch nich Nach(t)kost äten* Gwd/Ba. *Tau'r Nackost gifft dat Bråttüften un Melksupp* Fra/Zi. Laieneinschätzung, die auf dem Unterschied zwischen veraltetem u. modernem Sprachgebrauch beruht: *Nachtköst (statt Åbendbrot) seggen bloß dei, dei sik 'n bäten mihr inbillen* Gwd/Ls. **Lautvar.:** *Nachkost* vereinz. VPom, *Nackost* vereinz. VPom, *Nåkost* Gri/Bm,Ti, Dem/Ga, *Nackos* Gwald, *Nackust* Gwd/Ks, *Nackus* Fra/Kl, Gri/Zr, verstr. °Rüg. Angelehnt an Köst[2] auch: *Nachtköst* vereinz. °Fra °Gwd, vgl. MWB 5,10f. **Rsyn.:** *Åbendbrot, Åbendköst, Nackels*. Gewählt: *Nachtmåhl*.

Nachtkrœp(e)ler m. jmd., der sich nachts herumtreibt Uec/Pa, Ran/Ro, Saa/St. → Nachtul. – **Nachtlåd**

f. 'Nachtlade' Nachtstuhl Fra/Br. – **Nachtlåger** n. Unterkunft für die Nacht vereinz. Scherzh. zu späten Besuchern: *Ji säuken woll 'n Nachtlåger* Dem/De. – **Nachtlamp** f. kleine, matt leuchtende Öllampe für die Nacht vereinz. – **Nachtlicht** n. auf einer Ölschicht in einem Glas Wasser schwimmender Docht als Lichtquelle für die Nacht vereinz. – **nachtling** Adv., veralt., in der (heutigen) Nacht verstr. °Gbg, UP 9,54, vgl. DWA 16, Kt.3. *Nachtling künn ik de Weihdauch [Schmerzen] nech uthulle* Gbg/Gp. Vgl. åwling(s), daglings, morling. – **Nachtmåhl** n. 1. das Sakrament des heiligen Abendmahls verstr. VPom, sonst vereinz. *Sei hebben nåh'n Preister schickt, dat sei noch dat Nachtmåhl kricht* Rüg/Ae. – 2. gew., Abendbrot selt. VPom, Sch/Pu, Stolp. – **Nachtminsch** m. 1. Mensch, der lieber nachts arbeitet vereinz. – 2. Schlafwandler vereinz. – 3. Nachtwächter vereinz.

Nachtmütz f. Nachtmütze. 1. im Bett getragene Mütze, bes. für Frauen. *Größing hett sik dei Nachtmütz œwer dei Uhrn treckt* Gwd/Ba. Ausruf der Verwunderung oder Verärgerung: *Nu ward't Dag in'e Nachtmütz!* Gbg/Ge, ähnl. verbr. – 2. schlafmütziger Mensch. *Wat dau ik mit so 'ne Nachtmütz von Kierl?* Rüg/Ae.
Phras. zu 1.: Sagw.: *Wat kåmen sall, kümmt doch, säd dei oll Fru, don kröp ehr 'n Ilk [Iltis] ut dei Nachtmütz* Ank/An. *Arbeit måkt hungrig, säd dei oll Fru, don harr sei ehr Nachtmütz utwascht* Ank/An. – Scherzh. Antwort auf die Frage nach dem Essen: *Dat jifft koll Klüt un warme Nachtmütze* Dra/Bi, ähnl. verstr. – Im Tanzreim: *Wist 'ne Nachtmütz hemm', kannst mi man seggen, ik heff noch ein', dei kann'k di leihn, ik gåh mit di un du mit mi, un œwert Jåhr denn frieg ik di* °Fra.

Nachtpie f. Nachthemd für Kinder vereinz. VPom. – **Nachtpieper** m. 'Nachtpfeifer'. 1. TiN, Kauz selt. VPom NOPom. – 2. Nachtwächter Dem/De, Kol/Go,Kö, Saa/Zg, Lau/GW. – **Nachtpott** m. 1. Nachttopf. *Hei hett em denn Nachtpott œwern Kopp stülpt* °Gwd. Wenn jmd. beide Arme in die Seite stemmt: *Dat is 'n Nachtpott mit twee Henkel!* Ghg/Wt, ähnl. verstr. – 2. scherzh., Zylinderhut vereinz. – **Nachtråf** m. 'Nachtrabe'. 1. Kinderschreck (in Gestalt eines Raben) Use/Ba,We. – 2. sich nachts herumtreibender Mensch vereinz. → Nachtul. – **Nachtråt** m., scherzh., 'Nachtrat' Nachtwächter vereinz. VPom. – **nachts** s. nachtens. – **Nachtschatten** m., PflN. 1. Schwarzer Nachtschatten vereinz. – 2. Nachtviole Dra/La, HtKös 1929,12,8. – **nachtschlåpen** Adj. nachtschlafend. Zumeist in der Vbdg.: *bi/tau nachtschlåpen Tiet*. Selten ohne Präp.: *Dat is all nachtschlåpen Tiet* ist schon spät nachts Neu/Gc. – **Nachtschwarmer** m. Nachtschwärmer vereinz. *De Nachtschwarmer kümmt ierst an'n Morgen nåh Hus* Ank/An. → Nachtul. – **nacht(s)œwer** Adv., *nacht(s)œwers* vereinz. VPom, während der Nacht vereinz. *Nachtsœwer möten dei jungen Planten noch taudeckt warn* Gwd/Ba. Vgl. dag(s)œwer. – **Nachtpäuk** m. nächtlicher Spuk,

Nachtgespenst vereinz. Ebenso: *Nachtspäukels* n. selt. VPom, ⁵BAND 101. – **Nachtstauhl** m. Nachtstuhl. *Uns krank Größing bruukt 'n Nachtstauhl* Gwd/Ba. – Scherzfr.: *Holtpott un'n Fleischdeckel up* = Nachtstuhl Sto/Ar ²BRUNK 45. – **Nachtstiern** m., PflN, Dim. *-stee(r)nje* Slo/La, 'Nachtstern' kleine Herbstaster mit lila Blüten Lau/GW. – **Nachtströper** m. jmd., der sich nachts lange herumtreibt vereinz. MPom HPom. → Nachtul.

Nachtul f. Nachteule. **1.** TiN. – **1.1.** Eulenvogel (bes. Uhu, Steinkauz) verstr. Auch: Kinderschreck in Eulengestalt vereinz. *Dei Nachtul nimmt di mit!* Gwald. – **1.2.** Nachtfalter, Motte vereinz. *Dei Nachtul flücht in't Licht un verbrennt sik dei Flüchten* Gwd/Ba. – **2.** als Bez. für Personen. – **2.1.** jmd., der gerne bis tief in die Nacht hinein aufbleibt, ausgeht verstr. – **2.2.** schlafmütziger Mensch vereinz. – **2.3.** Schimpfw. für eine häßliche Frau vereinz.
Rsyn. zu 2.1.: *Nachtdriewer, Nachtkræp(e)ler, Nachtråf, Nachtschwarmer, Nachtströper, Nachtvågel.* Nur auf Frauen bezogen: *Nachtvijol¹.*

Nachtvågel m. **1.** TiN, Eulenvogel (bes. Uhu, Steinkauz) vereinz. – **2.** Nachtschwärmer vereinz. → Nachtul. – **Nachtvijol¹** f. 'Nachtvioline' weibliche Person, die sich gerne bis spät nachts vergnügt vereinz. → Nachtul. – **Nachtvijol²** f., PflN, Nachtviole verstr. *Blaumen sünd dor nich vel in, [...] blot man en poor Nachtvijolen* ³KAL 27. – **Nachtwach** f. nächtlicher Wachdienst vereinz. – **Nachtwachknüppel** m. Knüppel, der als Zeichen für den täglich wechselnden Nachtwächterdienst im Dorf herumgereicht wurde Rüg/Ad,Ga, ¹PEE 137. Vgl. MWB 5,15: *Nachtwächterknüppel.*

Nachtwächter m. **1.** wie hd. *De Nachtwächter blöst Füer gibt Feueralarm* Ran/Ro. Zum unaufmerksamen Kartenspieler: *Du späälst as so'n Nachtwächter* °Rüg. – **2.** Haufen Menschenkot verstr. *In'n Düüstern bün ik in'n Nachtwächter pedd't* Ank/An.
Phras. zu 1.: Sagw.: *Na, denn gaude Nacht, seed de Nachtwächter, doon güng dei Sünn up* HUMGWD 75,306f.,2, ähnl. vereinz. – Scherzfr.: *Wo steht de Nachtwächter, wenn he blöst?* = hintern Horn Ran/Fr ²BRUNK 79. – Spruch: *Bäder up dei Ier as Nachtwächter as unner dei Ier as Kaiser* Gri/Bo.
Phras. zu 2.: Sagw.: *Dor is he, secht de Jung', un sett 'n Nachtwächter hen* Ank/An.

Nackedei m., *Någedei* Dem/Tp, *Nackeldei* Gwald, *Nackedeit* Ank/An, Stett, nacktes Kind VPom, sonst selt., LAUWB 246.

Nackels n. Abendbrot, letzte Tagesmahlzeit Gwald, Gwd/Wo, Use/Ne. – Verkürzt aus → Nachtkost u. mit dem Kollektivsuffix *-els* versehen.

Nacken m., *Nack* Gwd/Ba (hier f.), Cam/Si, Neu/We, *Nagge* Gbg/Ze, wie hd. *Hei dräächt dat Kind up'm Nacke* Slo/La; *'n Sack up'n Nacken nähmen* Gri/Gm. *Hei stött em düchdig in'n Nacken* Gri/Go. – Ral.: *väl/wat up'n Nacken hemm'* große Sorgen haben, sehr stark belastet sein verbr.; *'n stiewen Nacken hemm'* starrköpfig sein verstr.; *denn Düwel in'n Nacken hemm'* zänkisch, gehässig sein verbr.; *denn Schelm in'n Nacken hemm'* zu Späßen aufgelegt sein verbr. – Sagw.: *Nimm mi man up'n Nacken, säd de Düwel, denn begägen ik di nich* Gwald. Vgl. Knick¹. – **Nackenkiel** m., fachspr., Keil zwischen Sensenstiel und –blatt, um dieses zu stützen und zu verstellen vereinz., LAUWB 246ᵇ. Abb. s. MWB 1,312. Müllerspr., Pl.: Keile, die den Hals des Mühleisens kragenförmig umschließen vereinz. VPom, ²REH 13. – **Nackenschlag** m. **1.** Schlag in den Nacken. – **2.** zumeist Pl., etwas, was jmd. empfindlich trifft. *Dau dat nich, du hest bloß Nackenschlääch dorvon!* Dem/Tp. – **Nackhor** n. Nackenhaar. – Ral.: *ein' bi't/in't Nackhor kriegen* jmd. heftig (am Nacken) packen, durchschütteln verbr. VPom. – **nacksch** Adj., *näcksch* vereinz., *nackisch* Rum/Pr, starrköpfig, eigensinnig vereinz. Vgl. dreinacksch, kortnacksch.

Nådel f. Nadel, dünnes, spitzes (Handarbeits-)Werkzeug, zumeist aus Metall. – **1.** Nähnadel. Daneben auch für andere Nadeln, wie Strick-, Häkel-, Steck- u. Stopfnadeln. *Sei hett sik mit dei Nådel peikt* hat sich gestochen Gwd/Ba. – Ral.: *mit dei heite Nådel neigt sin* schlecht genäht, auch: unzureichend ausgeführt sein allg. – **2.** fischerspr., schmales, längliches Holzbrettchen zum Knüpfen von Netzen allg., vgl. RAS 14ff. Abb. s. MWB 4,491. Syn. Kleist, Knüttnådel, Nettnådel. – **3.** Schusterahle selt. VPom, vgl. DWA 12, Kt.9.
Lautvar.: *Nåtel* Ran/Pe, verstr. HPom, MAH 39, *Natel* JOSTWB 67, *Nodel* Rum/Ru, Sto/Gl, *Notel* Lau/GW, *Nautel* verstr. °Gbg, Kol/Go, *Nōutl* °Büt ²MIS 28, *Nauta* Dra/Bu,Ga, Neu/Nh, Net/Hf,Sl, verbr. °DKr ³TITA 15, *Naudel* Gbg/Vi, *Nauda* DKr/La. – Pl.: *Nådeln* VPom, verbr. MPom, *Nådels* Uec/Ge, Ghg/Ki, LAUWB 246ᵇ, *Natels* JOSTWB 67, *Nådle, Nåtle* verbr. HPom, LAUWB 246ᵇ, MAH 39, *Noodle* Sto/Gl, *Naudle, Nautle* verstr. °Gbg, Kol/Go, Slo/DB, *Nōutle* °Büt ²MIS 28.
Phras. zu 1.: Rä.: *Wi hebbe so'n Ding, dat is blind o hett doch e' Og em Kopp* = Nähnadel Lau/Nu, ähnl. BLFPVK 8,85. *Isern Pêrd un'n flässern Swanz* = Nadel u. Faden Ghg/Si BLFPVK 3,133.

Nådelbüss f. kleine Büchse zur Aufbewahrung von Näh- oder Stecknadeln vereinz. – **Nåd(e)ler** m., veralt., *Näädler* Rüg/Dm,Ga, Reg/Kt, Handwerker, der Nadeln herstellte vereinz. Später auch: Kaufmann, der mit Kurzwaren und Stoffen handelt Rüg/Ga. – Mnd. *nâteler(e)*. – **Nådelgeld** n., veralt., kleine Geldsumme für die Ehefrau (zusätzlich zum Haushaltsgeld) zur freien Verfügung vereinz. – **Nådelhingst** m., SpottN, Schneider verstr. – **Nådelküssen** n. Nadelkissen. *Nådeln up dat Nådelküssen stäken* Gwd/Ba. – **nådeln** sw., *nåtla* Dra/Dr, nadeln selt. *De Bom/Dannenbom nådelt* Ghg/Wt, Dem/De. – **Nådelog** n. Nadelöhr vereinz. VPom, sonst selt. *Dat*

Bei Fragen zur Produktsicherheit wenden Sie sich bitte an:
If you have any questions regarding product safety,
please contact:

Walter de Gruyter GmbH
Genthiner Straße 13
10785 Berlin
productsafety@degruyterbrill.com